技术经理人
中级教材

北京五洲融合创新产业战略研究院
科技部科技评估中心 —— 编著

中国科学技术出版社
·北 京·

图书在版编目（CIP）数据

技术经理人中级教材 / 北京五洲融合创新产业战略研究院, 科技部科技评估中心编著. -- 北京：中国科学技术出版社, 2025.1（2025.7重印）. --（技术经理人系列教材）.
ISBN 978-7-5236-1227-9

Ⅰ. F113.3

中国国家版本馆 CIP 数据核字第 2024H5Y816 号

责任编辑	彭慧元
封面设计	北京潜龙
正文设计	中文天地
责任校对	邓雪梅
责任印制	徐　飞

出　　版	中国科学技术出版社
发　　行	中国科学技术出版社有限公司
地　　址	北京市海淀区中关村南大街 16 号
邮　　编	100081
发行电话	010-62173865
传　　真	010-62173081
网　　址	http://www.cspbooks.com.cn

开　　本	787mm×1092mm　1/16
字　　数	388 千字
印　　张	22.75
版　　次	2025 年 1 月第 1 版
印　　次	2025 年 7 月第 2 次印刷
印　　刷	北京顶佳世纪印刷有限公司
书　　号	ISBN 978-7-5236-1227-9 / F·1345
定　　价	128.00 元

（凡购买本社图书，如有缺页、倒页、脱页者，本社销售中心负责调换）

技术经理人系列教材编委会

顾　　　问：孟庆海　贺德方
主　　　任：刘兴平　聂　飙
副　主　任：王书瑞　霍　竹
执行副主任：杨　云
编　　　委：（按姓氏笔画排序）
　　　　　　马毓昭　王　文　王　琪　王　燕　王晓津　吕荣波　刘碧波
　　　　　　安　明　李飞龙　李沐谦　杨晓非　吴寿仁　宋河发　张　璋
　　　　　　张　燕　张春鹏　陈荣根　陈柏强　武思宏　姚卫浩　秦海鸥
　　　　　　高　静　郭书贵　陶　鹏　黄胜忠　喻　玲　鲁　露

《技术经理人中级教材》编写组

主　　编：张　璋　李沐谦
成　　员：（按姓氏笔画排序）
　　　　　于　飞　马毓昭　王　文　王　旭　王　凯　王晓津　龙　毅
　　　　　史　敏　吕荣波　孙　芸　李　成　李鹏程　杨　川　杨文硕
　　　　　吴寿仁　武思宏　侯　莹　姜全红　夏文勇　高　全　黄书凯
　　　　　黄亚平　鲁　露　薛　雅

序　言

技术经理人是在科技成果转移、转化和产业化过程中，发挥组织、协调、管理、咨询等作用，从事成果挖掘、培育、孵化、熟化、评价、推广、交易，并提供金融、法律、知识产权等相关服务的专业人员。作为促进创新链、产业链、资金链、人才链四链深度融合的关键人才，技术经理人在推动科技成果从实验室走向市场、实现技术转移和转化过程中发挥着至关重要的作用。

党的十八大以来，党中央高度重视专业化技术转移人才队伍建设，立足经济社会高质量发展的重大需求，对统筹推动技术转移人才队伍建设作出一系列战略部署。党的二十届三中全会通过的《中共中央关于进一步全面深化改革、推进中国式现代化的决定》对"深化科技成果转化机制改革"作出部署，指出要加强国家技术转移体系建设，并专门提出"加强技术经理人队伍建设"。技术经理人队伍建设对于促进科技成果产业化、加快培育新质生产力、提升国家创新体系整体效能具有重要意义。

近年来，中国科协履行"为创新驱动发展服务"的职责使命，立足于当好产学研融通"立交桥"，建设"科创中国"服务品牌，并将"培育技术经理人队伍"作为"科创中国"建设的重要内容，推动构建技术转移转化的人才工作体系。开展技术转移转化人才高级研修，累计培训1万余名具有专业知识的技术经理人，入驻"科创中国"平台开展需求解析和成果对接。通过"科创中国"平台开设"技术经理人"专栏，汇聚一批优质培训课程，提供"技术经理人直播""揭榜挂帅"项目需求、"技术路演"项目资源、"金融投资"项目对接等科技服务。发布"技术经理人先锋榜"，组织7家省级技术经理人协会共同签署《技术经理人自律规则服务宣言》，推动形成技术经理人行业规范。

当前，我国技术经理人队伍建设依旧处于发展初期，规模、质量远远无法满足科技成果转化的现实需要。社会上对技术经理人的培训和评价方式方法多样、手段不一、成效不均，因此建设体系化、标准化、规范化、专业化的技术经理人培养体系成为迫切需要。2024年，中国科协联合科技部共同推进技术经理人培养体系建设，从教材与课程、标准与评价、培养与使用、人才梯队与实践实训等方面，构建系统、科学、实用的技术经理人培养体系。围绕技术经理人服务成果转化的知识体系和市场需求，首次系统性组织编写初、中、高三级技术经理人培训专用教材，内容涵盖技术转移体系构建、技术转移模式与路径、产学研合作、知识产权保护与运营、政策法规、科技金融等，并融入相关技术转移典型案例，具有较高的权威性、系统性和实用性。教材设计和编写过程中，得到了中国科技评估与成果管理研究会名誉理事长，科技部原党组成员、驻部纪检组原组长郭向远等多位领导的大力支持，在此一并致谢。

下一步，我们将进一步推动系列教材在技术经理人队伍培育、实践、体系建设等方面的应用，希望能够帮助广大技术经理人完善知识体系、提升职业技能、提高专业素养。希望广大技术经理人与科学界、产业界充分协作，更好地完善科技成果转移转化链条，共同为国家技术转移体系建设、推动经济高质量发展作出更大贡献。

技术经理人系列教材编写委员会
2024年10月

前 言

中级技术经理人处于职业生涯的成长和成熟阶段，在掌握初级阶段能力即对科技成果转移转化概念、流程与政策法规要求的全面认识基础上，应具有一定的实操能力，甚至能够全链条地参与和开展技术转移工作。因此，中级教材侧重于对技术转移价值、意义的认知和实操层面，其中也包括一些实用工具及其具体的操作方法。

《技术经理人中级教材》分为上、下篇，共11章。上篇：知识水平部分分为3章。第1章科技成果转化法律法规政策，主要介绍和解读了技术合同、资产管理、科技人员兼职和离岗创业、尽职免责四个方面的法律规定，对于技术经理人在中级阶段开展科技成果转移转化工作需要掌握的政策法规要求进行了补充。第2章知识产权布局，与知识产权运营章节共同构成知识产权专题内容，并且在此章节中注重专利、商业秘密、商标以及多维立体布局等知识性内容。第3章科技金融理论与实践，聚焦科技金融及其中风险投资、信用贷款、风险配置等概念及相关问题。第4章创新理论与创新战略思维工具，对于技术转移的价值和意义结合熊彼得经典创新理论等相关联系和理论基础进行论述，并提供如精益创业、简约创新、设计思维等方法工具。第5章新兴产业技术发展态势，围绕新一代信息技术、新能源与新材料技术、高端装备制造等领域。

下篇：实践技能部分分为6章，其逻辑即科技成果转移转化的标准流程。第6章科技成果推广与产业技术需求挖掘，作为技术转移流程的启动环节，衔接初级教材中的发明披露内容，对科技成果内容进行市场化推广、对产业端需求进行针对性的挖掘和匹配。第7章科技成果评估方法与工具，在明确科技成果评估的标准规范和流程后，提供了要点技巧、评估工具和具体操作方法。第8章知识产权运营，介绍了知识产权运营的目的及意义、价值评估、运营主体、常见模式以及典型案例。第9章概念验证与中试熟化，对概念验证、中试熟化这两个关键流程进行了操作详解。第 10 章商业计划书实务，基于组织流程、工具与应用、撰写要点、调整完善等全流程进行了全面介绍。第 11 章商务谈判与交易达成，对技术转移流程最终的谈判、交易、收益分配等关键问题进行了论述。

本系列教材是在中国科协科学技术创新部的指导下，在科技部科技评估中心的总体统筹下，由北京五洲融合创新产业战略研究院组织编写。除《技术经理人中级教材》，本系列教材还包含《技术经理人初级教材》和《技术经理人高级教材》。本系列教材的编写与发布，旨在打造全国首套兼具科学性、实用性、前沿性和贯通性的高质量技术经理人专用系列教材，为我国技术经理人培养体系建设贡献智慧和力量。

本系列教材的编写逻辑主要基于 T/CASTEM1007—2022《技术经理人能力评价规范》团体标准中对初级、中级、高级技术经理人的能力和分级评价要求，以基础知识与成果转化流程作为教材主线，以适应不同级别技术经理人的定位和从业工作需求。教材以技术经理人视角切入，内容由浅入深，面向不同职业阶段和水平能力的受众。初、中、高级教材皆分为上、下篇，上篇为知识水平，下篇为实践技能。上篇分为五大知识体系，涉及技术经理人与科技成果转化基本概念、技术经理人的创新思维、科技成果转化发展历程与政策法规、技术转移相关知识以及技术发展态势；下篇涵盖八大实践技能，包括技术挖掘识别、发明披露、科技成果评估、技术交易策划、知识产权布局与保护、商业谈判、孵化培育、企业发展与公司治理，贯穿科技成果转化过程中，从 PI 到 IP 再到 IPO 全流程全链条。初、中、高级教材篇目设计主要以贯通性、衔接性、实操性为基本原则，初级教材全面介绍技术经理人相关基础知识，通过学习具备科技成果转化基本操作能力；中级教材侧重实操与案例分析，通过学习具备管理技术转移团队或机构的能力；高级教材重点关注技术转移项目管理中后期阶段，通过学习具备战略层面规划、管理技术转移事务综合能力。

技术经理人系列教材内容分布情况

	涉及相关内容	涉及教材
上篇：五大知识体系	技术经理人与科技成果转化基本概念	初级
	技术经理人的创新思维	中级
	科技成果转化发展历程与政策法规	初级 / 中级 / 高级
	技术转移相关知识	初级 / 中级 / 高级
	技术发展态势	初级 / 中级 / 高级
下篇：八大实践技能	技术挖掘识别	初级 / 中级
	发明披露	初级
	科技成果评估	初级 / 中级
	技术交易策划	初级
	知识产权布局与保护	初级 / 中级 / 高级
	商业谈判	中级
	孵化培育	中级
	企业发展与公司治理	高级

《技术经理人中级教材》作为全国首部中级技术经理人专用教材，虽然编写组几易其稿，不断优化完善，但囿于时间和水平所限，不免存在疏漏和不足之处，恳请各位读者批评指正！

本书编写组
2024 年 11 月

目 录

上篇 知识水平

第1章 科技成果转化主要政策概览　　003

1.1　技术合同的类型及政策概览　　004
1.2　科技成果资产管理政策概览　　013
1.3　科技人员兼职和离岗创业政策概览　　023
1.4　科技成果转化尽职免责政策概览　　034
1.5　本章小结　　037

第2章 知识产权布局　　039

2.1　专利布局　　040
2.2　商业秘密布局　　051
2.3　商标布局　　054
2.4　多维度立体布局　　056
2.5　知识产权布局案例　　058
2.6　本章小结　　068

第3章 科技金融理论与实践　　069

3.1　科技金融的理论基础　　070
3.2　科技金融实践之风险投资　　075

3.3	科技金融实践之信用贷款	078
3.4	科技金融实践之风险配置	082
3.5	海内外科技金融典型案例	085
3.6	本章小结	096

第4章　创新理论与创新战略思维工具　098

4.1	技术转移相关创新理论	099
4.2	颠覆式创新与持续性创新	103
4.3	创新战略思维工具	106
4.4	典型案例	113
4.5	本章小结	117

第5章　新兴产业技术发展态势　118

5.1	新兴产业技术发展	119
5.2	新一代信息技术	129
5.3	新能源与新材料技术	133
5.4	新材料技术	145
5.5	高端装备制造	148
5.6	本章小结	154

下篇　实践技能

第6章　科技成果推广与产业技术需求挖掘　157

6.1	科技成果推广	158
6.2	产业技术需求挖掘	173
6.3	本章小结	193

第 7 章　科技成果评估方法与工具　　195

7.1　科技成果评估要点与技巧　　196
7.2　科技成果评估工具　　202
7.3　评估案例分析　　217
7.4　本章小结　　222

第 8 章　知识产权运营　　224

8.1　知识产权运营的定义及基本特征　　225
8.2　知识产权运营的目的及意义　　226
8.3　知识产权价值评估　　227
8.4　知识产权运营的主体　　231
8.5　知识产权运营的常见模式　　232
8.6　本章小结　　252

第 9 章　概念验证与中试熟化　　254

9.1　概念验证　　255
9.2　中试熟化　　266
9.3　本章小结　　277

第 10 章　商业计划书实务　　278

10.1　商业计划书的组织策划　　279
10.2　商业计划书的思维工具及其应用　　287
10.3　商业计划书的撰写、调整与完善　　296
10.4　本章小结　　306

第11章 商务谈判与交易达成　　　　　　308

11.1　商务谈判前的准备工作　　　　　309
11.2　商务谈判的技巧　　　　　　　　314
11.3　技术商业化谈判的策略　　　　　319
11.4　商务谈判的要点　　　　　　　　322
11.5　交易达成　　　　　　　　　　　325
11.6　收益分配　　　　　　　　　　　329
11.7　科技成果转化的投后管理　　　　334
11.8　典型案例分析　　　　　　　　　336
11.9　本章小结　　　　　　　　　　　340

参考文献　　　　　　　　　　　　　**342**
后　记　　　　　　　　　　　　　　**348**

上篇　知识水平

第 1 章
科技成果转化主要政策概览

目前,围绕科技成果转移转化的供给侧、需求侧、服务侧、资源配置,涉及科技成果产生与扩散、转化主体、转化载体、技术合同、资产管理、科研人员激励、财税金融、条件保障、制度保障等多个方面。国家科技成果转移转化政策体系基本健全,技术合同、科技成果资产管理、科技人员兼职和离岗创业、科技成果转化尽职免责是贯穿科技成果转化全过程的主要政策,本章主要介绍这四方面的政策。

其中,科技成果转化很大一部分是通过签订技术合同实施的,不同的技术合同具有不同的特征。科技成果资产管理是国有企事业单位开展科技成果转化的关键环节之一。科技成果作为一项无形资产,在交易流转中涉及成果的处置和使用、定价、收益分配等。科技人员兼职和离岗创业是科技成果转化的重要途径。科技成果转化尽职免责机制的建立旨在营造科技成果转化中鼓励创新、敢于担当的良好氛围。

1.1 技术合同的类型及政策概览

《中华人民共和国促进科技成果转化法》(以下简称《促进科技成果转化法》)第十六条规定：科技成果持有者可以采用下列方式进行科技成果转化：(一)自行投资实施转化；(二)向他人转让该科技成果；(三)许可他人使用该科技成果；(四)以该科技成果作为合作条件，与他人共同实施转化；(五)以该科技成果作价投资，折算股份或者出资比例；(六)其他协商确定的方式。在上述六种转化方式中，除第一种外，其他都需将科技成果转移到另一方，由另一方实施转化。这就需要签订技术合同。其中，第二项的转让、第三项的许可须分别签订技术转让合同、技术许可合同，第四项的合作须签订技术合作合同，即技术开发合同的一种，第五项作价投资则须参照技术转让合同签订。可见，做好科技成果转化工作，就必须掌握技术合同相关知识。

1.1.1 技术合同的类型

《中华人民共和国民法典》(以下简称《民法典》)第二十章专章规定了技术合同，第八百四十三条"技术合同是当事人就技术开发、转让、许可、咨询或者服务订立的确立相互之间权利和义务的合同"，因此技术合同可分为技术开发合同、技术转让合同、技术许可合同、技术咨询合同和技术服务合同。

技术合同的内容一般包括项目的名称，标的的内容、范围和要求，履行的计划、地点和方式，技术信息和资料的保密，技术成果的归属和收益的分配办法，验收标准和方法，名词和术语的解释等条款。与履行合同有关的技术背景资料、可行性论证和技术评价报告、项目任务书和计划书、技术标准、技术规范、原始设计和工艺文件，以及其他技术文档，按照当事人的约定可以作为合同的组成部分。技术合同涉及专利的，应当注明发明创造的名称、专利申请人和专利权人、申请日期、申请号、专利号以及专利权的有效期限。

技术合同价款、报酬或者使用费的支付方式由当事人约定，可以采取一次总算、一次总付或者一次总算、分期支付，也可以采取提成支付或者提成支付附加预付入门费的方式。约定提成支付的，可以按照产品价格、实施专利和使用技术秘密后新增的产值、利润或者产品销售额的一定比例提成，也可以按照约定的其他方式计算。提成支付的比例可以采取固定比例、逐年递增比例或者逐年递减比例。约定提成支付的，当事人可以约定查阅有关会计账目的办法。

无论企业输出科技成果还是引入科技成果，技术合同类型与以下四个因素有关：

一是，科技成果是否依法取得知识产权。转移没有取得知识产权的科技成果的，不可以签订技术转让合同和技术许可合同。

二是，知识产权所有权或使用权是否转移。属于知识产权所有权转让的，须签订技术转让合同；属于知识产权使用权转移的，须签订技术许可合同；不发生知识产权所有权或使用权转移，不可以签订技术转让合同和技术许可合同。

三是，在解决技术难题的过程中有否创新。没有创新的，不可以签订技术开发合同。

四是，解决技术难题的方式。如果只是为委托方提供一份报告或建议，须签订技术咨询合同。利用科技成果为委托方解决技术难题有创新的，可签订技术开发合同；没有创新的，可签订技术服务合同。

企业在解决技术难题的过程中涉及多方面因素，既有知识产权，且涉及知识产权所有权或使用权转移，又有所创新的，可以根据实际情况，综合考虑可以享受的财税扶持政策，选择合适的技术合同类型。

1.1.1.1 技术开发合同

技术开发合同是当事人之间就新技术、新产品、新工艺、新品种或者新材料及其系统的研究开发所订立的合同[①]。应当同时符合目标明确、技术方案尚未掌握、预期成果有

---

① 《技术合同认定规则》第二十三条列举了8类技术开发项目，第二十四条列举了4类非技术开发项目。

创新内容三个条件，三者缺一不可。如果目标不明确，则属于自由探索；如果技术方案已掌握，则无须开发；如果无创新内容，则是常规性的技术支持、技术应用活动。技术开发合同包括委托开发合同和合作开发合同。

委托开发合同的委托人应当按照约定支付研究开发经费和报酬，提供技术资料，提出研究开发要求，完成协作事项，接受研究开发成果。委托开发合同的研究开发人应当按照约定制订和实施研究开发计划，合理使用研究开发经费，按期完成研究开发工作，交付研究开发成果，提供有关的技术资料和必要的技术指导，帮助委托人掌握研究开发成果。委托开发完成的发明创造，除法律另有规定或者当事人另有约定外，申请专利的权利属于研究开发人。研究开发人取得专利权的，委托人可以依法实施该专利。研究开发人转让专利申请权的，委托人享有以同等条件优先受让的权利。

合作开发合同的当事人应当按照约定进行投资，包括以技术进行投资、分工参与研究开发工作、协作配合研究开发工作。合作开发合同的当事人违反约定造成研究开发工作停滞、延误或者失败的，应当承担违约责任。作为技术开发合同标的的技术已经由他人公开，致使技术开发合同的履行没有意义的，当事人可以解除合同。合作开发完成的发明创造，申请专利的权利属于合作开发的当事人共有；当事人一方转让其共有的专利申请权的，其他各方享有以同等条件优先受让的权利；当事人另有约定的除外。合作开发的当事人一方声明放弃其共有的专利申请权的，除当事人另有约定外，可以由另一方单独申请或者由其他各方共同申请。申请人取得专利权的，放弃专利申请权的一方可以免费实施该专利。合作开发的当事人一方不同意申请专利的，另一方或者其他各方不得申请专利。

委托开发或者合作开发完成的技术秘密成果的使用权、转让权以及收益的分配办法，由当事人约定；没有约定或者约定不明确，依据《民法典》第五百一十条的规定仍不能确定的，在没有相同技术方案被授予专利权前，当事人均有使用和转让的权利。委托开发的研究开发人不得在向委托人交付研究开发成果之前，将研究开发成果转让给第三人。

1.1.1.2 技术转让合同和技术许可合同

技术转让合同是合法拥有技术的权利人，将现有特定的专利、专利申请、技术秘密的相关权利让与他人所订立的合同①。应当同时符合以下三个条件：一是合同标的是已掌握的知识产权成果；二是该知识产权具有实用价值，即相关技术内容应构成一项产品、工艺、材料、品种及其改进的技术方案；三是发生知识产权有关权利的转移。

如果合同标的不涉及知识产权，则是进入公有领域的知识、技术、经验和信息等方面的应用、推广，属于技术咨询、技术服务或技术培训活动；如果不具有实用价值，则属于一般知识传播活动；如果不发生知识产权有关权利的转移，则不存在转让行为，或只是有关技术产品交易。技术转让合同包括专利权转让、专利申请权转让、技术秘密转让等合同。

技术许可合同是合法拥有技术的权利人，将现有特定的专利、技术秘密的相关权利许可他人实施、使用所订立的合同。技术许可合同包括专利实施许可、技术秘密使用许可等合同。

专利实施许可合同仅在该专利权的存续期限内有效。专利权有效期限届满或者专利权被宣告无效的，专利权人不得就该专利与他人订立专利实施许可合同。专利实施许可合同的被许可人应当按照约定实施专利，不得许可约定以外的第三人实施该专利，并按照约定支付使用费。

技术秘密转让合同的让与人和技术秘密使用许可合同的许可人应当按照约定提供技术资料，进行技术指导，保证技术的实用性、可靠性，承担保密义务。前款规定的保密义务不限制许可人申请专利，但是当事人另有约定的除外。技术秘密转让合同的受让人和技术秘密使用许可合同的被许可人应当按照约定使用技术，支付转让费、使用费，承担保密义务。

技术转让合同和技术许可合同中关于提供实施技术的专用设备、原材料或者提供有关的技术咨询、技术服务的约定，属于合同的组成部分。可以约定实施专利或者使用技术秘密的范围，但是不得限制技术竞争和技术发展。

集成电路布图设计专有权、植物新品种权、计算机软件著作权等其他知识产权的转让和许可，参照适用《民法典》有关规定。

---

① 《技术合同认定规则》第二十七条至第三十条列举了4类技术转让合同，第三十一条、第三十二列举了2类非技术转让合同。

1.1.1.3 技术咨询合同和技术服务合同

技术咨询合同是当事人一方以技术知识为对方就特定技术项目提供可行性论证、技术预测、专题技术调查、分析评价报告等所订立的合同。技术咨询合同应当同时符合以下三个条件：①合同标的为特定技术项目的咨询课题，即限于"特定技术项目"；②咨询方式为运用科学知识和技术手段进行的分析、论证、评价和预测，即以咨询方式对科学技术知识进行应用、推广；③工作成果是科技咨询报告和意见。《技术合同认定规则》第三十八条规定的合同，因不是对"特定技术项目"所进行的咨询，不属于技术咨询合同。《技术合同认定规则》第三十五条规定的9类项目都是技术项目，且运用科学知识和技术手段都可认定为技术咨询合同。如果在上述9类项目中涉及技术开发、技术转让的，可根据技术内容的比重来确定合同的性质。技术咨询合同的委托人应当按照约定阐明咨询的问题，提供技术背景材料及有关技术资料，接受受托人的工作成果，支付报酬。

技术服务合同是当事人一方以技术知识为对方解决特定技术问题所订立的合同，不包括承揽合同和建设工程合同。应当同时符合以下四个条件：第一，合同的标的为运用专业技术知识、经验和信息解决特定技术问题的服务性项目，即在性质上属于专业技术知识、经验和信息的应用活动；第二，服务内容为改进产品结构、改良工艺流程、提高产品质量、降低产品成本、节约资源能耗、保护资源环境、实现安全操作、提高经济效益和社会效益等专业技术工作，即它应定性为专业技术工作；第三，工作成果有具体的质量和数量指标，即它应有明确的目标；第四，技术知识的传递不涉及专利、技术秘密成果及其他知识产权，如果涉及知识产权，则属于技术转让。《技术合同认定规则》第四十一条规定的11类服务，同时符合上述四个条件，且有明确技术问题和解决难度，都属于技术服务合同。如果这11类服务是当事人一般日常经营业务范围的，可以理解为不具有明确技术问题或解决难度，则所签订的合同不能认定为技术服务合同。《技术合同认定规则》第四十二条规定的4类服务合同，不属于特定技术问题，也没有解决难度，不能认定为技术服务合同。

技术咨询合同、技术服务合同履行过程中，受托人利用委托人提供的技术资料和工作条件完成的新的技术成果，属于受托人。委托人利用受托人的工作成果完成的新的技术成果，属于委托人。当事人另有约定的，按照其约定。对受托人正常开展工作所需费用的负担没有约定或者约定不明确的，由受托人负担。

科技部于 2001 年 7 月印发的《技术合同认定规则》（国科发政字〔2001〕253 号）规定，技术合同分为技术开发、技术转让、技术咨询、技术服务（含技术培训）四类合同。

技术培训是对指定的专业技术人员进行特定项目的技术指导和业务训练，即特定项目的专业技术知识传授，它应当同时符合以下三个条件：①合同标的是传授特定技术项目的专业技术知识；②培训对象是与特定技术项目有关的专业技术人员；③不涉及有关知识产权权利的转移。《技术合同认定规则》第四十六条规定的 2 类教育培训活动所订立的合同，因不属于传授特定技术项目的专业技术知识，不能认定为技术培训合同。

1.1.2 技术合同认定登记

根据《技术合同认定登记管理办法》（国科发政字〔2000〕063 号）和《技术合同认定规则》（国科发政字〔2001〕253 号）规定，技术合同认定登记是指技术合同登记机构对技术合同当事人申请认定登记的合同文本从技术上进行核查，确认其是否符合技术合同要求的专项管理工作。这就要求技术合同认定登记人员具有专业技术背景，能对技术合同是否属于技术合同及属于何种技术合同作出结论，并核定其技术交易额（技术性收入）。

1.1.2.1 技术合同认定登记的目的

技术合同实行自愿申请登记的制度，技术合同认定登记有三个目的：

一是，加强技术市场管理，促进技术市场健康有序发展。技术的无形性决定了技术交易往往不是在有形的市场进行的，这也决定了技术市场主要是无形市场，而通过技术合同认定登记，可以统计并反映无形的技术市场的交易结果。

二是，加速科技成果转移转化，而科技成果转移转化主要通过签订技术合同进行，技术合同得到履行，意味着科技成果得到转化。技术合同认定登记可以促进技术合同的履行。

三是，保障国家有关促进科技成果转化法律法规和政策的实施。技术市场的发展，技术交易的实现，对经济发展和社会进步有积极的促进作用，因此国家对技术交易实行财税、金融扶持政策。技术合同认定登记有助于国家政策的落实，并更好地发挥政策的扶持作用。

1.1.2.2 技术合同认定登记的功能

技术合同认定登记具有两项重要功能：①加强对技术市场和科技成果转化工作的指导、管理和服务；②进行相关的技术市场统计和分析工作。由于只是对通过认定登记的技术合同成交额进行统计，统计数据并不能完全反映全部技术合同成交情况，更不能反映技术市场的成交情况。

根据《技术合同认定登记管理办法》（国科发政字〔2000〕063号）规定，技术合同登记机构对申请登记的技术合同进行审查，发现存在以下问题的不予登记：①当事人拒绝出具或者所出具的证明文件不符合要求的；②印章不齐备或者印章与书写名称不一致的；③技术标的或内容存在违反国家有关法律法规的强制性规定和限制性要求；④合同主体不明确的；⑤合同标的不明确，不能使登记人员了解其技术内容的；⑥合同价款、报酬、使用费等约定不明确的；⑦合同名称与合同中的权利义务关系不一致且拒不补正的；⑧合同条款含有非法垄断技术、妨碍技术进步等不合理限制条款。上述八个方面的问题，如不及时补正，会影响技术合同的履行。这也充分说明，对技术合同条款及其规范性进行形式审查和实质性审查，有利于技术合同的履行，也有利于技术合同政策的落实。

通过技术合同认定并进行登记的技术合同，无论形式要件还是实质要件，都要符合《民法典》规定，也就是说，技术合同认定登记可以起到规范技术合同的签订、保障合同双方的合法权益、促进技术合同的履行等作用。

根据《促进科技成果转化法》及相关文件规定，技术合同认定登记涉及科技成果转化奖励和报酬金的提取，且所提取的奖酬金不受工资总额限制，不纳入工资总额基数，可以享受有关个人所得税、企业所得税的减免，政策的含金量非常高。签订的合同是否属于技术合同，属于哪一种类型的技术合同，直接影响到政策适用。因此，当事人签订技术合同、申请技术合同认定登记，技术合同登记机构办理技术合同认定登记是一项非常严肃的工作，必须严格按照《技术合同认定规则》和《技术合同认定登记管理办法》执行，一旦发现有差错，有关责任人就有可能被追究失职或渎职责任。

1.1.3 技术合同税收优惠政策

有无知识产权往往决定了技术合同类型，而知识产权构成又决定能否享受税收优惠政策。国家鼓励企业买卖有知识产权的科技成果，企业转让专利、计算机软件著作权等有知识产权证书的科技成果，可以享受技术转让所得减免企业所得税优惠政策，技术转让收入可以免征增值税。知识产权类型与技术合同类型有关，企业进行技术交易可享受的税收优惠政策与签订的技术合同类型有关。

1.1.3.1 企业转出科技成果可享受的税收政策

企业转出科技成果取得技术性收入，与技术合同类型密切相关，表1-1列出了企业转出科技成果的技术合同类型与可享受的税收优惠政策之间的关系。

表 1-1 企业转出科技成果的技术合同类型与可享受税收优惠政策的关系

	技术开发	技术转让	技术许可	技术咨询	技术服务
减免企业所得税	×	√	√	×	×
减免增值税	√	√	√	×	×
高企认定技术性收入核定	√	√	√	√	√
研发费用税前加计扣除	×	—	—	×	×

在表 1-1 中，根据国家有关税收优惠政策文件规定，企业转让专利权、计算机软

件著作权等有知识产权证书的科技成果，许可他人使用专利权、计算机软件著作权等有知识产权证书的科技成果 5 年及以上，年所得额 500 万元以内免征企业所得税，超过 500 万元的部分减半征收企业所得税；企业转让或许可他人使用技术秘密、专利申请权等科技成果的，不可享受减免企业所得税优惠政策。企业技术开发收入和转让专利技术与非专利技术取得的收入，开具增值税普通发票的，可以享受免征增值税政策。企业受托开展技术开发，不可享受研发费用税前加计扣除，应由委托方享受税前加计扣除政策。企业受托开展技术咨询和技术服务，因不属于研究开发活动，不可享受税前加计扣除优惠政策。

1.1.3.2　企业引入科技成果可享受的税收政策

企业引入科技成果可享受的税收政策与技术合同类型密切相关，表 1-2 列出了两者之间的关系。

表 1-2　企业引入科技成果可享受的税收政策与技术合同类型的关系

	技术开发	技术转让	技术许可	技术咨询	技术服务
企业所得税政策	—	—	—	—	—
增值税政策	—	—	—	—	—
高企认定研发费用核算	—	—	—	—	—
研发费用税前加计扣除	√	√	√	×	×

在表 1-2 中，企业委托他人开展技术开发活动的研究支出，可在税前据实扣除的基础上再按国家规定的 100% 加计扣除比例税前扣除；开发支出可结转为无形资产，并按照无形资产成本的 200% 在税前摊销；企业受让他人科技成果的支出，以及科技成果许可使用费可结转为无形资产，按年度进行摊销，使用该无形资产开展研究开发活动的摊销费，可列入可加计扣除研发费用；企业委托他人开展技术咨询、技术服务的支出，可在税前扣除，不可以享受税前加计扣除优惠。企业通过技术开发、技术转让、技术许可、技术咨询和技术服务发生的支出，要求技术提供方开具增值税专用发票的，技

术方缴纳的增值税可作为进项税予以抵扣，发生的支出符合高新技术企业认定中的研究开发费用范围的，可计入其研发费用。

1.1.3.3　个人所得税优惠政策

《关于科技人员取得职务科技成果转化现金奖励有关个人所得税政策的通知》（财税〔2018〕58号）中指出，依法批准设立的非营利性研究开发机构和高等学校根据《中华人民共和国促进科技成果转化法》规定，从职务科技成果转化收入中给予科技人员的现金奖励，可减按50%计入科技人员当月"工资、薪金所得"，依法缴纳个人所得税。科技人员享受本通知规定税收优惠政策，须同时符合以下条件：科技人员是指非营利性科研机构和高校中对完成或转化职务科技成果作出重要贡献的人员。非营利性科研机构和高校应按规定公示有关科技人员名单及相关信息（国防专利转化除外），具体公示办法依据《关于科技人员取得职务科技成果转化现金奖励信息公示办法的通知》（国科发政〔2018〕103号）。科技成果是指专利技术（含国防专利）、计算机软件著作权、集成电路布图设计专有权、植物新品种权、生物医药新品种，以及科技部、财政部、税务总局确定的其他技术成果。科技成果转化是指非营利性科研机构和高校向他人转让科技成果或者许可他人使用科技成果。现金奖励是指非营利性科研机构和高校在取得科技成果转化收入三年（36个月）内奖励给科技人员的现金。非营利性科研机构和高校转化科技成果应当签订技术合同，并根据《技术合同认定登记管理办法》，在技术合同登记机构进行审核登记，并取得技术合同认定登记证明。

1.2　科技成果资产管理政策概览

我国高校、科研机构等事业单位与国有企业分属不同的管理系统，建立了不同的管理制度体系。我们分别对事业单位和国有企业两类主体开展科技成果转化有关资产管理制度进行了梳理，包括制度的演变历程和现行的制度框架体系。

1.2.1 事业单位科技成果资产管理

从资产管理的角度，科技成果作为一项无形资产，纳入我国高校和科研机构国有资产管理的制度框架体系，但同时也体现了科技成果这类特殊资产类型的管理特点。从相关管理制度的变迁来看，大致经历了四个阶段（图1-1）：① 2006年之前的摸索阶段；② 2006—2011年，以财政部第36号令《事业单位国有资产管理暂行办法》的印发为标志，事业单位国有资产管理进入从严规范管理阶段；③以2011年在中关村国家自主创新示范区启动的中央级事业单位科技成果处置权、收益权管理改革为标志，进入探索试点阶段；④随着《促进科技成果转化法》的修订和实施，进一步将我国事业单位科技成果管理带入一个全新的改革阶段。

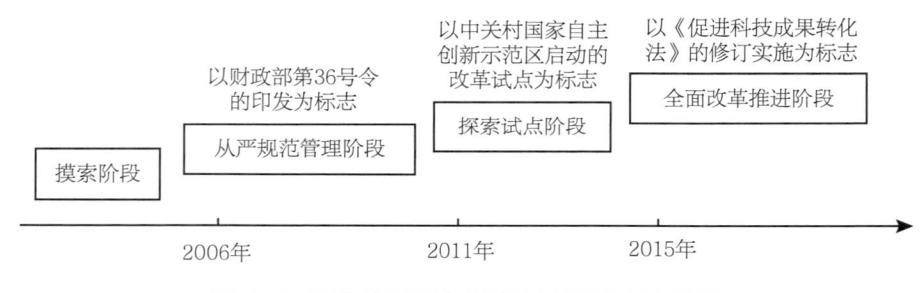

图1-1 事业单位科技成果资产管理的四个阶段

从资产管理角度，我们主要从科技成果的处置、使用和收益管理三个方面对现行科研事业单位国有科技成果管理制度进行梳理。

1.2.1.1 科技成果的处置和使用管理

按照财政部关于事业单位国有资产管理相关规定，科技成果处置是指事业单位对其拥有的科技成果进行产权转让或注销产权的行为，包括无偿划转、对外捐赠、出售、转让等。科技成果使用包括事业单位对其拥有的科技成果实施许可、对外投资等行为。从资产管理角度，科技成果的处置和使用管理可分为行为管理和定价管理两个方面。

（1）行为管理

现行政策是"充分授权"，即由事业单位自行决定科技成果的处置和使用，这一点无论在法律、部门规章、地方性法规和规范性文件等不同层次的政策法规之间，还是在财政部、教育部、工业和信息化部、中国科学院等不同体系的政策法规之间，均已形成共识。

（2）定价管理

在2019年财政部第100号令发布之前，《促进科技成果转化法》与事业单位国有资产管理系列文件的规定并不一致，分歧的核心是评估作为一种定价方法，是事业单位的必选项还是可选项。《促进科技成果转化法》和相关贯彻落实文件强调市场化定价原则，资产评估是可选择的定价方式之一；事业单位国有资产管理制度强调成果的国有资产属性以及由此带来的资产评估的必然性，即将其作为成果定价的必选方式。上述分歧表现在成果转化实践中，不同部委和不同主体关于定价方式存在多个版本的理解和适用原则，主要包括：①完全由单位自主决定定价方式，包括是否评估；②成果作价入股必须评估，成果转让和许可可以基于市场化原则确定价格；③成果作价入股和转让都必须评估，实施许可可以不采取评估定价方式；④不论采取何种成果转化方式，都必须评估定价。

随着2019年财政部第100号令和财资〔2019〕57号文件的相继印发实施，上述分歧终于迎来"和解"。财政部第100号令提出，高校、科研机构将其持有的科技成果转让、许可或者作价投资给国有全资企业的，可不进行资产评估；转化至非国有全资企业的，由单位自主决定是否进行资产评估。上述规定根据成果受让对象的不同，明确了资产评估的不同适用情形和要求，最大的变化是不再将"资产评估"作为成果定价的必选项。财资〔2019〕57号文件进一步明确"中央级研究开发机构、高等院校将科技成果转让、许可或者作价投资，由单位自主决定是否进行资产评估"。由此，在成果转化定价问题上，《促进科技成果转化法》和事业单位国有资产管理制度体系之间终于在基本思路和处理原则上消除了不一致和矛盾。

1.2.1.2 科技成果转化的收益管理

科技成果转化的收益管理是指事业单位对科技成果转化（包括处置、使用）所获得的货币或权益类收入的处置和分配。近年来，科技成果转化有关收益分配制度发生了较大变化：①从扣除人员奖励后全额上缴财政，到收入全部留归单位；②不断加大对科技人员的现金和股权激励力度；③明确将从事科技成果转化人员列入奖励对象，并针对担任领导职务的科技人员（或称"双肩挑"人员）激励，建立了分类管理和公开公示制度（表1-3）。

表1-3　事业单位科技成果收益管理相关制度

政策法规	具体规定
《促进科技成果转化法（2015年修订）》	第四十三条　国家设立的研究开发机构、高等院校转化科技成果所获得的收入全部留归本单位，在对完成、转化职务科技成果作出重要贡献的人员给予奖励和报酬后，主要用于科学技术研究开发与成果转化等相关工作。 第四十四条　科技成果完成单位可以规定或者与科技人员约定奖励和报酬的方式、数额和时限。单位制订相关规定，应当充分听取本单位科技人员的意见，并在本单位公开相关规定。 第四十五条　科技成果完成单位未规定、也未与科技人员约定奖励和报酬的方式和数额的，按照下列标准对完成、转化职务科技成果作出重要贡献的人员给予奖励和报酬： （一）将该项职务科技成果转让、许可给他人实施的，从该项科技成果转让净收入或者许可净收入中提取不低于50%的比例； （二）利用该项职务科技成果作价投资的，从该项科技成果形成的股份或者出资比例中提取不低于50%的比例； （三）将该项职务科技成果自行实施或者与他人合作实施的，应当在实施转化成功投产后连续3～5年，每年从实施该项科技成果的营业利润中提取不低于5%的比例； 国家设立的研究开发机构、高等院校规定或者与科技人员约定奖励和报酬的方式和数额应当符合前款第一项至第三项规定的标准； 国有企业、事业单位依照本法规定对完成、转化职务科技成果作出重要贡献的人员给予奖励和报酬的支出计入当年本单位工资总额，但不受当年本单位工资总额限制、不纳入本单位工资总额基数。
《国务院关于印发实施促进科技成果转化法若干规定的通知》（国发〔2016〕16号）	国家设立的研究开发机构、高等院校制订转化科技成果收益分配制度时，要按照规定充分听取本单位科技人员的意见，并在本单位公开相关制度。依法对职务科技成果完成人和为成果转化作出重要贡献的其他人员给予奖励时，按照以下规定执行： 1. 以技术转让或者许可方式转化职务科技成果的，应当从技术转让或者许可所取得的净收入中提取不低于50%的比例用于奖励； 2. 以科技成果作价投资实施转化的，应当从作价投资取得的股份或者出资比例中提取不低于50%的比例用于奖励； 3. 在研究开发和科技成果转化中作出主要贡献的人员，获得奖励的份额不低于奖励总额的50%； 4. 对科技人员在科技成果转化工作中开展技术开发、技术咨询、技术服务等活动给予的奖励，可按照促进科技成果转化法和本规定执行。

续表

政策法规	具体规定
《中共中央办公厅、国务院办公厅关于实行以增加知识价值为导向分配政策的若干意见》（厅字〔2016〕35号）	五、加强科技成果产权对科研人员的长期激励 （一）强化科研机构、高校履行科技成果转化长期激励的法人责任。坚持长期产权激励与现金奖励并举，探索对科研人员实施股权、期权和分红激励，加大在专利权、著作权、植物新品种权、集成电路布图设计专有权等知识产权及科技成果转化形成的股权、岗位分红权等方面的激励力度。科研机构、高校应建立健全科技成果转化内部管理与奖励制度，自主决定科技成果转化收益分配和奖励方案，单位负责人和相关责任人按照《中华人民共和国促进科技成果转化法》及《实施〈中华人民共和国促进科技成果转化法〉若干规定》予以免责，构建对科技人员的股权激励等中长期激励机制。以科技成果作价入股作为对科技人员的奖励涉及股权注册登记及变更的，无须报科研机构、高校的主管部门审批。
《事业单位国有资产管理暂行办法》（财政部令2019年第100号）	第五十六条 国家设立的研究开发机构、高等院校转化科技成果所获得的收入全部留归本单位。
《财政部关于进一步加大授权力度促进科技成果转化的通知》（财资〔2019〕57号）	二、优化评估管理，明确收益归属 （五）中央级研究开发机构、高等院校转化科技成果所获得的收入全部留归本单位，纳入单位预算，不上缴国库，主要用于对完成和转化职务科技成果作出重要贡献人员的奖励和报酬、科学技术研究与成果转化等相关工作。

总体上看，事业单位科技成果的处置、使用和收益管理（即"三权管理"），经历了从"审"到"放"、从"收"到"放"的过程，即从严格审批管理到充分放权和后期报告管理相结合，从成果转化收益收缴国库到由各单位自行支配用于研发和成果转化活动，体现了对科技成果这类特殊"国有资产"管理思路的重大调整，体现了对科技创新和产业化规律认识的不断深化。

1.2.2　国有企业科技成果资产管理

国有企业科技成果资产管理主要包括交易行为管理、资产定价管理和国有企业负责人业绩考核管理等，主要的法规政策如表1-4所示。

表 1-4　国有企业科技成果资产管理相关政策法规文件

性质	名称	文号	发布机构
法律	《中华人民共和国企业国有资产法》	主席令 2008 年第 5 号	全国人民代表大会常务委员会
	《中华人民共和国资产评估法》	主席令 2016 年第 46 号	全国人民代表大会常务委员会
	《促进科技成果转化法》	主席令第 32 号（2015 年修订）	全国人民代表大会常务委员会
行政法规	《企业国有资产监督管理暂行条例》	国务院令 2003 年第 378 号	国务院
部门规章和规范性文件	《企业国有资产交易监督管理办法》	国务院国资委 财政部令 2016 年第 32 号	国务院国资委、财政部
	《企业国有资产评估管理暂行办法》	国务院国资委令 2005 年第 12 号	国务院国资委
	《资产评估基本准则》	财资〔2017〕43 号	财政部
	《企业国有资产评估项目备案工作指引》	国资发产权〔2013〕64 号	国务院国资委
	《关于优化中央企业资产评估管理有关事项的通知》	国资发产权规〔2024〕8 号	国务院国资委
中评协文件	《资产评估价值类型指导意见》	中评协〔2017〕47 号	中国资产评估协会
	《资产评估执业准则》——企业价值	中评协〔2018〕38 号	
	《资产评估执业准则》——资产评估程序	中评协〔2018〕36 号	
	《资产评估执业准则》——资产评估报告	中评协〔2018〕35 号	
	《企业国有资产评估报告指南》	中评协〔2017〕42 号	

1.2.2.1　资产交易管理

科技成果转化相关无形资产的交易主要包括转让、实施许可、对外投资三种形式。国有企业资产交易管理，主要依据《中华人民共和国企业国有资产法》（以下简称《企业国有资产法》）和《企业国有资产交易监督管理办法》（国务院国资委 财政部第 32 号令）有关规定执行。

（1）无形资产的转让和对外投资

关于无形资产的转让和对外投资的内部行为决策，主要依据《企业国有资产法》相关规定。《企业国有资产法》第 30、第 32、第 33 条规定，对于转让重大财产、进行重大投资，国有独资企业由企业负责人集体讨论决定，国有独资公司由董事会决定，国有资本控股公司、国有资本参股公司由公司股东会、股东大会或者董事会决定。

《企业国有资产法》并未对"重大财产""重大投资"进行界定，实践中，一般由企业在公司章程中规定由董事会、股东会或股东大会，就转让财产、对外投资进行决策的最低额度。调查显示，中央企业一般会在集团层面相关管理制度中明确科技成果转让或对外投资不同层级的审批权限。比如，某中央企业规定科技成果单笔公开转让或作价投资金额 2000 万元以上的，需要逐级报集团公司审批；2000 万元以下的，由持有单位审批。

关于无形资产转让的处置程序，主要依据《企业国有资产法》和《企业国有资产交易监督管理办法》（国务院国资委 财政部第 32 号令）相关规定。32 号令第 48 条规定，企业一定金额以上的知识产权等资产对外转让，应当在产权交易机构公开进行。涉及国家出资企业内部或特定行业的资产转让，确需在国有及国有控股、国有实际控制企业之间非公开转让的，由转让方逐级报国家出资企业审核批准。

32 号令第 48 条提出"一定金额以上公开转让"的要求，并把"一定金额"的确定权限授予企业，即 32 号令第 49 条规定："国家出资企业负责制订本企业不同类型资产转让行为的内部管理制度，明确责任部门、管理权限、决策程序、工作流程，对其中应当在产权交易机构公开转让的资产种类、金额标准等作出具体规定，并报同级国资监管机构备案。"比如有国有企业将"一定金额"设定为 100 万元，即规定单项账面净值或累计投入在 100 万元以上的无形资产转让，应当在国有产权交易机构公开进行；拟协议转让给集团内部公司的，须上报集团总部审批。

（2）无形资产的实施许可

科技成果无形资产的实施许可属于资产出租、出借行为，并不涉及资产权属的转移，在现有企业国有资产管理相关法律法规中并未对这类许可行为的审批和实施提出具体规定和要求。在实践中，国有企业一般将科技成果许可事项的决策和管理授予集团所属各单位；在各单位内部，很多企业采取了授权管理方式，即授予某个职能部门对知识产权实施许可事项进行决策和管理。

1.2.2.2 资产定价管理

与高校、科研机构等事业单位实施科技成果转让、对外投资，可以自主协议定价不同，目前资产评估是国有企业转让无形资产或以无形资产对外投资的唯一定价方式，当然特殊情形除外。

目前，我国涉及国有资产评估的法律有 2016 年颁布的《中华人民共和国资产评估法》（以下简称《资产评估法》）和 2008 年颁布的《企业国有资产法》。2017 年由财政部颁布的《资产评估基本准则》虽然在法律层级上属于部门规章，但在实践中是评估机构开展评估活动主要遵守的基本准绳。在《资产评估基本准则》的基础上，中国资产评估协会根据不同经济活动，专门制订了更为详细的评估准则，以指导评估机构和评估师开展具体资产评估业务（见表 1-5）。

（1）应当进行资产评估的情形

《资产评估法》规定的"资产评估"，是指评估机构及其评估专业人员根据委托对不动产、动产、无形资产、企业价值、资产损失或者其他经济权益进行评定、估算，并出具评估报告的专业服务行为。《企业国有资产法》和《企业国有资产评估管理暂行办法》（国务院国资委 2005 年第 12 号令）对"应当进行资产评估的情形"的规定既存在共同点，也存在一些差异。共同点是两个文件针对国有企业转让资产和以非货币财产对外投资，都要求对资产进行评估；差异是《企业国有资产法》第 47 条提出了"重大财产"的概念，即规定国有企业转让重大财产，应当按照规定对有关资产进行评估，并未对"重大财产"进行界定，而国资委第 12 号令则针对所有资产转让都要求进行评估。

同时，国资委第 12 号令也提出了可以不对相关国有资产进行评估的两种行为：①经各级人民政府或其国有资产监督管理机构批准，对企业整体或者部分资产实施无偿划转；②国有独资企业与其下属独资企业（事业单位）之间或其下属独资企业（事业单位）之间的合并、资产（产权）置换和无偿划转。从实践看，目前国有企业无形资产转化行为大多发生在集团内部，很多交易行为属于上述第二类可以不评估的情形，这类资产交易行为一般不是评估定价，而是协议定价方式。

表 1-5　资产评估和可不评估的相关情形

	应当进行资产评估的情形	可不进行资产评估的情形
《企业国有资产法》（主席令2008年第5号）	第四十七条　国有独资企业、国有独资公司和国有资本控股公司合并、分立、改制，转让重大财产，以非货币财产对外投资，清算或者有法律、行政法规以及企业章程规定应当进行资产评估的其他情形的，应当按照规定对有关资产进行评估。	《企业国有资产评估管理暂行办法》 第七条　企业有下列行为之一的，可以不对相关国有资产进行评估： （一）经各级人民政府或其国有资产监督管理机构批准，对企业整体或者部分资产实施无偿划转； （二）国有独资企业与其下属独资企业（事业单位）之间或其下属独资企业（事业单位）之间的合并、资产（产权）置换和无偿划转。
《企业国有资产评估管理暂行办法》（国务院国资委2005年第12号令）	第六条　企业有下列行为之一的，应当对相关资产进行评估： （一）整体或者部分改建为有限责任公司或者股份有限公司； （二）以非货币资产对外投资； （三）合并、分立、破产、解散； （四）非上市公司国有股东股权比例变动； （五）产权转让； （六）资产转让、置换； （七）整体资产或者部分资产租赁给非国有单位； （八）以非货币资产偿还债务； （九）资产诉讼； （十）收购非国有单位的资产； （十一）接受非国有单位以非货币资产出资； （十二）接受非国有单位以非货币资产抵债； （十三）法律、行政法规规定的其他需要进行资产评估的事项。	

（2）资产评估项目的备案与核准

确定无形资产的交易价格或者交易底价，只完成资产评估流程是不完备的，还需按要求进行备案或核准。国资委第12号令第4条规定，企业国有资产评估项目实行核准制和备案制（见表1-6）。具体来说，经各级人民政府批准经济行为的事项涉及的资产评估项目，分别由其国有资产监督管理机构负责核准。经国务院国有资产监督管理机构批准经济行为的事项涉及的资产评估项目，由国务院国有资产监督管理机构负责备案；经中央企业及其各级子企业批准经济行为的事项涉及的资产评估项目，由中央企业负责备案。地方国有资产监督管理机构及其所出资企业的资产评估项目备案管理工作的职责分工，由地方国有资产监督管理机构根据各地实际情况自行规定。

表 1-6　评估核准、备案的对象和实施主体

行为	实施主体	实施对象
核准	各级国有资产监督管理机构	经各级人民政府批准经济行为的事项涉及的资产评估项目
备案	国务院国有资产监督管理机构	经国务院国有资产监督管理机构批准经济行为的事项涉及的资产评估项目
备案	中央企业	经中央企业及其各级子企业批准经济行为的事项涉及的资产评估项目
备案	地方国有资产监督管理机构及其所出资企业	由地方国有资产监督管理机构根据各地实际情况自行规定

注：依据《企业国有资产评估管理暂行办法》相关规定。

（3）健全完善中央企业科技成果交易流转定价

2024年1月，国务院国资委印发《关于优化中央企业资产评估管理有关事项的通知》（国资发产权规〔2024〕8号），提出中央企业及其子企业发生科技成果等资产转让、作价出资、收购等经济行为时，应当依据评估或估值结果作为定价参考依据，即在"评估结果"基础上，增加"估值结果"也可作为定价参考依据。同时，考虑到科技成果交易定价难度，进一步提出在上述资产交易情形下，中央企业及其子企业经咨询3家及以上专业机构，确难通过评估或估值方式对标的价值进行评定估算的，依照相关法律和企业章程履行决策程序后，可以通过挂牌交易、拍卖、询价、协议等方式确定交易价格，其中挂牌或拍卖底价可以参照其账面价值、历史投入成本等因素合理确定。

具体来说，通过询价方式确定科技成果转让、作价出资等交易价格的，企业应当组成询价小组，结合资产特点编写询价书，采用询价公告或报价邀请函的方式通知有意向的交易方，对报价文件进行审阅评定，综合考虑交易方意图、实力、价格等因素确定最终交易方。

通过协议方式确定科技成果转让、作价出资或收购等交易价格的，应当结合其账面价值、历史投入成本等因素，邀请法律专家、财务专家、技术专家、行业专家在充分论证其法律价值、技术价值和经济价值的基础上综合确定，并在适当范围内进行公示。对于一次定价确有难度的，交易双方可以参照实际应用效果，约定价格调整原则、调整周

期、重大事项节点等。

在科技成果许可定价时，可以采用销售额或利润提成、许可入门费加销售额或利润提成等方式确定许可费用。许可入门费和提成率可参照《国家知识产权局办公室关于印发〈专利开放许可使用费估算指引（试行）〉的通知》〔国知办发运字（2022）56号〕，结合所在行业的平均净资产收益率、营业收入利润率、许可使用对象的数量、许可费用的支付方式等因素合理确定。

1.3 科技人员兼职和离岗创业政策概览

科技人员离岗创新创业主要有三种方式：①中央或地方政府组织安排，如改革开放之初国家选派科技人员到农村和边远地区工作，以及科技部、教育部等部门于2009年组织实施科技人员服务企业行动等。这种方式一直存在，而且实施得比较好，操作中不存在任何障碍。②单位选派，即科研事业单位出于产学研长期合作或科技成果转化等方面的需要，选派科研人员到企业工作一段时间，工资、福利待遇等不降低。这种方式一般也不存在障碍。③科技人员主动提出申请。一般来说，这种形式是不顺畅的。不少单位没有出台明确的政策，许多科技人员也不清楚政策。即使有的单位出台了离岗创新创业的政策，但没有科技人员提出申请。因不少单位不支持科技人员离岗创新创业，如果科技人员想改变一下环境，或改变现状，往往只有走辞职一条路。

科技人员离岗创新创业意义重大。支持科技人员离岗创新创业，有利于加强科技创新、加快技术转移和科技成果转化；有利于充分发挥科技人员的聪明才智；有利于激发创新，增强创新创业活力；有利于盘活智力资源、科技资源，改变智力资源、科技资源分布不平衡、不合理的局面；有利于促进地区间、部门间、行业间、事业单位与企业间的人才流动和知识流动。因此，鼓励科技人员离岗创新创业政策应当尽快落地，高校院所应转变观念，大力支持科技人员离岗创新创业。

科技人员离岗创新创业，一般有以下一个或多个动因：①科研项目研发的需要，包括开展跨地区跨部门的研发合作；②实施科技成果转化的需要，科技人员作为科技成果的完成人，无论是转让或许可，还是作价投资，都需要科技人员提供后续研发支持；③科技人员实现自身价值的需要，通过离岗创新创业，实施自己的创意或成果；④获得在企业工作的经历，获得更多的实践经验，从中获得更多的创新机会；⑤服从组织或单位的安排，支持企业、农村或边远地区的发展。

科技人员离岗创新创业与兼职一样，都是科技人员的合理流动方式之一。科技人员在开展产学研合作、实施技术转移和科技成果转化等活动中，如果会影响本职工作的岗位职责履行与任务完成，同时本职工作离得开，一般应选择离岗创新创业，以避免与本职工作发生冲突。一般来说，科技人员兼职的障碍相对小一些，离职的难度更大，这些障碍有来自单位的，也有来自科技人员自身的。一般而言，科技人员越重要其岗位就越离不开他，对于科技人员来说，越重要的岗位越不敢离开。申请离岗创新创业的，一般是在单位处于边缘状态的人，他们愿意申请离岗，而单位也愿意放人，这反而是他们获得新机会的契机。

科技人员离岗创新创业政策经历了一个从无到有、从有到不断完善的过程。20世纪80年代初，发端于国家选派科技人员到农村和边远地区工作，之后引发一场科技人员辞职潮，出现了科技人员无序流动的局面。到20世纪90年代末，基于促进科技成果转化的需要，国家明确支持科技人员离岗创新创业，但那时的政策并不明朗。直到最近几年，基于加快实施创新驱动发展战略的需要，以及激发大众创业万众创新的活力，科技人员离岗创新创业政策才逐步明朗并不断完善，一些科技人员走出高校院所，到企业或创办企业进行创新创业。

1.3.1 国家层面政策概览

1.3.1.1 支持科研人员离岗转化科技成果

《促进科技成果转化法》于1996年颁布实施以后，国家支持科技人员通过离岗创业的方式转化科技成果。1999年3月，国务院办公厅转发了科技部等部门制订的《关于促进科技成果转化的规定》（国办发〔1999〕29号）。该规定第5条第二款规定，国有科研机构、高等学校及其科技人员可以离岗创办高新技术企业或到其他高新技术企业转化科技成果。实行人员竞争上岗的科研机构、高等学校，应允许离岗人员在单位规定的期限内（一般为 2 年）回原单位竞争上岗，保障重新上岗者享有与连续工作的人员同等的福利和待遇。从该文件规定来看，其要点如下：①该政策适用于国有科研机构、高等院校及其科技人员，不适用于企业。其目的是引导科技人员流向企业。②转化科技成果的方式是创办高新技术企业，或到其他高新技术企业任职。这里的"高新技术企业"并不是指根据《高新技术企业认定管理办法》认定的高新技术企业，而是有一定技术含量的科技企业，两者的标准不尽一致，如果严格限定为经认定的高新技术企业，这一政策就失去实际意义，也难以执行。③离岗期限一般为 3 年。由于对科技人员在离岗期间的工资、福利、社保、职称评聘等政策并不太明确，仅依据这个文件，离岗科技人员的权益并不能得到有效保障，因此正式提出离岗创新创业的科技人员并不多。

中共中央组织部、人事部、科学技术部于 2000 年 3 月 30 日印发的《关于深化科研事业单位人事制度改革的实施意见》（人发〔2000〕30 号）第 14 条提出，鼓励科研人员创办高新技术企业……从事研究开发和成果转化活动。可以根据长期交流与合作的需要，选派科研人员在一定时间内到其他科研机构或企业工作。科研机构按照国家有关规定通过合同或协议，建立规范的管理制度，明确单位与个人相互之间的权利、义务。该意见仍然没有直接提出"离岗"，但实际上包含了"离岗"方式。其亮点是提出了两种离岗创新创业方式及其出发点：①"鼓励科研人员创办高新技术企业"，包含在职创办和离岗创办两种方式，以便更好地促进研发和成果转化；②"选派科研人员"到其他科研机构或企业工作，出发点是基于单位长期交流与合作的需要。无论是前者的离岗创业还是后者的离岗创新，单位可通过规定或与科研人员约定离岗期间的权利和义务。这仍是原则性规定，需要制订实施细则。

到 2016 年 2 月，《国务院关于印发实施〈中华人民共和国促进科技成果转化法〉若干规定的通知》（国发〔2016〕16 号）第七条提出，国家设立的研究开发机构、高等院校科技人员……，经征得单位同意，可以……离岗创业，在原则上不超过 3 年时间内保留人事关系，从事科技成果转化活动。研究开发机构、高等院校应当建立制度规定或者与科技人员约定离岗从事科技成果转化活动期间和期满后的权利和义务。离岗创业期间，科技人员所承担的国家科技计划和基金项目原则上不得中止，确需中止的应当按照有关管理办法办理手续。与国办发〔1999〕29号文相比，国发〔2016〕16号文有以下特点：①文件层级更高，由国务院发文；②更具操作性，如"经征得单位同意""原则上不超过3年时间内保留人事关系"等；③要求明确，即对研究开发机构、高等院校提出的要求，"应当建立制度规定或者与科技人员约定"离岗期间的权利义务；④更符合实际，即为保证国家科技计划和基金项目的执行，明确在科研人员离岗创新创业期间这些项目原则上不得中止。这些规定仍是原则性的，由人力资源和社会保障部及地方政府制订实施细则。

1.3.1.2 动员广大科技人员服务企业

为应对国际金融危机的不断蔓延，帮助企业特别是中小企业破解发展难题，科技部、教育部等七部门于2009年3月24日联合印发了《关于动员广大科技人员服务企业的意见》（国科发政〔2009〕131号）。为此，科技部、教育部等部门组织实施"科技人员服务企业行动"，采取多种方式为企业提供服务，包括实施科技成果转化、帮助企业研发技术和解决经营管理问题、为企业培养技术和管理人才等。根据该意见第八条规定，科技人员派出期间，其原职级、工资福利和岗位保留不变，工资、职务、职称晋升和岗位变动与派出单位在职人员同等对待，并把科技人员服务企业的工作业绩，作为评聘和晋升专业技术职务（职称）的重要依据。对于作出突出贡献的，优先晋升职务、职称。这是由政府组织实施的科技人员离岗创新行为，要求科研院所和高等院校积极创造条件，支持科技人员服务企业。由于政府组织有力，加之政策落实到位，单位积极配合，科技人员积极参与，总体上取得了较好的效果。

1.3.1.3 支持科研人员离岗创新创业

为加快实施创新驱动发展战略，2015年3月13日中共中央、国务院印发了《关于深化体制机制改革加快实施创新驱动发展战略的若干意见》（中发〔2015〕8号）。该意见第二十二条提出，符合条件的科研院所的科研人员经所在单位批准，可带着科研项目和成果、保留基本待遇到企业开展创新工作或创办企业。到底符合什么条件，文件没有明确，应该是由科研院所规定。政策非常优厚，有在研项目的，可到企业继续研发；有科技成果的，可到企业实施转化，或以该成果创办企业；在离岗期间，保留基本待遇，包括基本工资、福利，由原单位缴社保等。站在国家的大局来看，科研人员到企业开展创新工作或创办企业是应该大力支持和有力促进的，但站在单位小局来看，这会严重影响本单位正常的科研秩序，因而单位领导会有抵触心理。这就需要高校院所的领导跳出本单位的小局，服务国家的大局，大力支持科技人员离岗创新创业。科技人员的有序流动，反过来会极大地促进本单位的科研上水平上层次。

《国务院关于印发实施〈中华人民共和国促进科技成果转化法〉若干规定的通知》（国发〔2016〕16号）和中共中央于2016年3月20日印发的《关于深化人才发展体制机制改革的意见》（中发〔2016〕9号）均对科研人员离岗创新创业作出了规定，前者出于实施科技成果转化的需要，后者出于推动人才的合理流动。

中共中央办公厅、国务院办公厅于2016年11月印发的《关于实行以增加知识价值为导向分配政策的若干意见》（厅字〔2016〕35号）提出，经所在单位批准，科研人员可以离岗从事科技成果转化等创新创业活动。这个文件提出了一项重要政策，即科研人员离岗创业收入不受本单位绩效工作总量的限制，目的是扫除一切可能的政策障碍。

1.3.1.4 支持专业技术人员离岗创新创业

为大力支持大众创业万众创新，国务院于2015年4月27日印发的《关于进一步做好新形势下就业创业工作的意见》（国发〔2015〕23号）第十条提出，探索高校、科研院所等事业单位专业技术人员在职创业、离岗创业有关政策。对于离岗创业的，经原单位同意，可在3年内保留人事关系，与原单位其他在岗人员同等享有参加职称评聘、岗位等级晋升和社会保险等方面的权利。原单位应根据专业技术人员创业的实际情况，与其签订或变更聘用合同，明确权利义务。这一规定传递了以下几个信息：①目前离岗创业政策不完善，需要积极探索，包括国家要探索，事业单位要积极探索，当时只有国办发〔1999〕29号文提出"国有科研机构、高等学校及其科技人员可以离岗创办高新技术企业"，而且只是原则性规定，不具有可操作性；②支持离岗创业的，不限于高校、科研院所，也包括其他事业单位，不限于科研人员，而是专业技术人员；③离岗创业期可以为 3 年，比国办发〔1999〕29 号文提出的 2 年延长 1 年，即以更加支持的态度支持离岗创业；④明确了专业技术人员离岗创业期的权利，即"与原单位其他在岗人员同等享有参加职称评聘、岗位等级晋升和社会保险等方面的权利"。当然，这些权利仍然不够，但相对于国办发〔1999〕29 号文有了很大的进步。

时隔不到两个月，国务院于 2015 年 6 月 11 日印发的《关于大力推进大众创业万众创新若干政策措施的意见》（国发〔2015〕32 号）第二十二条提出，加快落实高校、科研院所等专业技术人员离岗创业政策，对经同意离岗的可在 3 年内保留人事关系，建立健全科研人员双向流动机制。这里的"加快落实高校、科研院所等专业技术人员离岗创业政策"应该是指加快落实国发〔2015〕23 号文第十条规定的政策。由于该文件不是创设新的政策，而是强化落实已有的政策，在具体规定里，可能存在前后不完全一致的情况。例如，在国发〔2015〕32 号文第二十二条里同时出现"专业技术人员"和"科研人员"两个不完全相同的主体，因是"支持科研人员创业"，落脚点放在"建立健全科研人员流动机制"上。

时隔 9 个月后，中共中央于 2016 年 3 月 20 日印发了《关于深化人才发展体制机制改革的意见》（中发〔2016〕9 号）。该意见提出，研究制订高校、科研院所等事业单位科研人员离岗创业的政策措施。从国发〔2015〕23 号文提出"探索高校、科研院所等事业单位专业技术人员在职创业、离岗创业有关政策"到中发〔2016〕9 号文提出的"研究制订高校、科研院所等事业单位科研人员离岗创业的政策措施"，时隔不到 1 年，就从政策探索阶段进入了政策研究制订阶段了。

人力资源社会保障部于 2017 年 3 月 10 日印发的《关于支持和鼓励事业单位专业技术人员创新创业的指导意见》（人社部规〔2017〕4 号）和《关于进一步支持和鼓励事业单位科研人员创新创业的指导意见》（人社部发〔2019〕137 号）对专业技术人员离岗创新创业提出了明确且具体的指导意见。从文件规定看，可从以下角度把握其精神要义：一是要充分认识其意义。由于一些单位认识不到位、站位不高，只从本单位的局部利益出发，对专业技术人员离岗创新创业持不主动支持、不支持甚至反对的态度。二是该文件适用范围是事业单位及其专业技术人员，不限于科研事业单位及其科研人员。三是离岗创业人员的权益要得到充分保障，保障离岗创新创业人员可随时回来。为消除离岗创新创业人员的顾虑，该指导意见对专业技术人员在离岗创新创业期间可享受的待遇规定得比较明确具体，具有较强的操作性。四是专业技术人员离岗创新创业的，应当由专业技术人员提出申请，经单位同意，并办理相关手续，单位应当与离岗创新创业人员签订离岗协议，就离岗事项、离岗期限、基本待遇、保密、成果归属等内容进行约定，并变更聘用协议。这些规定比较具体，可操作性较强。

1.3.2 区域层面政策概览

地方积极落实中央规定，结合本地实施出台支持科技人员兼职兼薪和离岗创新创业的文件，引导和促进科技人员从事"双创"活动。以下就地方政策进行梳理。

1.3.2.1 北京市

2015年，北京市出台《北京市人民政府关于大力推进大众创业万众创新的实施意见》，围绕创新创业服务体系、发展形态、空间布局以及保障机制明确四大重点任务，提出了推动大众创业万众创新的具体意见和主要举措。意见重点强化了对科研人员以及大学生等创业主体的服务。通过鼓励高校、院所设立科技成果转化岗，允许离岗创业等支持科研人员创业；通过研究在中关村国家自主创新示范区开展大学生创业社保登记试点，建设大学生创业园等进一步完善大学生创业服务体系。

2017年7月，北京市人社局发布《关于支持和鼓励高校、科研机构等事业单位专业技术人员创新创业的实施意见》（京人社专技发〔2017〕117号），明确了支持和鼓励高校、科研机构专业技术人员创新创业的"六种模式"，即兼职、在职创办企业、在岗创业、到企业挂职、参与项目合作、离岗创业，破除事业单位人员流动壁垒，畅通人才进、出事业单位的通道，启动专业技术人才"共享"新机制。

兼职、在职创办企业，是指高校、科研机构等事业单位的专业技术人员，在履行本单位岗位职责、完成本职工作的前提下，可以利用本人及其所在团队的科技成果，在业余时间到与本单位业务领域相近的企事业单位、社会组织等机构兼职，或是在职创办企业。

在岗创业，是指高校、科研机构等事业单位根据自身工作需要，专门设立科技成果转化岗位，让本单位的科研人员进行应用技术研究、项目开发与技术合作、成果推广转化，与企业进行产业化合作等工作。

到企业挂职、参与项目合作，是指高校、科研机构等事业单位，按照创新创业要求和与本单位业务领域相近企业的需求，与企业合作，建立科技创新及转化平台和机制，选派和鼓励符合条件的专技人员到企业挂职，或参与项目合作。

离岗创业，是指高校、科研机构等事业单位专技人员，携带科研项目和成果，离岗创办科技型企业，或是到企业开展创新创业工作。离岗创业期限一般为3年，因特殊需要延长到5年。

专业技术人员进行兼职、在职创办企业、在岗创业等创新创业活动，可以兼职取酬，获得成果转化收益。离岗创业人员离岗期间，可保留相应的人事关系、基本工资待遇和社保相关待遇。创新创业期间取得的业绩，可以作为创业人员职称评审、岗位晋升、考核奖励的重要依据，与其他在职人员一样，在专业技术职务评聘、岗位等级晋升方面享受同等待遇。为创新创业人员建立了托底机制，一旦创业不成功，这些人员还可以选择返回原单位，仍可按本人的专业技术职务进行相应的岗位聘用。创业期间，个人自愿流动到兼职单位或所创办企业的，原单位将按规定为专业技术人员办理解除合同等手续，保障其流动调出。明确了对事业单位开展创新创业工作的支持政策，例如：简化创新创业人员申请批准程序，个人书面提出申请，按人事管理权限批准；对专业技术人员兼职和在职创办企业的，事业单位应将有关情况在单位内部进行公示，单位便于监督管理；提出了事业单位、创新创业人员与相关企业之间通过签订协议等方式，约定相关方的权利义务、收益分配及知识产权等内容，通过法律方式明确各方的权益，遇有纠纷的情况，依法依规解决；事业单位在岗位总量已满的情况下，因离岗创业空出的岗位，可用于聘用急需人才。对于离岗创业期满人员无正当理由未按规定返回原单位的，可与其解除聘用合同。

1.3.2.2　上海市

为加快建设具有全球影响力的科技创新中心，2015年上海市率先出台了《关于完善本市科研人员双向流动的实施意见》(沪人社专发〔2015〕40号),鼓励事业单位科研人员离岗创业、支持事业单位科研人员和企业人员双向兼职、鼓励事业单位设置流动岗位。2020年8月,上海市人力资源和社会保障局出台了《关于进一步支持和鼓励本市事业单位科研人员创新创业的实施意见》,在保留沪人社专发〔2015〕40号文三种"双创"类型的基础上,新增了支持和鼓励事业单位科研人员在职创业、事业单位选派科研人员到企业工作或参与项目合作、事业单位设置创新岗位等三种"双创"类型,进一步优化拓展了科研人员开展"双创"活动的内容和形式。注重管理环节全覆盖,从协议签订、期限、聘用合同管理、工资福利待遇、社保缴费与待遇享受、职称评审、岗位设置和聘用、考核、奖励、培训等各环节对不同类型的"双创"活动作出了具体规定,为"双创"活动管理、科研人员的权益保护提供了全方位依据。按照简政放权、人尽其才的思路,赋予了用人单位在科研项目方面更大的用人自主权,消除了科研人员身份、职业资格、薪酬待遇、社会保险等方面的顾虑,破除了阻碍人才流动的制度性障碍,采取了灵活多样的措施激发用人单位和科研人员的积极性和主动性。

1.3.2.3 浙江省

2016年,浙江省委组织部、人社厅联合出台《浙江省鼓励支持事业单位科研人员离岗创业创新实施办法(试行)》(以下简称《办法》),对事业单位科研人员离岗创业创新的适用范围对象、离岗手续办理、人事和工资关系处理、社会保险关系处理、返岗安排、解聘辞聘、监督指导等方面进行了规范。为提高事业单位贯彻落实离岗创业创新政策的积极性,离岗人员所聘岗位不占原单位专业技术岗位结构比例。离岗人员空出的岗位,确因工作需要,经组织人事管理部门同意,所在事业单位可按照国家和省有关规定用于引进紧缺急需的高层次人才。《办法》在养老保险问题上也给用人单位和个人更多的选择权,离岗人员在离岗创业创新期间可按规定继续参加事业单位社会保险,也可选择在企业所在地参加企业社会保险,但不得重复参保。《办法》还规定,具有高级专业技术职务或博士学位的科研人员解聘辞聘创业创新,在5年内因工作需要需重新流动到同行业事业单位的,按照"工作需要、岗位空缺、专业对口"原则,经主管部门和同级人事综合管理部门同意后直接考核聘用。2019年,浙江省委组织部、省人力资源和社会保障厅研究制订了《关于支持和鼓励高校科研院所科研人员兼职创新创业的指导意见（试行）》（浙人社发〔2019〕33号），进一步明确兼职创新创业必须以增加知识价值为导向，必须突出围绕创新这一主题，涉及的创业也是与创新有关的创业，与创新无关的兼职均不适用于该政策。

1.3.2.4　广东省

广东省出台的政策较早，2015年，《广东省人民政府关于进一步做好新形势下就业创业工作的实施意见》（粤府〔2015〕78号），鼓励科研人员创业。事业单位、高校、科研院所等单位的专业技术人员，经原单位同意离岗创业的，可带着科研项目和成果、保留基本待遇到企业开展创新工作或创业，其社会保险在原单位参加，职称评审时视同在岗人员，在创业期间取得的业绩成果视同在职期间取得。将成果转化作为职称评审的重要依据之一，发明专利转化应用情况与论文指标要求同等对待，技术转让成交额与纵向课题指标要求同等对待。在利用财政资金设立的高等学校和科研院所中，将职务发明成果转让收益在重要贡献人员、所属单位之间合理分配，科技成果转化后用于奖励科研负责人、骨干技术人员等重要贡献人员和团队的收益比例不低于50%。

2017年年初，广东省人力资源和社会保障厅联合省委组织部、省教育厅、省科技厅、省财政厅等部门联合印发了《关于鼓励高校科研院所科研人员创新创业有关人事管理问题的意见》（粤人社规〔2017〕2号），对专业技术人员兼职、在岗创业、离岗创业工资发放、社保缴纳、工伤保险等和岗位管理、年度考核、返岗程序等作出了具体规定。2017年，广东省委办公厅、省政府办公厅印发《关于深化职称制度改革的实施意见》，指出高校、科研院所、医疗机构等企事业单位中经批准离岗创业或兼职的专业技术人才，3年内可在原单位按规定正常申报职称，其创业或兼职期间工作业绩作为职称评审的依据。

《广东省人力资源和社会保障厅关于省十三届人大四次会议第1758号代表建议协办意见的函》中提出"除高校、科研院所之外的事业单位的专技人员，符合不同创新创业方式要求的，也可以提出申请"的意见，将离岗创业政策扩大到其他单位，进一步促进科研人员创新创业。

1.3.2.5　黑龙江省

为贯彻落实《中共黑龙江省委黑龙江省人民政府关于建立集聚人才体制机制激励人才创新创业若干政策的意见》（黑发〔2015〕6号）精神，鼓励高校、科研院所和国有企事业单位专业技术人员领办创办企业，大力促进科技成果转化，支持经济转型发展。专业技术人员经批准离岗领办创办企业的，自批准离岗之日起5年内（以下简称离岗期），保留人事关系、职称和尚未期满的专业技术职务聘期，档案工资正常晋升，与离岗前所在单位（以下简称原单位）其他在岗人员同等享有参加专业技术职务任职资格评定、岗位等级晋升的权利。

1.3.2.6　福建省

2015年，福建省人力资源和社会保障厅、教育厅、科技厅、国有资产监督管理局四部门联合发布《关于支持国有企事业单位科研人员保留人事（劳动）关系离岗创业的实施意见》。该意见指出，国有企事业单位科研人员经本人申请、原单位同意、主管部门批准后，可保留人事（劳动）关系离岗创业，保留人事（劳动）关系最长不超过3年。如科研人员提出申请时距离法定退休年龄不足3年的，其保留人事（劳动）关系年限不超过到达法定退休年龄的实际年限。离岗创业科研人员应与原单位协商修改原先已订立的聘用（劳动）合同，重新约定合同期限、岗位职责、工资福利和社会保险待遇、合同终止或解除等相关条款，但保留人事（劳动）关系前后累计最长不超过3年。国有企事业单位离岗创业科研人员在保留人事（劳动）关系期间，其人事（劳动）关系不变，工龄连续计算，工资（含各类津贴补贴）自离开工作岗位下月起原单位停止供给，由所在创业企业发放。事业单位离岗创业科研人员在保留人事关系期间，其职级不变，原聘岗位不安排他人，岗位职责由单位内部其他人员承担。原单位负责离岗创业科研人员档案工资管理。

1.4 科技成果转化尽职免责政策概览

为营造科技成果转化中鼓励创新、敢于担当的良好氛围，消除科研人员、管理人员和领导人员开展科技成果转化的顾虑，激发高校、科研机构、医疗卫生机构、国有企业等科技成果转化积极性和科研人员干事创业的主动性、创造性，国家和地方相关政策文件提出建立科技成果转化尽职免责机制。

1.4.1 勤勉尽责机制概述

国务院《关于印发实施〈中华人民共和国促进科技成果转化法〉若干规定的通知》（国发〔2016〕16号）最早从免除单位领导在科技成果定价中因科技成果转化后续价值变化产生的决策责任角度，提出尽职免责机制。2021年国务院办公厅印发的《关于完善科技成果评价机制的指导意见》（国办发〔2021〕26号）则综合提出了科技成果转化尽职免责的原则和要求。科技部印发的《"十四五"技术要素市场专项规划》（国科发区〔2022〕263号）主要在"赋予科研人员职务科技成果所有权或长期使用权试点"相关内容中，明确提出建立科技成果转化尽职免责机制。

自2022年1月1日起施行的新修订的《中华人民共和国科学技术进步法》第九十七条规定："利用财政性资金设立的科学技术研究开发机构、高等学校和企业，在推进科技管理改革、开展科学技术研究开发、实施科技成果转化活动过程中，相关负责人锐意创新探索，出现决策失误、偏差，但尽到合理注意义务和监督管理职责，未牟取非法利益的，免除其决策责任"。这一规定旨在鼓励科技管理者敢于创新，减少因决策失误带来的法律风险。

尽职免责机制可从履行勤勉尽责义务和免除相关责任两个角度理解。高校、科研机构、医疗卫生机构、国有企业等从事科技成果转化工作的相关人员根据法律法规和本单位规章制度，开展科技成果转化工作，履行了民主决策程序、合理注意义务和监督管理职责，不存在牟取非法利益情况的，视为已履行勤勉尽责义务。履行了勤勉尽责义务，因不可抗力或其他正当理由导致未能达到预期目标，可免除相关责任。

1.4.2 落实"三个区分开来"要求

国家和地方关于科技成果转化尽职免责相关政策文件中提到的"三个区分开来"原则或要求是什么？比如《国务院办公厅关于完善科技成果评价机制的指导意见》（国办发〔2021〕26号）提出，推动成果转化相关人员按照法律法规、规章制度履职尽责，落实"三个区分开来"要求，依法依规一事一议确定相关人员的决策责任，坚决查处腐败问题。再比如，上海市科委等部门印发的《上海市科技成果转化创新改革试点实施方案》（沪科规〔2023〕9号）中制订的《上海市科技成果转化尽职免责制度指引》也明确提出落实"三个区分开来"的原则。

2018年5月，中共中央办公厅印发《关于进一步激励广大干部新时代新担当新作为的意见》，强调要全面落实习近平总书记关于"三个区分开来"的重要要求，宽容干部在工作中特别是改革创新中的失误错误，旗帜鲜明为敢于担当的干部撑腰鼓劲。同时该文件强调建立激励机制和容错纠错机制，提到要宽容干部在改革创新中的失误错误，及时为受到不实反映的干部澄清正名、消除顾虑。"三个区分开来"即把干部在推进改革中因缺乏经验、先行先试出现的失误错误，同明知故犯的违纪违法行为区分开来；把尚无明确限制的探索性试验中的失误错误，同明令禁止后依然我行我素的违纪违法行为区分开来；把为推动发展的无意过失，同谋取私利的违纪违法行为区分开来。

1.4.3 尽职免责的范围

在国家相关政策文件基础上，陕西省、上海市等地方陆续印发科技成果转化尽职免责相关工作指引，进一步细化尽职免责的具体范围和负面清单，对科技成果转化细节管理进行直接指导。

目前地方出台的工作指引主要从以下方面对尽职免责的范围或情形作出了规定：①在知识产权申请环节，科研人员在完成科技成果之后，及时向本单位披露科技成果情况，经审核后，认为不应以试点单位名义申请、登记知识产权，据此放弃申请、登记知识产权导致单位利益受损的。②在技术交易环节：一是涉及关联交易时，管理人员和领导人员在科技成果转化过程中，虽已履行关联交易相关规定程序，但仍因科研人员在成果转化中存在关联交易导致试点单位利益受损的；二是在交易定价方面，管理人员和领导人员通过技术交易市场挂牌交易、拍卖等方式确定价格，或者通过协议定价并在本单位及技术交易市场公示拟交易价格，但科技成果后续产生较大的价值变化，导致试点单位利益受损的。③在开展科技成果赋权改革时，管理人员和领导人员在赋予科研人员职务科技成果长期使用权或所有权过程中，按照规定程序将赋权成果许可或转让给科研人员，因科研人员创业失败，导致单位无法收回收益的。④在采取对外出资方式转化科技成果时，按照规定以科技成果作价投资或横向科研项目结余经费出资实施科技成果转化，因成果转化企业经营不善，导致单位国有资产减损或无法收回收益的。⑤在存在争议纠纷时，管理人员和领导人员在科技成果转化过程中，虽已履行公示等相关规定程序，仍因科技成果转化活动引起科技成果权属争议、奖酬分配争议，给单位造成纠纷或不良影响的。⑥落实"三个区分开来"原则的其他情形，如按照国家和本地区科技成果转化改革试点要求，管理人员和领导人员探索科技成果转化的具体路径和模式，先行先试开展科技成果转化活动，仍给试点单位造成损失的；在推动科技成果转化过程中，科研人员、管理人员和领导人员依法按照规章制度、内控机制、规范流程开展其他有利于试点单位开展科技成果转化活动，仍给试点单位造成其他损失或不良影响的。⑦法律、法规、规章、规范性文件规定的其他免责情形。

1.4.4 尽职免责的负面清单

哪些情形不得免责，也是需要在政策法规和转化实践之中重点掌握、理解的内容。从地方工作指引看，至少包括以下方面，即从事科技成果转化工作的相关人员有以下情形之一的，不得免责，应当依法依规追究相关责任。①从事科技成果转化的科研人员违反科学道德、科技伦理和职业道德规范，未严格执行科学技术保密要求，未经试点单位允许利用职务科技成果创办企业。②从事科技成果转化的科研人员，将职务科技成果及其技术资料和数据占为己有，侵犯试点单位的合法权益；或者以唆使窃取、利诱胁迫等手段侵占他人科技成果，侵犯他人合法权益。③参与科技成果转化的领导人员、管理人员违反科学道德、科技伦理和职业道德规范，或利用职务之便，干扰或阻碍科技成果转化工作，或擅自披露、使用或转让科技成果的关键技术。④成果转化参与人员玩忽职守、以权谋私。以任何名目和理由向科技成果转化实施者索要或收受可能影响成果评价与转化行为的礼品、礼金（含有价券）和礼物或提供有偿服务；或利用职权或职务上的影响，为配偶、子女及其配偶等亲属和其他特定关系人员在科技成果转化行为中提供便利和优惠条件；或在医疗卫生机构后续成果转化产品进入本单位销售或使用过程中，存在滥用职权、违规审批、违规采购等行为。⑤承担科技成果转化业务的领导人员、管理人员，违反任职回避和履职回避等相关规定。

建立完善科技成果转化尽职免责机制，需要深刻理解"三个区分开来"要求，科技成果转化的各类参与人员认真严谨履行勤勉尽责义务，坚决不触碰违规行为红线，合法合规、高效推进科技成果转化。

1.5 本章小结

本章介绍了技术合同、资产管理、科技人员兼职和离岗创业、成果转化尽职免责四个方面的科技成果转化政策。

在签订技术合同时，既要从有利于合同履行的角度设计合同条款、平衡当事人的权利义务，也要对照《技术合同认定规则》的规定，选择合适的合同类型。要正确地选择技术合同类型及其条款完备，使科技成果得到有效地转化，尽量避免因合同条款不完整或规定不明晰产生不必要的纠纷。

科研事业单位与国有企业在科技成果转化中，应充分了解和掌握相应的国有资产管理制度体系和具体要求，完善科技成果处置和使用管理、交易定价机制和转化收益分配，确保科技成果类资产管理合规、高效。

事业单位支持和鼓励科研人员兼职创新、在职创办企业，在保证保质保量完成本职工作的基础上，在人事关系所在单位各项福利待遇不受影响，并可与兼职或所创办企业职工同等享有获取报酬、奖金、股权激励的权利。科研人员离岗创办企业需经事业单位批准，期限不超过 3 年，期满后创办企业尚未实现盈利的可以申请延长 1 次，延长期限不超过 3 年。

科技成果转化尽职免责机制可从履行勤勉尽责义务和免除相关责任两个角度理解。高校、科研机构、医疗卫生机构、国有企业等从事科技成果转化相关人员根据法律法规和本单位规章制度开展科技成果转化工作，履行了民主决策程序、合理注意义务和监督管理职责，不存在牟取非法利益情况的，视为已履行勤勉尽责义务；履行了勤勉尽责义务，因不可抗力或其他正当理由导致未能达到预期目标的，可免除相关责任。

思考题

1. 技术合同的种类有哪些？每种类型合同的主要条款包括哪些？
2. 每一种技术合同可享受哪些税收优惠政策？
3. 科研事业单位和国有企业科技成果转化相关资产管理要求有什么不同？
4. 科技人员申请离岗创业，须满足哪些条件？办理哪些手续？
5. 如何理解科技成果转化尽职免责机制？

第 2 章
知识产权布局

知识产权布局是指创新主体针对其创新成果对其知识产权保护的策略，具体指创新主体为了实现技术的权利化，综合考虑产业、市场和法律等因素，采用专利、计算机软件著作权、技术秘密等不同类型构建的严密高效的知识产权保护体系。在科技成果转移转化中涉及最多的是专利布局、商业秘密布局和商标布局以及多维度立体布局，因此，本章节着重从这些方面进行分析。

2.1 专利布局

专利布局是指企业综合产业、市场和法律等因素，对专利进行有机结合，涵盖了企业利害相关的时间、地域、技术和产品等维度，构建严密高效的专利保护网，最终形成对企业有利格局的专利组合。作为专利布局的成果，企业的专利组合应该具备一定的数量规模，保护层级分明、功效齐备，从而获得在特定领域的专利竞争优势。

有效的专利布局可以转换成具体资产（如企业并购或技术交易），同时体现企业技术价值，让企业除了从产品上创造营收，更可以通过专利快速切入市场，并创造不同程度的市场竞争优势。专利可以让企业发挥技术应用最大价值，使得技术应用的速度和成本也相对比直接将技术导入市场更快和更低。

2.1.1 专利布局常见模式

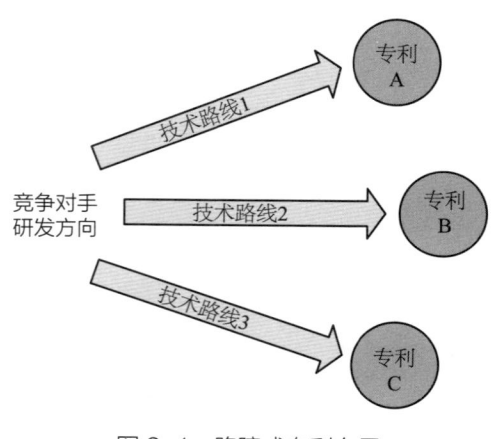

2.1.1.1 路障式专利布局

路障式专利布局（图2-1）是将实现某种技术的一种或少数几种必需的解决方案进行专利申请，从而阻碍竞争对手技术路线及研发方向的布局策略。其优点是布局专利申请数量少，维持成本低。缺点是专利布局数量较少，竞争者容易找到达到同等或者类似技术效果的其他技术路线，易于运用规避设计来绕开相关专利障碍，从而实现路线突破。

图2-1 路障式专利布局

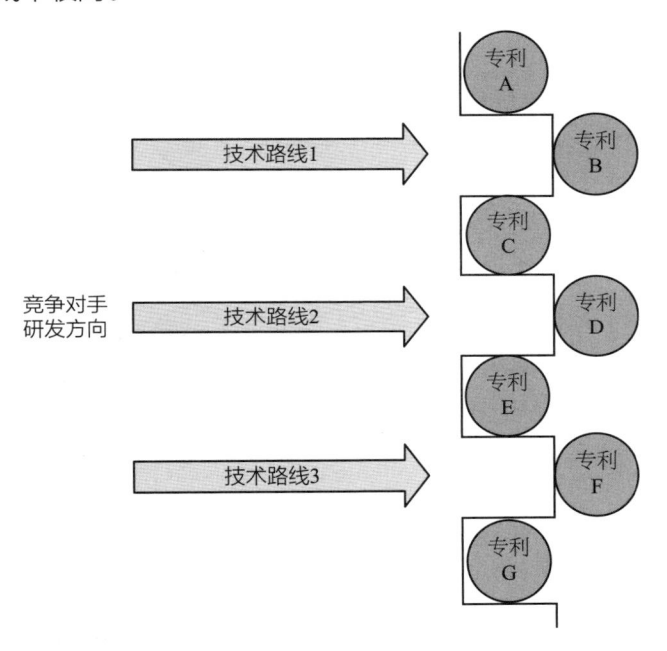

2.1.1.2 城墙式专利布局

城墙式专利布局（图2-2）是指将实现某一技术目标的有可能规避的所有想到的设计方案全部申请专利，从而形成类似城墙式防御的布局策略。其优点是专利权持有者在进行布局初始就从如何避免让竞争者有规避设计的机会的角度出发进行尽可能全面的专利保护，从而可以较大程度抵御竞争者侵入自己的技术领地，尽可能不给竞争者留下后期可以进行规避设计或者替代方案的空间。其缺点是相对于路障式布局，专利申请量加大，需要的维持成本较高。

图2-2 城墙式专利布局

2.1.1.3 地毯式专利布局

地毯式专利布局（图2-3）是指针对各个研发步骤，每条技术路线以及技术路线中的每个关键环节（例如部件从小到大、工艺中的每个创新方法等）等方面开展多维度、多方位的系统性专利保护，从而在竞争对手有可能踩中的"雷区"位置都提前布局上专利，实现最大限度保护专利权所有者的利益。其优点是容易形成覆盖面广阔的竞争禁区和严密的技术保护范围，有利于全方位保护企业各个研发步骤的成果。其缺点是专利申请和维护的成本较高；专利布局具有策略性、系统性及体系性，是在保证"质"的基础上的"量"的体现，否则极易出现专利泛滥（甚至被定义为非正常申请）而无法达到预期效果的情形。

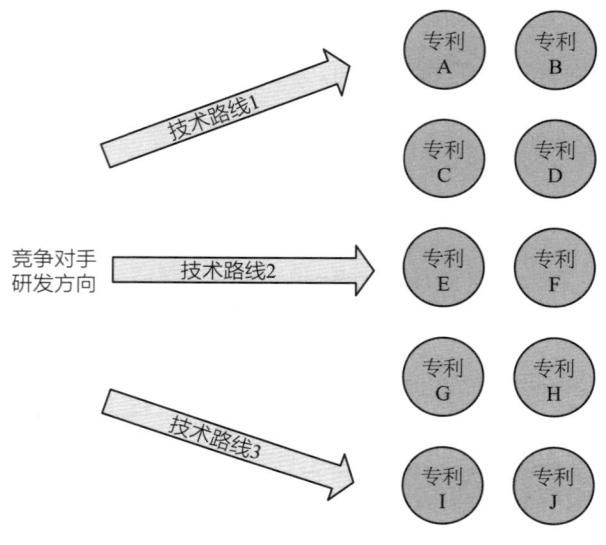

图 2-3　地毯式专利布局

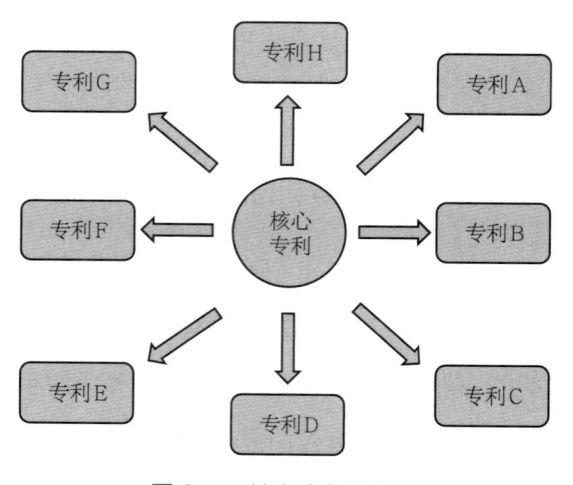

2.1.1.4　糖衣式专利布局

糖衣式专利布局（图 2-4）是指专利权人在申请了相关技术成果的核心专利或基础专利后，围绕该核心专利或基础专利布局多个改进技术方案或者替代方案的改进型专利，从而形成由多个改进型专利围绕着核心专利或基础专利的布局策略。专利权人通过这些改进型专利及核心专利或基础专利构建的专利组合能有效阻碍竞争者进入该技术领域的

图 2-4　糖衣式专利布局

核心或者周边研发方向。其优点是能够提高竞争对手规避设计的难度，形成自己的技术壁垒，使竞争者无法绕过去。其缺点是该策略适用于研发实力较强和拥有充足资金的创新企业，否则难以形成真正的包围圈式专利布局网。

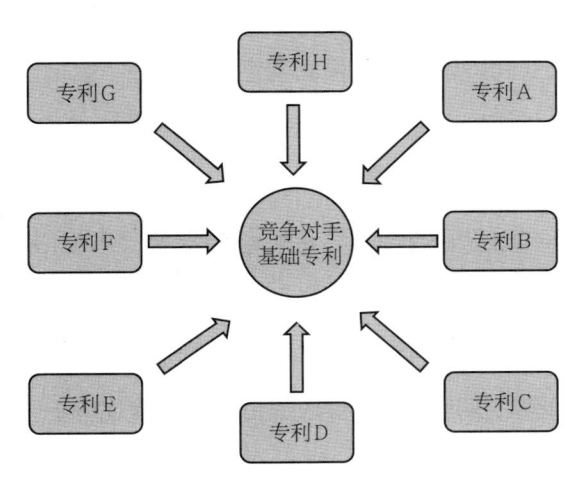

2.1.1.5 围栏式专利布局

围栏式专利布局是指当某一技术的相关核心专利已被竞争对手申请后，后进入该市场的创新者围绕该核心专利布局一批周边改进型专利的反向包围的策略，这些改进型专利往往是核心专利后期技术优化改进的必经之路，通过这种布局方式，促使基础型专利的价值大大降低。优点：当竞争者有基础型专利时，后进入市场的创新者可以透过包绕式专利作为交叉许可谈判的筹码，从而共同占有市场，形成共赢局面。缺点：对后进入市场的创新者的研发能力及资金实力具有极大的挑战，且竞争对手也往往会通过糖衣式布局提前将这些专利申请保护，从而破坏掉后进入者的围栏式专利布局策略。

图 2-5 围栏式专利布局

2.1.2 专利导航

专利导航是进行专利挖掘布局的核心手段，专利导航以专利信息资源为数据基础，利用专利分析方法，把专利技术运用嵌入产业技术创新、产品创新、组织创新和商业模式创新中，引导和支撑产业科学发展。专利导航分为产业规划类、企业运营类、研发活动类等。产业规划类项目围绕产业的宏观层面，利用专利信息的分析，为政府单位的招商引资或企业未来经营方向提供指引。企业运营类项目围绕企业核心技术产品进行技术拆解与信息分析，给企业提供新的研发路径和专利布局方向。研发活动类项目围绕研发活动的相关过程进行专利技术路线、方向等进行分享，为创新研发活动提供侵权风险识别及专利布局策划提供支撑。与科技成果转化紧密相关的主要是企业运营类和研发活动类专利导航，本小节主要围绕这两类导航的分析方法及工作流程进行分析。

2.1.2.1 专利导航指南

2013年，国家知识产权局发布《关于实施专利导航试点工程的通知》，首次正式提出专利导航是以专利信息资源利用和专利分析为基础，把专利运用嵌入产业技术创新、产品创新、组织创新和商业模式创新，引导和支撑产业实现自主可控、科学发展的探索性工作。随后国家专利导航试点工程面向企业、产业、区域全面铺开，专利导航的理念延伸到知识产权分析评议、区域布局等工作，并取得明显成效。2021年6月，用于指导规范专利导航工作的《专利导航指南》（GB/T 39551—2020）系列推荐性国家标准正式实施，该标准对于规范和引导专利导航服务，培育和拓展专利导航深度应用场景，推动和加强专利导航成果落地实施具有重要意义。

根据《专利导航指南》定义，专利导航是在宏观决策、产业规划、企业经营和创新活动中，以专利数据为核心深度融合各类数据资源，全景式分析区域发展定位、产业竞争格局、企业经营决策和技术创新方向，服务创新资源有效配置，提高决策精准度和科学性的新型专利信息应用模式。专利导航可以分为以下五类：区域规划类专利导航，用于支撑区域规划决策；产业规划类专利导航，用于支撑产业创新发展规划决策；企业经营类专利导航，用于支撑企业投资并购、上市、技术创新、产品开发等经营活动决策；研发活动类专利导航，用于支撑研发立项评价、辅助研发过程决策的专利导航；人才管理类专利导航，用于支撑人才遴选、人才评价等人才管理决策。

2.1.2.2 研发活动类专利导航

研发活动类专利导航围绕创新主体的研发活动，指引创新主体开展相关行业政策、技术现状、发展态势、竞争对手、技术路线等维度分析，指引创新主体评价拟立项项目的产业发展环境、发展态势、技术壁垒、创新主体的市场/技术竞争实力、定位，评估研发活动风险，并为研发活动可行性提供决策参考。

研发活动类专利导航的适用对象主要是企业、高校和科研组织，主要作用包括：在研发立项之前，通过专利数据分析，对研发立项的必要性和可行性进行评价，防范潜在风险；在研发过程中，通过专利数据分析，对在研项目的研发情况及其技术竞争环境进行综合分享，提出风险规避及技术方案优化的建议。因此，根据其常见的应用场景，研发活动类专利导航包括评价研发立项的专利导航和辅助研发过程的专利导航。

评价研发立项的专利导航分析步骤与方法一般包括：①通过分析技术所在产业的政策环境、发展趋势、产业链结构、市场需求等情况，评价拟研发立项项目的产业发展环境；②通过分析技术所在产业的技术发展趋势、主要技术路线、替代技术发展状况、技术竞争强度等情况，评价拟研发立项项目的技术发展态势；③通过识别主要竞争对手并分析其目标和战略、技术路线、专利布局、可能的竞争行为等情况，评价拟研发立项项目的技术壁垒；④通过分析研发主体的发展历程、发展阶段、主营产品的种类及市场占有率、营收状况、主要研发人员情况等，评价研发主体的市场竞争力；⑤通过分析研发主体与拟研发立项相关的技术构成、具有较高水平的专利（或专利组合）等，评价研发主体的技术储备与技术竞争实力；⑥综合分析拟研发立项项目的产业发展环境、技术发展态势、技术壁垒，以及研发主体的市场竞争实力、技术储备与技术竞争实力，评估立项风险并提出研发立项的必要性和可行性结论；⑦根据研发立项的必要性和可行性结论，进一步对拟研发立项的立项方案等提出优化建议。

评价研发立项的专利导航分析报告，包括但不限于拟研发立项项目的基本情况，研发立项的必要性、可行性分析过程及结论。

辅助研发过程的专利导航分析步骤与方法一般包括：①通过分析技术所在产业的政策环境、发展趋势、产业链结构、市场需求等情况，评价在研项目的产业发展环境；

②通过分析技术所在产业的技术发展趋势、主要技术路线、替代技术发展状况、技术竞争强度等情况，评价在研项目的技术发展态势；③识别并监测主要竞争对手，通过分析其技术路线、技术方案、专利布局、可能的竞争行为等情况，评估在研项目相关技术方案的专利风险；④通过分析在研项目相关技术领域的技术构成、总体趋势、专利技术活跃度、技术功效矩阵，具有较高水平的专利（或专利组合）等，综合判断该技术领域的重点和热点技术方向，为在研项目提供技术路线或者技术方案的优化建议，并为可能涉及专利风险的技术方案提出规避设计建议；⑤综合分析在研项目的产业发展环境、技术发展态势、专利风险及技术方案的优化或规避设计建议，制订专利布局策略；⑥辅助研发过程的专利导航分析报告，包括但不限于在研项目的基本情况、技术竞争情况、可能面临的风险，技术方案的优化或者规避设计建议，专利布局策略。

2.1.2.3 企业运营类专利导航

企业运营类项目围绕企业核心技术产品进行技术拆解与信息分析，给企业提供新的研发路径和专利布局方向。2021年以前，企业运营类专利导航主要以2016年国家知识产权局发布的《企业运营类专利导航项目实施导则》为指引，开展导航分析工作，按照该导则，通过开展企业发展现状分析、企业重点产品专利导航分析，得出企业重点产品开发策略、专利布局策略，制订专利应用方案。2021年《专利导航指南》中，企业运营类专利导航的类型根据企业的经营目标进一步细化，分为以下六种类型。①以投资并购对象遴选为目标的专利导航：以专利数据为基础，通过评价拟投资并购技术领域内技术拥有者的情况，从技术创新的角度为投资并购提供遴选目标对象的建议；②以投资并购对象评估为目标的专利导航：以专利数据为基础，通过评价投资并购对象的技术创新实力和专利侵权风险，为投资并购决策提供建议；③以企业上市准备为目标的专利导航：以专利数据为基础，通过系统分析企业的专利及相关技术创新情况，评价创新实力，排查市场风险，为企业上市提供建议；④以技术合作开发为目标的专利导航：以专利数据为基础，通过与企业、高等学校及科研组织等相关信息的关联分析，提出技术合作主体、遴选技术合作对象等建议；⑤以技术引进为目标的专利导航：以专利数据为基础，通过与产业、市场等信息的关联分析，提出待引进技术的持有人、可引进的具体技术、引进策略、风险防范等建议；⑥以企业产品开发为目标的专利导航：以专利数据为基础，通过与产业、市场、政策等信息的关联分析，提出企业产品开发方向、技术研发路径及风险规避建议。

2.1.3 高价值专利挖掘与培育

高价值专利是指具有较高创新水平和文本质量、较高经济价值和良好社会效益、能够对企业或产业发展作出重大贡献的专利或专利组合。高价值专利培育是企业以获得高价值专利为目标，组织实施的技术研发、专利导航、专利布局、专利申请等一系列活动。

企业应建立高价值专利培育管理体系，结合实际需求，充分运用内外部资源，构建产学研服合作机制，运用专利导航分析方法提高研发效率，开展研发过程管理、专利布局规划，加强专利布局规划，申请获取创新水平高、保护范围合理、权利状态稳定的高价值专利或专利组合，并加强专利的管理、运用和保护，推动实现其经济价值和社会效益，在满足自身发展需要的同时，为科技创新提供有力支撑。

2.1.3.1 高价值专利培育工作原则

（1）坚持需求引领

企业应以市场竞争、产品更新、技术升级、产业发展的实际需求为依据，开展创新研发、专利申请和专利布局。

（2）坚持质量导向

企业在创新研发、制订专利布局方案、撰写专利申请文件、专利申请前置审查等环节中，应实施高标准的质量管控，提交高质量的专利申请，确保培育目标实现。

（3）坚持精准培育

企业通过专利导航分析、研发全过程管理、创新点梳理和识别、分级分类管理等方法，对专利培育全过程进行精准管理，提升培育的效率和水平。

2.1.3.2 高价值专利培育关键环节

高价值专利一般是指在技术、商业和法律方面都具有较高价值的专利。根据2021

年国务院发布的《"十四五"国家知识产权保护和运用规划》，高价值专利为经国家知识产权局授权的符合下列情况的有效发明专利纳入高价值发明专利拥有量统计范围：①战略性新兴产业的发明专利；②在海外有同族专利权的发明专利；③维持年限超过10年的发明专利；④实现较高质押融资金额的发明专利；⑤获得国家科学技术奖或中国专利奖的发明专利。此外，地方省市也根据当地产业、知识产权实际情况，发布了相关高价值专利培育布局的指导政策或办法，如广东省市场监督管理局发布了《高价值专利培育布局工作指南》，江苏省知识产权局发布了《〈高价值专利培育工作规范〉实施指南》。高价值专利培育主要环节包括研发管理、专利创造及布局规划、专利申请及专利授权后维护及管理等。

（1）研发管理方面

建立多方协调及专利导航工作机制：企业应组建高水平研发团队，并建立研发人员与专利工作人员等协同配合的多方协作研发机制。有条件的企业应在研发团队中指定或派驻专利专员团队，负责研发过程中的专利检索、专利信息利用、创新成果梳理等一般性专利事务。企业应建立专利导航辅助研发的工作机制，指定专利工作人员全程参与研发过程，运用专利导航分析方法，判断研发方向，选择研发路径，对研发活动提出合理建议。为确保专利导航功能有效发挥，研发过程中应适时组织多方会商，共同分析研判。

做好立项管理：研发活动应坚持需求引领原则。研发立项前应开展专利导航分析，由专利工作人员会同研发人员、市场人员等组织实施，方法和步骤主要包括：①综合分析拟研发立项项目的产业发展环境、技术发展趋势、市场竞争态势、技术壁垒、市场竞争实力和技术竞争实力，评价立项必要性、可行性和法律风险，研究确定研发方向；②根据需要，通过分析拟研发领域的专利信息、技术文献等，寻找可联合开展研发的合作方；③根据上述评价和分析结论，进一步研究确定研发路线；④围绕上述确定的研发路线，制订研发计划，包括研发目标、技术方案、进度安排、人员分工、经费预算、专利布局总体规划等。

严格执行过程管理：研发过程中应持续开展专利导航分析，由专利工作人员会同研发人员等组织实施，方法和步骤主要包括：专利工作人员协助研发人员分析相关技术的发展趋势、竞争对手的研发动态和专利布局等情况，及时调整优化研发路线或技术方案；形成阶段性创新成果后，专利工作人员协助研发人员对创新点作扩展研究，形成最优技术方案和次优技术方案。

（2）专利创造及布局规划

梳理创新成果：研发人员应在专利工作人员的协助下，及时梳理创新成果，结合现有技术，识别和提炼需要保护的创新点。

开展发明披露审核专利：工作人员针对研发人员提交的创新点，会同研发人员确定创新成果的保护方式，包括：①对创新成果进行查新检索，评价其创新性和重要性，进行分类定级；②根据专利、技术秘密、集成电路布图设计、著作权等不同类型知识产权的保护对象和特点，研究确定适宜的保护方式；③对不宜公开的创新成果，应作为技术秘密加强管理。

制订专利布局方案：针对拟申请专利的创新成果，专利工作人员组织研发人员、市场人员共同研究专利申请策略，基于技术保护的创新点及其技术先进性、技术保护的国家或地区、技术方案中不宜公开内容、专利申请的类型、专利申请的时间（优先级）等，制订专利布局的总体方案。

专利布局方案确定：专利布局方案形成后，应提交管理人员进行确认。重要创新成果的专利布局方案，应组织管理人员、专利工作人员、研发人员、市场人员集体会商审定。

专利布局方案应持续调整优化，由专利工作人员对其实施情况进行跟踪监测，并根据研发进展、专利申请状况、技术发展趋势和市场环境变化等，对方案进行优化改进。

（3）专利申请

提交技术交底书：研发人员按照专利布局方案，针对拟申请专利的创新成果撰写"技术交底书"，包括背景技术、解决的技术问题、采取的技术方案、达到的技术效果、具体实施案例等。

撰写专利申请文件：撰写专利申请文件的人员应具有相关技术背景、较高专业素养和专利实务经验。企业可以视情况组织本单位专利工作人员或委托专利代理机构撰写专利申请文件。

撰写阶段注意事项与技巧包括：①充分公开技术内容。说明书应当清楚、完整地描述发明或者实用新型，使所属技术领域的技术人员能够实现该发明或实用新型；提供足够多的实施例和附图以证明发明或设计的技术方案。②权利要求保护范围适中。权利要求应清晰划定专利权的边界，既要全面覆盖创新点，又要避免过于宽泛导致无法授权。注意从上位概念到下位概念逐步限定权利要求层次，合理设置独立权利要求和从属权利要求。③考虑潜在侵权行为。在撰写权利要求时，预判可能存在的侵权行为类型，确保权利要求能有效覆盖这些行为，提高专利的实际保护效果。④保密性把控。在申请前应严格控制技术信息的披露，防止因过早公开而丧失新颖性。如有必要，可先提交临时申请或采取保密措施。

在过程管理及通知书答复方面，企业应指派专人跟踪专利申请审查情况，收取专利审查部门的发文，并及时将审查状态和审查意见反馈给专利工作人员，由专利工作人员组织应对。收到专利申请审查意见通知书后，专利工作人员应组织撰写专利申请文件的人员、研发人员及委托的专利代理人员共同研究分析，根据审查意见指出的缺陷，研究专利申请文件的修改方案，撰写答复意见。

审查阶段注意事项与技巧有如下方面：①及时答复审查意见。审查过程中收到审查意见通知书后，务必在规定时间内回复，逾期可能导致申请被视为撤回。对审查员指出的问题进行全面分析，提供针对性的解释或修改方案。②灵活调整专利策略。根据审查结果和市场变化，适时调整权利要求范围，例如通过增加附加技术特征来克服新颖性和创造性问题。对于难以克服的审查意见，可以考虑放弃部分非核心权利要求以换取其他重要权利要求的授权。③驳回案件的应对机制。企业应建立专利申请驳回的应对机制。专利申请被驳回的，专利工作人员应组织有关人员集体讨论；重要性等级较高的专利申请被驳回的，应认真研究制订应对策略和方案。

主要情形和应对方式如下：①认为驳回理由不成立，在法定期限内提出复审请求，充分阐述复审意见和理由，积极争取授权；②认为驳回理由成立，确实不具有授权前景的，放弃原专利申请，分析另行提出新申请的可行性；③分析本专利申请的不足，研究提出改进建议，对研发方案或技术路线进行优化调整。

收到专利授权通知书和办理登记手续通知书后，应在法定期限内办理登记手续，缴纳相关费用。同时，每年动态监管授权案件，及时缴纳年费以维持有效。

（4）在专利授权后维护与管理

年费缴纳：按照国家知识产权局的规定，在规定期限内按时缴纳维持专利权有效的年费，以免因未缴费导致专利权失效。

权利变更：遇到企业合并、分立、转让等情况时，应及时办理专利权人变更手续。若涉及许可他人使用专利权，需签订书面许可合同，并按照要求向相关部门备案。

维权运用：监控市场，发现涉嫌侵犯专利权的行为时，及时采取法律手段进行维权，包括但不限于发送警告函、提起诉讼等。建立健全专利管理制度，定期对专利资产进行评估并制订合理的运用策略，如许可、质押、转让等。

更新专利布局：根据产品和技术的发展，持续优化和完善专利组合，适时补充新的专利申请，保持企业的技术竞争优势。

2.2 商业秘密布局

在企业开展技术研发过程中，除通过专利布局保护创新成果外，往往针对某些核心技术工艺步骤、关键技术细节或者技术诀窍等不愿意通过"公开换保护"的专利进行保护。此时，通过商业秘密进行保护则成为最有效的措施。2022年，国家市场监督管理总局公布了全国20个商业秘密保护创新试点地区（第一批）名单，这标志着全国商业秘密保护创新试点工作全面启动，商业秘密保护的重要性和迫切性提到了国家层面。

2.2.1 商业秘密的密点识别

商业秘密中的技术信息和经营信息具有其特定含义，科技研发过程中，要根据行业特点，尽可能将符合商业秘密法定构成要件的信息及其载体进行系统识别，形成"商业秘密资产清单"。技术信息主要包括技术设计、技术样品、质量控制、应用试验、工艺流程、工业配方、化学配方、制作工艺、制作方法、计算机程序等。作为技术信息的商业秘密，也被称为技术秘密、专有技术、非专利技术等，在国际贸易中也被称为"Know-How"。经营信息主要包括发展规划、竞争方案、管理诀窍、客户名单、货源、产销策略、财务状况、投融资计划、标书标底、谈判方案等。

企业在识别内部商业秘密时，应遵循"最大化原则"，根据企业所处行业及自身实际情况，将散存于企业各个部门、业务流程中符合商业秘密法定构成要件的信息及其载体进行系统识别，尽可能细致地梳理每一项商业秘密事项内容，并形成"商业秘密资产清单"。

另外，识别商业秘密密点一个重要的思路是从司法判定方法及过程中得到启发。在侵害商业秘密的民事侵权案件中，侵权判定通常包括以下四个步骤：①原告证明被告持有、知晓或已使用某个具体的商业或技术信息；②原告证明（通常需要进行司法鉴定）被告持有的上述具体的商业或技术信息具有秘密性，公众无法通过公开合法途径获取；③原告证明被告持有的上述具体的商业或技术信息，与其商业或技术秘密具有同一性（通常需要进行司法鉴定），即两者相同或者实质性相同；④原告证明被告存在非法获取或使用原告商业或技术秘密的不法行为。

2.2.2 商业秘密的挖掘与布局

商业秘密的挖掘与布局是商业秘密管理的重点，企业对于商业秘密主要从以下三个方面进行挖掘与布局。

2.2.2.1 以项目研究为导向进行挖掘与布局

企业在进行技术攻关时，往往以项目研究形式开展，开展过程中，势必要明确项目中的技术难点和现有技术可实现的所有功能，并将实现这一目的的技术点进行细分，明确每个技术点的技术解决方案实施路径。对于这些技术解决方案的每个技术特征进行分析，对于那些并非本领域技术人员公知的技术，往往是进行保护的密点，这些密点往往是本领域技术人员通过现有技术直接获得，或者通过购买市场上公开销售的产品结构或者尺寸等获得的。比如，涉及技术研发过程中的经过大量实验获得的优选数据、流程图、设备尺寸、工艺方法、工艺流程、参数配比、秘方等。

2.2.2.2 以问题为导向进行挖掘与布局

企业在生产经营过程中会出现各种各样的问题，这些问题往往直接影响企业的经营发展和市场竞争力。以问题为导向就是将这些问题进行收集、整理并分析，找出存在此类问题的原因，然后根据此类原因，针对性厘清解决问题的方法和保护方式，最后综合市场、法律、技术等方面因素，挖掘和布局密点。

2.2.2.3 以商业价值为导向进行挖掘与布局

企业所有商业活动均以实现商业价值为目的，商业秘密管理无论是从企业自身创新成果的保护还是纠纷诉讼价值来说，都要以实现企业市场竞争地位的提升，并创造更多获利的商业机会为目标。商业秘密的密点挖掘后，要对密点进行综合评价，从创造性的高低、贡献度的大小、成本的高低等多个维度进行比较，最后确定需要用以保护或维权的密点数量，进而予以布局。评价的维度根据每个案件来确定需要平衡权利人的诉求。

2.2.3 商业秘密与专利的区别

仅从保护方式来看，一项技术方案既可以采用商业秘密也可以采用专利进行保护。对于企业来说，为了使其获得收益最大化，需要在商业秘密和专利保护方式之间取舍，选择最有利的一种方式。两者在保护期限、生效方式等方面也具有一定的区别，具体体现在以下几个方面。

2.2.3.1 保密期限和措施

商业秘密保护不受时间限制，专利保护具有一定的保护期（发明专利20年，实用新型10年，外观设计15年）。如果企业希望长期保护技术方案，且有能力采取保密措施，防止泄露，则可以采用商业秘密方式保护；否则，建议采用专利方式进行保护，并获得一定期限的市场垄断权。

2.2.3.2 技术先进程度

如果技术方案先进性程度不高，即便采用保密措施，竞争对方也可能在一定时期内开发出相同或者类似的技术，此时及时采取专利方式进行保护则更为合适。反之，技术方案先进性程度较高，一定时期内他人难以研发出类似技术，则优选商业秘密方式保护。

2.2.3.3 反向工程难度

若技术方案容易通过反向工程而获得关键信息，则优选专利保护；反之，优选商业秘密保护。

2.2.3.4 技术方案的商业价值期限

若技术方案具有长期的商业价值，优选商业秘密（如可口可乐配方）；反之，技术方案属于更新换代较快的产业领域，建议选择专利保护（如部分通信、互联网技术）。

2.2.3.5 技术方案的可专利性

若技术方案本身不符合《专利法》授权的相关客体（如一些商业方法等），或者即使符合《专利法》授权的客体但其技术不符合其他授权的条件（新颖性、创造性和实用性），则可以选择商业秘密保护。

2.3 商标布局

商标是指某一商品或服务区别于其他商品和服务的标志，用于区分商品或服务的来源，其具有显著特征的标志。商标作为一种重要的知识产权，不仅是企业产品和服务的标志，更是企业形象和声誉的体现。在科技成果转化过程中，做好商标保护与专利、商业秘密保护对于企业来说同样重要，商标布局是企业保护知识产权、提升品牌知名度和市场竞争的重要战略。

2.3.1 商标类型及其特点

根据《中华人民共和国商标法》相关规定，任何能够将自然人、法人或者其他组织的商品与他人的商品区别开的标志，包括文字、图形、字母、数字、三维标志、颜色组合和声音等，以及上述要素的组合，均可以作为商标申请注册。从构成要素来区分，包括文字商标、图形商标、组合商标（文字+图形）、立体商标、颜色商标及声音商标。从使用对象来区分，包括商品商标和服务商标。从申请目的来区分，包括防御商标和联合商标。此外，注册商标还包括集体商标、证明商标及地理标志商标等特殊类型的商标。对于企业而言，可以根据生产经营实际需求及品牌策略灵活选用其中一种或者多种，实现最佳的品牌保护及市场推广效果。

2.3.2 商标布局策略

采取有效的商标布局策略能够有效保护企业品牌，提升其核心竞争力，在商标注册时，常用的策略包括以下几个方面。

2.3.2.1 商标先行注册策略

顾名思义就是在产品或服务推向市场之前，提前启动商标注册流程。目前大多数国家实行申请注册"在先申请"原则，即先到先得。因此，越早申请，越有希望获得注册，这样才能避免因商标被他人抢先注册而导致的品牌重塑成本和市场混乱。启动商标先行注册之前，必须分析以下几个方面：需要进行哪些产品服务种类保护；需要在哪些国家进行保护，国内还是全球注册；通过哪个/哪些主体进行注册，尤其是对于集团企业，采用集团名义还是旗下子公司或关联公司名义申请注册，要根据未来市场竞争策略而定。基于上面信息的综合分析及评估，做出来的商标计划才能去提前保护市场，也最大限度降低后续市场上的商标风险。

2.3.2.2 预先检索评估策略

指在启动商标注册之前，对于拟申请的商标提前做好检索和评估，在中国商标网或者专业的商标检索系统中进行全面检索，查询拟申请商标是否已经有在先注册，查询是否在拟注册的类别有类似商标在先注册。根据检索结果进行评估拟申请在拟申请的类别能否注册成功，如果有类似在先商标，评估注册下来的概率，并提前做好二次设计开发，做好备份商标的申请，同时针对备份商标，再次进行检索与评估，直到认为有较高注册概率后，再进行正式提交申请。

2.3.2.3　全面类别覆盖策略

根据《类似商品和服务区分表》(尼斯分类)，商品商标为第 1～34 类，服务商标为第 35～45 类。企业在注册商标时，选择与企业当前及未来可能涉足的业务相关的商品和服务类别进行注册，避免遗漏导致的保护漏洞。企业在创业之初，往往意识不到未来产品发展及品类扩张速度，仅注册当前业务最密切相关的一个或者几个类别，而后期需要在其他类别进行补充注册时，却发现别的企业已经捷足先登，此时再亡羊补牢为时已晚。

2.3.2.4　防御性注册策略

在核心商标基础上，考虑在相近类别或相关领域注册防御商标，以防仿冒和混淆，扩大保护范围。防御性注册主要包括：①在一个类别上注册商标后，再在其他类别上注册相同的商标，扩大其应用场景；②注册一个商标后，把与该商标类似的商标也进行注册，防止其他企业在同一类或类似商品上注册与自己相似的商标，从而消除"傍名牌"现象。防御性注册策略也属于企业商标储备战略，原则上来说，注册类别越多越好，但其带来的注册及维护成本也会更高，因此采取防御性注册策略时要充分考虑到成本与收益的平衡，基于企业当前及未来发展进行合理规划。

2.3.2.5　多元化商标布局策略

多元化商标布局策略是指企业注册商标时，不要把所有资源集中在一个商标上，可考虑注册备用商标或针对不同产品线、市场细分的商标；同时，也不要仅仅采用一种形式进行注册，而是综合考虑文字、图形、字母等不同组合形式，防止单一形式的商标申请无法得到注册。总之，商标应该多形式、多备用注册，形成一个全面的商标保护体系。

2.4　多维度立体布局

科技成果的多维度立体布局指的是通过多个维度、采取多种知识产权类型对其核心技术、周边技术等创新成果进行综合、交叉布局的策略，其本质就是最大化保护科技创新成果，构建全面的立体保护体系。下面介绍几种常用的布局策略。

2.4.1 专利与商标相结合的布局策略

对于企业来说，在开展研发创新产品期间，会不断围绕创新技术开展专利布局，随着产品研发不断成熟，在正式推向市场前，市场往往需要启动新的品牌宣传战略，也伴随着围绕该当前产品以及未来系列产品发展，启动新的品牌商标的布局，此时围绕该新产品、新品牌就需要采用专利与商标相组合的布局策略。这类布局策略往往发生在创始企业刚刚研发产品或服务时，或者科创企业根据市场竞争情况需要开发替代产品或者创建新品牌时，或者企业内部孵化新项目后开始启动独立运营阶段等类似情形。

2.4.2 商业秘密与商标相结合的布局策略

对于有些企业来说，其研发的产品是通过独家秘方或者独家的技术实现，如果采用专利保护，其独家秘方等核心技术则需要进行公开，且发明专利保护期限为20年，一旦保护期满，其独家秘方技术也就无法继续获得垄断权利；相反，如果采用商业秘密形式进行保护，则没有保护期限的时间限制，只要企业的保密措施得当，加上其品牌商标的长期保护，理论上其可以得到最大限度的市场垄断及竞争优势。因此，一些知名饮料、化妆品企业就是采用这种组合布局方式进行知识产权保护。

2.4.3 专利与商业秘密相结合的布局策略

如果企业的某项科研创新成果包括若干个技术方案，该技术方案组合既有关键的核心技术方案（如某些制造工艺、关键流程），也有围绕该核心技术方案开发的周边技术（如配套的制造设备、部件等），企业可以将最关键的核心技术采用商业秘密方式保护，而对于周边技术采用专利方式进行保护。这类布局策略经常应用在高端装备制造、节能环保、新材料、新能源、生物产业等相关技术领域。

对于某些领域而言，企业对核心技术申请采取专利方式保护（如属于技术更新迭代较快或技术创新性高度较低容易被反向工程获得的技术方案），而对周边技术采用商业秘密方式保护（如技术方案不符合《专利法》授权条件等）。这类布局策略经常应用在新一代信息技术、机器人、人工智能等相关技术领域。

2.4.4 知识产权全面布局策略

知识产权全面布局策略是企业综合利用专利、商标、商业秘密、著作权等不同形式的知识产权保护手段构建的一个立体的、综合的知识产权保护网络，对其创新成果进行全面保护，从而最大化实现其知识产权资产价值。本质上而言，企业成长到一定阶段，通过不断地对其成果的知识产权保护手段的加强，逐步形成的发展阶段。当然，对于初创企业来说，从一开始就考虑综合使用不同的知识产权进行保护更能有效保护其创新成果，最大化实现其无形资产价值。

2.5 知识产权布局案例

2.5.1 专利布局

奥美拉唑（商品名为洛赛克）为首个上市的质子泵抑制剂（PPI），其最佳年销售额高达 67 亿美元。阿斯特拉制药公司（阿斯利康公司前身之一，下称阿斯利康）于 1966 年投入研究，1988 年在瑞典首次上市，1989 年在美国上市，用于治疗卓艾综合征（Zollinger-Ellison 综合征）和反流性食管炎等。阿斯利康在药物研发的不同阶段，即以专利公开的时间进行划分：Ⅰ期（1979—1989 年，研发期—上市初期）；Ⅱ期（1990—2000 年，上市初期—核心专利到期前）；Ⅲ期（2001—2010 年，核心专利到期后）。

阿斯利康分别围绕不同的技术主题产出创新成果并给予专利保护，布局较为严密的专利保护网，并借助专利保护网和产品线更替使其品牌药奥美拉唑的市场独占期延长了 18 年。

1979—1989年，在企业研发阶段到第一代产品上市之前，公司紧密围绕奥美拉唑化合物、药物制剂和用途领域提前布局了9件专利，涉及化合物成分保护的专利6件、涉及药物制剂保护的专利1件、涉及不同用途领域的专利2件（如图2-6）。其中，在化合物领域主要涉及奥美拉唑的衍生、奥美拉唑的碱性盐、苯并咪唑类似物方面，公司在产品上市之前就紧密围绕其化合物领域进行了专利布局，不仅覆盖奥美拉唑核心技术，还兼顾了其化合物的具体盐及相关衍生，给未来市场竞争者在化合物仿制创新层面设置了专利障碍；在药物制剂领域，仅涉及包含肠溶包衣层的口服剂型，这说明公司早期仅围绕口服剂型重点研发，并未在其他剂型方面开展深入研究；在用途领域，主要涉及骨质疏松和胃肠炎症状，这说明当时研发该药物主要治疗领域及其功效，其中在胃肠炎症方面的用途为公司带来了巨额利润，该药物也成为治疗胃肠炎相关疾病的明星产品。

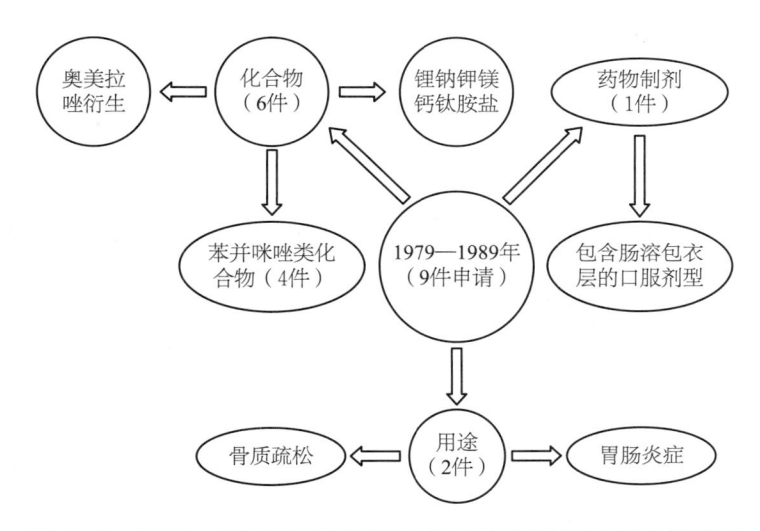

图2-6 1979—1989年阿斯利康在奥美拉唑领域的专利申请情况

1990—2000年，阿斯利康围绕奥美拉唑领域进行了大量的专利布局，申请量高达39件，几乎占据了同期该领域专利申请的50%，这一阶段也是其产品销售的快速成长期，为公司带来了巨额利润（如图2-7）。这段时间专利申请涉及的领域比较广泛，涉及化合物领域专利7件、药物制剂领域专利24件、用途领域专利5件、联合给药领域专利5件。与专利布局第一阶段相比，其明显加大了药物制剂的研发力度和布局深度，在肠溶包衣层芯材领域布局专利20件，在半透膜包衣芯材布局专利2件。此外，

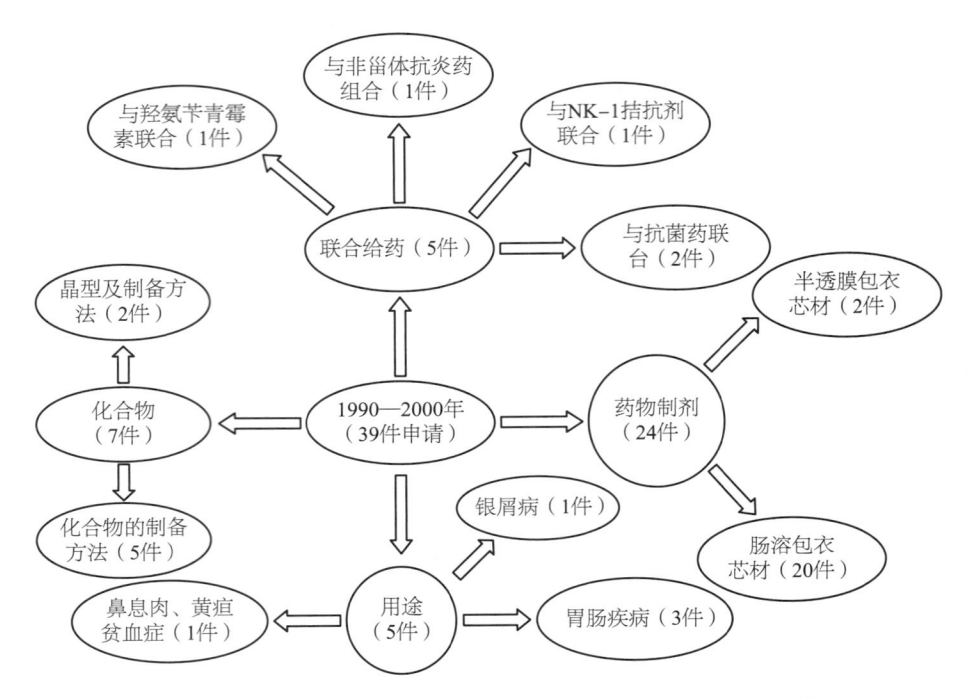

图 2-7　1990—2000 年阿斯利康在奥美拉唑领域的专利申请情况

在用途领域，除了巩固其传统的胃肠疾病专利优势之外，其还在鼻息肉、黄疸贫血症领域申请 1 件专利，在银屑病领域申请 1 件专利。

2001—2010 年是阿斯利康在奥美拉唑领域专利布局的最后阶段，该期间专利申请达到了 36 件，主要涉及联合给药领域专利 20 件、药物制剂领域专利 10 件、化合物领域专利 4 件和用途领域专利 2 件（见图 2-8）。由此可见，在专利布局后期，公司主要围绕与其他药物联合给药方面进行了深入研究和专利保护，其次是在药物制剂的不同剂型及其制备方法等进行了大量的专利布局。从未来产品研发及后来的市场竞争情况来看，新进入该市场的竞争者也在不断研发类似专利技术或者进行其他技术突破，在 2010 年后，阿斯利康就逐步减少了这一领域的核心技术研发及迭代，专利布局基本停止。

2.5.2　商标布局

近几年老干妈不仅在国内走红，连不少外国朋友都十分喜爱，甚至登上国外的奢侈品折扣网站 Gilt，并被誉为全球最顶尖的热酱。"老干妈"辣椒酱不仅产品卖得火，品

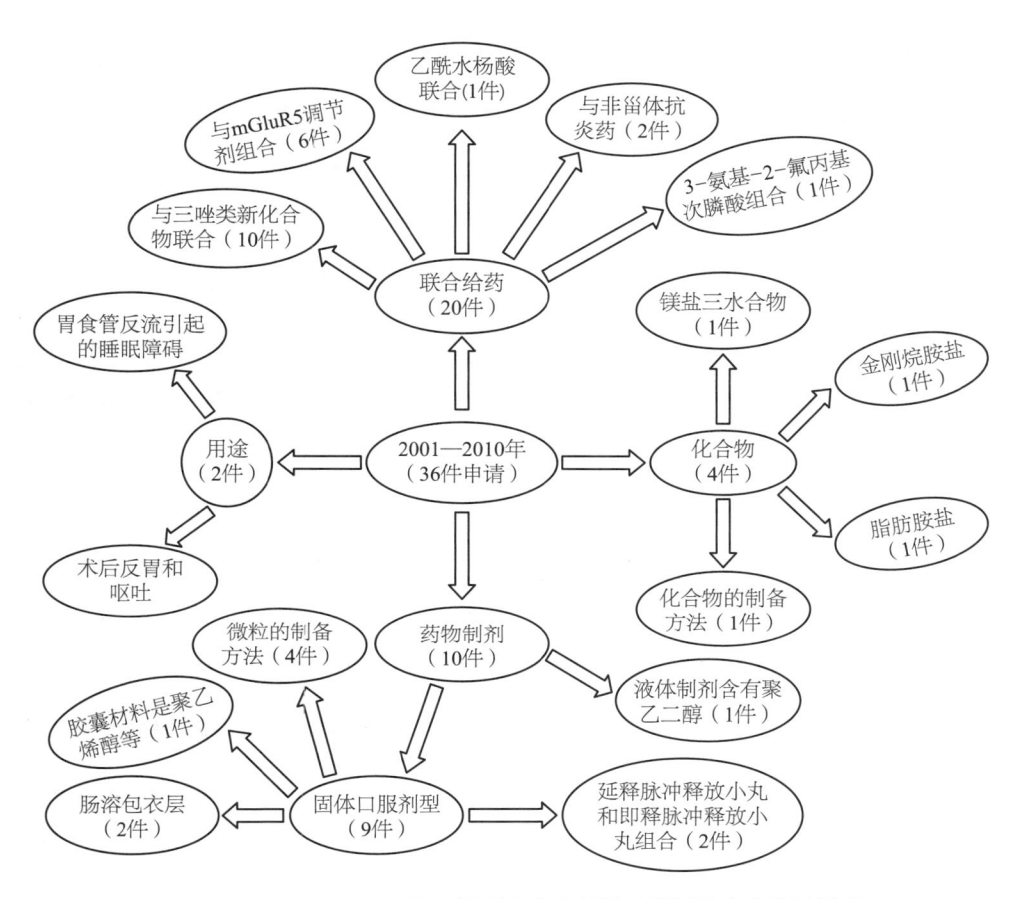

图 2-8　2001—2010 年阿斯利康在奥美拉唑领域的专利申请情况

牌够响亮，其商标布局策略更是国内企业学习的典范。

　　根据国家商标局数据查询显示，截至 2024 年 7 月，老干妈食品共申请了 307 件商标，包含"老干妈""老干妈""老于妈""老干妈陶华碧""LAOGANMA"等商标，几乎涵盖商标全部分类，构建了全面的商标保护体系（见图 2-9）。其中"老干妈"商

图 2-9　老干妈商标及品牌宣传

061

标曾在 2011 年、2014 年、2015 年、2016 年多次被国家工商总局商标局等部门认定为驰名商标。总结其商标申请及布局策略，可以发现如下几个特点。

一是，品牌运营及商标意识强，提前注册占据先机。贵阳南明老干妈风味食品有限责任公司（以下简称老干妈公司）成立于 1997 年 10 月 5 日，但创始人陶华碧却早在 1996 年 12 月 27 日就提前申请保护了第一个商标"陶华碧"，可见创始人在成立老干妈品牌创立之初，便已申请注册相关商标。同时，一旦产品品牌确定为老干妈之后，则围绕老干妈快速启动商标申请布局。由此可见，公司创始人及管理层对于其自身产品的品牌商誉的高度重视，以及对于商标保护及布局的超前意识。

二是，全面布局无死角，构建商标"护城河"。老干妈公司累计注册了 300 多个商标，不仅在其产品的核心类别（第 29 类食品、第 30 类调味品）布局了上百个专利，而且覆盖所有 45 个商标类别，主打一个无死角布局。

三是，注重防御注册，阻止市场"傍名牌"现象。老干妈公司除围绕"老干妈"进行全品类布局外，为了防止市场其他竞争对手傍名牌，混淆市场，出现恶意竞争，及早进行了防御性注册。防御性注册的特点包括：①"妈"系列防御性注册，为了防止有人在"妈"或其同类方面做文章，公司注册了"老干娘""陶华碧新干妈""陶华碧老干娘""陶华碧老亲娘""陶华碧老亲妈"等商标；②为了防止"干"与"千"的字形混淆或者同音混淆，公司注册了"老千妈""老乾妈""老于妈"等商标；③注册了与"干"有关的类似商标，如"干儿女""干儿子""老干爹""老干爸"等商标。

四是，主动亮剑，积极维权，维护市场秩序。老干妈公司为了维护自身品牌，经常主动亮剑进行维权，包括采用异议第三方类似商标和打击侵权行为等。2007 年 6 月，川南干妈于获准注册商标"川南干妈"，核定商品类目为第 30 类。贵阳老干妈以其在第 30 类商品上获准注册"老干妈"商标，且具有较高知名度，请求商标评审委员会撤销川南干妈的争议商标，并最终获得成功，维护了"干妈"只能属于"陶"家的纯正性。当发现贵州永红食品有限公司使用了"老干妈"商标售卖同类产品后，老干妈公司果断起诉，并于 2017 年 5 月由北京市高院就老干妈公司起诉贵州永红食品有限公司"老干妈"商标侵权案作出终审判决，判令贵州永红食品有限公司立即停止使用"老干妈"字样，赔偿老干妈公司 60.15 万元。此外，为了打击假冒伪劣产品，在老干妈公司官网,"防伪"成为三个目录之一,将打击侵权行为列为其公司的重要经营战略。

2.5.3 多维度立体布局

在企业经营过程中,为了全面有效保护创新成果,单靠专利、商标、商业秘密中的一种形式进行布局远远不够,因此大多数企业都采用了多维度立体布局策略。下面就给出一些比较典型的案例进行分析。

2.5.3.1 专利与商标结合的布局策略

华为技术有限公司(以下简称华为)成立于1987年9月15日,从事计算机、通信和其他电子设备制造业为主的高科技公司。近年来,随着国家对新能源汽车的各项支持政策的出台,华为也逐步向该领域进军,在新能源汽车芯片、自动驾驶等领域开展了深入研究。尽管华为多次声称"不单独造车,和车企一起造好车",当好汽车行业的生态链的深度参与者,但其在新能源汽车领域的知识产权布局却显示了其在新能源汽车行业的"野心",这种"产品未动、知识产权先行"的布局策略及其娴熟的运营手段更值得同行研究学习。

华为围绕"问界"品牌新能源汽车申请商标919项,包括问界等系列文字和图形商标,覆盖了包括第12类(汽车和运载工具)、第9类(电子产品及科学仪器)等合计18个类别,涉及美国、亚洲、欧洲等主要新能源市场区域,其中,740项商标权已获授权,剩余商标权正在申请中,尚未获得商标注册证书(见图2-10)。

同时,围绕"问界"系列车型,申请了44件外观设计专利,主要围绕汽车、车灯(例如可以带节日氛围展示图形用户界面)、车载平板电脑等。专利布局涉及中国、欧洲以及东南亚地区相关国家;上述专利申请于2022—2024年,目前都没有公开,可见华为为了最大限度保护"问界"汽车的相关外观,

图2-10 "问界"品牌新能源汽车申请主要商标

选择了延迟公开策略，防止竞争对手通过专利提前获悉其外观设计造型及理念。部分外观专利如表 2-1 所示。

表 2-1 华为"问界"系列汽车部分外观专利

序号	申请号	申请日	专利名称	相关车型	地区/国家	申请人	当前状态
1	202430187189.4	2024-04-07	汽车	F3A	CN	Huawei Device Co., Ltd.	已申请
2	202430077649.8	2024-02-04	汽车	F1-24	CN	Huawei Device Co., Ltd.	已申请
3	202430077596.X	2024-02-04	汽车及其车灯	F1-25	CN	Huawei Device Co., Ltd.	已申请
4	202330792351.0	2023-12-01	汽车	F1-25	CN	Huawei Device Co., Ltd.	已申请
5	PH32024050528	2024-05-21	AUTOMOBILE	F1-25	PH	HUAWEI TECHNOLOGIES CO.LTD.	已申请
6	WIPO148886	2024-05-28	汽车	F1-25	WOD	HUAWEI TECHNOLOGIES CO.LTD.	已申请
7	WIPO148886	2024-05-28	汽车	F1-25	EM	HUAWEI TECHNOLOGIES CO.LTD.	已申请

有效的专利及商标的布局策略也为华为随后的知识产权转让提供了坚实的基础。华为将上述 919 件商标及 44 件外观设计专利进行了知识产权资产评估，根据第三方评估报告显示，上述知识产权合计价值为 102.33 亿元。2024 年 7 月 2 日，赛力斯发公告称，拟收购上述知识产权，拟收购价为 25 亿元。由此可见，"不造车"的华为即便不直接卖车，但可以通过与车相关的知识产权运营获得高额收益，这笔交易也是迄今为止国内新能源汽车领域最大的一笔知识产权交易。

此外，华为还紧密围绕"智界""享界""傲界""尊界""幻界""合界"等文字申请注册了大量的商标，关于汽车的相关外观设计专利申请也高达 236 件，而有关汽车的自动驾驶、电子控制、芯片制造等技术领域专利更是提前多年就开始了布局。这说明，华为早已在新能源汽车领域进行了深入布局，只是近期通过"问界"知识产权转让事件才让这一情况浮出水面。不难想象在不远的将来，华为也可能陆续与其他汽车合作厂商就前述相关"界"字系列开展深入知识产权转让合作,从而为华为带来巨额收益。

2.5.3.2 商业秘密与商标相结合的布局策略

提及商业秘密保护的经典案例,大家首先想到的就是享誉全球的可口可乐公司。作为餐桌上最常见的饮料之一,"可口可乐"除价格比较便宜外,人们最痴迷的应该就是那"迷人"的口感。可口可乐的一位总裁说过一句名言:"即使可口可乐公司一夜之间化为灰烬,凭借可口可乐这个品牌,第二天我们仍能建立起一个庞大的王国。"可口可乐总裁之所以敢于如此发言,与其通过全方位的商标布局及世界上最严格的商业秘密保护措施密不可分。

可口可乐由约翰·彭伯顿于1885年发明,合伙人弗兰克·罗宾逊根据饮料糖浆的两种成分古柯叶(英文叫Coca)和可拉果(英文名:Kola)两词作为命名的依据,取名叫Coca Kola。为了使标志更加美观,他将Kola的K改成C(Cola),然后在两个词中间加一横,可口可乐的英文名字便诞生了。

1887年,可口可乐标志开始成型。标志采用当时流行的斯宾塞体书写,其中第一个C有着丝带状飘逸的尾巴,这就是后来经典的可口可乐标志。

1890年,可口可乐标志在原有基础上增加了旋涡形状作为装饰,整体变化较大,但是这种变化显然没有获得成功,仅仅一年时间,可口可乐公司就放弃这个标志。

1941年起,可口可乐的形态最终确定下来,标志进行了一些调整、优化,其中"Cola"中"C"的额头移到了"L"的下面。

1958年,鱼尾形为底的可口可乐标志诞生,取代了以前单一的设计表现形式。这种鱼尾形状被称为弓形字体(Arciform),在一年之内被用于所有公司的品牌材料,也体现了可口可乐公司多样化发展的局面。

1969年,对于可口可乐标志来说是非常重要的一年,自这一年起,引入了方形标志,并在下方配了一条流畅的白色丝带,这个新的可口可乐标志飘带设计代表了两个轮廓的可乐瓶,且沿用至今。这看似简单的白色丝带,也被可口可乐注册成了它的商标。

可口可乐公司围绕"可口可乐""Coca-Cola"及图形布局了大量的商标,并随着其推出的新型系列产品,其在"零度可口可乐""Coca-Cola Zero Sugar""健怡可口可乐""Diet Coke/Coke Light"及图形布局了大量商标(见图2-11)。

1886年,可口可乐诞生早期,可口可乐公司为了保密自己的配方,全公司上下只有两个人拥

图2-11 可口可乐商标

有配方,而且每人拥有的还只是一半的配方。每次到了需要生产的时候,两人都会在实验室里面将"原浆"配出来。随着可口可乐的发展,知道可口可乐配方的人也在增加,但尽管如此全美国知道可口可乐配方的人也绝对不超过十个人。国内生产的可口可乐基本上都是从国外将原浆运输过来,然后再进行加工生产制造出人们现在看到的可口可乐。即使国内现在已经有大量的可口可乐制造工厂,但是人们还是不知道可口可乐的配方。

关于配方,可口可乐公司有严格的法律保护,一旦泄露,责任人会受到极其严格的法律制裁。除此之外,公司内部更是具有严格的保密措施,首先配方由公司极其重要的人士知晓,每个人也只知晓配方的一部分,只有全部在一起时才会凑齐配方的全部;同时,配方保存在美国的一家信托公司里,要想打开保险库需要经过极其复杂的手续,且保险柜的钥匙也是多人共有,只有一起开库门的锁才能打开保险库,其严密程度不亚于银行金库。

2.5.3.3 知识产权全面布局策略

吉利汽车控股有限公司(以下简称吉利集团)是国内知名汽车制造公司,在新能源汽车方面,开发出"星越""星瑞"等一系列知名品牌,并获得全球汽车市场的高度认可。其在新能源汽车领域的知识产权全面布局策略为其全球市场开疆拓土、打击竞争对手提供了有力保障。

截至2024年7月,吉利集团及其旗下公司已申请公开专利40073件,其中发明专利11951件、实用新型17345件、外观设计5805件、专利合作约定(PCT)专利414件。

2014年年底,吉利集团通过其间接100%持有的成都高原汽车工业有限公司开展了基于吉利集团NL系列燃油车的车身(包括底盘)改造电动车的相关科研攻关工作,

并将部分研发成果进行了专利申请保护，合计申请专利254件，其中发明专利33件、实用新型189件、外观设计7件。同时，将部分不适于公开的技术秘密等信息通过商业秘密形式进行了保护，涵盖汽车改造过程中相关精密底盘构造及其零部件的图纸。

2018年3月，吉利集团的信息安全部门例行检查，发现其子公司成都高原汽车工业有限公司有多名离职员工交还的工作电脑"硬盘被钝器损毁"，技术恢复后，安全人员发现，这些电脑中有前员工们为威马工作的文件，时间是在他们离职前。经调查分析，近40名离职员工去了威马汽车公司，参与了威马的EX系列的新能源汽车开发工作。这些前员工有总经理、副总经理，有负责技术研发、编制试验大纲的高管，也有一线技术人员。跳槽到威马后，多数成都高原公司前员工继续从事汽车底盘技术研发的相关工作。他们利用吉利集团的部分技术秘密，为威马系公司申请了12件专利。

吉利集团经过分析后发现，威马申请的12项专利的发明人包括成都高原公司离职不到一年的前员工，甚至大多数专利说明书的附图都和吉利集团数模截图一致。2018年12月，吉利集团针对威马提起商业秘密诉讼，吉利、威马商业秘密纠纷中涉及的技术信息主要包括新能源汽车底盘应用技术以及相关零部件的12张图纸及数字模型。2022年9月，上海市高级人民法院开庭，吉利主张以威马融资额的4%（约21亿元）作为研发成本来计算损失。上海高级人民法院认为威马融资并不主要依赖底盘零部件图纸，没有支持这样的计算方法，判定负责威马生产制造的威马温州公司侵害了吉利5套底盘零部件图纸的技术秘密，需赔偿吉利集团经济损失500万元，以及维权开支200万元，共计700万元。

2019年4月，全国人民代表大会完成《中华人民共和国反不正当竞争法》（以下简称《反不正当竞争法》）相关条例修改，增加侵犯商业秘密的惩罚性赔偿项目。惩罚性赔偿是指损害赔偿中，超过被侵权人实际损失范围的额外赔偿。根据《反不正当竞争法》，判定损害赔偿有三种方案：①根据被侵权者损失金额裁定赔偿；②根据侵权人获利金额裁定；③由法院根据侵权行为的情节判决。前两种都需要原告举证，如果证据不充分，便采用第三种，上限500万元。

最高人民法院则以"侵权人获利"的方式确定赔偿额，即威马通过窃取吉利的底盘技术秘密，获得了多少利益。最终审判中，最高人民法院改变了一审的多个审判逻辑，降低了原告举证难度，调整了赔偿金额的裁定方式，作出了开创性的知识产权诉讼裁定。最高人民法院认为，威马侵权意图明显、情节恶劣、后果严重，但鉴于威马在二审期间"放弃了对合法技术来源的抗辩"，惩罚性赔偿倍数为 2 倍。最终赔偿总额为 6.4 亿元。除了经济赔偿，部分侵权的员工有可能被追诉刑事责任。

至此，吉利集团与威马的商业秘密纠纷告一段落，随着吉利集团的诉讼胜利以及威马自身经营策略失当等多重因素，威马汽车销量持续下跌，营收不断亏损。

2.6 本章小结

首先，介绍了知识产权布局对于科技成果保护的重要意义及必要性；其次，围绕科技成果转移转化中涉及最多的专利、商业秘密和商标申请详细分析了专利、商业秘密及商标布局策略，随后针对常见的多维度立体布局类型进行了分析，包括专利与商标相结合、商业秘密与商标相结合、专利与商业秘密相结合的布局策略；再次，还介绍了知识产权全面布局的相关策略；最后，针对专利、商标及多维度立体布局策略，结合实际案例进行逐一解析，从而便于读者对不同的布局策略特点快速理解和直观认识，也利于读者后期开展相应的知识产权布局实践工作。

思考题

1. 知识产权布局在科技成果转化工作中有什么重要意义？知识产权布局主要包括哪些类型？
2. 专利布局有哪些常见模式？分别适用于什么场景？
3. 专利导航与专利布局的关系是什么？为什么在专利布局之前需要先进行专利导航分析工作？
4. 高价值专利的挖掘与培育的关键环节有哪些？
5. 商业秘密与专利有哪些区别？
6. 商标布局有哪些策略？

第 3 章
科技金融理论与实践

科技金融这个概念既无成熟的模式，也无权威的定论，这个领域更是一个实践探索先于理论的金融创新，本文就是从金融服务科技创新的基本逻辑和所遇到的问题入手，总结了这些问题的类型和相应的解决方法以及较为典型的案例。

金融的本质是通过创造信用和产生流动性来实现生产要素的高效配置，以此成为经济增长的动力能源。在技术创新和产业变革的浪潮下，与金融资源配置相关的创新显得尤为重要，乃至希克斯有"产业革命不得不等待金融革命"这样的判断。如果不能通过金融市场创造信用，向市场投放再多的货币也不会产生经济增长动力。第二次世界大战后，从苏美军备竞赛，到 20 世纪 90 年代的互联网计算机时代和至今的 AI 时代，人类已进入科技进步加速时代。科技金融就是当前人类进入技术进步加速时代，传统金融与科技创新融合的新趋势。本章对科技金融的理论基础，科技金融实践的风险投资、信用贷款、风险配置进行了介绍，分析了海内外科技金融的典型案例。

3.1 科技金融的理论基础

3.1.1 科技创新的概念

科技一词包含"科学＋技术"。简单地说,科学是原理发现,技术是方法实现,但科学≠技术。世界上很多先进的技术并不是建立在科学理论的突破上,大量先进技术都是长期经验积累与不断局部创新、小步迭代升级所致,比如航空发动机和光刻机等。

历史表明,推动技术进步的领头羊往往是企业,主要是行业的领军企业,以及细分领域的龙头企业。苹果、谷歌、英伟达和 SpaceX 的领先技术与人工智能的大语言模型 GPT,视频生成模型 Sora,以及未来更加广泛应用的人工通用智能 AGI 都是企业研发出来的。大学与科研机构不是创新驱动的核心,它们可以在前沿技术的基础研究和跨学科融合等领域发挥企业所不具备的优势,但所有应用研究都应被需求牵引,由市场主导。

简而言之,科技创新是从应用基础研究、前沿技术探索,到发明与创新的商业化的全过程,是从研发端到市场端的企业行为与创业活动。因此,科技创新单靠科学家和研发人员实现不了,还需要创业者的企业家精神、风险投资人的冒险精神,以及鼓励风险投资的金融市场。

3.1.2 科技创新的三个阶段与金融资源配置

3.1.2.1 科技开发阶段

科技开发并不是一个有准确内涵和外延界定的概念。一般意义上,科技开发包括了研究与发展和中试阶段,也就是说,科技开发阶段是成果转化阶段的上一个环节,这一阶段之后，主要的任务就从研究试验转到了如何将成果转化到企业和产业领域。科技开发中的研究与发展活动主要依赖公共财政的支持，而中试阶段的金融问题要复杂得多。中试资金需求大、过程长，政府的资金难以完全满足，企业也不敢贸然投入。解决中试阶段资金需求的根本出路在于建立一个以政府公共投资和创业风险投资基金为核心，包括"产学研"合作、孵化器、金融机构信贷投入和技术产权交易市场的金融供给体系。

3.1.2.2 科技成果转化或技术转移阶段

与技术转移相关的金融问题主要有：科技成果的收益权归属问题，它涉及科研团队、资金方和服务方的利益分配问题；通过技术合同（如技术转移、技术入股、技术并购等）解决成果转化过程中的资金不足和收益不确定问题。

3.1.2.3 高新技术产业发展阶段

与传统产业相比，高新技术产业资金需求量大，无有效担保与高风险并存，产业的关联性风险，技术的不确定性风险，以及资本退出的风险等。这些特点都决定了高新技术产业在其发展中的金融制度、金融政策、金融工具、金融服务与传统金融相比都有很多不同，各类金融要素的创新组合就形成了我们今天所讲的科技金融的范畴。

3.1.3 科技金融的本质

科技金融发展到现在，本质上已经成为创新经济学的一个最重要分支。科技金融是以培育高附加价值产业、创造高薪就业岗位、提升经济体整体竞争力为目标，促进技术资本、创新资本与企业家资本等创新要素深度融合、深度聚合的一种新经济范式。这个新经济范式由三个紧密联系的子系统构成，也是创新经济体的三个相互配合的发动机。①"技术－经济范式"，它决定了一定时期一个经济体资本化技术的规模和质量；②"金融－经济范式"，它决定了一定时期一个经济体普通资本转化为创新资本的数量和效率；③"企业家－经济范式"，它决定了一定时期一个经济体创新企业的规模和能力，特别是企业家资本的大小及效率。

因此，科技金融要解决的核心问题是促进创新要素之间发生化学反应，催生新的高效率财富创造动能。具体包括：①为知识或技术资本化提供相匹配的金融制度安排，使知识或技术顺利地从知识形态向资产形态、资本形态转化；②为企业家、创业者进行创新、创业活动提供匹配的金融制度安排，加快企业成长和发展；③为投资人投资以知识、技术为核心资产的投资行为提供匹配的金融制度安排。

3.1.4 以科技信用为基础的金融创新

多数人印象中的金融创新还停留在华尔街发明的各类金融衍生品。科技金融也是金融创新，当前世界上最高市值的科技公司如谷歌、微软和苹果都是被科技金融从无到有孕育出来的。

如果说，传统金融是基于财务历史数据的商业信用创造，科技金融则是基于科技成果的商业价值和持续创新能力预期的科技信用创造。二者的区别也界定了传统金融与科技金融的边界：凡是能够通过财务数据判断价值的资产，都可以归类于传统金融；凡是需要以科技成果的创新属性（比如领先性、技术壁垒、技术迭代周期等）、持续研发能力以及创新保护能力（知识产权体系）来判断价值的资产（我们称为"技术资产"），都可以归类为科技金融。比如，投资谷歌的股票和大疆的股权就是传统的金融投资行为，而在1996年谷歌创业初期和2007年大疆创业初期对它们的投资就是科技金融的投资行为。因此，科技金融与传统金融最大的不同，就是通过技术进步实现了价值的非线性增长，打破了经济要素投入的"边际效用递减"规律，产生了"边际效用递增"的新规律。这个新规律可以通过第二次世界大战后技术进步推动的世界经济发展史观察到。

当下国家积极推动的科技金融，首先要建立科技金融的底层架构，这个架构可以实现科技信用的创造、流动与经济内生动能的产生。具体而言，以科技信用为基础的金融产品主要有三种：科创企业的股权、科创企业的债权、以知识产权为受益主体的资产证券化产品。

科技金融的主要方向是要构建可以大规模培育创新能力与创业能力的早期企业股权和债权市场。我们把早期科创企业的股权与债权称为"技术资本"。如图3-1中的虚线框中的部分。

技术资本是从应用基础研发到产业化前阶段的全部股权与债权投资，其中包括国家

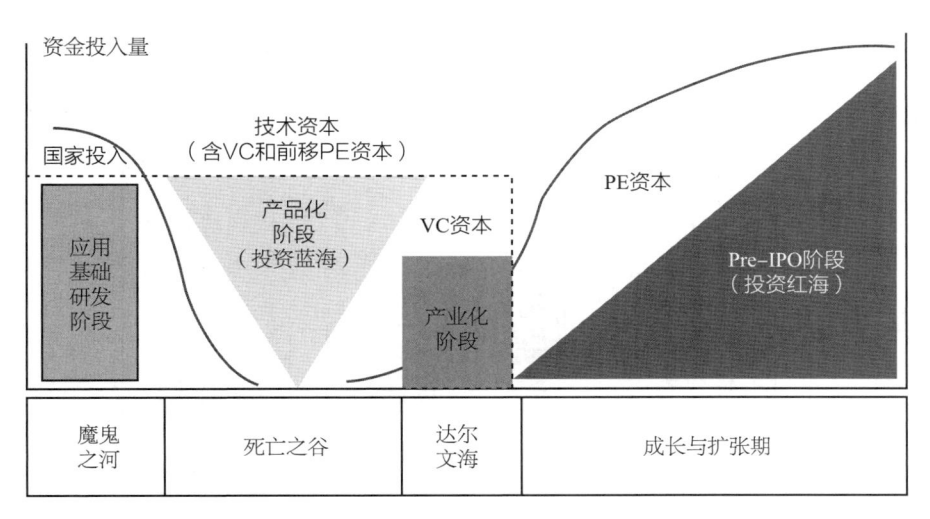

图 3-1　股权与债权投资资金投入量

对应用基础领域的市场化投资（比如财政拨款的市场化转型）——国家技术资本，企业的研发投入——企业技术资本，以及风险投资——市场技术资本。发展科技金融的核心则是建立发达的技术资本市场。

3.1.5　技术资本与技术资产

技术资本的货币表达形式就是包括风险投资在内的早期股权与债权投资。技术资本的非货币表达形式就是以知识产权形式投资的研发人（技术团队）的股份。

技术资本对应的是技术资产，技术资产是包含知识产权与商业秘密体系，具有持续创新能力和知识保护能力的资产（见图 3-2）。技术资产的突出特征就是双能力，即创新能力与创新保护能力，这是技术资产与传统资产最大的不同。

每年都会有大量的新技术出现，也有大量的老技术被淘汰，单纯的科技成果或知识产权会因为技术升级和迭代而无效或加速贬值。因此，技术资产的价值重点在于持续创新能力。这是它与科技成果或知识产权最大的不同之处。

技术资产之所以包含商业秘密体系，是因为很多关键技术，尤其我们常说的"卡脖子"技术，大部分都不是用注册知识产权来保护的，商业秘密体系是技术资产非常重要的组成之一。

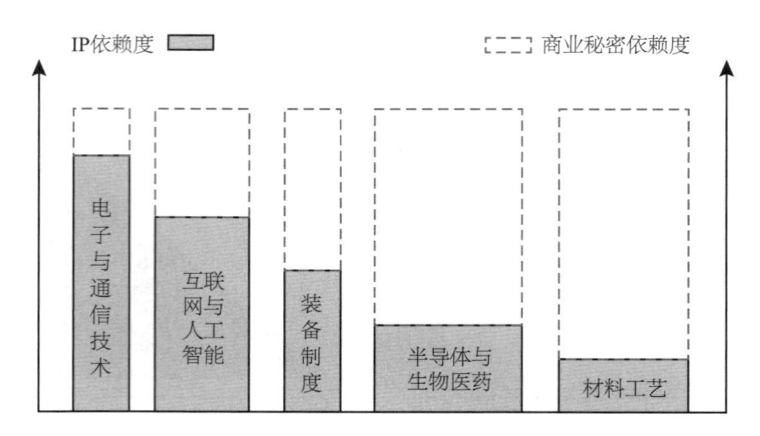

图 3-2 技术的种类与保护

技术资产的构建要根据技术对专利和商业秘密依赖度来制订权利保护战略。技术资产的法律框架如图 3-3 所示。

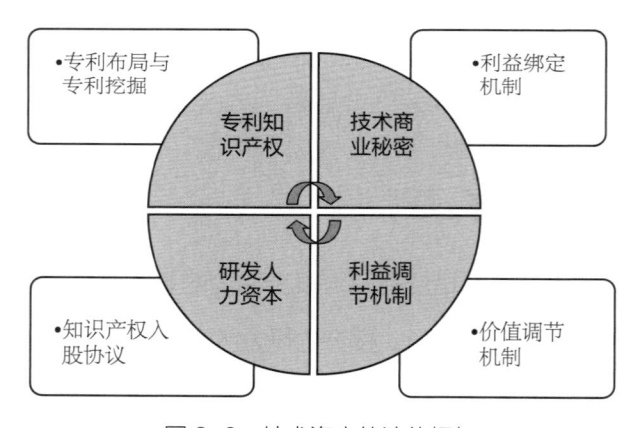

图 3-3 技术资产的法律框架

利益绑定机制（Interest Bonding Mechanism，IBM）重点针对核心研发人员，其中包括与其股权、期权价值匹配的约束机制，如超长期竞业禁止协议和上市退出与行权条件等。

价值调节机制（Value Adjustment Mechanism，VAM）主要针对技术团队的持续创新的增资与期权方案，以确保其股份不会在多轮融资后被过多稀释。

在投资人的财务报表中，技术资产的价值是以商誉来表达的。因此我们可以把科创企业的价值分为财务资产价值和技术资产价值（图 3-4）。

投资人给科创企业超出其财务资产价值的高溢价部分,大部分都是对科创企业的技术创新能力的估值。因此,技术资产才是科创企业的核心价值资产。科技金融的核心就是将更多金融资源配置到提升技术资产的价值上面,其中风险投资通过"资本投入 + 投后赋能"的方式,辅之以各类创新的金融工具(如优先股、可转债等夹层工具),大大加速了技术资产价值的提升。

图 3-4 创新型企业的资产构成比例

3.2 科技金融实践之风险投资

3.2.1 风险投资的特点

科技金融的实践始于风险投资市场的兴起。科技创业与风险投资是迄今为止最具风险的经济活动,其风险远高于大航海和古丝绸之路时期的跨洲贸易。

风险投资有三大特点:①高风险:高失败率;②高回报:成功项目的高回报率;③低流动性:早期科创企业的股权流动性非常低。

3.2.1.1 高风险和高失败率

根据风险投资机构 Correlation Ventures 近 10 年的统计,小于 1 倍回报的投资项目占总投资额的 37%;1～3 倍回报的项目占总投资额的 43%;3 倍以上回报的投资项目占总投资额的 20%,其中,20 倍以上超额回报项目仅占 1%。从项目数量上来看,小于 1 倍回报率的项目高达 48%。

3.2.1.2 成功项目的高回报率

对于风投资本投资的项目而言,"成三败七"是常见的,但是,风投资本投资的项目一旦成功(例如上市或者被并购),投资回报率可以高达数倍甚至数十倍。一般而言,初创公司的风险投资回报率可能在 10 倍以上，而成熟公司的回报率可能在 2～5 倍，2013—2022 年共 5390 亿美元和 3.5 万笔融资投入（见图 3-5）。当前，在新一轮科技革命和产业变革浪潮下涌现的创新型企业，以非线性速度迅猛发展，给早期风投带来了更高的回报。例如，红杉资本投资 6000 万美元到 WhatsAPP（占其 18% 股权），退出时获得超过 30 亿美元的收益，这一笔总回报 50 倍的投资被 CB Insights 评判为史上"最成功"的风投。

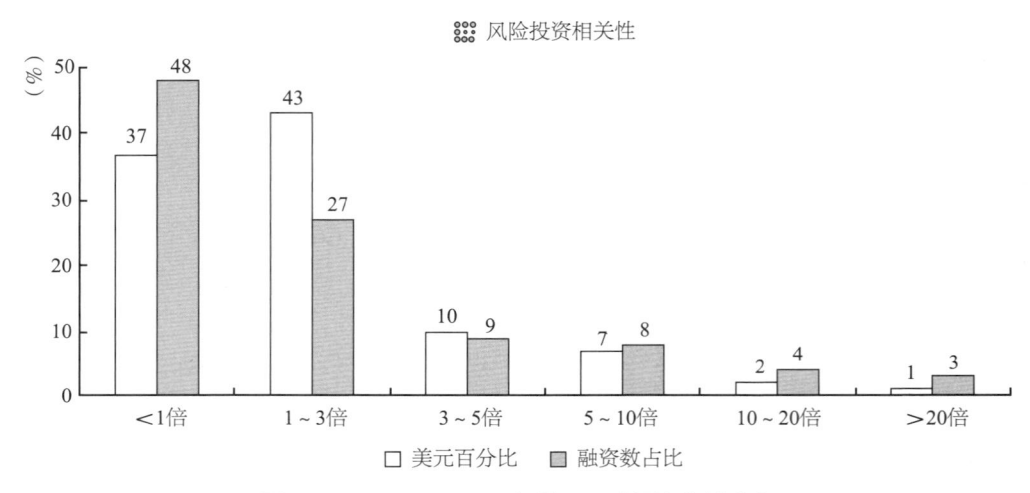

图 3-5 2013—2022 年美国风险投资收益分布

3.2.1.3 低流动性

风投退出难是全球性问题，即便在成熟市场，其风投基金从设立到完成清算平均也要十余年。以美国为例，根据 PitchBook 统计，从投资和退出比较来看，2013—2023 年，美国风投资本的投资数量远超退出数量，投资数量均在退出数量的十倍或以上，并在 2023 年达到 14.4 倍。

3.2.2 美国风险投资的兴起和繁荣

自 20 世纪 40 年代的美国研发公司开始，到硅谷的兴盛，美国已经形成了以投资早期科技企业为主的全球风险投资市场，这个市场就是"硅谷（企业端）+ 大学（研发端）+ 风投（资本端）+ 纳斯达克（市场端）"模式，其中纳斯达克为风险投资提供了流动性的出海口，形成了美国日益丰富多元的科技金融市场生态。

风险投资支持的企业一旦在纳斯达克等交易所上市，风投资本不但可以顺利退出并获得高额回报，还可以产生良好的示范效应，引导更多社会资本流入风险投资领域。实践中，美国风险投资市场的规模与交易所的市场指数呈较为明显的共生共荣关系。例如，美国 2009 年以来的股市持续繁荣，尤其是科技股龙头的走强促进了其风险投资市场的发展。如图 3-6 所示，1993—2017 年包括风险投资在内的私募股权投资规模（即 D 条例下的私募发行次数）与标普 500 指数高度一致，相关系数高达 89%。其中，2000—2007 年风投资本规模与股市走势类似，经历了高峰期；2008 年短暂回落后，2009 年以来又有了显著增长，这段时期与标普 500 指数的相关系数达 94%。

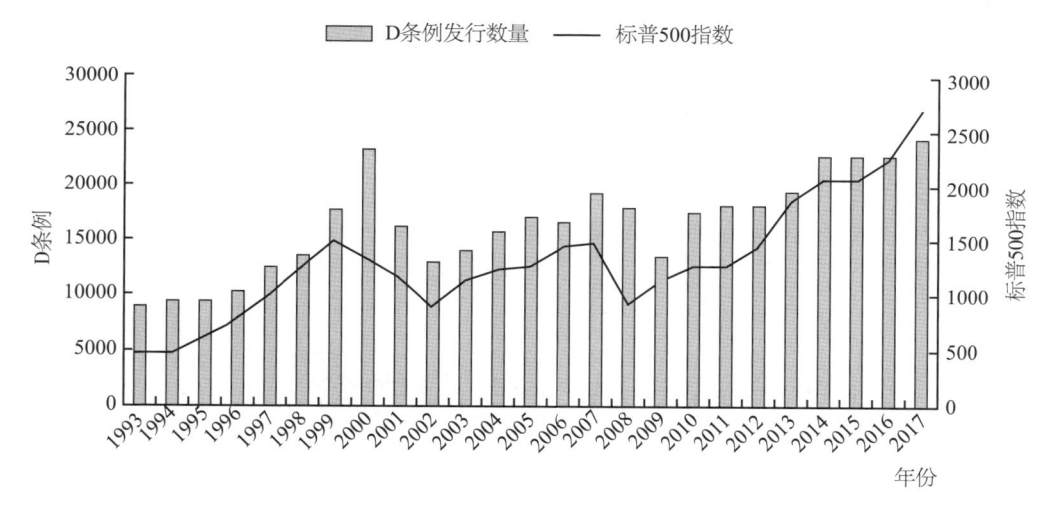

图 3-6　1993—2017 年包括风险投资在内的 D 条例发行规模与标普 500 指数的走势比较

纳斯达克提供流动性的方式并不只有 IPO，而是更多地通过高效的并购重组机制，即上市公司对科创企业的并购（称为技术资产并购）来支持风投资本顺畅退出，从而实现科技金融市场的高流动性。据统计，2013—2023 年，美国风投通过 IPO 退出年平均数量为 176 个，不及每年投资数量的 10%。并购才是提供流动性的主要渠道，每年风投通过并购退出的数量占比约 90%。可以说，美国科技金融的繁荣离不开上市公司对优质技术资产的大量并购。上市公司是最天然的孵化器和加速器，技术资产投资与并购市场的活跃才能提升科创企业股权的流动性，带来科技金融的繁荣。长期以来，美国有一个持续活跃的并购市场，交易规模占全球并购交易总规模的一半以上。上市公司是并购市场的重要买方，我们熟知的亚马逊、苹果、脸书（Facebook）、微软和谷歌等都是通过多次并购成为科技巨头。这五家公司仅在 2010—2019 年的 10 年间就发生了 616 笔金额超过 100 万美元的收购交易。

同时，并购基金也是美国并购市场主要的参与主体，每年贡献的交易规模超过 20%。除了作为并购交易的买卖方，并购基金还开展交易撮合、信息对接、提供过桥资金、财务顾问等业务，既有效解决了风险投资退出时的交易难、信息不对称、资金不足等问题，又推动了整个并购市场的发展。与创业投资基金投资于早期企业不同，并购基金往往投资于发展到一定阶段、能产生稳定现金流的企业，采取控股收购或大比例参股的方式以获得对企业足够的影响力，通过投后赋能来提高企业价值，从而获得下一轮并购或 IPO 退出的机会，实现更高回报。统计显示，并购基金 80% 以上的收益都来自企业价值提升。就期限而言，并购基金偏好长期、稳定的运作周期，一般都在 10 年以上甚至更长，并且越来越体现出鲜明的产业属性。例如，科技基金 Vista 被市场喻为全球第四大软件企业，3G Capital 也被看作全球食品饮料行业的隐形霸主。

3.3　科技金融实践之信用贷款

3.3.1　科技信用贷款的特点

科技信用贷款是不基于抵押与担保的科技信用创造，科技信用是对科创企业未来价值的确认。大多数早期科创企业因处于微利或尚未盈利阶段，信用贷款还不能基于其营收和利润。如果贷款的本息不能像传统的企业贷款一样依靠营收偿付，依靠抵押资产做安全保障，那么科技信用贷款就面临相容性难题。相容性难题就是科技创新的高风险及收益率的波动性，与银行信贷市场低风险与收益率的稳定性之间存在天然的冲突。

科技金融的服务对象大多处于研发烧钱或微利阶段，不是靠经营性收益来偿付本息，而是靠科创企业股权升值后的股权融资来偿付本息。因此，这类科创企业的信用完全取决于股权升值的预期。同时，科技信用贷款对贷款对象的信用评级需要再建立一个不依赖传统财务指标的评价与估值体系，该体系需要对科创企业的价值增长有正确预判。这个评价与估值体系需要第三方专业服务机构提供技术支持。

3.3.2 科技信用贷款的风险覆盖模式

科技信用贷款的风险覆盖模式，就是借助风险投资成功项目的高回报来对贷款失败损失有一个完整的风险覆盖。该模式的核心是要通过可转股债权或认股权证来实现商业银行不直接投资，但可以通过债权和认股权证交易，获得成功项目的超额收益，并用这部分收益来覆盖失败项目的损失。

风险覆盖有两大原则：一是风险分散，贷款规模不宜大，做到小额、等额、多份；二是每份合同都要设计固定比例的可转股债权或相应的选择权（认股权证）。

假定在某段时间商业银行以纯信用形式，向早期科创企业做了 5 笔等额贷款，其中 3 个项目失败，贷款没有收回，确认全额亏损；2 个项目成功，收回本息。这时，就需要行使 2 个成功项目的债转股权利。

如图 3-7 所示，ABCDE 共 5 个贷款项目，其中 ABD（灰色）全额损失，C（斜线）E 盈利。正常利息收入无法覆盖 ABD 的损失，需要行使 CE 的债转股权利，以此覆盖项目损失。假定单个项目可转股债权占贷款额的比例为 c，成功项目的股权投资收益率为 R，项目失败率为 L（假定项目失败为全额损失），该贷款复合收益率为 r：

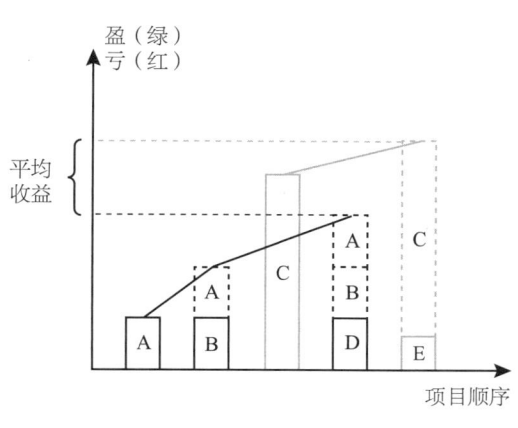

图 3-7 项目顺序盈亏图

$$r = R \times c(1-L) - L \qquad (3-1)$$

可转股债权的比例 c 越低，对成功项目的投资收益率 R 的要求就越高。

通过这个公式反推 R，即如果知道项目的失败率 L，以及可转股债权比例 c，在给定的贷款利率下，可以算出成功项目的收益率 R：

$$R=(r+L)/c(1-L) \qquad (3-2)$$

假如一个贷款组合的利率为 $r=8\%$，组合失败率为 $L=30\%$，组合中所有贷款项目的可转股债权比例为 1/4，$c=25\%$，$R=(8\%+30\%)/25\%(1-30\%)=217\%$，也就是成功项目必须实现 217% 的收益，才能覆盖风险。

上述模拟结果告诉我们，如果按照 1∶3 的"投贷比"，即可转股比例为 1/4，只要成功项目的股权价值升值 2.2 倍，就可以实现不良损失率 30%，利率为 8% 的科技信用贷款的收益。

只要设计好科技信用贷款的风险覆盖机制，就可以在银行体系内形成独立的科技信用贷款模式。这个模式需要一项重要的改革，即要对考核体系和现有会计科目进行调整。商业银行的科技信用贷款如果出现坏账，会计入管理团队的绩效考核，而无论怎样"尽职免责"，也难以避免早期科创企业的贷款坏账。解决这个问题的方法之一，就是将原本计入营业外收入的可转股债权出售的收入，计入新的设立的科目——科技风险覆盖金，该科目可以冲抵科技贷坏账：如果年终收益可覆盖损失，可将其转为全年科技贷的平均收益；如果平均收益率高于平均贷款利率，该部分收益可以转至下一个年度，作为未来风险覆盖金的储备。

3.3.3 硅谷银行的信用贷款业务模式

在众多开展科技信用贷款的机构中，硅谷银行的信用贷款业务模式值得关注。

3.3.3.1 以认股权证作为风险补偿，开展风险贷款业务，向科技型初创企业提供低成本债权类资金

硅谷银行专为初创企业提供风险贷款，即在初创企业获得 PE/VC 投资的基础上，硅谷银行向其发放 PE/VC 投资金额 25% 左右的信用贷款，企业用自主知识产权做定性而非定量的质押，利率在 7%～12%，客户集中在信息技术、生命科学、清洁能源领域。硅谷银行以认购初创企业认股权证作为额外利息补偿，并要求其将存款存入硅谷银行，银行仅支付少量利息甚至不支付利息，以此获取大量存款资金，并提高存贷利差。

硅谷银行向信息技术、医疗健康等创业企业提供的贷款分为两类：①完全依靠 PE/

VC投资者网络关系，向尚不存在收入或现金流为负的创业企业提供的贷款，规模为67亿美元，占其总贷款规模的9%，其中19亿提供给早期企业，48亿提供给成长期企业[①]。②依据现金流还债能力提供的贷款，规模86亿美元，占其总贷款规模的12%。美国2022年风险贷款规模达到320亿美元[②]，硅谷银行市场份额占比约为21%，属于该市场最集中的供给方，且硅谷银行要求的风险贷款利率一般低于其他资金供给方。

3.3.3.2　为PE/VC提供过桥贷款，保障风险贷款业务的运营，是部分海外PE/VC投资美国初创企业的唯一托管银行

基于PE/VC特殊的业务流程[③]，硅谷银行向其提供过桥贷款，成为其托管银行，掌握PE/VC投资状况，并根据PE/VC投资数据，筛选风险贷款客户，控制风险贷款业务运营的风险。2022年，硅谷银行为PE/VC提供过桥贷款和并购贷款412亿、19亿美元，分别占其总贷款规模的55%和3%。

利用在投资圈积累的客户资源和网络，硅谷银行还为初创公司和世界各地PE/VC牵线搭桥，提供撮合和增值服务，甚至成为海外资金投资美国初创企业、海外企业到美国融资或上市的首选或者唯一托管银行[④]。截至2022年，美国PE/VC投资过的已上市的科技和医疗企业中，有44%是硅谷银行的客户[⑤]。

3.3.3.3　硅谷银行所属集团提供股权投资、投行等全方位服务，与企业和风险投资机构形成全方位的深度合作网络

硅谷银行所属金融集团围绕硅谷银行客户提供综合服务，联动硅谷银行深入融入创

---

①　数据来源：硅谷银行金融集团年报。
②　数据来源：PitchBook-NVCA。
③　LP承诺向PE/VC出资后并非一次性将认缴金额全部打款到PE/VC的托管银行，而是根据PE/VC的投资进度和PE/VC的"扣款"要求分期向PE/VC打款，这个时间窗口可能导致PE/VC错失投资机会，浪费投资时间而影响内部收益率。
④　据市场机构解释，由于PE/VC特殊的有限合伙模式，海外资金，特别是中国背景的资金，在进入美国后投向成立不久、业务规模较小的初创企业，常常会被美国传统银行认定为"洗钱"而关停账户，而硅谷银行深刻理解PE/VC的运作模式，不仅不会被关停账户，还会向海外资金积极推荐、对接美国初创企业。
⑤　数据来源：硅谷银行官网。

业家及其投资人的工作、生活，进一步巩固加强合作关系。①硅银资本进行股权投资和FOF投资两种风投业务，成为硅谷银行债权融资的有力补充。②硅银证券提供投资银行服务，负责集团认股权证和股权投资的退出变现。③硅银私人银行为创业家与PE/VC高级管理人才提供财富管理等服务，促进硅谷银行与硅谷创业生态圈加深绑定。2022年，硅谷银行为私人银行客户提供的贷款规模为104亿美元，占其总贷款规模的14%。

2024年3月，受宏观环境变化等因素的影响，硅谷银行出现挤兑，不得不宣布倒闭，并被第一国民银行收购，收购后硅谷银行业务基本不变。倒闭之初，美国科技型初创企业及其投资者受到一定冲击，引发各方对硅谷科技金融生态前景的担忧。目前，对硅谷银行的业务模式是否成功进行评价还为时过早，硅谷银行倒闭的长远影响也有待观察。

3.4　科技金融实践之风险配置

3.4.1　满足不同风险偏好的方法

风险投资的高失败率与成功项目的高收益率带来了收益率波动难题。既然科技金融具有边际效益递增的规律，半个世纪以来全球风险投资的规模呈现快速上升的趋势，那么可否通过科技金融的金融工程，设计出让更多追求安全收益的社会资本进入技术资本市场的模式和工具，这类资本正是耐心资本最直接的体现。

风险投资与博彩的共同点就是投中概率低，投中后的回报高，不同点就是风险投资是正和游戏，博彩是负和游戏。因此，要想投资到成功项目或中奖，就必须增加投资或投注的数量。假如买下全部彩票，必然能中奖，但回报率为负。假如投资所有科技项目，按照大数法则，必然能获得正回报。

拥有大额资金的投资人往往不会投资高风险项目，他们更愿追求低回报但安全性更高的项目。因此，风险偏好与投资份额大小呈反比关系。

如图3-8所示，可以用以小博大原理设计结构化投资，普通股给人数众多风险偏好高的小额投资人，优先股给少量的风险偏好低的大额投资机构。

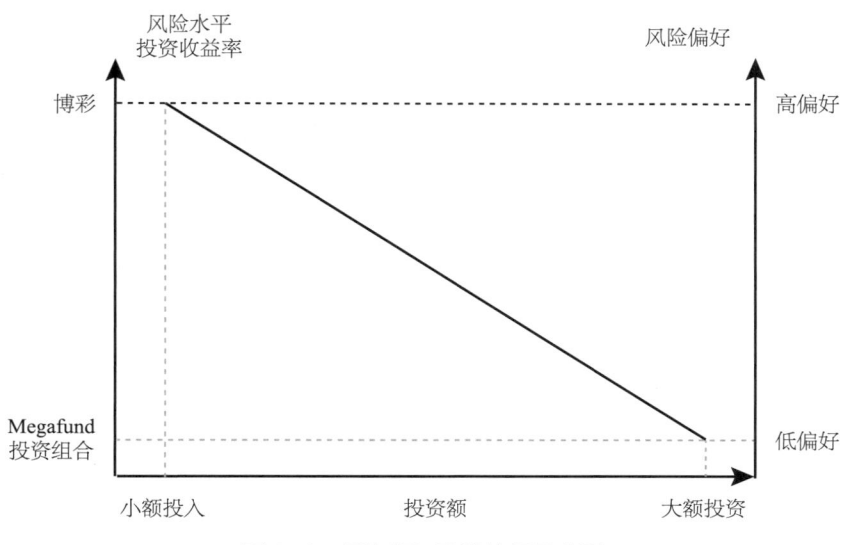

图 3-8 投资额与风险偏好示意图

普通股的份额降至 1000 元以内，是让包括中小学生在内的青少年有机会参与科创企业的早期投资，这对引导和培育他们对科技的兴趣，以及用零花钱尝试风险投资具有良好的实践意义。1000 元是很多青少年的压岁钱，当他们投资某个项目（比如无人机或机器人技术）后，就会高度关注这些项目的技术和对相关知识的学习。这种大众性的小额投资其实是最好的万众创新模式。并非每个人都适合创新和创业，但每个人的少量资金可以汇聚成技术资本的持续来源。

3.4.2 风险分散的收益率稳定方法

风险分散，其实也是收益的分散。随着投资项目的增加，尽管在投资组合中获得成功项目的概率会增加，同时失败项目的损失也会抵消掉成功项目的超额收益，使得投资组合的平均收益率大幅降低。这相当于一种对收益率进行削峰填谷的方法，但也是让收益率波动曲线变得更平滑的有效方法。

如图 3-9 所示，收益率波动是指按照同样的投资数量和份额，连续投资同样风险水平项目的回报率差异。投资项目越少，收益率波动越大。收益率波动随着项目的增加而减少，理论上，当项目增加到一定数量后，波动率会接近零。当然，在技术进步加速时代，有些早期投资的回报率会远远超过市场预期，波动率会在正数区间增加，比如理论上可能是在 6% 左右小幅波动，而实际上可能会突破 10%。

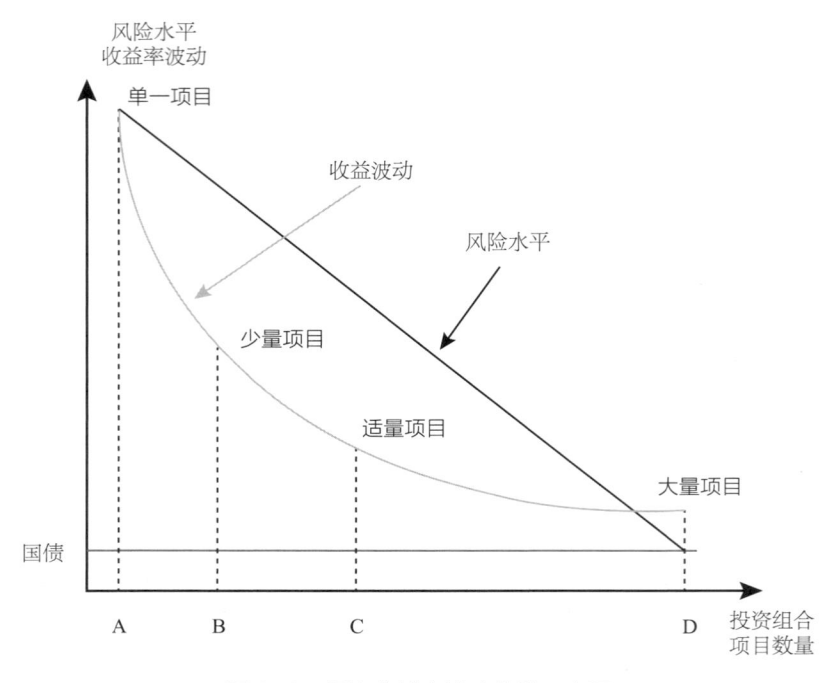

图 3-9　投资收益率波动曲线示意图

降低收益率波动的具体操作方法就是通过小份额、多项目的投资组合方式，分散风险和降低收益率的波动。尽管这样会错过集中投资几个成功项目的高回报率，但投资组合的低收益率换来的是低风险，只要收益率高于国债，风险水平接近国债，就是可以满足大多数低风险偏好投资人的优质金融产品。

罗闻全[①]十年前曾提出的一种投资早期项目的模式——Megafund 模式。他通过证券市场历史数据和计算机模拟分析，发现即便是企业技术资本（R&D 投资）和市场技术资本（VC/PE 投资）都会望"风"止步的早期项目，如果通过规模庞大的巨型基金 Megafund（30 亿美元以上规模）对足够多的项目进行分散投资，就可以产生比小型基金更高的平均收益。比如用 50 亿～150 亿美元的 Megafund 基金做分散投资，可

---

① 罗闻全：麻省理工学院（简称 MIT）斯隆管理学院金融学教授，MIT 金融工程实验室主任，MIT 计算机科学与人工智能实验室首席研究员，对冲基金 Alpha Simplex Group 创立者和合伙人。

产生 8% 以上的平均投资回报率。

Megafund 模式的特点就是优选种子、分散投资、巨型基金。用这种模式投资早期高科技项目的回报率远高于国债收益率和银行利率，如果做结构化投资，普通股还可以有更可观的收益。

在我国下一步开展科技金融的探索中，各地政府引导基金可以借鉴 Megafund 基金模式，在收益率波动向平滑稳定的过渡探索中找到一个高于银行贷款利率，且风险水平接近银行信用贷款的组合，这样可以吸引更多储蓄资金、商业保险和社保基金进入科技金融领域。

随着科技金融领域各类专业服务机构，包括技术经理人、科技投行、并购基金等市场化主体的发展，能更好地对早期科创企业进行价值发现与孵化培育，以及控制风险，可以将 Megafund 的收益率提升，图 3-9 中的风险水平线下移。

3.5 海内外科技金融典型案例

3.5.1 技术并购促进科技成果转化：思科与红杉的合作

3.5.1.1 红杉资本基本情况

红杉资本（以下简称红杉）于 1972 年在美国硅谷成立，是全球最大的风险投资公司，曾成功投资了苹果、思科、甲骨文、雅虎、谷歌、PayPal 等著名公司。红杉始终致力于帮助创业者成就基业长青的伟大公司，为成员企业带来全球资源和历史经验。

红杉累计投资了数百家公司，其投资的公司总市值超过纳斯达克市场总价值的10%。红杉早期投资了思科，在很长时间里是思科的大股东。被称为互联网之王的思科 CEO 钱伯斯就是当时红杉委派的。

3.5.1.2 思科公司基本情况

思科公司是全球领先的网络解决方案供应商。依靠自身的技术和对网络经济模式的深刻理解，思科成为网络应用的成功实践者之一。与此同时，思科致力于为无数企业构筑网络间畅通无阻的"桥梁"，并用自己敏锐的洞察力、丰富的行业经验、先进的技术，帮助企业把网络应用转化为战略性的资产，充分挖掘网络的能量，获得竞争的优势。2019年7月发布的《财富》世界500强，思科位列第225位。2019年10月，思科在英特品牌（Interbrand）发布的全球品牌百强榜排15。

思科的创始人是一对夫妇，一位是斯坦福商学院的计算机中心主任，一位是斯坦福大学计算机系主任。最初他们只是想让两个计算机中心能够联网，结果弄出一个叫作路由器的东西。这就是1986年生产出的世界上第一台路由器，让不同类型的计算机可以相互连接，由此掀起一场互联网革命。1999年，思科上市，市值一度达到5500亿美元，超过了微软。

3.5.1.3 合作模式

思科强势崛起是在上市之后，思科的整个成长过程就是技术并购的过程。每年少则技术并购几十家，多则技术并购上百家。思科利用自己的上市地位，像吸星大法一样把行业内具备核心技术的中小企业全部收入囊中。

思科作为全球领先的网络硬件公司，最担心的并不是朗讯、贝尔、华为、中兴、北电、新桥、阿尔卡特的正面竞争，而是颠覆性网络技术的出现。颠覆性技术一旦出现，自己的帝国就会一夜之间土崩瓦解。因此，思科必须建立自己的行业雷达和风险投资功能，在全球范围内准确扫描新技术、新人才，通过风险孵化、并购整合到自己的体系里来。

思科是上市公司，不适合扮演VC的角色，因为上市公司决策慢，涉及保密问题、风险承受问题、财务审计问题等障碍，所以思科需要一家VC公司配合。红杉资本就扮演了这个风投和孵化的角色。思科利用自己的技术眼光、产业眼光和全球网络，扫描发现新技术公司，对项目进行技术上和产业上的判断，把项目推荐给红杉，进行风险投资。

红杉投资后，联手思科对项目进行技术孵化培育，如果孵化成功了，企业成长到一定阶段，就溢价卖给思科，变现收回投资，或换成思科的股票，让投资变相"上市"。这个过程是常态性进行的，于是思科就成了并购大王。

这一模式的运作机理和成功逻辑就是资本市场机制＋技术整合效率。其资本市场机制是：一个项目成长为 A+ 的时候，说明这个项目能长大，这时被思科并购，思科就能成长。思科能被预期成长，股价就能涨，就意味着思科可以更大规模融资，或者以股票来支付，从而有更强的支付能力不断去收购新企业。这就形成了一个良性循环，这种模式资本运营是资本的重要逻辑和玩法，理解到位了就能玩出奇迹。

当然，这只是这个逻辑的一半，还有另一个逻辑——产业整合效率在发挥作用。并购进来的项目，镶嵌到思科的系统平台中，强化了系统的整体效益和竞争力。产业整合出效果了，华尔街的金融巨头就会给予更多的资本供应，有了资本供应就能开展下一轮并购。通过并购，形成了更强的技术垄断，公司的价值更高。

在交易过程中，各方各得其利（见图 3-10）。新技术公司：获得了 VC，赢得了存活和成长；卖给思科，创业者挣钱，思科的大平台也更有利于自己技术的创新和广泛应用。红杉：依靠思科的技术眼光和全球网络，源源不断地发现并投资好项目；一旦孵化成功，高价卖出，获得高额回报，消化投资风险。思科：充分利用自己的上市地位，用现金或股票支付，在全社会范围整合了技术和人才，强化了自己的技术领先优势，造就了产业上和市值上的王者地位。华尔街：思科的技术领先和高速成长，成了明星股和大蓝筹，拉动了资金的流入和交易的活跃，促进了纳斯达克市场的繁荣。红杉的选项和投资管理能力得到了业绩的证明，资本市场持续地向红杉供给资本。

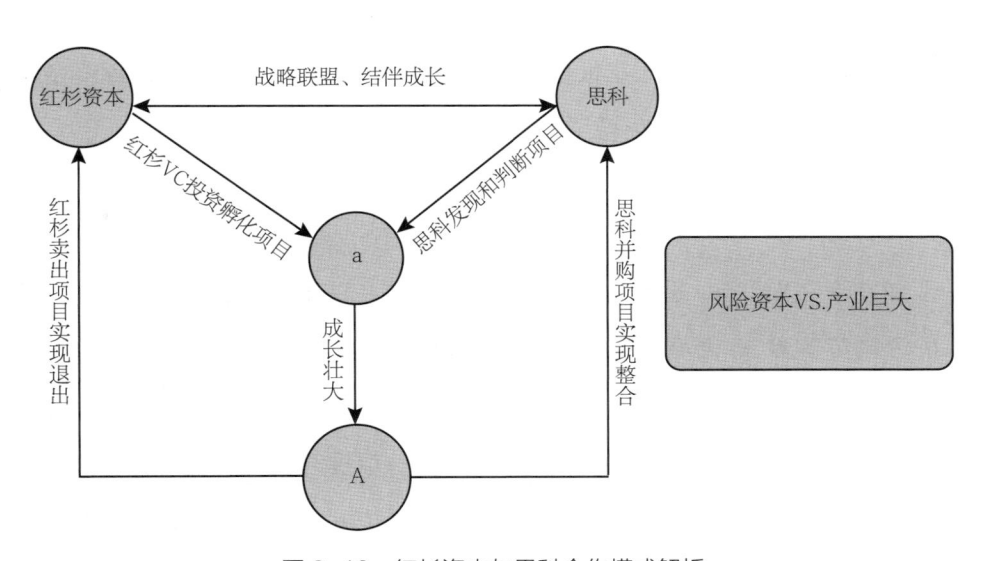

图 3-10　红杉资本与思科合作模式解析

综上所述，科技、资本、产业的互动关系可以总结为：科技创新—资本热潮（泡沫兴起与破灭）—产业兴起（见图 3-11）。

科技创新展示了人类未来的产业、财富机会，拉动资本涌入形成泡沫效应，泡沫破灭沉淀产业力量，产业兴起。资本和产业之间的互动、循环以科技作为内核，资本围绕科技转，产业围绕科技转，这就是三者之间的互动关系。

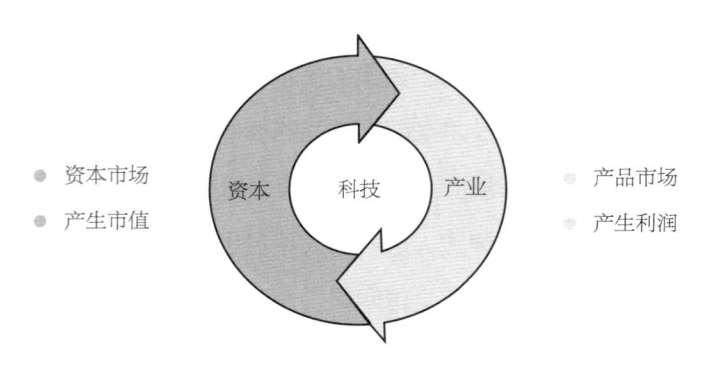

- 资本市场
- 产生市值

资本　科技　产业

- 产品市场
- 产生利润

图 3-11　科技产业与资本市场互动模型

3.5.2　风投机构支持科技成果转化：英国 IP Group 的经验

IP Group 股份有限公司（以下简称 IPG）是一家另类的股权投资机构。作为伦敦证券交易所（以下简称伦交所）主板上市公司，其与英美澳顶尖高校开展深度合作，探索了一条富有成效的科技成果转化路径。

3.5.2.1　IPG 发展概况

IPG 成立于 2000 年，是英国最大、世界领先的专注于科技成果商业化的股权投资机构。IPG 与英美澳 35 所高等院校和科研机构建立了紧密的合作关系，致力于挖掘其中具有颠覆性潜力和广阔市场前景的科技成果。IPG 协助科研人员组建创业企业，并持续向创业企业提供资本、人才、财税、法务等服务，以提升公司价值，实现资本回报。

IPG 目前市值约 13 亿英镑，是英国富时 250 指数的成份股。2017 年，IPG 净资产 15.09 亿英镑，实现营收 1.03 亿英镑，营业利润 0.53 亿英镑，主要来自被投企业股权价值的增值①。

IPG 投资的创业企业发展稳定，近年来整体 IRR 约为 19%（见图 3-12）。2017 年，IPG 新增投资 0.71 亿英镑，截至 2017 年年底，其投资组合共包含 155 家创业企业，持有股权的公允价值为 11.31 亿英镑②，相比 2016 年，投资企业数量和持有股权的公允价值分别增加了 66.67% 和 84.14%。

按企业发展阶段划分，IPG 投资组合中处于焦点阶段的企业共 19 家，股权公允价值为 7.1 亿英镑；处于发展阶段的企业 84 家，公允价值 3.1 亿英镑；处于早期阶段的企业 52 家，公允价值 0.2 亿英镑。③ 按企业所处行业划分，主要为生命科学技术企业（73 家，公允价值 7.1 亿英镑）和以清洁技术为代表的新技术企业（82 家，公允价值 3.3 亿英镑）。

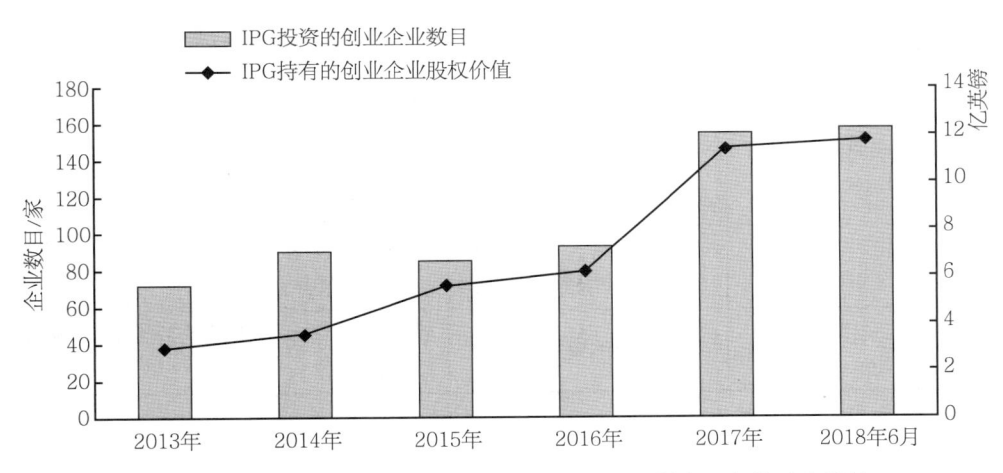

图 3-12 2013—2018 年 IPG 投资企业数目及持有股权的公允价值

数据来源：IPG 历年年报。

---

① 来自资产组合增值的收益为 1.04 亿英镑，扣除管理费用 0.50 亿英镑，营业利润为 0.53 亿英镑。
② 其中估值最高的 20 家企业占 IPG 整个资产组合价值的 65%。
③ 焦点阶段的企业是指 IPG 所持有的市值最大的 20 家企业，这些企业市值超 400 万英镑；发展阶段的企业是指 IPG 作为主要投资者向其投资超过 50 万英镑的企业，或与其他投资者共同投资超过 100 万英镑的企业；早期阶段的企业是指处于孵化阶段和种子阶段的企业。

3.5.2.2 主要特点

IPG 的科技成果转化业务跳脱了传统知识产权的交易价值，转而专注于培育其股权投资价值[①]（见表 3-1）。相比于一般的 VC/PE，IPG 的核心竞争力主要在以下三个方面：①与高校深度互信，获取顶级科技成果转化权；②专业能力强，在科技成果的知识产权转化和早期企业培育上具有优势；③可利用资本市场获取长期资金，开展资本运作。具体而言，IPG 的特点包括以下三个方面：

表 3-1 IPG 科技成果产业化服务体系

业务模式名称	业务模式描述	业务模式应用效果
高校合伙 （University Partnership）	与高校紧密、长期的合作	截至 2017 年，与 35 所高校建立各类合作关系
知识产权合伙 （IP Partner）	系统的知识产权筛选和孵化	2017 年投资 21 家创业企业，投资金额达到 7120 万英镑
知识产权商业化 （IP Exec）	"手把手"的知识产权商业化服务	截至 2017 年，在 70% 的创业企业中拥有董事席位；为创业企业推荐了 14 名高管，其中 6 名担任董事长，3 名担任非执行董事
知识产权支持与法律服务 （IP Assist & IP Legal）	专业的运营、市场和法律服务	2017 年，为 53 家企业提供了业务支持和法律咨询服务
知识产权资本运作 （IP Capital）	全方位的资本支持	截至 2017 年，管理的第三方基金规模达到 2.42 亿英镑

资料来源：IPG 2017 年年报。

第一，与高校在顶级科技成果转化上密切合作，并在长期合作中逐步建立深度互信。IPG 商业模式的起点是发展一个覆盖全球顶级研究成果的知识产权投资渠道。目前 IPG 已与英美澳 35 所高校与科研机构建立了长期、深度的合作关系，获得了全世界 16.8% 的顶级研究成果的投资机会[②]。

IPG 最早与英国高校合作，通常会与高校技术转化中心签订独家协议，约定其拥有

[①] 一般的科技成果转化公司主要从事专利申请、转让、维权等业务，而 IPG 则是通过向高校旗下公司提供种子资金，从而获得该公司股权，通过股权价值培育，最终获得收益。

[②] 顶级研究成果的定义是将全球公开出版的学术期刊按照引用率排名，其中引用率排名在前 10% 的期刊发表的研究成果被定义为顶级研究成果。数据来源于 IPG 2017 年年报。

查看该校知识产权产业化项目的优先权；IPG 亦承诺其投资总规模，并提供全方位的服务。例如，IPG 承诺向帝国理工大学、南安普顿大学、伦敦国王学院为代表的 11 所英国高校的创业企业投资 5250 万英镑，截至 2017 年年底，已投资 1280 万英镑。IPG 与澳大利亚高校的合作主要参照该模式[①]。IPG 与英国高校分学科独家合作，例如，IPG 于 2000 年获得了牛津大学化学院的独家合作权利。

在合作过程中，IPG 逐步与上述英国高校建立了完全的信任机制。在大多数情况下，IPG 需要接触高校尚未发表和申请专利的研究成果，为评判该技术是否具有潜在的商业化价值，科研人员愿意将科研细节完全告知 IPG 项目负责人。这种完全信任的合作机制，一方面有赖于英国社会健全的法律、诚信体系，另一方面是 IPG 在长期陪伴创业企业成长的过程中，凭借自身出色的专业服务能力逐步赢得的。

IPG 于 2013 年开始拓展美国市场，目前双方主要以小规模试验的方式开展合作。以 IPG 与哥伦比亚大学的合作为例[②]，IPG 可以自主筛选并投资由哥伦比亚大学科研人员研发的处于早期原理验证阶段的知识产权项目。

第二，协助高校孵化科技成果，形成知识产权，并提供长期全面专业的投后服务。与一般创投机构不同，IPG 往往在科技成果尚未完全成型时即已介入，对科技成果进行筛选和孵化。据了解，IPG 会根据技术成熟度（Technology Readiness Level, TRL）系统[③]来评判科研项目的成熟度，其往往在项目尚处于 TRL1 时即开始保持关注，重点孵化 TRL4～TRL6 的项目。对于有潜力的科技成果，IPG 会与高校、科研人员三方共同成立用于孵化该知识产权的创业企业，为其提供初始启动资金。

随后，IPG 会负责解决企业发展中面临的非技术性问题，提供的主要服务包括：

---

① 2017 年 5 月，IPG 与澳大利亚八校联盟（悉尼大学、澳洲国立大学、西澳大学、新南威尔士大学、墨尔本大学、莫纳什大学、阿德莱德大学、昆士兰大学）以及新西兰奥克兰大学签订了为期 20 年的独家合作协议，IPG 承诺在未来 10 年将对上述高校科研人员研发的知识产权产业化所形成的企业投资 2 亿英镑。

② 2013 年 10 月，IPG 与哥伦比亚大学签署协议约定的小规模试验期为 18 个月。2015 年 6 月，IPG 与哥伦比亚大学对合作协议加以拓展，将小规模试验期的时间无限向后递延，直到哥伦比亚大学退出该协议。

③ 技术成熟度是对技术成熟程度进行量化评价的一套系统化标准、方法和工具，TRL 共分 9 级，TRL1～TRL3 的技术处于概念证明阶段，成熟度较低，TRL4～TRL6 的技术处于实验室试验、形成系统模型和原型阶段，TRL7～TRL9 为现实环境下试验和验证、开始商业化阶段。

①"手把手"的知识产权商业化服务（IP Exec）。IPG 推荐其内部早期企业运营团队成员或招募外部人才担任创业企业高管，"手把手"地帮助企业建立知识产权商业化的业务模式，明确企业的战略方向。②专业的运营、市场和法律服务（IP Assist 和 IP Legal）。即为创业企业在知识产权商业化过程中提供业务、市场、法律等方面的支持，以排除可能导致企业失败的常见因素。③全方位的资本支持（IP Capital）。IPG 管理的第三方基金会为创业企业的后续轮次融资提供资金支持；IPG 的财务顾问团队会为创业企业提供投融资决策支持、融资机会推介和包括并购重组在内的公司投融资建议服务。

第三，通过资本市场获取长期资金，企业形象的提升和金融工具的丰富便利其开展资本运作。IPG 的快速发展与其充分利用资本市场密切相关。①上市使得 IPG 可以通过股票市场募资，获取长期资金，真正实现投早投小。2011 年 6 月、2014 年 1 月、2015 年 3 月、2017 年 6 月 IPG 分别通过增发股票募集资金 5500 万英镑、1 亿英镑、1.28 亿英镑和 2.07 亿英镑。不同于一般私募股权基金对存续期限有严格限制，IPG 的这部分资金可永续使用，这使得其愿意进行长期投资，真正投资于早期企业。据统计，IPG 公允价值最高的 20 家企业的平均投资期限为 10.32 年。②上市便利 IPG 开展资本运作，积极入股、收购其他科技成果转化平台。资本实力的增强，以及企业形象的提升，为其大规模开展资本运作奠定了基础。上市以来，IPG 先后于 2009 年收购 Fusion IP 20.1% 的股权，于 2014 年进一步以 8000 万英镑的估值收购 Fusion IP 79.9% 的股权；于 2013 年和 2015 年分别战略投资牛津大学和剑桥大学的知识产权产业化公司 500 万英镑和 750 万英镑[①]；于 2017 年以 930 万英镑的估值收购 Parkwalk Advisors 100% 的股权。值得注意的是，上市增加了 IPG 的透明度，为股份支付、换股等提供了定价基准，丰富了金融工具的供给。例如，2017 年 10 月，IPG 通过换股以 5 亿英镑的估值收购 Touchstone Innovations 100% 的股权。上述资本运作扩大了 IPG 业务规模，丰富了行业门类，并获得了额外的顶级科技成果投资渠道（表 3-2）。可以说，上市是 IPG 得以超越并最终收购老牌科技成果转化平台 Touchstone Innovations，逐渐在行业内脱颖而出的重要原因。

---

① 即剑桥创新资本公司和牛津科学创新公司。

表 3-2 IPG 收购 Touchstone Innovations 前后资产组合对比

	收购 Touchstone Innovations	收购前	收购后
投资组合企业数量	45	110	155
少量持股（De minimis holdings）数量	39	3	42
自然增长持股（Organic holdings）数量	27	12	39
估值前 20 的企业数量	8	12	20

资料来源：IPG 2017 年年报。

目前，其他国家也出现了一批与 IPG 运营模式类似的机构，例如专注于德国市场的 High-Tech Gründerfonds、专注于美国市场的 Allied Minds 和专注于亚太市场的 IP Nexus[①]，它们与顶尖高校和科研机构紧密合作，在推动科技成果转化方面成效显著。

3.5.3 知识产权质押融资的风险补偿资金管理：广东股权交易中心的探索

广东股权交易中心是广东省内唯一的区域性股权市场运营机构。2016 年，广东股权交易中心推动佛山市设立了以"多级联动、政府引导、市场运作、风险共担、循环使用"为运作原则的知识产权质押融资风险补偿资金（下称"风险补偿资金"），并作为该资金的管理单位（资金管理人）。经过多年运营，风险补偿资金已形成了"以政策扶持为指引、以导入市场化管理机构为特色、以创新竞争机制为手段"的知识产权质押融资"佛山模式"。

截至 2024 年 6 月，广东股权交易中心已助力全省多个地市实现知识产权质押总笔数超 2000 笔，总登记金额超 1000 亿元。2023 年，广东股权交易中心在多个地市成功落地知识产权金融及专利转化创新案例超 8 个，共推动专利及商标质押超 400 笔，登记金额近 300 亿元，助力 3 个地市质押金额同比增长超 100%。

---

① High-Tech Gründerfonds 于 2005 年成立于波恩，主要投资者包括德国政府和大企业，目前共发行两期产品，一期 2.72 亿欧元，二期 3.04 亿欧元，计划每年投资 40 个项目；Allied Minds 成立于波士顿，也是伦交所主板上市企业，主要与美国领先的实验室、大学和知名企业合作，目前企业投资了 12 家创业企业，所持份额的估值达到 3.96 亿美元；IP Nexus 主要投资于亚洲的技术和生命科学创业企业，其网站展示了 320 家创业企业和近 7 万个专利。

3.5.3.1 佛山风险补偿资金运作情况

风险补偿资金以佛山市内拥有自主知识产权［包括专利、版权（著作权）和商标］的中小科技型企业为扶持对象，支持企业将知识产权质押给银行获得融资，单笔贷款金额 1000 万以下，贷款期限最长不超过 1 年，当企业出现违约时，最高代为补偿银行 70% 的本金损失，其资金运作主要特点如下。

（1）覆盖范围"广"，立足"雪中送炭"

风险补偿资金不设定企业营收及利润指标，只要具备自主知识产权的企业均可被纳入支持对象，基本覆盖全市科技型企业。同时，打破了部门管辖界限，支持专利、版权（著作权）和商标等全部知识产权类型，重点针对中小科技型企业，只对单笔 1000 万以下的贷款给予扶持，并不追逐质押金额指标，鼓励"雪中送炭"的服务。

（2）扶持力度"大"，满足银企需求

根据知识产权融资价值评估难、较传统固定资产抵押处置难、风险大的特点，风险补偿资金对银行本金损失最高补偿至 70%，比较目前普遍补偿 30%～50% 的政府其他各类风险补偿政策，堪称是一剂"猛药"，同时，佛山市政府鼓励各区财政配套贴息政策，首次通过知识产权质押融资的最高补贴利息 80%，在知识产权质押不被广泛接受的情况，得以推动各方积极参与。

（3）职责划分"晰"，流程简洁透明

风险补偿资金以"充分授权、减少参与"为原则制订了政策流程，其中：政府部门负责确定扶持范畴及资金预算等方向性问题；广东股权交易中心作为风险补偿资金管理人全面负责日常业务运营，并围绕财政资金安全性开设风险补偿资金专户管理并设定风险补偿资金损失 5% 的业务熔断机制；银行机构负责根据企业的知识产权情况发放贷款。政府部门、广东股权交易中心、银行机构等各方职责清晰，操作顺畅。

3.5.3.2 广东股权交易中心风险补偿资金管理情况

一是主动导入资源，解决知识产权评估核心难题。价值评估是知识产权融资的核心难题，目前，知识产权价值评估多采取"收益法"，评估其预期收益，但企业质押的知识产权往往还未产业化，无法确认未来收益，给银行估值判断带来较大障碍。广东股权交易中心主动导入资源，引荐知识产权专业评估机构与合作银行反复沟通，反复演练，建立了一套银行较为认可的知识产权评估体系，有效为银行提供质押价值参考。目前，合作银行普遍建立了评估机构准入机制，有效解决知识产权评估难问题。

二是引入竞争机制，激发银行积极性。在与银行建立合作关系中，广东股权交易中心设置了准入和业务竞争机制，通过公开招标方式，由银行在申请入围合作时自行申报贷款放大倍数和风险补偿额度要求（通过准入竞争，合作银行贷款放大倍数为 10～20 倍、风险补偿额度为 10%～65%），并根据银行的实际业务量决定风险补偿资金存款额度，有效地激活了银行支持企业知识产权质押融资的动力和潜力。

三是重点关注时效，缩短项目审批时间。广东股权交易中心以"减少参与环节、合并同类项"的原则，简化合作银行融资项目报备流程，并在银行开展融资尽调时同步开展项目报备审批尽调，严格要求内部人员工作时效，从企业申请知识产权质押融资到银行完成报备并向企业放款，整个业务流程控制不超过 20 天。

四是注重规范运作，严格把控风险。业务风险控制是政府部门最关心的问题，在具体融资工作中，广东股权交易中心参与银行对企业的融资尽调工作，从银行道德风险、企业实质经营风险、知识产权实质有效性等角度审核项目报备，事后考核银行对企业的风控效果，按照约定的熔断机制，一旦触及限定风险比例立即暂停新项目报备。同时，风险补偿资金实行专户封闭式运作，资金划转严格落实政府部门、资金管理人、银行三方核准审批机制，确保财政资金安全。

五是坚守政策初衷，重点服务中小企业。在政策实施过程中，重点引导银行服务中小企业金额在 300 万～500 万元的融资。同时，在企业准入、宣传发动、项目报备审批等过程中，对金额小的贷款项目更加倾斜。据统计，目前风险补偿基金管理涉及的贷款金额在 500 万元以下企业占总扶持企业 60%。

六是汇集资源整合，构建全方位的服务体系。广东股权交易中心牵头联合 13 家入库银行、10 家保险机构和知识产权服务机构共同发起设立"佛山市知识产权联盟"，为企业提供涵盖知识产权申请、维权、贯标、保险、融资等全方位的服务，构建了以广东股权交易中心为枢纽的知识产权服务生态体系。同时，广东股权交易中心充分发挥资本平台功能，通过风险补偿资金管理，深挖资本对接服务，推动知识产权融资企业在广东股权交易中心挂牌、股改、融资。目前，210家知识产权质押融资企业中，已有143家企业在广东股权交易中心注册挂牌。

在专利质押融资助力科技型企业融资发展方面的例子。2024年8月，广东股权交易中心联合建设银行推动海卫特（广州）医疗科技有限公司办理专利质押融资，质押登记金额1400万元，助力科技型企业运用知识产权金融业务获得融资发展。海卫特（广州）医疗科技有限公司是一家专注于体外诊断产品的研发、生产和销售的公司。产品涵盖体外诊断、毒品检测、食品安全、兽医诊断等多个领域的不同型号仪器及配套试剂。公司成立以来获得"国家级高新技术企业""省级专精特新中小企业""科技型中小企业""科技小巨人"等殊荣。

在发明专利质押助力国资系统企业知识产权转化运用方面的例子。2024年7月底，广东股权交易中心联合工商银行通过知识产权质押融资业务，助力肇庆市公路工程有限公司以5件发明专利质押获得4.99亿元融资，成为2024年肇庆市国资系统企业首笔大额知识产权质押融资，也是全省首笔公路发明专利技术通过知识产权质押融资实现转化运用，大幅提升了肇庆市国资系统的知识产权价值。

未来，广东股权交易中心将积极联合各大高校院所、技术转移转化服务机构、知识产权服务机构，持续发挥省级金融服务平台的枢纽作用和资源配置功能，继续推广"专家+技术+专利转化+金融"的专利转化对接链条，探索"知识产权质押+认股权"、知识产权股权化等科技金融产品，以知识产权金融服务"组合拳"的形式，构建专利转化运用高质量发展新格局。

3.6 本章小结

深入探讨了科技金融的理论基础与实践应用。阐述了科技金融作为创新经济学分支的本质，强调其促进技术、创新资本与企业家资本深度融合的作用。分析了科技信用为基础的金融创新，特别是技术资本与技术资产的重要性，并介绍了技术资产的法律框架。在实践层面，详细讨论了风险投资、科创金融实践中的信用贷款及风险配置，包括美国风险投资的兴起、硅谷银行的信用贷款业务模式等。通过红杉资本与思科公司的合作模式、IPG的科技成果转化案例，展示了科技金融在推动科技创新与产业发展中的实际成效。

思考题

1. 技术资产与科技成果或知识产权最大的不同在哪里？

2. 现在投资英伟达是不是技术资本？

3. 科技金融的"边际效益递增"的规律在美股标普500中的前10名企业中是如何表现的？

4. 技术资本流动性差的问题不解决，不仅不能满足金融的高流动性属性，还会直接影响VC投资的退出，以及科技信用贷的信用评级，并制约社会资本进入科创投资领域。因此如何提升技术资本流动性就成了科技金融的主要探索方向，这方面你有什么建议？

5. 美国的风险投资市场，技术资产并购市场非常发达，有没有相关对科技金融类资产评估的方法？

第 4 章
创新理论与创新战略思维工具

本章内容旨在系统梳理与创新相关的经典理论,结合当代实践案例,为读者提供一套全面、实用的创新方法论和思维框架。通过详细解析熊彼特的创新理论及其后续发展,揭示了创新在经济增长中的核心地位,并探讨了技术转移、技术扩散、技术传播等关键环节对创新过程的影响。本章引入了颠覆式创新与持续性创新的概念,深入分析了两种创新模式的区别与联系,以及它们在企业发展、市场竞争中的实际应用。通过一系列生动具体的案例,如 Facebook、谷歌等科技巨头的崛起,以及雅虎、诺基亚等传统巨头的衰落,展示了颠覆式创新如何改变行业格局,推动经济社会的发展。

此外,本章阐述了简约创新、精益创业、开放创新和设计思维等创新战略思维工具,这些工具不仅适用于初创企业,同样对成熟企业转型升级、提升竞争力具有重要指导意义。通过介绍 InnoCentive 开放创新平台、德国柏林创意工场等成功案例,展示这些创新工具在实际应用中的巨大潜力和价值。

4.1 技术转移相关创新理论

4.1.1 熊彼特的创新理论及其影响

当代主流西方经济学派中的"创新经济学派"的奠基人熊彼特曾强调过:"创新是现代经济增长的核心力量。"在 1911 年的博士论文和 1912 年出版的《经济发展理论》中,熊彼特率先指出了创新对经济增长的关键作用,并创立了技术创新理论。这一理论开启了经济发展和经济周期领域的新研究方向,并创立了一种结合了经济理论、经济史和经济统计的研究方法。对于技术创新的定义,涉及多个学科领域,包括经济学、管理学、行政学、社会学等,因此在理论界并没有达成共识。有些学者从特定领域出发对技术创新进行阐述,而其他人则对这一概念进行了更为综合系统的定义。熊彼特提出,创新包括五种情况:①采用产品的新特性或全新产品;②采用新生产方法,在制造部门中采用未经验证的方法,无须建立在科学新发现的基础上,甚至可以存在于商业上的新处理方式中;③开辟新市场,某一制造部门以前未进入的市场,不论该市场之前是否存在;④控制原材料或制成品的新供应来源,不论来源是否已存在或首次创造;⑤实现工业的新组织,如建立或打破垄断地位。

索洛在对熊彼特的创新理论进行深入研究后,于 1951 年发表了"资本化过程中的创新:熊彼特理论评论",提出了实现技术创新的两个条件:新思想的来源和后续的实施发展,即"两步论"。厄特巴克在 1971 年的"产业创新和技术扩张"一文中独具见解地认为,技术创新是技术的实际采用或首次应用。弗里曼在 1982 年出版的《工业创新经济学》中将创新定义为新产品、新工艺、新系统和新服务的首次商业转化。缪尔赛于 20 世纪 80 年代中期对技术创新的观点和表述进行了系统整理和分析,他认为技术创新是一系列具有新颖构思和成功实施特征的有意义事件。

在这些经济学者的研究成果基础上，一些研究机构和国际组织也提出了自己的创新观点。美国工业协会认为，创新是实际应用新材料、设备和工艺，或以新方式有效地利用已存在的事物。创新是识别和探索新需求，寻求或确立新解决方案，发展经济可行的工艺、产品或服务，并最终在市场上取得成功的完整过程。经济合作与发展组织（Organization for Economic Cooperation and Development，OECD）在《奥斯陆手册》中指出，技术创新包括新产品和新工艺，以及对原有产品和工艺的显著技术变革。只有产品创新在市场上实现、工艺创新在生产中实现时，创新才算完成。因此，这两种创新涉及了从生产到消费的各个领域，包括科学、技术、组织、金融和商业等各方面。

我国普遍将技术创新或科技创新定义为企业应用创新的知识和新技术、新工艺，采用新的生产方式和经营管理模式，以提高产品质量、开发新产品、提供新服务，从而占据市场并实现市场价值。

综合以上观点可知，技术创新是在经济活动中引入新产品或新工艺，以重新组合生产要素，并在市场上实现商业价值的过程，这也是我国国内理论界较为认同的观点。

4.1.2 创新理论发展与创新生态体系理念

20世纪40—60年代，西方经济学思潮主要集中在凯恩斯理论上，熊彼特的创新理论并没有引起太多关注。随着1960年后西方国家经济的衰退，学术界开始逐渐关注熊彼特提出的"长波理论"。该理论认为创新并非内生，而是倾向于在特定行业和特定时间集中爆发，并以长波的形式持续显现，最终随着技术革命潜力的耗尽而衰减和终结。长波理论强调了创新对经济增长的重要性，并指出创新在时间上的不均匀分布。

20世纪70—80年代，越来越多的学者开始基于熊彼特理论进行深入研究，并通过整合研发和专利数据，结合企业发展进行实证研究，逐渐形成了创新经济学。这一新领域将创新视为经济发展、贸易以及经济长期差异的主要因素，并以技术创新为核心展开研究。

1980年以后，随着技术创新和组织创新的主体和过程变得更加复杂，单一的创新主体已无法解释创新行为的差异性。因此，创新研究开始从企业层面上升到国家层面，并提出了国家创新体系、区域创新理论等多种理论框架。在国家创新体系方面，王春法将其分为三类代表性传统：北欧传统以朗德维尔为代表，在 20 世纪 80 年代末首次提出国家创新体系概念，并从国家角度开始研究创新问题；美国传统以纳尔逊为代表，其研究重点在于技术创新对国家创新体系的影响，认为各国创新体系存在异质性，并包含不同主体在实际发挥作用、解决问题方面的差异；英国传统以弗里曼为代表，侧重于分析技术创新对国家经济发展的关联，强调国家创新体系不仅包含政府，还包括大学和研究机构，这些因素共同促进了技术的进步。随着国家创新体系的发展，创新体系的概念逐渐演变为创新生态体系或机制化创新体系，其中创新生态体系解释了创新如何与经济增长相关联，包括构建创新生态体系、推动经济增长以及动态演化等关键内容。

创新生态体系的定义尚未形成共识，但主要包括以下四个方面：参与主体的多元化，如政府、企业、科研机构和院所；资本、技术、人才的集中投入；制度、技术、管理创新的综合体现；形成创新产出，包括产品、产业和环境。

"创新"和"集群"各自的概念历史悠久，最初，"创新集群"强调创新活动的集中分布或成群出现，是对创新特点的修饰，称为"集群式创新"。20 世纪 90 年代起，学者逐渐将二者并列。OECD 于 1999 年首次提出"创新集群"概念，并于 2001 年发布研究报告，认为创新集群是企业通过聚合提升竞争力的内在需求，强调从产业集群中培育创新。我国普遍将创新集群定义为由企业、科研机构、高校、政府、金融机构、中介服务机构组成的战略联盟，通过价值链、产业链和知识链彼此维系而形成的技术－经济网络。创新集群具有多元主体参与、战略联盟和合作关系发达、研发经费投入高、知识转移和溢出以及集聚经济规模增长等特征。

随着创新集群概念的出现，协同创新理念也得到发展。协同创新是以高校、企业、政府等为核心主体的价值创造部门，以知识增值为目标进行的创新要素整合和创新资源无障碍流动。

目前，对创新理论的研究主要分为两大分支：强调技术变革和推广的技术创新经济学派（表 4-1），以及强调制度变革和政府作用的制度创新经济学派（表 4-2）。

表 4-1 技术创新经济学派

学派	代表人物	主要思想
新古典学派	索洛	技术同其他商品一样存在公共产品、外部性以及创新收益的非独占性,技术创新内生于经济增长中
新熊彼特学派	埃德温·曼斯菲尔德、莫尔顿·卡曼、南希·施瓦茨	技术创新是推动创新的核心力量,强调企业家在创新中的重要地位,侧重企业的组织架构对创新行为的影响
国家创新系统学派	弗里曼、纳尔逊	创新不单是有企业家进行推动的,国家参与创新系统建设能够更有效率进行创新资源配置

表 4-2 制度创新经济学派

学派	代表人物	主要思想
制度创新学派	曼斯菲尔德、卡罗、戴维斯、诺斯	运用一般静态及比较静态的方法对制度创新进行研究,制度创新可以降低创新的交易成本,提升资源配置效率;制度创新和技术创新是相互连接和动态发展的,且经济增长中的关键内生因素在于制度创新,技术创新和进步只是经济增长的表征

4.1.3 技术扩散与技术传播

技术扩散是指技术在潜在使用者之间传播、采用的过程,包括创新观点扩散、研究与开发技术扩散和技术实施扩散三部分。技术转移与技术扩散有区别又有联系,二者都涉及技术在不同地区或领域之间的转移,区别主要在于目的性,技术转移是有明确目的的主观经济行为。

技术扩散涵盖了有意识的技术转移和无意识的技术传播,但更加强调后者。技术转移通常涉及一个明确的接收对象,而技术扩散则涉及多个不易观察到的接收方。领域范围方面,技术转移是有目的的经济行为,双方关注转移带来的经济效益,通常在同一领域内进行。

技术传播是指在一个社会系统内,个体或组织成员通过特定的渠道,在一定时间内传递技术创新知识并采用新技术的过程,通常由四个主要因素构成:技术发明、交流渠道、社会系统和时间。技术发明作为传播的目标,与潜在用户的采用机会和特点密切相关,例如比较优势、兼容性、复杂性等。交流渠道涉及个人和组织之间信息、知识交换的途径，如个人交往、合作、学术会议等，潜在用户接触到新技术并通过一定的渠道获得和积累了相关知识与信息之后，才会作出采用或拒绝新技术的可能决策。由于技术传播都发生在特定的社会系统中，社会系统中的许多因素，如经济水平、技术设置、管理方式、价值观念等，都会对技术传播的过程产生比较长远的影响。时间在技术传播中扮演了至关重要的角色，技术传播是一个渐进的过程，特别是从潜在用户的角度来看，决定是否采用新技术的过程通常包括五个阶段：①了解阶段：获取知识、寻求信息，并对技术进行价值评估；②说服阶段：评估新技术的优缺点，减少不确定性和风险，形成接受或拒绝的态度；③决策阶段：做出采用或拒绝的决定；④实施阶段：开始使用新技术；⑤确认阶段：确认维持或改变原来的决定。

在整个社会系统的视角下，技术采用者可以根据时间序列划分为发明创新者、早期采用者、早期主体、后期采用主体和跟随者。对应地，技术传播过程可以大致分为早期准备、起飞、增长、稳定和下降五个阶段。不论从哪个角度来审视技术的传播和转化过程，时间都是一个至关重要的因素。

4.2 颠覆式创新与持续性创新

颠覆式创新理论最初由哈佛大学商学院教授、创新大师克莱顿·克里斯坦森基于他在哈佛的管理研究工作提出。该理论定义颠覆式创新为一种由量变引起质变的创新形式，超越传统、破坏性或微创新，从逐步变革到最终颠覆，通过创新实现从原有模式到全新模式和价值链的完全转变。

当大型企业面对市场和技术变革时，他们往往面临失去行业领先地位的风险。导致领先企业失败的原因有多种，包括官僚主义、傲慢自大、管理团队老化、规划不当等。最关键的原因在于遭遇破坏性技术变革和市场结构变化时，领先企业无法适应，被市场淘汰。大公司通常在某一领域垄断，但在边界之外，小公司可能颠覆大公司的地位。

与传统的创新模式相比，颠覆式创新者通常拥有高于平均市值 20 倍的增长率，并且能够在短短几年内颠覆旧的商业模式与原有规范，成为新市场的领导者。著名的颠覆式创新受益者包括脸书、谷歌（Google）、苹果（Apple）、推特[①]（Twitter）等公司。相对地，曾经的行业领导者如雅虎（Yahoo）、诺基亚（Nokia）等公司，在短短几年内便走向了消亡。大多数大型企业在初创阶段常常依靠较为廉价的技术、专业的服务和高性价比取胜，但一旦升至行业主导地位，便会面临困境。此时，它们需要维持原有的市场份额，而原初的颠覆式创新已演变为持续性创新，以支持主导业务的发展。对于成熟市场而言，行业领导者若不开拓新市场，最终将被颠覆式创新技术所取代。

在颠覆理论中，持续性创新与颠覆性创新相对而言。持续性创新的目标是更好地服务现有客户或满足高端需求。通常包括附加功能、与旧版本兼容性、提升质量和可靠性等，如产品升级。持续性创新对应着延续性技术，而颠覆式创新则对应着破坏性技术。

根据克莱顿·克里斯坦森（Clayton M.Christensen）在《创新者的窘境：领先企业如何被新兴企业颠覆》一书（The Innovator's Dilemma: When New Technologies Cause Great Firms to Fail）中所述，大多数新技术都会促进产品性能的提升，这些被称为"延续性技术"。这些技术的共同特点在于，它们都能够根据主要市场的主流客户重视的性能方面提升成熟产品的性能。大多数特定行业的技术进步从本质上来说都属于延续性技术。有时候破坏性技术的出现——至少在短期内——会导致产品性能的下降。

破坏性技术给市场带来了与以往完全不同的价值主张。一般来说，破坏性技术产品的性能要低于主流市场的成熟产品，但它们具有一些被市场非主流客户（通常也是新客户）所重视的其他特质。与传统产品相比，破坏性技术的产品通常价格更低、性能更简单、体积更小，通常更容易被客户接受和使用。然而，颠覆并非永恒，一旦破坏性技术出现，随后的发展往往是延续性技术的演进。

颠覆式创新和持续性创新本质上有很大不同。持续性创新对于产品的改善是逐渐的、进步的，但最终目的都是为了帮助公司向核心（利润最大）的客户群体销售更多的产品。颠覆式创新首先思考的是在领先企业客户群中占据劣势的群体，这部分消费者并不会仅仅因为价格的原因就接受选择，相反他们也会等待质量的提升，一旦质量达到了他们的要求，他们会接受一个高性价比的产品。

---

① 被马斯克收购，已改名为"X"。

"颠覆"往往代表了一家仅有有限资源的新生公司逐渐具有向占据优势的大企业挑战的过程，颠覆式创新通常分为低端颠覆和新市场颠覆两种不同的思路。

一是低端颠覆（Low-end Disruption），通常指质量较低的产品，针对那些不需要在高端市场上获得满意度的客户。这些产品往往在现有用户所期待的关键功能上有所欠缺，但得益于独特的生产方式或某项专利优势，售价低得多，性价比较高。其所吸引的客户，大多承受不起现有产品的价格，或并不需要现有产品所提供的品质或全套功能，从而获得对当前市场领导者毫无吸引力的市场细分。

在低端颠覆中，颠覆者最初主要是为不赚钱的客户提供服务，这种类型的客户不愿意支付产品功能扩大带来的价格上涨。一旦颠覆者在这个客户群中站稳脚跟，他们就会寻求提高利润率。为了获取更高的利润率，颠覆者需要寻找客户愿意支付更高价格的部分进行创新。行业的领导者往往会忽略这一小批用户的需求，从而最终被挤到较小的市场份额内，最终退出市场。低端市场之所以存在，是因为大型企业通常会为给他们带来高利润的客户群体提供不断改善的产品和服务，比较少关注一些并没有太多要求的客户群，而颠覆性企业把握机会及客户细分，为他们打开了进入市场的大门。

二是新市场颠覆（New-market Disruption），这针对的是被现有产品忽略的市场细分，或为了实现与现有产品完全不同的功能，从而创造新的应用类别，即颠覆型企业开辟了一个全新的领地。以复印技术为例。复印技术问世之初是专门针对大型企业的，而且价格昂贵，图书馆等小型客户由于价格因素被迫退出市场。到了20世纪70年代后期，个人复印机作为新的挑战者进入市场，为个人以及小型企业用户提供了可负担的服务选择，因此一个新的市场得以建立。从这个规模相对很小的市场开始，个人复印机制造商逐渐在复印机制造商所看重的主流客户群市场中建立起一个重要的据点。

克莱顿·克里斯坦森在《哈佛商业评论》中强调，不应滥用"颠覆式创新"的概念。许多人将"颠覆式创新"用于描述整个产业受到动摇，原先强势企业陷入危机的情景，然而，这种理解过于宽泛。不能简单将任何改变产业竞争模式的突破与颠覆式创新混为一谈，因为不同类型的创新需要不同的战略方法。换言之，颠覆式创新的成功并不适用于总结每一家公司所经历的重大改变。

颠覆式创新存在四点容易被忽视或误解的错误：①颠覆式创新是一个渐进的过程。"颠覆式创新"一词常被视为产品或服务在某一特定阶段的表现，但实际上，它指的是产品或服务的发展过程。②颠覆者通常采用与主流企业完全不同的商业模式。苹果 iPhone 就是一个显著的例子，它通过创新的商业模式实现了颠覆。2007 年推出的 iPhone 在智能手机市场持续进行创新：它的目标客户群与之前的主流企业不同，并且其最初的成功主要归功于产品本身的卓越性。实际上，iPhone 后续的销量增长更符合颠覆理论的解释——它颠覆了连接互联网的笔记本电脑市场，而不是智能手机市场。③实现颠覆式创新并不一定意味着取得成功。一家公司的成功并不取决于其是否符合颠覆式理论。成功与否并不是颠覆式理论定义中的一个因素，并不是所有颠覆性举措都导致成功，也不是所有成功都是通过颠覆式创新实现的。④"要么颠覆，要么被颠覆"的说法可能会误导我们。当发生颠覆性现象时，主流企业不必立即作出反应，而应注意不要采取激进行动，破坏仍然具有利润的现有业务。相反，企业应该通过投资持续创新，继续加强与核心客户群的联系。此外，企业可以设立全新的部门来全力应对颠覆性变化带来的机遇。

4.3 创新战略思维工具

4.3.1 简约创新

简约创新是为了在经济欠发达地区推广和销售产品，降低产品工艺复杂性、减少制造成本的过程。通常表现为削减高科技产品非必要功能、增加产品使用寿命等方式。简约创新理念最早在 20 世纪 50 年代有了雏形，但真正广为人知是近年来，在国际技术转移、跨国贸易和科技合作等领域引入了新的思维模式，在经济全球化进程中扮演了重要角色。

简约创新更像是一种战略思维，而非简单的方法或手段。它代表了一种思维方式：将资源的限制视为机遇而不是障碍，因为在这种情况下，产品的适应性比功能更为重要。简约创新的倡导者不追求技术复杂的产品来吸引消费者，而是致力于通过有效手段，以最低的成本提供最优的消费体验。要贯彻简约创新理念，决策者需要具备以下能力。

4.3.1.1 建立循环价值链是关键

大多数企业采用线性价值链，从设计、生产、销售、使用到最终淘汰，但这种线性过程往往成本高昂、浪费且不可持续。为了最大限度地利用资源，决策者需要将价值链转变为循环式的。采用可持续设计理念（如 Cradle-to-Cradle 模式，即摇篮到摇篮或永续模式）、生产理念、分发理念（如产业共生模式）等方法可以实现这一目标，使原材料、产品结构甚至废料得以循环利用。

4.3.1.2 采用众包解决方案

发达地区的商业环境变得越来越复杂，容易受到各种因素的影响。传统的内部资源和工作体系已不再适用，尤其是当企业规模庞大时，维持正常运转就需要耗费大量时间和资金。为了提高工作效率，决策者需要推动企业采用众包等简约创新方法，建立有效的合作网络，与供应商、高校科研机构等合作伙伴形成协作关系。

4.3.1.3 保持简单架构

企业不仅要通过调整固定资产等来减轻负担，还要通过精简组织架构来降低管理成本。为了更快速地洞察消费者需求，决策者必须将组织结构保持在极简状态，通过部门合并、简化管理等方式来实现。

4.3.1.4 学会使用关键绩效指标

决策者需要建立适用于自身的关键绩效指标（KPIs）体系，以引导各级员工的简约创新行为。这些指标有助于员工有效评估自己的表现，并随时调整工作重心，不被企业整体目标所困扰。

4.3.1.5 以身作则，践行简约创新

企业要将简约创新理念真正融入日常经营中，而不仅仅是通过常规宣传手段传达。领导层的思维和管理模式转变至关重要，只有这样，简约创新理念才能真正传递给员工、受众、投资者和合作伙伴。

4.3.2 精益创业

精益创业是一种方法论，旨在加速产品开发周期，快速验证商业模式的可行性。其核心包括实验驱动、迭代发布和验证式学习。创业成功依赖于正确的过程，可通过学习和教授习得。创业公司的产品开发是一系列实验，学习如何建立可持续商业模式是其中关键。精益创业理论强调五个原则：①创业无处不在：创业不仅限于创业公司或高科技领域，各种环境都可能产生创业行为；②创业即管理：早期企业需要管理才能发展壮大；③循证创业：通过实验验证愿景可行性，寻找可持续商业模式至关重要；④开发—测量—循证流程：将想法转化为产品，评估顾客反馈，调整方向；⑤核算创新：衡量正确指标、价值指标、设定里程碑和确定工作优先顺序至关重要。

在精益创业方法论中，开发、测量、循证构成了不断循环的核心，其主要目标之一是缩短这一循环时间。数据显示，中国于2015年新注册企业数量惊人，平均每天新增注册企业达1.16万家，每分钟诞生8家公司。创业者群体年龄跨越"70后""80后""90后"甚至"00后"。初创企业面临着高失败率的现实：平均寿命不足三年，失败率约为80%，大学生创业失败率更高达95%。初创企业常常面临资金紧缺、人才匮乏、市场开拓困难等问题。在这种情况下，传统的成熟企业管理模式不再适用，但也不能完全放任自流。精益创业方法论恰当地平衡了这一矛盾，既不失行动力，又避免了过于激进的失败风险。对于产品、设计等尚不成熟的初创企业而言，精益创业是最实用的模式。相较于强调完美计划和执行、不容许任何偏差的"火箭发射式"创业法，精益创业更注重在市场中测试产品，通过快速的迭代和不断的试错，最终达到完美。

在商业模式方面，精益创业的核心在于为用户创造价值，让用户定义价值，并设计适用的生态系统。如何以用户为中心，准确识别用户痛点，并提供解决方案，是企业在这一阶段需要重点关注的问题。特别是在产品众多、市场庞大的情况下，企业必须避免对用户痛点的假设，因为即使用户本身也未必真正了解自己的需求。例如，在发动机发明之前，人们追求的是"更快的马车"。尽管受限于科技水平，他们无法预见汽车的出现，但他们的本质需求是获得更快速、便捷的交通工具，而非特指马车。

精益创业提出了解决这一问题的方法：尽早满足客户需求并获取反馈。企业不能仅靠自己的想法来开发产品，而是应该迅速了解客户需求，并设计出能够迅速投放市场的产品。通过以最小的成本和验证方法来检验产品是否符合客户需求，不断调整产品方向和优化功能，最终实现成功。企业应该记住，精益创业的核心是在尊重客户价值的前提下降低成本，而不是为了降低成本牺牲客户价值。

以信息技术行业为例，传统的"瀑布式开发"模式将过程分为理念、分析、设计、开发、测试、修改、上线等步骤，最后将产品推向市场等待用户反馈。产品一旦上市，若反响未达预期，则前期投入将付诸东流，产品宣告失败。为避免高昂的失败成本，精益创业提倡采用最小化可行产品（Minimum Viable Product，MVP）的策略，快速将产品投入市场，根据客户需求进行快速迭代。其方法论强调先开发出最能反映客户核心需求的功能，然后根据运营结果调整产品或商业模式。若陷入困境且无法调整升级，则果断停止并承认失败，因积极的失败比消极的产品开发更具价值。

考虑到精益创业的特点，初创企业可选择在初期投入少量人力进行小规模试错。例如，以两个月为周期，若未能抓住用户特点，则迅速调整方向并重新测试，如此循环直至功能得到用户认可，随后投入更多资源扩大市场。除创业外，许多情境也适用紧抓痛点、快速迭代、不断完善的精益创业法则。

4.3.3 开放式创新

开放式创新是指利用外部的创意、人才和技术来增强和完善企业业务的一种创新模式。同时，它也允许外部人员接触企业内部的创意、人才和技术，促进创新的双向流动。在开放式创新的过程中，企业与合作伙伴之间进行各种资源的自由交换和共同创造。由于任何一家企业都无法独立完成所有事情，成功的关键在于能够充分利用第三方的能量、思想和专业知识。

开放式创新与传统的封闭式创新相比，效率更高、成本更低。通过吸引外部创新能力，共同应对组织内部无法解决的挑战。传统的封闭式创新认为成功创新需要自主控制，企业必须自行研发技术、开发、销售和市场推广，提供售后服务、财务支持，并依赖内部资源进行创新。自20世纪90年代以来，随着学术人才流动性增大、学术机构研究能力提升和市场竞争加剧，创新速度变得至关重要。现代创新不仅要求质量，更需要速度。因此，企业需要内外广泛合作，才能快速成功。

传统的封闭式创新将创新局限于企业内部的范围。在这种模式下，企业通常仅依赖内部技术团队，依靠自身的技术进步来开拓新市场。20世纪的贝尔实验室采取封闭式创新是典型的例子。随着技术更新速度的加快、资本扩张、员工素质的提高以及信息技术的广泛应用，开放式创新迎来了发展的机遇。开放式创新是企业利用外部资源进行创新的一种方式，其核心理论基础是群体智慧。相较于个体，群体智慧更为优越，任何无法独立解决问题的组织都可以尝试采用开放式创新来解决。开放式创新往往能够给组织带来意想不到的成果。随着社会的发展，知识密集型创业公司数量迅速增长，大学等科研机构的研发能力不断提升，领域知识也不断扩大。因此，传统企业的内部研发流程已经不再适用当今开放的社会。越来越多的企业将大学视为创新的源泉，并将其视为企业创新的潜在合作伙伴。企业通过科研与知识产权合作、输送创新人才、开展创新竞赛、创办校属企业等方式展开开放式创新合作。有些企业甚至直接与大学合作建立联合机构，在这些机构中，它们可以利用高校的开拓性研究和实践性创新，或者利用大学内部的创业公司、人才、设备设施以及其他资源来实现创新目标。

综上所述，随着新时代的到来，已经没有任何实体能够单独完成产品进入市场所需的研发任务。高校、科研机构和企业之间展开科技成果转移转化合作将变得越来越关键。开放创新理念提出了两个核心概念：一是公司应该利用外部知识和技术来增强自身的创新能力；二是公司应该从内部开发的、暂时无法直接应用于自身业务的创新中创造价值。实现这两个核心理念都需要制订清晰的科技成果转移转化策略和操作路径。

开放式创新本质是机构之间的内、外向耦合关系，旨在共同合作开发和推出新产品、服务。其中包括内向型和外向型的开放创新流程。内向开放式创新是指企业在内部研发以外引入外部更多样化的创新资源，或从其他公司引进许可流程或发明专利。外向开放式创新是将目前无法在业务中使用的内部创新进行外部合作，例如通过许可、合资或分拆。近年来，开放式创新趋势已从企业与外部研发者之间的互动发展为构建由开发者、公司、创新型消费者和创新用户等组成的生态系统。大部分开放式创新交易通常以以下形式展开：①销售/购买创新产品/服务：外部公司成为客户的创新产品/服务的供应商。外部开发公司需要足够的制造能力，而与大学相关的小型技术公司通常不具备这种能力。②销售/购买/许可技术：外部公司以及大学将某些技术的权利许可给产业客户。外部开发公司必须拥有强大且受到良好保护的知识产权。③销售/购买能力：外部开发机构与产业公司客户之间的商业研发合同。外部开发公司必须拥有验证的能力以及对科学设备、专业软件等资源的访问权限。④企业并购：客户公司收购外部开发公司及其所有资产，包括知识产权、设备和软件，以及专业团队。团队通常会在一段时间内为收购公司工作。开放式创新模式的最大担忧包括知识产权盗窃、创新过程失控、文化差异的负面影响、利益相关者远程管理困难以及知识共享效率低下。

随着开放创新理念的普及，其内涵也不断扩展至社会经济发展和国际合作。近期，中国国际科技合作处于由跟随到引领的变革之中，外部环境发生了深刻变化。美国与中国在经贸、科技领域发生摩擦，"逆全球化浪潮"和贸易保护主义的兴起，各国对中国崛起的疑虑和担忧，以及中国在全球化进程中处理和掌握国际规则的方式和能力等，都在影响着新形势下展开国际科技创新合作的思路和方式。2019年5月，中央全面深化改革委员会审议通过了《关于加强创新能力开放合作的若干意见》，为新时期国际科技创新合作提出了新的要求。

"十四五"期间，国际科技合作应多方面考虑，包括落实党和国家的外交大政方针、提升全球资源配置能力、促进人才交流、加强平台建设、引导企业积极"走出去"，以及完善合作政策、优化合作环境等。

一是服务落实党和国家的外交大政方针。在新时期的国际科技合作中，应始终坚持和围绕党和国家的外交大政方针，确保党中央对外交大政方针和战略的总体领导和部署得以有效落实。科技合作应发挥支撑中国特色大国外交的作用，重视建立和维护"民间科技合作"纽带，扩大我国的国际影响力。同时，科技合作应与"一带一路"建设相结合，积极对接沿线国家的发展战略和科技创新需求，共同打造创新共同体，促进创新成果的共享。

二是提升全球创新资源配置能力。推动科技计划和项目的国际化进程，积极邀请外籍专家参与我国科技创新规划的研究编制和项目实施，以提升科技创新主体融合全球创新资源的能力。支持并促进国际大科学计划和大科学工程的发起和组织，汇聚全球资源，共同应对全球性挑战。鼓励并推动高新技术和装备制造领域的进出口，加速高技术货物贸易的优化升级，助力实现更高水平的对外开放。

三是进一步促进人才资源的国际流动。持续改善创新、创业和营商环境，建立不同层次的人才队伍，包括领军人才、青年人才和留学生。创新用人方式和激励机制，加强制度保障和环境建设，促进人才资源的有序流动。继续优化创新人才科研、工作、居住和出入境等便利化措施，提高各类人才的吸引力和凝聚力。

四是建设合作平台链接全球创新资源。根据国际规范和惯例，优化各级国际科技合作基地和平台。鼓励不同类型的创新机构建立合作平台，共同创建新型联合研发机构，促进创新合作的发展。同时，完善国际创新合作的信息、资金、渠道、培训等中介服务平台，提高其服务水准。

五是发挥企业的科技创新主体作用。推动企业积极参与国际科技合作，规范其海外经营行为，遵循国际惯例。促进装备、技术和服务"走出去"，同时努力向全球价值链高端发展。创建国际一流的市场环境，引导外资投向我国高新技术产业。加强各类创新机构的知识产权保护意识，建立公平竞争的国际化创新创业环境。

进一步完善有利于创新要素流动的配套政策：培养国际科技合作管理和服务人才，通过多元化的投入、战略研究、咨询以及监督评估等方式，为国际科技创新合作提供支持和保障。同时，做好应对全球动荡、科技合作风险以及人类共同挑战的预判和预案。

4.3.4 设计思维

设计思维是将实践中提炼的抽象方法和策略应用于不同领域和背景的过程。其核心流程包括同理心、定义、构思、原型设计和测试五个阶段。设计思维的价值在于提供一个通用的创新流程，可用于发明新技术新产品，并以人为本地解决问题。这种反复循环的操作流程也适用于非专业人士。

同理心阶段的目标是与产品或解决方案的潜在用户接触，以深入了解他们的需求和挑战。在这个阶段，最有效的方法之一是以用户需求为出发点，尝试置身于用户的角度，感受他们的需求和情感体验。

定义阶段旨在明确问题并确定解决方案的方向。通过整合前期收集到的信息，如用户反馈、数据和观察结果,产生一个可操作的问题说明,为团队提供清晰的工作方向和目标。

构思阶段涉及广泛探索各种概念和解决方案,以应对已定义的问题。头脑风暴等方法被广泛运用,以促进创新和激发团队成员的想象力。

原型设计阶段是将概念转化为实体或数字化的展示,以便接收用户反馈并迭代改进。在这个阶段,原型设计应简单、成本低廉,可以使用纸张、硬纸板等材料,或简单的绘图,展示产品或服务的核心功能和特点。

测试阶段是验证解决方案的有效性和实用性的关键阶段。通过与用户互动,收集他们的反馈和意见,以及开放性的问题,为进一步改进和优化解决方案提供指导和依据。

4.4 典型案例

4.4.1 美国 InnoCentive 开放创新平台

InnoCentive 于 2001 年由美国制药企业礼来公司的 3 名科学家创立。其名称取自"Innovation"(创新)与"Incentive"(激励),依托平台背后强大的专业资源和合作伙伴,现已成为全球性网络平台,汇集数百万科研精英参与的社区、工作室和竞赛活动。除了充分利用社会科研能力外,还有效帮助企业规避独立研发风险。作为全球首家旨在将难题与潜在"解决者"相连接的虚拟咨询企业,InnoCentive 经多年发展成为享誉世界的创新服务中介中心。

InnoCentive 是创新众包服务和奖励竞争领域的开拓者,为公司和组织提供多样化资源,包括客户、合作伙伴和世界最大的问题处理市场,以解决核心问题。其基于挑战的创新方法和数百万问题解决方案提供者组成的网络,以及基于云技术的平台,从根本上转变了创新、研究和发展经济学。主要的政府、非营利性组织和商业企业与 InnoCentive 合作,更快、更低成本地解决问题,降低风险。这些合作伙伴包括博思艾伦咨询公司、礼来公司、生命科技公司、美国航空航天局、自然出版集团、流行科学杂志、宝洁公司、罗氏公司、洛克菲勒基金会等。

4.4.1.1　倡导开放式创新

InnoCentive 利用网络智囊团的形式来寻求解决企业在研发过程中遇到的难题，倡导"开放式创新"商业模式和"与顾客一起创造独特未来"的全新管理理念。在该网站上，科研公司（称为"寻求者"）可以提出他们所需解决的科学挑战，而来自世界各地的科学家（称为"解决者"），可以为这些挑战提供答案，并有机会赢得奖金。实际上，该网站在全球的科学家和大公司的研发部门之间架起了一座直接沟通的桥梁，对于科学家和商家都有好处。

（1）科研公司

"寻求者"在 InnoCentive 网站上发布挑战，其中包括详细说明、相关要求、截止日期以及为最佳解决方案提供的奖金额。"寻求者"的名称及相关信息将保密处理。在收到解决方案后，"寻求者"审阅并颁发奖金给最符合其要求的解决方案。全球研发领先者如礼来公司、宝洁公司、道氏化学公司等经常在该网站上发布挑战，涉及多个学科和行业。

（2）科学家

"解决者"来自世界各地，注册成为 InnoCentive 网站的成员。他们可以访问挑战，并通过安全途径提交解决方案。注册的解决者可以接触符合自己兴趣和专长的研发问题，并有机会解决世界级挑战。成功的解决方案可以获得丰厚的奖金，金额从 5000 美元到 10 万美元。

（3）InnoCentive.com

作为两者之间的桥梁和规则执行者，InnoCentive 的科技团队负责帮助科研公司准确描述挑战，并将符合标准的解决方案呈递给"寻求者"。该公司的雇员主要是各领域的专家，帮助科研公司分析问题并吸引更多"解决者"的关注。通过采取开放式创新模式，科研公司可以将问题放到更广泛的群体中寻找解决方案，而不仅限于内部科研团队。

4.4.1.2　商业模式与经营成效

截至目前，InnoCentive 已经吸引了来自 200 个国家和地区的近 40 万注册用户，他们中有 60% 以上拥有硕士以上学位，是各自领域的专业人士。在该平台上，超过

2000 项挑战得到了超过 16 万次的解决方案，总奖金超过 2000 万美元。InnoCentive 与自然出版集团、《科学美国人》等建立了战略合作伙伴关系，邀请这些平台的作者参与挑战，已有超过 1300 万人受邀。InnoCentive 的收入来源主要有："寻求者"需要支付挑战的张贴费和服务费（2000 美元），若需要额外服务，将另行收费；当"解决者"的方案被"寻求者"采纳时，InnoCentive 还将按固定比例收取悬赏费用；除非涉及咨询或培训，InnoCentive 不再向"寻求者"收取其他费用。

在保护知识产权方面，"解决者"在参与挑战之前，需要签订"解决者协议"获取相关信息，包括奖金设置、提交时间、审评时间、解决方案要求等。同时，"解决者"还需签署保密协议和知识产权转让协议，以确保"寻求者"的机密信息不会泄露。提交解决方案后，需要获得"解决者"的短期授权进行评估。如果方案被选中，"解决者"将获得奖金并转移知识产权给"寻求者"；如果未被选中，则知识产权将返回"解决者"。通过严格的知识产权保护措施，InnoCentive 的知识产权转移成功率超过 99%。

4.4.2 德国柏林创意工场

在欧洲主要城市中，德国以相对较低的生活成本和多元文化共存而闻名，特别是在德国首都柏林，各种创业公司如雨后春笋般不断涌现。柏林不仅是德国的创业中心，也是欧洲的热门创业地点，拥有许多相关的活动和设施。如今，柏林作为一个创业城市的发展势头越来越好，与创业相关的平台数量也在快速增加。

柏林创意工场（Factory Berlin）位于柏林中心米特区，毗邻柏林墙纪念馆，是一个吸引了柏林及周边地区初创企业、创业者、投资人和大型企业关注的空间。该工场是德国第一个也是最大的初创企业园区之一，成立于 2011 年，由 Udo Schloemer 整合了柏林天使种子投资公司 JMES Investment 以及大型房地产公司 S+P Real Estate 的资源。柏林创意工场是德国当前最受欢迎的新技术公司的创业空间之一，占地 1.6 万平方米，拥有 2000 多名会员，入驻了 600 多家初创企业。其中，包括 Uber、Twitter、Mozilla 等知名企业。谷歌也选择将其全球孵化器"Google for Entrepreneurs"的德国中心设在该创意工场。其旨在打造一个合作环境，在同一空间内共享知识、实施导师计划和进行融资。

柏林创意工场的创始团队拥有丰富的企业家经验和社区管理专业知识，负责空间设计、营销、租户招募和运营。他们与 S+P 房地产公司合作，后者负责管理建筑物的建设和融资。初创企业只需支付每人每月 50 欧元的租金，就可以入驻柏林创意工场，并享受各种资源，包括办公工位、茶水间和各类移动设备。入驻企业需要经过筛选和面试，工场寻找的是愿意为社区建设作出贡献的人。柏林创意工场成功孵化的企业吸引了更多成熟企业和活跃的初创企业入驻，形成了良好的创新生态系统。

柏林创意工场的创始团队秉承着"多样性是社区生活的动力"的理念，为各行各业、各发展阶段的创业公司提供共享空间，包括自由职业者、初创公司、成熟运营的企业、投资者以及政治、社会和科学领域的杰出人才。这种环境为人才资源的共享提供了良好基础。柏林创意工场不仅为企业提供全面的服务支持和降低创新成本，还积极促成初创企业与领先企业的合作。他们致力于支持初创企业的发展，并推动大型企业的数字化转型，这是他们保持德国创新领域领先地位的关键。

柏林创意工场以"商业俱乐部"的模式推出了新概念，旗帜鲜明地打造了一个极具向心力的创新者共同体。他们的目标不仅是提供办公空间，更是要建立一个让有创新想法的人相互交流、建立联系的场所。这种联系不仅仅是为了创造新的想法，还能诞生新的业务和项目。当然，创造这样一个创新环境并不容易，但柏林创意工场正在努力打造一个高品质的社区来实现这一目标。

在创业生态系统中，一个有想法和执行能力的创业者需要投资人、合作伙伴以及产品工程师和设计师的支持才能进一步发展。创意工场通过设计各种"邂逅"，为柏林的创业生态系统作出了贡献。他们将有潜力的初创科技企业与大型企业联系起来，致力于弥合创新型科技创业公司和大公司之间的鸿沟。大型企业入驻创意工场后，每月需缴纳 1500 欧元，并提出关于数字化转型的具体需求。创意工场会筛选 10～15 家与企业需求匹配的初创企业组织"配对会"，初创企业可以介绍自己的产品理念和合作可能性，大型公司则根据自身需求和其他考量进行选择，并开展具体合作项目。

柏林创意工场为初创企业提供了与龙头企业合作的机会，解决了他们有想法但缺乏资金的难题。通过依靠大型成熟企业的支持，初创企业可以获得更多经验和机会，降低了创业失败的风险。对于大型企业或传统企业而言，柏林创意工场提供了一个平台，使它们能够与充满活力的数字技术初创企业合作，实现互惠互利，达成双赢局面。

"商业俱乐部"模式的成功关键在于柏林创意工场掌握了德国乃至全球优秀的企业资源。首席关系官 Niclas Rohrwacher 发挥了关键作用，他创办的数字代理机构 Midnight Digital 在 2013 年将谷歌、德意志银行和荷兰壳牌等企业发展为客户。随着 2015 年柏林创意工场收购了 Midnight Digital，谷歌、荷兰壳牌等世界知名企业也成为创意工场的重要会员。

柏林创意工场之所以成功在于其构建了一个开放式的创业创新生态系统，这一生态系统包括谷歌柏林提供的强大培训和孵化资源，以及来自大型企业的资金支持和数字化转型需求。这种市场环境为初创企业提供了共生共赢的机会。初创企业通过满足大型企业的需求，推动其数字化转型。同时，他们也借助各类成熟企业和孵化器的支持，不断提升自身的技术核心能力和管理能力。

4.5 本章小结

本章节深入探讨了创新理论与战略思维工具，系统梳理了熊彼特的创新理论及其后续发展，阐明了技术创新在经济增长中的核心地位。同时，引入颠覆式创新与持续性创新的概念，分析了两者在企业发展中的应用差异。详细介绍了简约创新、精益创业、开放创新和设计思维等实用工具，并通过实际案例展示了它们在提升企业竞争力和推动创新实践中的重要作用。整体上，本章为读者提供了全面的创新理论框架和实用的战略思维工具。

思考题

1. 什么是"开放式创新"？"开放式创新"实践对科技成果转移转化发展起到了怎样的作用？

2. 简述政产学"三螺旋"理论及其意义。

第 5 章
新兴产业技术发展态势

　　战略性新兴产业作为全球经济增长的新驱动力，正展现出蓬勃的生命力。在新一代信息技术、生物技术、新能源、新材料、高端装备制造等领域，我国已经取得了令人瞩目的成就，特别是在数字经济发展、生物经济转型、智能制造推进以及绿色发展方面。面对全球科技竞争的加剧，我国在原始创新、核心技术突破以及高端产品制造方面依然存在短板，尤其在高端装备、新材料等领域的核心技术上仍依赖进口。为此，"十四五"规划明确提出了一系列发展战略和重大工程，旨在通过增强自主创新能力，优化产业结构，推动新兴产业的高质量发展，提升国际竞争力。

　　本章将深入探讨我国战略性新兴产业的发展现状与未来趋势，分析当前所面临的挑战与机遇，并提出针对性的发展策略。通过详述新一代信息技术、生物技术、新能源、新材料等领域的具体进展，揭示这些技术如何重塑产业格局，并为中国在全球新一轮科技革命和产业变革中赢得领先地位提供有力支撑。

5.1 新兴产业技术发展

深入探讨战略性新兴产业的发展现状与趋势，包括新一代信息技术、人工智能、航空航天、新能源、新材料、高端装备、生物医药、量子科技等领域。强调数字经济、生物经济、智能制造、绿色发展的转型，以及我国在部分产业领域取得的国际领先成就。同时，指出我国在原始创新、核心技术、高端产品等方面存在的薄弱环节和依赖进口问题，并提出"十四五"期间的发展重点任务及重大工程。

5.1.1 新兴产业技术现状及趋势

新一代信息技术产业格局面临深度调整，数字经济成为重构产业发展新力量，信息基础设施加快部署。新冠肺炎疫情后贸易保护主义抬头，使得全球新一代信息技术产业链格局将面临深刻调整。各国在5G、人工智能、量子信息、网络安全、集成电路等领域积极布局，保持产业竞争优势。新一代信息技术与其他领域深度融合，催生新的技术方向，带来生态链的重构、新业态的产生，为其他行业创造价值和新的空间。基于新一代信息技术的生物信息采集、处理、存储、整合、挖掘和解析，驱动生物领域进入"数据密集型科学发现"的第四范式。以新一代信息技术与能源技术深度融合为特征的能源革命正在推动人类社会进入全新的能源体系，将改变能源生产及消费方式。发达国家积极推动网络基础设施升级，将数字化转型作为重要发展方向，加快技术创新突破及数字化转型。数字技术与制造业深度融合，催生新业态、新模式，加速推动制造体系的数字化、网络化、智能化变革。

健康产业将是巨大的朝阳产业，生物经济变革制造业模式，生物技术与新兴技术交叉融合成为未来发展重点。生物产业成为世界各国未来经济发展布局的重点领域，在后疫情时代迎来产业发展新机遇。新一轮生物医药技术竞争日趋激烈。工业生物技术将推动继机械化、电气化、信息化、智能化之后的第五次工业革命，深入影响生物制造领域。先进生物技术会深入影响生物制造领域，既包括精密医学、农业技术、机器学习等，也包括基因读、写、编辑和打印，这些技术将会改变几乎所有主要经济领域。生物能源是应用最广泛的可再生能源，燃料乙醇、生物柴油、藻类燃油、航空煤油等液体生物燃料和生物制氢等在研发和产业应用方面不断取得进展。新的生物经济可以改变食品和农业系统、能源系统、医疗和健康系统、工业材料，也是解决气候变化和全球危机的新方法。生物技术与人工智能、大数据、互联网等技术的融合发展，引发医药、医疗、农业、工业等领域的深刻变革，加速孕育和催生一批具有重大产业变革前景的颠覆性技术。

发达国家在高端装备制造和高技术装备领域继续保持激烈竞争态势，传统工业强国将引领智能制造发展。航空装备发展的竞争日趋激烈，双寡头垄断的格局短时期很难打破，信息化与智能化发展是航空装备的重要发展方向，无人机将成为未来航空装备发展的重点和热点。美国继续保持全面航天装备的领先地位，低成本、高精度、系统性、智能化装备成为本阶段发展的特点，卫星装备结合市场新需求向系统化方向发展，商业航天成为构建空间基础设施的新兴力量。海洋工程装备市场形成了"欧美设计、亚洲制造"的格局，深海领域将是未来全世界海洋油气资源和海洋矿物资源开发战略接替的主要区域。海洋装备产业朝着绿色化、可持续的方向发展。全球智能制造装备产业下行压力加大，智能制造产业大国争夺全产业链竞争优势。智能数控机床已成为各主要机床发达国家发展的重点，全球增材制造产业正从起步期迈入成长期，应用领域不断扩展。民生装备产业的技术创新进入以智能化为引领的变革发展阶段，向智能化、高效化、绿色化发展。农业机械装备向高效化、智能化、网联化、绿色化发展，农业传感器、智能系统、智能装备、智慧服务等引领产业发展。全球食品装备制造开启了智能技术创新、质量提升和环保节能进阶之路。食品装备企业采用装备制造数字化和模块化管控技术、食品生产整线机器人应用技术、节能环保智能控制技术、智能供应链系统及食品安全全流程追溯系统等提高企业竞争力。随着全球纺织工业生产格局的不断变化，纺织装备也越来越多地体现出智能、短流程与绿色环保的特性。在医疗装备领域，3D打印、健康大数据和人工智能技术日益受到重视。承压设备向服役条件极端化和材料高端化、设计制造与维护的绿色化、全生命周期的智能化、制造通用化和标准化发展。承压设备在石油化工、核工业、煤化工等领域向装置大型化、介质苛刻化、运行长周期方向发展。

高新技术发展促使材料不断更新换代，新生长点不断涌现，新材料研发模式变革成为关注的重点。稀土永磁材料在军事国防、电气化交通、能源动力、高端特种装备、普通工业及民用家电领域发挥着至关重要的作用，新能源汽车、风力发电对稀土永磁材料的需求量巨大。全球新能源材料将重点关注与锂电池新能源汽车及大规模储能电站相关的动力电池材料产业，推进清洁能源产业及氢能产业。功能晶体向更大尺寸更高质量及复合化方向发展，同时，一些新的应用领域又推动功能晶体向小型化、微型化方向发展。纳米技术与先进制造技术的融合将产生体积更小、集成度更高、更加智能化、功能更优异的陶瓷产品，绿色、低碳成为新型陶瓷材料发展的重要趋势。半导体硅材料成本不断降低、集成度不断提高，向着更大尺寸、更高质量发展，自旋电子材料、光量子材料等先进半导体材料将逐渐走向成熟。高性能合成纤维不断创新，品种不断增加，产业规模逐渐扩大，碳纤维向高性能和低成本双向快速发展，碳纤维复合材料自动化制造技术日趋普遍。有色金属材料领域研发面临新突破，冶炼技术的安全、环保、高效、低耗、循环利用成为绿色发展的基本要求和总体趋势。随着超材料研究和生产应用的不断拓展深入，超材料已广泛涉及多种物理场及其耦合效应，如电磁、机电、光热、光机耦合等。

全球节能环保产业正重塑格局，资本进一步集中，装备向成套化和尖端化方向发展。发达国家凭借技术优势和运营经验抢占先机，新兴国家市场快速增长。环保企业加速并购整合，技术创新聚焦与新兴科技的融合提升水处理、大气治理等技术的效率。物联网、云计算等新技术推动环保产业智能化发展，形成智慧城市等新型产业模式，未来重点包括大气、水污染及固体废物处理等领域。

能源发展呈现低碳化、电力化、智能化趋势。全球煤炭消费占比逐步下降，先进燃煤发电和碳捕集、利用与封存（Carbon Capture, Utilization and Storage, CCUS）是技术发展重点。未来全球能源供过于求会更加明显，使得主要能源生产国的竞争加剧，能源消费大国的话语权、定价权将进一步增强。国际核电装机及发电量持续增长，全球对高燃料效率和零碳的核能需求正在扩大，特别是在经济和电力需求急剧增长的新兴国家。全球风电产业发展迎来增长拐点，风电在部分国家和地区的电力供应中所占比例进一步提高，风电开发利用成本持续下降。全球太阳能新增光伏市场第三次突破 100 吉瓦，除中国外，全球光伏市场增速明显，亚太地区是全球光伏市场增长的主力。全球太阳能热发电装机总量稳定增长，发展中国家成为主要市场，生物质发电装机量逐年增加，但在可再生能源发电总装机量中的占比逐年下降，先进生物质交通燃料的产业化依然是全球难题。

跨界融合成为新能源汽车的新特征，基于全新平台的新车型密集推出。随着产业变革的不断深入，新能源汽车已经不再是单纯的交通工具，而是作为未来出行、智慧城市中的一个基本节点和构成单元，新能源汽车已成为产业融合创新的平台。传统车企和互联网企业正竞相推动智能移动互联生态发展，将汽车产业的边界向外延展。平台化已经成为车企通用的研发及生产高效化策略。主流车企全新纯电动平台陆续研发成功并基于全新平台密集推出高性价比新车型，有望从供给端带动消费需求的爆发。2019 年，福特推出了纯电动车型野马 Mustang-E，保时捷推出纯电动跑车 Taycan，2023 年通用汽车在全球推出 20 款电动汽车，预计在 2025 年特斯拉推出 7 款纯电动车型。智能共享出行成为汽车产业重要发展方向，全球制造商正在加快向出行服务商转型，以互联网企业为代表的科技公司也纷纷加快布局智能共享出行领域。

数字创意产业结合文化与技术，生产方式多样化、消费全球化、各国发展特色化，成为 21 世纪经济中最具活力的产业。总体呈文化与技术深度结合、生产方式多样、消费全球及各国发展特色等态势。技术和装备是现阶段数字创意产业高速发展的主要驱动力，5G、虚拟现实（Virtual Reality，VR）、人工智能和全息投影等技术的发展将会赋能传统文化产业深度数字化转型，未来数字创意内容和形式将不断丰富，形成多种多样的生产方式，为数字创意内容源源不断地注入新的活力。

5.1.2　新兴产业发展基础及存在问题

我国战略性新兴产业已经形成一定发展基础，产业链完整，具备自主研发能力和制造能力，部分产业已达到国际领先水平，形成了一定的规模优势，但核心工业基础能力总体上还比较薄弱,原始创新能力不足,产品性能多处于中低端,关键核心技术存在"卡脖子"问题,高端产品依赖进口的现象还比较普遍。

新一代信息技术总体仍处于落后局面,产业基础能力薄弱,信息基础设施与发达国家还有差距。多数中央处理器(Central Processing Unit,CPU)芯片和操作系统、互联网体系结构等仍处于受制于人的被动局面。集成电路制造产品化支撑能力是明显短板,上游原材料、软件工程和制造装备尤为薄弱。高速数模转换器、数字信号处理器、高速滤波器、中高端现场可编程逻辑门阵列(Field Programmable Gate Array,FPGA)、高速光器件、人工智能芯片、人工智能核心算法、物联网芯片、图形引擎、地理信息系统(Geographic Information System,GIS)、大型专业模型及工业软件等主要依赖国外进口,电子设计自动化(Electronic Design Automation A,EDA)主流大数据平台技术自研比例不超过10%,网络设施与发达国家还有一定差距,世界人均国际网速排名仍然较为偏后。

我国生物产业起步较晚但发展迅速,凭借低成本、大规模优势在部分产品领域取得市场优势,部分关键技术成熟,但仍面临发展短板和产业安全风险。与欧美等发达国家相比,我国生物产业战略架构、底层核心技术、关键装备还存在差距,产品附加值低、成本较高、市场竞争力不足。我国生物医药企业数量和销售额全球占比均较低,仍处于产业跟跑状态。生物制造核心基础薄弱,所依赖的核心载体严重受制于人,生物医药反应器等产业发展短板问题突出,产业安全风险严峻,生物制造工业菌种和工业酶的知识产权受制于人,生物质能源商业化程度欠缺,竞争力不足。

高端装备产业核心工业基础不牢,在研发、制造、质量、服务等方面与发达国家存在一定差距。航空装备产业较发达国家还有巨大差距,航空材料、工业软件、制造装备等基础产业的发展还不能完全支撑我国先进航空装备的发展。航天装备与美国、俄罗斯等国的国际领先水平还存在较大差距,航天产品的高可靠、长寿命问题亟须解决。海洋装备在低端配套上占有一定份额,高端配套设备则严重依赖进口,本土化程度很低。国产数控机床的加工效率、可靠性、精度和使用寿命等与世界先进水平仍存在差距,高端产品对外依存度仍然较高,高性能数控系统和超精密机床仍属于"卡脖子"问题。食品装备基本实现了高性能、低能耗、安全卫生、稳定可靠,关键元器件、工业控制及软件平台等环节仍受制于人。纺织装备产业链的总体技术水平与制造能力已位居世界前列，纺织装备绿色化、短流程、高速化和适应性等方面存在短板。医疗装备普遍处于中低端水平，在国际医疗装备市场上缺少大品牌、大型跨国企业。特种承压设备基本实现进口替代，但技术水平仍落后于发达国家，呈现低端供给过剩、高端供给不足的局面。

新材料产业已具备一定基础，但原始创新能力和核心技术与西方发达国家仍有较大差距。稀土材料生产体系基本处于跟随状态，缺乏核心专利，产品性能偏中低端。新能源材料关键技术依赖进口，高端锂电池和燃料电池材料受制于人。人工晶体、结构陶瓷及半导体材料在高端领域与国际先进水平差距明显，设备多依赖进口。碳纤维和高性能有机纤维生产装备落后，工业应用处于低端。有色金属加工装备依赖进口，超材料产业创新能力不足。

能源新技术产业领域已走在世界前列，但关键设备和核心零部件仍依赖进口，受材料和工艺基础薄弱制约。煤炭清洁利用全球领先，但大规模耦合发电技术尚不成熟。非常规油气开发技术领先，但基础研究薄弱，关键技术不足。能源和互联网实现了高度融合，特高压产业链全球领先。核电装备自主化能力强，但部分设备仍依赖进口。风电装备主要部件国产化，但海上风电部分零件仍需进口。太阳能光伏与国际同步，但部分材料依赖进口。生物质能全球领先，地热能和氢能产业链日趋完善。

新能源汽车产业链完整度及产业规模全球领先，车载芯片等关键领域存在"卡脖子"风险。基础材料的不断发展，为新能源汽车产业打下了坚实的发展基础。新能源汽车关键零部件已经具备了一定的产业先发优势，在动力电池、电驱动等新能源汽车核心零部件方面建立了完善的产业链条。车载芯片、底盘控制系统、安全系统、车载操作系统、设计工具软件、通信协议、诊断软件等关键领域存在短板。

以人工智能、大数据和云计算为基础的数字创意产业正逐步进入收获期，技术装备创新支撑不足。数字创意技术装备、数字内容、创新设计发展取得了一定的成就，但数字创意技术装备创新支撑不足，人工智能大数据基础理论与核心芯片、超高清视频核心器件、VR设备、内容平台等数字创意技术装备领域的创新支撑不足。数字内容创新竞争力不足、创新设计理论实践应用不足、创新设计的系统方法论和模式等缺乏系统的研究和成果。

5.1.3 "十四五"战略性新兴产业发展重点任务及重大工程

5.1.3.1 以新一代信息技术产业为例

"十四五"时期，新一代信息技术产业以建设网络强国和数字中国为目标，推动数字经济发展和实体经济深度融合，支持数字政府和社会建设，提升治理现代化水平。重点任务包括突破集成电路、信息通信等核心技术，构建自主可控的高端软件和前沿技术产业，布局人工智能、量子科技等新兴领域。农业、食品、纺织装备领域也将智能化、绿色化发展，推动机械化和数字化技术在各产业的应用，提升生产效率和竞争力。

5.1.3.2 以高端装备制造产业为例

航空装备重点发展大型客机、军用战斗机及无人机等主流装备，并推动航空材料和制造产业。航天装备继续实施载人航天、深空探测及北斗导航系统，推动可重复使用火箭和载人登月任务。海洋装备侧重智能化、绿色化，开发深海油气装备及极地船舶。智能制造装备涵盖飞机制造、深空探测和新能源汽车关键零部件等领域。农业、食品、纺织装备注重智能化和绿色技术，医疗装备则聚焦可穿戴设备与AI辅助诊疗。

5.1.3.3 以新材料产业为例

（1）高性能稀土材料

突破超高性能稀土永磁材料、高丰度稀土永磁材料、高性能稀土储氢材料、稀土发光材料、稀土晶体材料、高纯稀土金属及靶材等先进稀土功能材料的精准化、智能化关键制备技术、专用装备及其应用。

（2）新能源材料

发展固态电池材料、先进锂离子电池材料、光伏材料、燃料电池材料、生物质能材料。

（3）功能晶体材料

保持我国非线性光学晶体、闪烁晶体等领域的优势地位，打造一批具有国际竞争力的科技型企业和产业群，引领国际功能晶体的发展和市场。

（4）先进结构陶瓷及其复合材料

重点研究高性能陶瓷粉体、陶瓷纤维、碳化硅（SiC）陶瓷及复合材料、氮化物陶瓷及复合材料、硼系超高温陶瓷、氮化硅陶瓷及复合材料、氧化铝陶瓷及复合材料、无机聚合物。

（5）先进半导体材料

发展以大尺寸硅为代表的第一代半导体材料，以砷化镓、磷化硅为代表的第二代半导体材料，以碳化硅、氮化镓为代表的第三代半导体材料和以金刚石、氧化镓、氮化铝为代表的超宽禁带半导体材料。

（6）高性能纤维复合材料

合成纤维转型升级，碳纤维"从有到优"，航空航天复合材料尖端化，轨道交通复合材料规模化，风电复合材料高端化，体育休闲复合材料品牌化。碳纤维性能达到或超过 TORAYCAMX 系列，T800 碳纤维及其复合材料在武器装备、大型宽体客机、载人航天等领域批量稳定应用，发展 100 米级及以上风电叶片结构轻量化设计技术及铺层优化设计技术。

（7）先进有色金属材料

以满足集成电路、大型客机、海洋工程及高技术船舶、先进轨道交通、新能源汽车、节能环保等领域关键基础材料需求为重点，加强基础研究，增强原始创新、集成创新和协同创新能力，尽快实现批量化生产和应用，填补国内空白，解决进口替代。

（8）超材料

加强超材料基础研究的支持力度和统筹布局，重点鼓励具有前瞻性、突破性的原始创新研究，从源头建立优势。重点发展人工智能超材料、电磁超材料、生物检测超材料、力学／声学超材料。

（9）重大工程建议

高性能稀土材料重大工程，大尺寸、高性能、复杂形状结构功能一体化 SiBOCN 系亚稳陶瓷材料，核燃料包壳管用 SiCf／SiC 陶瓷基复合材料，大尺寸硅和宽禁带半导体材料产业化，碳纤维"稳质降本"工程，航空航天复合材料性能提升和自主保障工程，复合材料体育休闲产业的品牌工程，轨道交通复合材料规模应用工程，碳纤维及其复合材料高端装备突破工程，先进有色金属材料重大工程，超材料重大工程。

5.1.3.4　以能源新技术产业为例

（1）煤炭清洁高效转化与利用

推进先进燃煤高效发电、CCUS 技术创新与进步，完成 650℃等级 600 兆瓦超超临界蒸汽发电机组示范；完成 600℃等级 50 兆瓦超临界二氧化碳发电技术研发及工业验证；实现 5 兆瓦级整体煤气化燃料电池（Integrated Gasification Fuel Cell，IGFC）发电系统示范运行，建成百万吨级燃烧后二氧化碳捕集、驱油与封存示范工程。

（2）非常规油气开发利用

加快发展页岩气，积极推进煤层气，攻关突破页岩油，积极探索水合物。加快常压、深层、陆相等新类型页岩气示范区建设；加快南方二叠系、鄂尔多斯盆地低阶煤等新区和新层系开发试验；海陆并举，前瞻性布局天然气水合物产业，加大资源评价和技术研发力度；突破中高成熟度页岩油，探索中低成熟度页岩油。

（3）能源互联网与先进输电

加快发展以新能源为主体的新型电力系统，重点发展电网调度自动化、新能源并网及运行控制、柔性交／直流输电技术、综合能效服务技术。

（4）核能

在确保安全的前提下积极有序发展核电，实现三步走发展战略，重点发展三代／四代核电、先进核燃料及循环利用、小型堆等技术，探索研发可控核聚变技术，突破"引进、消化吸收"的现状。

（5）风能

加强风电前沿技术和基础技术研究，提高风电机组质量和可靠性，加强各类型测试试验公共技术平台建设，提高风电设备研发能力和制造水平，风电机组整机及核心部件全部实现国产化。

（6）太阳能光伏

进一步提升电池转换效率，发展百兆瓦级高效晶硅和薄膜太阳电池生产线全套技术，发展基于叠层等新技术的新型太阳电池技术产业化示范。发展废弃电池组件无害化回收技术，实现光伏组件回收循环再利用。

（7）太阳能光热

提高光电转换效率降低成本电价，大力发展配有大容量储热系统的光热系统。研发超临界二氧化碳塔式太阳能热发电技术，积极发展太阳能跨季节储热采暖技术，大力推进配置大容量储热系统的熔盐太阳能热发电站项目建设。

（8）生物质能

以废弃物消纳和多联产为导向，趋向于非电领域应用。研发高效热电联产和热电多产品联产技术、成型燃料工业化生产关键技术和高效清洁化利用设备，推进纤维素燃料乙醇产业化。

（9）地热能

研发干热岩勘查开发、高温钻井、热储改造关键核心技术，形成较为完备的地热行业标准体系和地热能开发利用装备制造产业体系。开展深部热结构研究和地热资源探测，建立兆瓦级干热岩发电站，突破4000～6000米干热岩利用技术。

（10）氢能与燃料电池

发展规模化可再生能源制氢技术，质量轻、低成本高压储氢技术，突破70兆帕加氢站核心技术及关键设备。

（11）重大工程建议

整体煤气化联合循环（Integrated Gasification Combined Cycle，IGCC）、IGFC煤炭清洁发电技术的基础研究与技术攻关，川渝深层、超深层页岩气有效开发工程科技攻关项目，中国南方煤层气效益开发技术攻关项目，陆相页岩油勘探开发技术攻关项目，能源互联网与先进输电，核能科技创新示范工程，废弃风电叶片大规模、无害化回收处理工程科技攻关项目，24%高效晶硅太阳电池产业化关键技术，超临界二氧化碳塔式太阳能热发电示范电站，先进生物质液体燃料的产业化技术，干热岩工程化探测开发技术研究，氢能与燃料电池。

5.2 新一代信息技术

5.2.1 新一代信息技术产业概述

新一代信息技术领域是以宽带和泛在的网络基础设施为核心支撑,致力于推动移动通信技术的创新、下一代互联网核心设备和智能终端的研发与产业化,同时积极促进三网融合的发展,并加速物联网、云计算等前沿技术的研发与示范应用。这不仅引领着信息产业的革新,也为其他行业的数字化转型提供强大的技术支持。

新一代信息技术成为国家竞争焦点和战略必争领域,也是世界各国政府优先发展的重点方向。一是各国纷纷强化新一代信息技术的顶层设计和战略部署,积极培育技术创新的新优势。美国先后部署了《维护美国在人工智能时代的领导地位》《美国机器智能国家战略》《联邦数据战略和 2020 年行动计划》《2021 年美国创新和竞争法案》等。组建了人工智能特别委员会,规划和协调政府的研发布局,确保美国继续在人工智能方面发挥领导作用。二是各国将强化新一代信息技术创新作为促进经济社会长期可持续发展的重要抓手和必由之路。新一代信息技术的广泛应用和深度融合,信息产业的巨大带动性和广泛渗透性,以及信息基础设施的基础性和关键载体地位,决定了新一代信息技术产业在促进经济发展、转变发展方式、促进社会就业等方面的重要作用。三是各国将新一代信息技术作为维护国家网络空间安全和战略利益的重要着力点。制网权成为各国激烈角逐的新的安全领域,网络空间角逐的基础是核心技术,没有核心技术,就没有网络安全,也就没有国家安全。

5.2.2 新一代信息技术产业链

新一代信息技术产业链可清晰地分为上游、中游和下游三个部分。上游主要涉及电子信息核心基础产业,这一环节在整个产业链中扮演着至关重要的角色。它包括新型电子元器件及设备如服务器、个人电脑、智能手机等计算设备,通信设备如路由器、交换机、光纤，存储设备如硬盘、闪存、云存储。此外，电子材料如有色金属、硅、磁性材料等是构成电子设备的基础元素。集成电路作为新一代信息技术的核心部件，在各类现代电子设备中发挥着不可或缺的作用。同时，新型显示技术如液晶显示（LCD）、有机发光二极管显示（OLED）的研发和应用也是上游的重要组成部分。中游则聚焦于下一代信息网络产业，这涵盖了新一代移动通信网络运营服务如5G、6G的研发、建设和运营，以及下一代互联网运营服务，包括云计算、边缘计算、大数据处理等基于互联网的新兴服务。此环节还包括数据存储器件、柔性电路板、微型音频器件、摄像头模组等信息网络构建的关键中间产品。下游则是新一代信息技术应用和服务产业的领域，它深入人工智能、大数据、智慧城市、工业互联网、物联网等多个关键领域。人工智能作为新一代信息技术的核心力量，正在对制造业、服务业等进行革命性的变革。大数据的应用随着数据量的激增和分析技术的进步而日益广泛。智慧城市利用这些技术提升城市管理和服务水平，打造更加智慧化、现代化的城市面貌。工业互联网推动制造业与互联网的深度融合，实现制造业向智能化、数字化、网络化的转型。物联网通过将万物相连，实现数据的实时收集、传输和处理，为各领域提供智能化服务，推动社会生活的全面智能化。

5.2.3　新一代信息技术产业重点发展领域

5.2.3.1　半导体

半导体产业作为电子信息产业发展的战略支点，同时具备战略性、基础性和先导性。受新冠肺炎疫情和中美竞争的影响，2023年的全球半导体市场规模比2022年减少11.1%，降至5330亿美元。芯片领域，台积电、三星电子均完成5纳米工艺研发，极紫外（Extreme Ultra-Violet，EUV）光刻在技术成熟度、掩膜成本上均有改善，英特尔10纳米工艺制程量产，3纳米节点工艺也有望在2022年实现量产。微电子研究中心（Interuniversity Micro Electronics Centre，IMEC）提出新型Forksheet晶体管结构，适合在2纳米及以下工艺节点部署。存储领域，三星电子、美光、SKhynix均发布128层3DNAND闪存芯片，台积电自旋扭矩传递磁性存储器（Spin-Transfer Torque Magnetic Random Access Memory，STT-MRAM）具有抗磁和抗高温特性。

此外，人工智能、汽车电子、5G 移动通信、云计算、物联网等新兴市场快速发展，进一步驱动人工智能芯片、射频元器件、Chiplet 芯粒、串行器／解串器（SerDes）IP、RISC-V 指令架构等半导体设计和封测技术快速演进。围绕新材料、新器件和新架构的颠覆性技术将成为"后摩尔时代"集成电路的主要选择。碳基芯片、量子芯片、类脑智能等潜在颠覆性技术拓展了半导体的发展方向。在电子即将步入"后摩尔时代"之时，光子才迎来自己的"光摩尔时代"。光子技术必将引起一场超越电子技术的产业革命。光通信行业市场研究机构 LightCounting 预测，随着数据中心、6G 移动通信建设拉动，主要由光电子芯片构成的光收发模块，其市场将保持快速增长趋势。

5.2.3.2 移动通信

移动通信网络是我国信息技术的坚实底座。目前，我国新型移动通信技术 5G 的演进技术（5G-Advanced，以下简称 5G-A）的规模商用已经广泛铺开。我国在 5G 技术研发、网络建设和应用发展均处于全球领先水平。2023 年，我国 5G 网络建设进入新阶段，从规模部署向质量提升和应用拓展转变。一方面，推动 5G-A（5.5G）技术产品研发商用，实现更高的网络性能、更广的覆盖范围、更多的连接类型。另一方面，加快 5G 与千行百业的深度融合，打造一批行业应用示范项目和创新平台，促进 5G 在制造、医疗、教育、交通等领域的广泛应用。与此同时，随着由中国运营商主导研究的全球首个第六代移动通信技术（以下简称 6G）场景需求标准获得通过，多项 6G 关键技术也正在从实验阶段进入实践阶段。

目前，我国 5G 标准必要专利声明量全球占比达到 42%。中国信息通信研究院副院长胡坚波表示，我国在 5G-A 国际标准中牵头项目数及标准提案数占比超过 30%。在 6G 的战略布局与技术研发方面，中国也"跑"在前列。《全球 6G 技术专利布局研究报告》显示，中国 6G 专利申请量占全球约 40.3%，位居第一。从迭代上看，5G 网络虽然已经能够提供相当不错的速度和连接稳定性，但在高速率、感知等领域的高级应用上仍有局限。5G-A 的网络能力比 5G 可以实现 5 倍至 10 倍提升，实现了毫秒级的超低延迟等，能够满足智能网联汽车的驾驶需求、裸眼 3D 等应用。随之而来的 6G 技术，将进一步超越 5G-A，实现超高速率、近乎实时的通信等，实现通信与感知、计算、控制的深度结合，与卫星、高空平台、无人飞行器等空间网络相互融合，从而构建"空天地海"一体化的通信网络。

5.2.3.3 人工智能

大模型、生成式 AI 的发展带动了人工智能领域的范式转换，推动人工智能基础设施建设进入密集投入期，投资规模、政策支持力度、产品应用规模均呈指数级增长。具体来看，围绕算法、算力和大数据的软硬件一体化建设已成为建设人工智能基础设施的主要着力点。当前正处于人工智能技术的"井喷式"发展期，人工智能基础设施建设的必要性和重要性均显著增强。

从供给侧看，全球科技企业为抢占人工智能发展制高点，争相扩大基础设施投资布局。微软、亚马逊、英伟达等科技巨头相继扩大对人工智能基础设施的投入。2024 年 9 月 18 日，微软宣布联合贝莱德（BlackRock）、全球基础设施合作伙伴（GIP）及阿联酋 AI 投资公司 MGX 成立全球 AI 基础设施投资伙伴关系（GAIIP），预计将撬动总计 1000 亿美元的投资潜力。此外，亚马逊也计划在日本投资 150 亿美元打造基础设施，在新加坡、墨西哥和法国分别计划投资 90 亿美元、50 亿美元和 13 亿美元。从需求侧看，终端设备的智能化、5G 通信、自动驾驶等 AI 技术的应用场景拓展，进一步推动 AI 基础设施需求的提升。总体上，当前 AI 在终端应用的渗透率正显著提升。国际数据公司（IDC）预计，2024 年仅中国市场上搭载 AI 功能的终端设备将超过 70%。

从硬件上看，以图形处理器（GPU）算力为代表的高性能算力已成为"新基建"的核心。随着人工智能算法复杂度的增加，传统以 CPU 为中心的计算资源已无法满足需求，智能算力基础设施更新已然成为人工智能时代算力基础设施的核心载体。数据显示，过去四年，大模型参数量以年均 400% 复合增长，AI 算力需求增长超过 15 万倍，远超"摩尔定律"。麦肯锡预测，到 2030 年，全球 AI 计算需求将达到 25×1030FLOPS（每秒浮点运算次数），相当于 2024 年需求的 50 倍。在此背景下，具备并行处理能力、通用性更强的 GPU 成为大模型训练和推理的理想硬件选择。目前，GPU 已成为继 CPU 和 DRAM 之后的第三大半导体市场。多个机构预测 GPU 市场将以超过 20% 的复合年增长率快速增长，并有望在 2030 年达到千亿美元规模，成为全球最大的半导体细分市场。

从软件上看，数据中心搭建支撑起人工智能技术"大厦"。数据处理及存储需求的大幅上升倒逼全球对"计算机仓库"数据中心的需求持续扩大。华为近期发布《AI DC 白皮书》，报告强调人工智能数据中心的重要性等同于信息时代的网络和数字时代的云服务。在此背景下，数据中心建设已成为支撑人工智能应用的关键基础设施。具体来看，一是数据中心在 2023 年已阶段性超越消费电子成为最大半导体终端市场。最新数据显示，美国私人数据中心的建设支出已显著增长至每年接近 300 亿美元，这一数字是自 2022 年年底 OpenAI 推出 ChatGPT 以来的两倍有余。如今，数据中心的建设预算已超越酒店、零售和休闲设施等其他传统资本密集型行业。二是全球科技巨头争相布局人工智能数据中心建设，抢占人工智能领域先机。资金方面，美国《华尔街日报》报道，据不完全统计，今年以来，微软和亚马逊在全球 AI 相关项目和数据中心项目上的投资加起来已超过 400 亿美元。能耗方面，美国世邦魏理仕集团（CBRE）发布的研究显示，北美主要市场在建的数据中心供应量较 2023 年增长了约 70%，达到创纪录的 3.9 千兆瓦。

5.2.4 小结

新一代信息技术产业作为国家战略必争领域，正重塑全球经济和国家安全格局。中国在该产业的快速发展中展现出巨大潜力，但也存在核心技术受制于人、数据资源整合不足等问题。展望未来，随着技术的不断进步和市场需求的增加，新一代信息技术产业将继续保持稳定增长的趋势，并在智能制造、云计算、大数据、人工智能等领域实现更多的突破和应用。

5.3 新能源与新材料技术

2023 年，全球对环境保护和可持续发展的关注推动了新能源与新材料行业的快速发展，风电、光伏、储能、氢能等行业成为经济增长新引擎，新材料广泛应用于可再生能源、医疗、环保、航空航天等领域，减少了对传统能源的依赖并推动经济增长。各国政府通过财政补贴、税收优惠等政策支持行业发展，并加强监管以确保其健康有序发展。

5.3.1 风电行业及产业链

风能作为一种可再生能源，具有储量大、分布广、低碳清洁等特性。发展风电产业，对我国实现"碳达峰碳中和"目标，推动能源结构转型，构建以新能源为主体的新型能源体系，培育经济发展新动能等具有重要意义。

风电行业产业链分为上游零部件生产、中游风机制造和下游风场运营（见表5-1）。上游零部件如齿轮箱、发电机等大部分由国内供应，关键轴承部分依赖进口。中游风机制造企业市场集中度高，议价能力较强。下游主要是大型国有发电集团，需求受清洁能源配比政策推动，整体增长稳定。

表5-1 我国风电行业代表企业

细分领域		代表企业
上游环节	叶片类	国家能源集团联合动力技术有限公司
		中材科技股份有限公司
		株洲时代新材料科技股份有限公司
	齿轮箱	太重集团、大连重工、南高齿、NGC
	轴承	TIANMA、齐重数控装配股份有限公司
	法兰	山西金瑞光远重工技术集团有限公司、江阴市恒润重工股份有限公司
	铸件	日月重工、永冠集团、龙马集团
中游环节	风机整机厂商	金风科技、华锐风电、远景、上海电气、明阳智能
下游环节	风场运营商	中国华能集团有限公司、华润集团

国家能源局发布的《关于2021年风电、光伏开发建设有关事项的通知》规划到2025年非化石能源消费占一次能源消费的比重达到20%左右，风电、光伏发电量占比到2025年达到16.5%左右。

风电因其性能和成本优势，在我国能源转型和新能源体系建设中发挥重要作用。随着风电开发技术水平持续进步，我国风电产业规模将稳步扩大。根据全球能源互联网发展组织和君咨询数据，如图 5-1 所示，预计 2025 年中国累计风电装机量将达 6.36 亿千瓦时，占全国总发电装机比重 18%；预计 2050 年累计风电装机量达 19.67 亿千瓦时，占全国总发电装机比重达 33%。

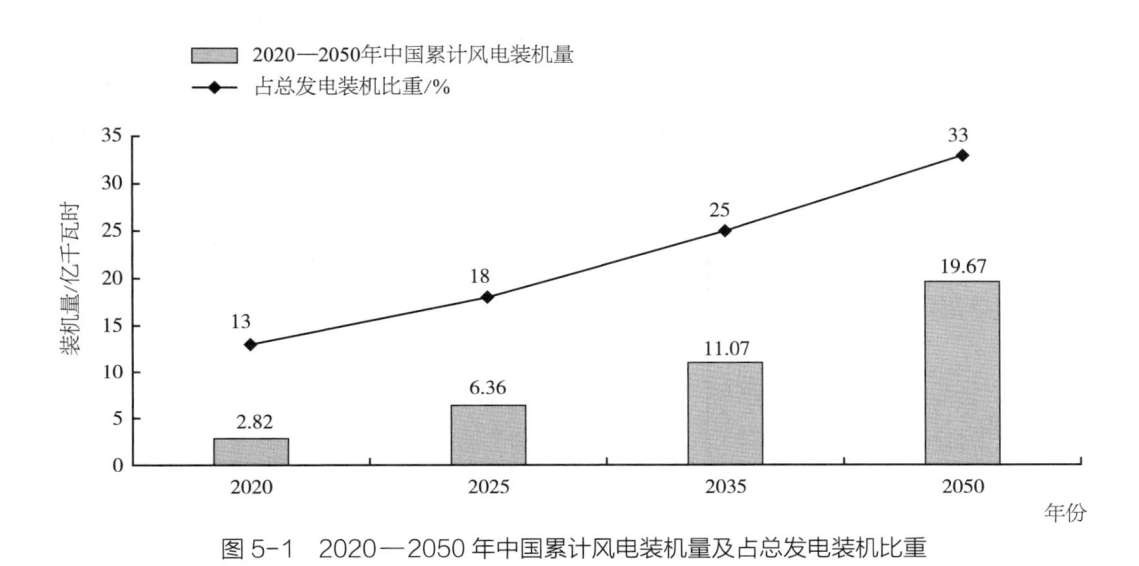

图 5-1 2020—2050 年中国累计风电装机量及占总发电装机比重

数据来源：全球能源互联网发展组织，和君咨询，36 氪研究院整理。

风机运维是海上风电产业的关键一环，通常情况下，风电机组具有 2～5 年的保修期，在保修期内由机组供应商提供运维服务。据彭博新能源财经研究报告显示，使用期限接近 20 年的机组数量正在不断攀升，全球风机换新需求将迎来持续增长；尤其是 2024 年后，中国风机将再次掀起换新潮。根据全球风能协会（Global Wind Energy Council，GWEC）数据，预计 2025 年中国风电机组运维市场规模将达到 250 亿元。

5.3.2 光伏行业及产业链

根据国际可再生能源机构（International Renewable Energy Agency，IRENA）统计，2010—2020 年光伏发电成本下降 85% 以上。在成本大幅下滑、碳中和目标下能源转型诉求及部分地区电价上涨等因素综合作用下，越来越多的国家和地区将目光投向光伏发电。根据彭博新能源财经预测数据，如图 5-2 所示，2022—2030 年全球新增光伏装机量将保持稳定增长态势，2030年新增装机量达334吉瓦，较2021年新增容量增长82.5%。中国作为全球光伏产业链各个环节的主要生产地，光伏制造市场规模有望进一步扩大。

受供需关系及上下游产能不均影响，我国光伏产业已由原来的卖方市场逐渐转为买方市场，产业链单一环节获取利润的稳定性受限，推动部分龙头企业完善光伏全产业链业务布局，根据中国光伏行业协会的数据，截至2020年年底，光伏产业链各环节CR5（光伏组件的能量转换效率排名的前5%）分别为：硅片88.1%、多晶硅料87.5%、组件55.1%、电池53.2%，较2019年分别上升15.3%、18.2%、12.3%和15.3%。未来，随着已具有先发优势的企业持续深耕全产业链规模化布局，光伏产业集中度有望不断上升，进一步挤压"长尾"企业利润空间。

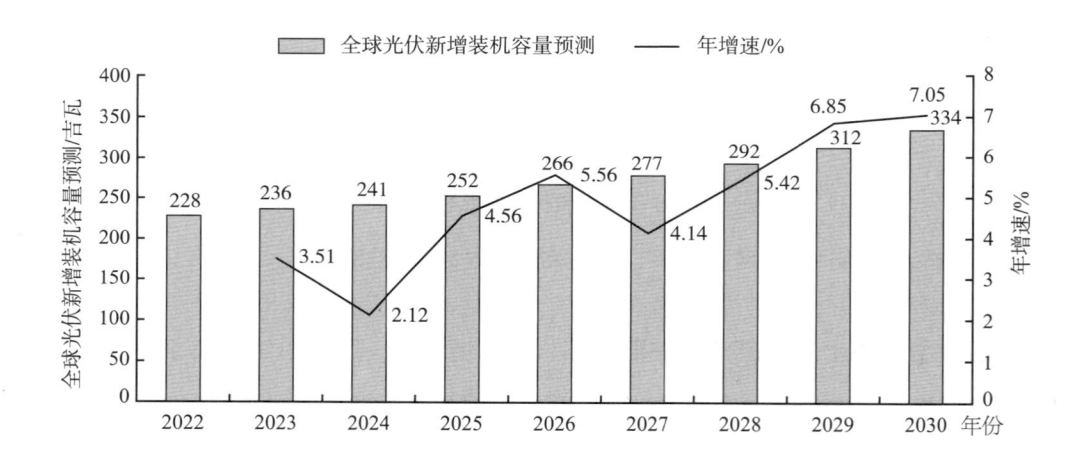

图5-2　2022—2030年全球光伏新增装机容量预测

数据来源：彭博新能源财经，36氪研究院整理。

5.3.3　储能行业及产业链

新型储能一般是指除抽水蓄能之外的储能技术，包括锂离子电池、钠电池、压缩空气储能、燃料电池、飞轮储能、超导磁储能等，是面向新型电力系统的调节手段之一。新型储能产业链上游为储能电池、电池管理系统（BMS）、储能变流器（PCS）、能量管理系统（EMS）、空气压缩机、换热器、氢气等原材料及核心设备供应；中游为储能系统的集成与安装，包括电化学储能、压缩空气储能、飞轮储能、超级电容、氢（氨）储能、热（冷）储能等；下游为储能系统的应用。

以我国新型储能项目中占比最高的锂电池储能为例，产业链主要包括上游原材料及零部件，中游核心环节储能系统集成，含电池组、储能变流器（PCS）、电池管理系统（BMS）、能量管理系统（EMS）四大关键部分以及其他设备（如电池控制柜、本地控制器、温控系统与消防系统等），并提供给下游储能EPC厂商完成项目安装与运维、终端应用主要在发电侧、电网侧、用户侧和微电网四大领域。

5.3.3.1 我国储能行业概览及发展趋势

从技术路线应用规模来看，抽水蓄能是中国装机应用规模最大的技术路线类别，占比达77%，新型储能紧随其后，占比23%，新型储能项目中锂电池储能占比高达94.5%。从增量项目数据看，2022年电化学储能增量超过抽水蓄能，主要类别仍是锂电池储能；随着2023年碳酸锂价格下滑带动锂电池储能项目成本下降，预期锂电池储能占比进一步上升。值得注意的是，压缩空气、液流电池等新型储能技术在新增装机量中的占比有所增长，分别为1.13%、0.88%。

国网能源研究院发布的《新型储能发展分析报告2023》指出，我国新型储能位居全球装机榜首，已处于快速发展通道。未来一段时间，新型储能将继续保持规模化增长态势，考虑各省区新型储能建设条件和目前规划规模，报告预测我国新型储能的装机规模在"十四五"末期将超过6000万千瓦，在国家规划的3000万千瓦基础上翻倍；预计2025年，压缩空气、液流电池等长时储能技术进入商业化发展初期，飞轮、钠离子电池等储能技术进入大容量试点示范阶段；2030年，各类主流新型储能技术装备自主可控，实现全面市场化发展。

5.3.3.2 我国新型储能行业代表企业

受益于我国是全球最主要的储能市场之一及其鲜明的政策强监管、强引导特征，本土储能企业发展有得天独厚的本土优势，如表5-2所示，从上游原材料，到中游储能变流器（PCS）、电池系统（BMS）、能量管理系统（EMS）等环节，再到下游集成环节，国内已形成比较完整的产业链体系。

表 5-2　储能产业链代表性企业

	细分领域	代表企业
上游环节	电芯原材料 – 正极材料	德方纳米、贵州安达、北大先行、天津斯特兰、烟台卓能、贝特瑞
	电芯原材料 – 负极材料	璞泰来、贝特瑞、杉杉股份、中科电气
	电芯原材料 – 电解液	天赐材料、新宙邦、江苏国泰、杉杉股份、珠海赛维
	电芯原材料 – 隔膜	恩捷股份、星源材质、中材科技
	电池生产设备	杭可科技、先导智能、北方华创、赢合科技
中游环节	储能电池系统 – 电池组	宁德时代、比亚迪、阳光电源、国轩高科、亿纬锂能、南都电源、中天科技
	储能电池系统 – 电池管理系统 BMS	科工电子、高特电子、高泰昊能、力高新能源、协能科技
	储能电池系统 – 储能变流器 PCS	阳光电源、科华数据、南瑞继保、盛弘电子、科陆电子、上海电气
	储能电池系统 – 能量管理系统 EMS	派能科技、国电南瑞、中天科技、许继电气、平高电气、阳光电源
	储能系统 – 集成	阳光电源、海博思创、库博能源、南都电源、电气国轩、南瑞继保、科陆电子
	储能系统 – 安装	永福股份、特变电工、正泰电器、中国电建、中国能源
下游环节	储能项目	国家能源、国投电子、中国华能、中核集团、国家电投、中广核

5.3.4　氢能行业及产业链

5.3.4.1　氢能行业及产业链简介

氢能是一种来源丰富、绿色低碳的二次能源，逐渐成为全球能源转型的重要载体。它有助于可再生能源消纳、电网调峰、跨季节和跨地域储能，并推动工业、建筑、交通领域低碳化。氢气热值约为化石燃料的 3 倍左右，燃烧后仅产生水，清洁环保。

从氢能行业的产业链来看，上游主要是制氢环节，中游主要是储存环节，涵盖储氢装置、氢气运输等，下游则是加氢及氢的综合应用环节。临界水制氢、生物质制氢、核能制氢等新兴技术路线（通常与三大主流制氢路径相结合）。

表5-3展示了不同制氢方式在来源、成本、碳排放等方面的对比，总结而言，尽

表5-3 不同制氢方式在来源、成本、碳排放等方面的对比

技术路径	工艺及特性	来源	制氢成本/（元/千克）	碳排放千克（CO_2）/千克（H_2）	出产物氢含量/%	提纯后氢气纯度/%
化石燃料制氢（灰氢）	以煤或天然气为原料，技术成熟、成本最低，但碳排放量最高；随煤价波动与其他制氢方式规模化应用带来的成本下探，其成本优势不断减弱；加之化石燃料的不可再生性与减排压力，其扩张空间有限，以存量市场为主；存量产能需结合碳捕捉技术，以降低碳排放	煤	9	22～35	48～54	97
		天然气	15	11～12	75～80	99.9
工业副产氢（蓝氢）	在氯碱、轻烃利用等化工产品生产时同时获得副产氢，该技术制氢成本较低，经济效益显著，但氢只作为生产的副产品，氢气的制备规模取决于主产品制备规模，难以实现稳定的大规模供应，无法作为长期稳定的氢气来源，只作为补充性氢源与短期内的过渡路线	焦炉煤气、氯碱、化肥工业等	10～15	—	18～99.8	＞99.99
电解水制氢（绿氢）	利用水的电解反应制备氢气，实现零碳排；目前成本仍是制约其大规模应用的关键因素，其成本主要在于清洁电力端电价（全离网风光耦合）与设备端（电解槽等关键设备固定投资），伴随着清洁电力电价与电解设备价格下探，规模化应用后环境效益与经济效益双优势凸显，将逐步成为主流制氢路径	商业用电	48	34～33	＞99	＞99.999
		谷电	23			
		风光水气电	14	0.4～0.5		

数据来源：东吴证券研究所。

管目前灰氢在全球氢产量中占主导地位，但未来清洁制氢方式将逐渐崭露头角并取得重要地位。电解水制氢和耦合 CCUS 技术的化石燃料制氢将成为主要的增量来源，推动全球氢产量的翻倍增长。

5.3.4.2 我国氢能行业概览及发展趋势

我国对氢能产业的发展给予了高度关注。自 2011 年起，政府相继发布了多项顶层规划，如《"十三五"战略性新兴产业发展规划》《能源技术革命创新行动计划（2016—2030 年）》《节能与新能源汽车产业发展规划（2012—2020 年）》《中国制造 2025》《氢能产业发展中长期规划（2021—2035 年）》等。

氢能产业链相当长，包括氢气制备、储运、加氢基础设施、燃料电池及其应用等多个环节。与发达国家相比，我国在氢能自主技术研发、装备制造和基础设施建设方面还存在一定差距，但其产业化态势在全球处于领先地位。

近年来，我国氢能产业呈现以下特点：①大型能源与制造企业加速布局，国有企业如中石油、中石化等逐渐成为关键参与者；②基础设施薄弱问题得到突破，预计 2030 年加氢站将达 1500 座，规模全球领先；③区域产业集聚效应明显，北京、上海等地通过政策推动，形成了有影响力的产业集群。

5.3.4.3 我国氢能行业代表企业

近年来，我国氢能产业发展迅速，如表 5-4 所示，业内企业基本覆盖氢能产业链的上、中、下游环节，涵盖了氢气的制—储—输—用全链条。

表 5-4 氢能源产业链关键企业

细分领域		代表企业
上游环节	氢气制取	中国石化、中国石油、国家能源集团、宝武集团、河钢集团、华昌化工、中国旭阳集团
	氢气纯化	创元科技、昊华科技、杭氧股份
	氢气液化	深冷股份、中泰股份

续表

细分领域		代表企业
中游环节	气态储运	中集安瑞科、中材科技、*ST 京城、天沃科技、亚普股份、巨化集团、斯林达、富瑞氢能、天海工业
	液态储运	富瑞特装、航天晨光、四川空分、中科富海
	固态储运领域	有研集团
下游环节	加氢站建设	中国石化、中国石油、舜华新能源、氢枫能源、国家能源集团、河钢集团、金通灵、科融环境、安泰科技、厚普股份
	压缩机	开山股份、冰轮环境、雪人股份

5.3.5 新能源汽车行业及产业链

5.3.5.1 新能源汽车行业及产业链简介

新能源汽车行业产业链上游包括电池材料，分为正极、负极、隔膜和电解液四类。正极材料主要是铁锂和三元，宁德时代推出"CTP"电池，比亚迪推出"刀片电池"，都是锂电池性能的升级。负极材料以人造石墨为主，在整个锂电池中占约 6% 的成本。隔膜用于在电解反应时分离正负极，确保电池容量和安全性。电解液在正负极之间传导离子，主要由有机溶剂和电解质组成。

新能源汽车行业产业链中游为电池制造与电机、电控和电驱系统，电机类似于传统燃油车里"发动机 + 电控单元 + 变速箱"的角色，而电控好比新能源汽车的"大脑"，对整个车起到控制作用；电机一般分为电动机和发电机，主要作用是为汽车行驶提供动力。电机分为直流电机和交流电机，当前市场上比较常使用的是交流电机。

新能源汽车行业产业链的下游主要是整车生产企业以及配套生态企业。国外的代表主要是特斯拉，国内主要为新增新能源汽车业务的大型燃油车企，如比亚迪、长城、长安等，以及小鹏、蔚来、理想等新势力车企。

5.3.5.2 新能源汽车行业概览及发展趋势

目前，中国的新能源汽车渗透率已超过 10%，即汽车增量中电动化的比例超过

10%，预计到 2025 年会突破 30%。美国、欧洲等的渗透率也在增长，特别是北欧，挪威电动汽车的新车销售占比已接近 100%。各国电动化的技术路线不一样，如中国以纯电为主，欧洲以插电为主，日本则以弱混为主。中国将在较长时间内处于领跑地位，新能源汽车行业代表企业如表 5-5 所示。

过去 10 年，汽车产业变革的主题是电动化。下一阶段，变革的主题将是基于电动化的智能化。电动化的普及要靠智能化来拉动，单纯的电动汽车不会成为市场卖点，只有更加智能的汽车才是竞争焦点。反过来看，只有电动汽车才能更完整地嵌入智能化技术，智能化技术的最佳载体是电动化平台。因此，在汽车电动化的基础上会加速智能化，"两化"在汽车上将正式合体。

表 5-5 新能源汽车行业代表企业

	细分领域	代表企业
上游环节	正极材料相关公司	德方纳米、龙蟠科技、赣锋锂业、天齐锂业、盐湖股份、永兴材料、盛新锂能、藏格矿业、江特电机、雅化集团、西藏矿业、华友钴业、寒锐钴业、洛阳钼业
	负极材料相关公司	贝特瑞、杉杉股份、璞泰来、中科电气
	隔膜材料相关公司	恩捷股份、星源材质、中材科技
	电解液材料相关公司	天赐材料、新宙邦、多氟多、永太科技、天际股份、石大胜华
中游环节	动力电池相关公司	宁德时代、比亚迪、国轩高科、亿纬锂能
	电机电控相关公司	汇川技术、富临精工、拓邦股份、和而泰
下游环节	整车相关公司	特斯拉、比亚迪、吉利、广汽、蔚来、小鹏、理想

5.3.6 新能源技术产业关键技术与重点任务

5.3.6.1 煤炭清洁高效利用

先进 IGCC / IGFC 技术 IGCC 是煤气化制取合成气后，通过燃气－蒸气联合循环发电方式生产电力的过程。IGFC 是将 IGCC 与高温燃料电池相结合的发电技术，实现将电化学发电和热力循环发电相结合的复合发电。IGCC / IGFC 发电技术被视为具有颠覆性的煤炭清洁利用技术，可实现燃煤发电近零排放的清洁利用，供电效率有望达到60%以上。

CCUS技术是把生产过程中排放的二氧化碳进行提纯，继而投入新的生产过程中进行循环再利用。CCUS技术是碳捕集与封存技术的升级，可实现二氧化碳的再利用。主要包括：先进的二氧化碳捕集技术，地质、化工、生物、矿化等二氧化碳利用前沿技术，二氧化碳地质封存关键技术。

5.3.6.2　非常规油气开发利用

加快川渝页岩气商业开发基地建设，实现页岩气产量快速增长；加快常压、深层、陆相等新类型页岩气示范区建设，推动页岩气产业向多地区、多领域拓展；加快吉木萨尔、古龙、济阳等多类型页岩油示范区建设，突破中高成熟度页岩油关键技术，推动页岩油实现规模开发；继续推进沁水盆地、鄂尔多斯盆地东缘两个煤层气产业化基地建设；加快南方二叠系、鄂尔多斯盆地低阶煤等新区和新层系开发试验，形成新的煤层气产业化基地；海陆并举，前瞻性布局天然气水合物产业，加快资源评价和技术研发力度。

5.3.6.3　能源互联网与清洁能源消纳

推动网源协调发展和优化调度机制，确保清洁能源并网消纳，提升电网调节能力，加快抽水蓄能电站建设。推进新能源高精度功率预测及调度优化，提升并网安全性。加快储能技术自主化，推动锂电池等成熟储能技术商业化，探索储氢、储热等创新技术示范应用，提升储能系统的安全与效率。

5.3.6.4　核能

核能产业重点任务是通过高温气冷堆可以实现大规模、稳定制取"绿氢"。一台60万千瓦高温气冷堆机组每年可产生氢气12万吨。相比传统煤制氢，每年可减少300万吨二氧化碳排放。核能制氢按照两步走方式布局，预计到2030年热化学循环制氢将实现产业化，过渡阶段采用生物质制氢技术，3～5年内可实现规模化生产。

5.3.6.5 风能

中国风电市场继续保持高速增长。据统计，2024年上半年中国风电新增装机容量达到2584万千瓦。全国风电累计并网容量已达到4.67亿千瓦，位居全球首位。在技术方面，中国风电行业呈现多样化发展态势。此外，中国风电设备的出口量也创历史新高。2023年全年新增出口671台，容量为3665.1兆瓦，同比增长60.2%。

5.3.6.6 光伏发电

中国光伏发电产业正处于一个动态调整和发展的阶段，面临机遇和挑战共存。首先，中国光伏产业的发展态势总体上是积极的。2024年上半年，中国多晶硅、硅片、电池、组件产量同比增长均超32%，国内光伏新增装机10248万千瓦，同比增长30.7%。此外，中国光伏产品在全球市场的占有率非常高，各环节的全球占比均超90%，中国在全球光伏产业中处领先地位。然而，行业也面临着一些挑战。国内新增光伏装机的增速出现回落，同比产品价格下降、产值下降、出口额减少。多晶硅、硅片价格下滑超40%，电池片、组件价格下滑超15%。同时，国内光伏硅料、硅片、电池片、组件各环节产能均已超过1000吉瓦，而全球市场乐观需求仅为400～500吉瓦，导致产业高速发展也面临供需错配的问题。

5.3.6.7 光热发电

中国光热发电行业的市场占有率目前约占全国光伏发电总装机容量的3%，在世界范围内排名前列。国内中国电力投资集团、国家电投、中广核等，都在光热发电领域有所布局，且在技术研发和项目实施上积累了丰富的经验。然而，相较于光伏市场，光热发电的市场占有率仍相对较低，主要原因包括技术成熟度、初期投入成本较高以及储能技术的局限性等因素。

5.3.6.8 生物质能

生物质能的利用包括生物质发电、沼气、生物天然气、清洁供热等，其中生物质发电是主要方式。截至2023年9月底，全国生物质发电装机容量为0.43亿千瓦，尽管面临资源量有限和成本高的挑战,生物质能产业已取得一定进展。随着技术进步和政策支持,生物质能有望快速发展,未来非电利用将成为重点。

5.3.6.9 地热能

我国地热资源丰富,资源量约占全球地热资源的 1/6,开发利用潜力巨大。到 2021 年年底,我国地热供暖(制冷)能力达到 13.3 亿平方米;2020 年,我国地热直接利用装机规模在全球占比达 37.7%。未来几年,我国北方地区地热清洁供暖、长江中下游地区地热供暖(制冷)、青藏高原及其周边地热发电将是产业发展热点。近年来,随着"双碳"目标的提出,地热能成为更加绿色低碳、清洁高效、安全可靠新型能源体系中的重要角色。

5.3.6.10 氢能与燃料电池

中国氢能与燃料电池产业快速发展,展现良好的市场前景与技术进步。氢燃料电池作为清洁能源,具有低碳、启停迅速、无噪声等优势,其排放物主要为水,几乎不产生温室气体。与动力电池相比,氢燃料电池能量密度更高、充能时间短、寿命长,且在能源存储、运输和应用上具有广泛前景,特别在交通、工业和电力供应领域。政策支持及零部件国产化推动了市场活跃度和成本降低,近 90% 的装机用于交通运输领域,质子交换膜燃料电池(PEMFC)在汽车领域应用广泛。

5.4 新材料技术

新材料被定义为具有优异性能或特殊功能的材料,中国重点发展先进基础材料、关键战略材料和前沿新材料。国家通过政策支持,推动新材料产业进入"高精尖"发展轨道。新材料产业链涵盖从原材料到制造再到下游应用的全过程,下游应用包括电子电气、汽车、新能源、医疗、航天航空等领域。尽管发展迅速,但中国新材料产业仍面临高端材料依赖进口和自主创新能力不足的挑战。

5.4.1 新材料行业及产业链简介

根据工业和信息化部、国家发展改革委、科技部、财政部《关于印发新材料产业发展指南的通知》，新材料是指新出现的具有优异性能或特殊功能的材料，或是传统材料改进后性能明显提高或产生新功能的材料，我国目前重点发展如下三个方向的新材料（见表5-6）。

表5-6 我国目前重点发展新材料

重点方向	细分领域
先进基础材料	基础零部件用钢、高性能海工用钢等先进钢铁材料，高强铝合金、高强韧钛合金、镁合金等先进有色金属材料，高端聚烯烃、特种合成橡胶及工程塑料等先进化工材料，先进建筑材料、先进轻纺材料等
关键战略材料	耐高温及耐蚀合金、高强轻型合金等高端装备用特种合金，反渗透膜、全氟离子交换膜等高性能分离膜材料，高性能碳纤维、芳纶纤维等高性能纤维及复合材料，高性能永磁、高效发光、高端催化等稀土功能材料，宽禁带半导体材料和新型显示材料，以及新型能源材料、生物医用材料等
前沿新材料	石墨烯、金属及高分子增材制造材料，形状记忆合金、自修复材料、智能仿生与超材料，液态金属、新型低温超导及低成本高温超导材料

5.4.2 我国新材料行业概览及发展趋势

我国高度重视新材料产业发展，通过政策引导推动高品质材料下游应用领域取得突破，特别在"十四五"规划中明确了发展方向。江苏、山东、浙江、广东等地在新能源领域表现突出，长三角、珠三角和环渤海各自侧重不同领域。随着航天、军工等领域需求增长，新材料企业加速扩展，国产化需求强烈。尽管2013—2017年投资增长迅速，但高端材料开发面临技术壁垒和成本压力，近期投资热潮有所回落（如图5-3所示）。

5.4.3 我国新材料行业产业链及代表企业

我国新材料产业经过多年的发展已经在诸多细分领域形成成熟的产业链，同时出现

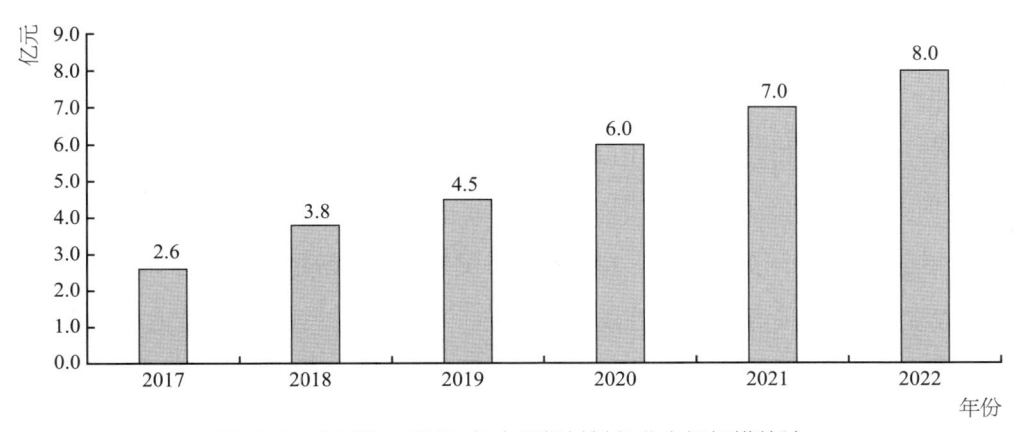

图 5-3　2017—2022 年中国新材料行业市场规模统计

数据来源：上海交通大学徐州新材料研究院。

了一批优秀的新材料领军企业，共同推动中国新材料产业发展。新材料产业链中，上游为金属原料、合金、化学纤维、陶瓷、塑料、生物基、树脂、石墨等原材料；中游为新材料制造，主要包括石墨烯材料、超导材料、3D 打印材料、智能仿生与超材料、纳米材料、生物医用材料以及液态金属等；下游为应用领域。

从这些主要企业的情况来看，我国新材料产业在细分领域上（见表 5-7）呈现出多元化和分散化的特点。

表 5-7　新材料产业细分领域分布

细分领域	代表企业
轻量化结构材料	中铝股份、宝钢股份、中钢集团、中复神鹰、光威复材、吉林碳谷
先进功能材料	京东方、华星光电、天马微电子、江丰电子、有研新材、隆华科技
生物医用材料	海正生材、金丹科技、凯赛生物、华恒生物、卓越新能、瑞丰新材
智能制造材料	苏博特、德方纳米、昊华科技、联泓新科、天奈科技、信德新材
特种金属材料	中航迈特、中信特钢、永兴材料、抚顺特钢、盛德鑫泰、福鞍股份、方大特钢
现代高分子材料	博珏纳米新材料、奥德美、德诚旺科技
高端金属结构材料	中建科工、精工钢构、东南网架、富煌钢构
新型非金属材料	南玻、三鑫、旗滨集团
高性能纤维及复合材料	东丽、东邦、吉林化纤、榕融新材料、富仕佳
前沿新材料	万华化学、永兴材料、赣锋锂业、天齐锂业

5.5 高端装备制造

全球经济和政治形势的变化,特别是中美贸易摩擦和新冠肺炎疫情,对供应链和产业链造成了重大冲击。尽管中国在航空、航天、海洋装备等领域取得了进展,但在关键核心技术、基础材料和高端装备等方面仍存在"卡脖子"问题。

5.5.1 高端装备制造产业发展动态

受各国政策导向,全球高端装备制造产业竞争格局正在发生重大调整,世界主要跨国装备企业纷纷通过兼并收购、服务增值等方式,提升企业核心竞争力。由跨国企业主导,在区域内布局供应链及供应链逐渐缩短或将成为新趋势。"十四五"规划纲要提出加快发展现代产业体系,深入实施制造强国战略。当前,中国高端装备制造产业链、供应链的"卡脖子"问题依然存在。稳定制造业和稳固产业链放在更加突出的位置,在变局中开新局重塑产业竞争新优势。

5.5.2 高端装备制造产业发展国际动态

5.5.2.1 空天海装备产业

(1)航天装备

世界航天装备产业正快速发展,展现巨大市场潜力和技术进步。航空制造业作为国防工业的关键部分,直接关系国防安全与民航交通,反映了一国的综合实力。全球经济增长和航空运输需求的增加推动市场扩展,新飞机和发动机需求上升,商业航天成为主力,带来创新应用场景和广阔发展空间。

全球商业航天经历了从政府主导到市场主导的转型,各国积极布局推动发展。电子信息、智能制造等技术的崛起为商业航天注入动力,传统航天格局被打破,卫星互联网、低成本火箭等业务成为经济新引擎。新兴企业和商业模式如"星链""猎鹰"等系统快速发展，颠覆了传统航天模式。

（2）海洋装备

智能技术与绿色技术正在加速与海洋装备融合，成为创新发展的重要动力。极地和深海技术是海洋装备发展的重点，深海装备与技术作为制高点受到各国重视。深海超过1000米的区域占海洋总面积的70%，深海科技竞赛已启动，深水、安全、无人化装备成为热点。西方国家已完成深海多金属结核开采系统的研制，我国也积极推动超深水能源与矿产勘探装备的发展。

船舶领域，中国、日本、韩国三国竞争激烈。韩国在大型液化天然气（Liquefied Natural Gas，LNG）船上占据优势，日本船舶设备本土化率达95%，而中国在超大型集装箱船的设计建造方面获得了全球认可。

海洋工程装备方面，欧美主导设计和关键设备供应，亚洲主导制造。中国已进入高技术深水装备领域，但自主研发和关键设备配套能力仍有待提升。

5.5.2.2 智能制造装备产业

智能制造装备大国争夺全产业链竞争优势，高档数控机床产业是各国重塑制造业竞争力的重要方向。日本、德国和美国在数控系统、关键部件及机床整机方面处于优势地位。各国通过发展战略推动高端装备制造，如德国的《德国工业战略2030》，日本的"2020—2025年高精密加工技术发展路线图"及"战略性创新创造计划"等，旨在保持领先。美国则通过尖端技术项目提升工业母机生产力，并强调智能化和数字化发展。瑞典等国的中小企业也在推进数字化转型。

全球数控机床产业格局变化显著。2020年，中国机床产值全球第一，占全球市场29%。需求方面，中国消费额位居世界第一，占32%的市场份额。中国机床行业出口量保持稳定增长。

全球增材制造产业迅速扩展，作为颠覆性技术，增材制造在航空、能源、汽车等领域应用广泛。美国和欧洲引领该领域发展，美国的3D打印产业占全球34.4%的市场份额。2020年，全球增材制造市场规模达127.58亿美元，尽管增速放缓，仍保持正向增长,预计未来将随着经济恢复继续扩展。

5.5.2.3 医疗装备产业发展新趋势

医疗装备(医疗器械)包括医疗设备、体外诊断(In Vitro Diagnosis,IVD)产品、高值耗材和低值耗材四大类,是全球发展最快的产业之一。美国、欧洲、日本长期处于领先地位,美国占全球医疗器械市场的45%,欧洲占30%。2016—2020年,全球市场规模从3874亿美元增至4935亿美元,年复合增长率为6.2%。新冠肺炎疫情后,医疗器械需求大增,产业迅速发展。

随着全球人口增长、老龄化加剧,医疗器械市场将继续扩大。精准医疗、3D打印、人工智能和大数据等技术推动医疗产业向智能化、个性化发展。以达芬奇手术机器人系统为例,其通过微创方式实施复杂手术,使用三维视觉系统提高手术精度,适用于多科室手术,并能实现远程操作。随着人工智能技术成熟,手术机器人将为医生提供更多智能辅助,推动精准医疗的实现。

5.5.2.4 承压装备产业发展新趋势

承压装备广泛应用于石化、电力、冶金、燃气、航空航天等领域,是装备制造业的重要基础产业,提供基础加工和物料储运设备。由于其处理的介质多为高压高温或易燃易爆,危险性极高,全球各国对其实施强制管理。承压装备产业的新趋势包括极端化服役条件、高端化材料、绿色设计与安全维护、全生命周期智能化以及制造的通用化与标准化。

5.5.3 重点领域短板及"卡脖子"问题分析

5.5.3.1 空天海装备的短板及"卡脖子"问题分析

航空装备航空发动机及机载系统是我国航空装备的重要短板。航空发动机的水平高低直接决定了航空装备整体水平的优劣,从用途上可以分为军用和民用两类,军用发动机重视推重比,民用发动机则重视经济性和安全性。虽然民用发动机市场空间巨大,但是我国民用航空发动机还在研制阶段。航空发动机的研制周期很长，一般需要20～25年。我国航空发动机距离世界先进水平还有较大差距。我国航空装备产业上下游自主配套能力薄弱是航空装备产业发展的短板。

（1）航天装备

宇航级半导体器件是我国航天产业的"卡脖子"产品，部分核心器件依赖进口，增加了航天装备的风险。我国正通过型号任务引导国内研制核心替代器件，解决产业短板，实现自主可控。然而，电子信息、材料制造等领域基础薄弱，10%～15%的航天元器件依赖进口，其成本占比达85%。运载火箭和微纳卫星在多个技术环节上仍存在明显差距和技术瓶颈。

（2）海洋装备

我国海洋工程装备产业仍面临基础研究不足的问题，特别是在设计建造相关的软件、轻型高强度材料等方面依赖进口，缺乏基础技术创新。关键设备如大功率电机、传感器、液压元件等依然受制于国外，国内配套设备本土化率低，导致整体获利能力较差。此外，采用欧美设计方案也减少了利润空间，配套设备在价值链中的占比高达55%。我国亟须提高核心技术自主创新能力，解决产业链短板，实现产业的安全可控和转型升级。

船舶领域中，关键材料和设备仍依赖进口，性能与国际主流产品存在差距；在海洋油气开发装备方面，尽管国内钻井设备有一定进步，但多为中低端产品，关键设备国产化率低。深海采矿装备领域，我国在技术上仍有差距，关键设备和元器件大多依赖进口，尚未开展全系统联合海试。

海洋科考装备方面，部分关键设备依赖进口，特别是在传感器技术和高精密加工制造等领域。

5.5.3.2 智能制造装备的短板及"卡脖子"问题分析

我国智能制造装备产业的短板主要体现在基础研究薄弱，创新能力不足，特别是在正向设计、基础技术和高端部件自主开发方面与国际先进水平存在明显差距。具体表现为以下几个方面。①高档数控系统和伺服驱动系统：尽管国产系统在近年来取得了突破，但功能、性能和可靠性仍不及国外，仍受制于国外技术封锁；②高档功能部件及关键零部件：如电主轴、直线电机和精密轴承等关键零部件依赖进口，国产部件的故障率高、精度保持性差，尚未满足高端需求；③高档整机产品及成套装备：国产数控机床在动态精度、核心元器件的配套性和可靠性上存在不足，难以与国际先进水平竞争，同时光刻机等关键设备的核心部件依旧是"卡脖子"问题；④增材制造：我国在核心元器件如激光器和精密光学器件方面依赖进口，配套能力和产业标准建设滞后，整体竞争力不足。

总体来看，核心技术的缺乏和对关键进口零部件的依赖是制约我国智能制造装备产业发展的主要瓶颈。

5.5.3.3 医疗装备的短板及"卡脖子"问题分析

与欧美龙头企业相比，国内企业存在以下短板：①创新能力不足：长期模仿国际先进技术，缺乏原始创新和突破；②产业链不完善：尚在探索建立完整的产业链和生态系统，基础零部件、材料、技术等支撑体系尚未完善；③系统规划欠缺：缺少全局性谋划和技术路线图，行业支撑学科和研究投入不足，缺乏持续发展的动力；④与国家需求契合度低：与医疗改革和国家需求结合不紧密，缺乏具有中国特色和竞争力的产品。产业链上的"卡脖子"问题集中在上游高端材料和零部件，以及下游临床应用和数据支持，如光电倍增管技术依赖进口，限制交易将影响相关设备的生产。上游和下游的这些环节中任何一个环节出现问题，都会导致中游的医疗器械产品的设计和生产难以为继。

5.5.3.4 承压装备的短板及"卡脖子"问题分析

我国承压装备产业的短板及"卡脖子"问题主要集中在以下方面。①先进原材料：部分国产材料如镍基材料、超级不锈钢等在质量和性能上与国外有差距，基础性能数据不足，特别是长期数据匮乏；②焊接材料与工艺：国产焊材在纯净度、稳定性和工艺性上有待提升，特别是在石化行业，进口焊材仍占主导地位；③设计制造理论与方法：高性能设计制造理论研究较弱，依赖国外技术，且新工艺下的设备设计往往不能满足运行需求，缺乏基于风险与寿命的设计方法；④设计分析软件：承压装备设计主要依赖国外软件，如 Ansys、Abaqus 等，国产软件竞争力不足；⑤检验检测技术：高端检验检测设备依赖进口，低端产品同质化严重，传感器和测试仪器在极端环境下的可靠性和精度与国外差距明显。

5.5.4 高端装备制造的未来需求及产业发展方向

5.5.4.1 高端装备制造产业的前沿技术发展趋势

新一轮科技革命以智能制造为主攻方向，推动全球高端装备制造产业向智能化、高效化、绿色化发展。航空装备的重点在大型涡扇发动机、大型运输机、军用无人机等方面。航天装备侧重于低成本运载火箭、高超声速技术，卫星通信向高频段拓展。海洋装备将向绿色化、智能化和无人化发展，深海与极地领域成为资源开发的战略重点。制造装备智能化趋势明显，超精密机床、增材制造等在高端制造中的作用重要。核电小型化和智慧农业等技术逐渐成熟，推动民生领域和能源发展。医疗装备受 3D 打印、康复机器人等新技术影响，带来医疗模式转变。承压装备发展呈现极端化、智能化、绿色化和标准化趋势。

5.5.4.2 中国未来高端装备制造产业发展的新格局与新形势

"十四五"期间，中国将面对复杂的国际形势，产业竞争加剧，特别是中美战略竞争和科技脱钩影响。中国将坚定推进制造强国战略，以智能制造为核心，推动高质量发展。在航天领域，重点发展低成本、可重复使用运载火箭和 3D 打印技术，促进航天与各行业的融合。在航空领域，发展大型客机、军用战斗机和航空发动机，提升航空产业链的可持续性和定制化能力。在海洋装备方面，提升智能化水平，重点发展深海油气装备、破冰能力和极地装备。制造装备领域需加强增材制造、智能制造等技术研发，提升自主可控能力。在民生装备方面，推动产业转型，强化智能化发展。承压装备领域将重点关注先进材料、焊接工艺和设计方法的研究，推动高端化、智能化和绿色化发展。

5.6 本章小结

战略性新兴产业正成为全球经济的新引擎，我国在多个领域已形成良好发展态势，但面临核心技术研发不足和产业链中高端环节对外依赖等挑战。"十四五"规划提出加强核心技术攻关，推动产业基础高级化和产业链现代化，以实现高质量发展和国际竞争力提升。

思考题

1. 当前国际政治经济形势对中国战略新兴产业的影响有哪些？
2. 中国在推动产业链自主可控和安全高效方面采取了哪些措施？
3. 在战略新兴产业的未来发展趋势中，哪些技术被视为关键的前沿技术？
4. 在解决"卡脖子"问题上，中国应该如何加强基础研究和原始创新？
5. 中国在"双循环"新发展格局中应如何平衡国内外市场需求？

下篇　实践技能

第 6 章
科技成果推广与产业技术需求挖掘

面对全球科技创新的加速发展,科技成果的推广与产业技术需求的有效挖掘已成为推动经济社会进步的重要驱动力。本章将结合这两个方面,旨在为技术经理人提供一套全面的指导方案,以促进科研成果向市场应用的成功过渡,进而最大化其经济和社会价值。通过本章的学习,技术经理人将掌握一套实用的工具和方法,了解如何高效地推动科技成果的推广,并能够准确把握产业技术需求,从而成为连接实验室与市场的桥梁,帮助企业或机构在竞争激烈的市场环境中取得领先地位。

6.1 科技成果推广

随着全球科技创新步伐的加快，科技成果的推广与转化已成为推动经济社会发展的关键环节。本节旨在为技术经理人提供一套系统性的指南，以确保珍贵的科研成果能够顺利过渡至市场应用，发挥其最大的经济价值与社会影响力。我们将深入探讨从发明梳理、策略制订、宣传材料准备、渠道选择，到组织交流活动，乃至反馈调整的全过程。在这个过程中，技术经理人不仅需要具备扎实的技术功底，更要掌握市场洞察力、传播策略与管理艺术，以科学的方法论指导实践，促进技术与市场的无缝对接。

6.1.1 相关背景概述

技术成果信息披露表是指发明人向其所在的机构或公司提交的书面文件，详细描述其所发明的技术或方法。这份文件通常包括发明的技术背景、问题陈述、详细的技术方案、实验数据或测试结果、可能的应用领域以及潜在的市场价值等。技术发明披露的主要目的是确保发明的原创性和新颖性得到记录，并为后续的专利申请和技术保护提供依据。表 6-1 是技术发明披露的主要内容。

表 6-1 技术发明披露的主要内容

内容	说明
发明名称	发明的简要标题，反映发明的核心内容
发明人信息	包括发明人的姓名、联系方式及所在部门
发明背景	介绍现有技术的不足或需要解决的问题，以及发明的背景和动机
技术描述	详细描述发明的技术方案，包括技术细节、实施方法、结构或流程图等
实验数据	如有，提供实验数据、测试结果、性能指标等，以证明发明的有效性和实用性

续表

内容	说明
应用领域	说明发明的潜在应用领域和市场价值，可能的商业化前景
现有技术对比	对比现有技术，突出发明的创新点和改进之处
技术效果	详细说明发明能够达到的技术效果及其优点
潜在市场	估计发明在市场上的潜在应用价值，包括可能的市场规模和竞争情况
法律声明	发明人确认其发明是原创的，并且愿意配合机构进行专利申请和技术保护的法律声明

狭义上的发明披露通常是专利申请和科技成果推广的前期步骤，是知识产权管理过程中的重要环节。通过发明披露，机构可以评估发明的价值和专利性，也可以决定是否投入资源进行推广和商业化开发。

6.1.1.1 国内相关政策概述

中国在技术发明信息发布方面的要求和规范主要体现在《中华人民共和国专利法》（以下简称《专利法》）及其实施细则中，以下是几个关键点。

新颖性保持规定：根据《专利法》第二十四条，申请专利的发明创造在申请日以前六个月内，如果有以下情形之一，不丧失新颖性：在政府主办或者承认的国际展览会上首次展出的；在规定的学术会议或者技术会议上首次发表的；他人未经申请人同意泄露其内容的。

申请日确定：《中华人民共和国专利法实施细则》（以下简称《专利法实施细则》）第十三条规定，申请日一般是指国务院专利行政部门收到专利申请文件之日，如果是邮寄申请，则以寄出的邮戳日为准。

技术内容的充分公开：虽然上述条款提到了在特定条件下预发布不会影响新颖性，但是一般情况下，专利申请需要充分公开发明的技术内容。这意味着申请人必须在专利说明书中清楚、完整地描述发明的技术方案，包括但不限于发明的背景、技术问题、技术方案、有益效果，以及必要的实施例，以便所属技术领域的技术人员能够实施该发明。

信息标准：技术发明信息应当遵循"充分公开"的原则，确保公开的内容能够让本领域技术人员无须再进行创造性工作即可实施该发明。这包括提供足够的细节，使得技术方案能够被复制，并且能够验证发明的效果。

保密要求：如果发明涉及国家秘密，还需遵守相关的保密规定，不得对外公开。

6.1.1.2　海外相关政策概述

海外技术发明信息披露的要求和规范大体上遵循与国内类似的原则，但具体细节可能因不同国家或地区的法律法规而有所差异，以下是一些普遍适用的原则和规范。

充分公开原则：大多数国家的专利制度都要求技术发明在专利申请中必须进行充分公开，即发明的描述应当足够详细，使所属技术领域的技术人员能够理解和实施该发明，而不需要额外的创造性劳动。

新颖性与创造性：技术发明必须具备新颖性和创造性。披露应明确指出发明相比现有技术的改进或创新之处，以及为何这些改进是有意义的。

书面描述要求：多数国家要求技术发明以书面形式详细描述，包括但不限于发明的背景、技术问题、解决手段、预期效果、具体实施例和可能的替代方案。

附图与示例：如果适用，应提供清晰的附图辅助说明发明的结构、操作流程等。同时，提供具体实施例是评估发明可实施性的重要依据。

最佳实施方式：一些国家，如美国，要求披露发明的最佳实施方式，即发明人认为的最有效或最优的实施方式。

国际申请：如果通过《专利合作条约》（PCT）提交国际专利申请，需要遵循世界知识产权组织（WIPO）的统一要求，确保申请文件满足国际标准。

保密限制：在某些情况下，如果发明涉及国家安全或商业机密，可能需要在申请前考虑保密要求，避免违反出口管制或相关法律法规。

语言要求：不同的国家和地区可能要求使用特定的官方语言进行披露，或者在提交非官方语言的文件时，需要提供官方语言的翻译版本。

优先权主张：若发明已在某一巴黎公约成员国首次申请专利，后续在其他成员国申请时可主张优先权，此时需提供首次申请的相关信息和证明文件。

伦理与道德考量：部分国家和地区对涉及特定技术领域（如基因编辑、人工智能）的发明有特殊的伦理审查要求，披露内容需符合当地的科技伦理规范。

6.1.2 科技成果推广策略与实务

科技成果推广是一个系统化的过程，旨在向目标受众公开和传播科研项目或技术创新的成果。这一过程不仅包括将成果转化为公众可理解的信息，还涉及通过精心设计的策略和活动确保这些信息能够有效地到达并影响目标受众。科技成果推广的核心目的是促进知识共享，加速技术创新的商业化和社会应用，同时提高研究机构或企业的知名度和影响力。实践过程中，技术经理人还应在掌握基本推广实务操作的基础上，制订和优化科技成果推广的策略和流程，进行跨项目的协调、资源分配和团队领导，确保所有有价值的发明都被记录和保护。

科技成果推广的过程可以分为几个关键步骤。①发明梳理：对现有的发明进行识别、分类和评估，确定哪些成果准备好了对外披露，同时确保知识产权得到适当保护；②推广策略制订：根据成果的特性和目标受众的需求，制订推广策略，包括确定披露的目标、受众、信息内容、时间表和渠道等；③宣传材料编写：根据披露策略，准备适合不同渠道和受众的宣传材料，如新闻稿、演示文稿、视频、社交媒体帖子等，确保信息准确、吸引人且易于理解；④推广渠道选择：选择最合适的渠道传播发明信息，包括传统媒体、数字媒体、专业会议和展览等，以确保有效覆盖目标受众；⑤组织交流活动：通过组织研讨会、论坛、展览等活动，直接与目标受众交流，增强互动和参与感，提升披露效果；⑥跟踪反馈并调整策略：实施过程中持续收集受众反馈和活动数据，分析披露效果，根据反馈结果调整策略和活动，以提高未来披露的效果；⑦科技成果推广不仅是一个信息传播过程，更是一个战略性的管理活动，需要细致的规划、执行和评估。通过有效的科技成果推广，可以促进成果的商业化和社会化，加速科技创新成果转化为实际应用，为社会带来更大的经济和社会价值。下面将对上述各个关键步骤的实践操作进行具体介绍。

6.1.2.1 发明梳理

发明梳理是科技成果推广流程的第一步，它要求技术经理人对现有发明进行全面、系统的审查和评估。发明梳理是一个系统性的过程，旨在清晰地识别、分类、评估和准备发明以便于后续的披露和转化。该过程可以分为以下步骤：

（1）确定梳理范围

根据发明的性质、类型和用途，明确梳理的范围。例如，梳理范围可以是某一特定技术领域的发明，或者是某一特定时间段的发明。

（2）识别发明

汇总项目信息，收集并汇总所有当前进行中和已完成项目的信息，包括项目的目标、研究内容、团队成员、资金来源、时间线等。对每个项目详细记录各项中间成果和最终成果，包括但不限于发明、研究发现、软件、数据库、技术报告等。

（3）分类和组织

将发明按照类型（如软件、专利、论文等）、应用领域（如生物技术、信息技术等）、发展阶段（如概念验证、原型开发、市场推广等）进行分类。使用电子表格或专业的项目管理软件建立发明数据库，便于管理和检索。

（4）评估和优先级设置

设定评估标准，如技术成熟度、市场潜力、社会影响、实施难度等。对每项发明进行评估，确定其价值和优先级。根据评估结果，对发明进行优先级排序，确定哪些成果应该优先推广。

（5）知识产权保护

对每项成果进行知识产权审查，确定是否需要申请专利、著作权保护等，对有必要保护的成果，及时提交知识产权申请。

（6）内部沟通和准备

组织内部会议，与研发团队、法律顾问、市场部门等相关人员讨论每项发明的披露和商业化策略。根据讨论结果，准备成果推广所需的材料，包括技术介绍、市场分析报告、商业计划书等。

（7）实践与应用

案例研究：选择一个具体的发明，进行案例研究，以加深对梳理过程的理解。例如，可以选择一种新型环保材料，通过查阅相关文献、访谈相关专家，了解其研发背景、技术原理和应用前景。

实践演练：进行梳理实践演练，以提高实际操作能力。例如，可以设立一个虚拟的发明梳理项目，按照上述梳理流程，进行实际操作。

反馈与改进：根据实践演练的结果，收集反馈意见，对梳理流程和方法进行改进。例如，可以邀请专家对梳理结果进行评估，提出改进建议。

6.1.2.2 推广策略制订

推广策略制订是科技成果推广流程的核心环节，它要求技术经理人根据发明的特点和市场需求，制订有效的推广策略。该过程可以分为以下步骤。

（1）明确推广目标

明确希望通过推广发明达成的目标，包括提高知名度、吸引投资、寻找合作伙伴、促进成果转化等。为每个目标设定可量化的指标，以便后续评估推广策略的效果。

（2）确定目标受众

根据推广目标，识别和分析目标受众的特征和需求。受众可能包括行业专家、潜在投资者、合作伙伴、媒体记者、公众等。如果有多个目标受众，可以将他们分为不同的群体，以便后续制订更加针对性的推广策略。通过市场调研和数据分析，了解市场需求和潜在客户。例如，可以通过调查问卷、访谈潜在客户等方式，了解他们对发明的需求和期望。

（3）选择推广信息

确定要推广的发明的核心信息，包括成果的关键特点、优势、应用领域、潜在影响等。根据不同受众群体的特点和需求，量身定制推广信息。对于专业受众，可以深入介绍技术细节；对于公众，则需简化信息，使其易于理解。

（4）制订时间表

确定行业内的重要事件、季节性因素、成果发展里程碑等，这些都可能影响推广的最佳时间。制订详细的推广计划，明确披露的时间、地点、方式和目标，确保与整体目标和策略保持一致。例如，可以制订一个为期一年的推广计划，包括发明的宣传推广、市场推广和客户沟通等环节。

选择推广渠道：评估各种可用的推广渠道，包括传统媒体、社交媒体、专业会议、研讨会等，考虑它们的覆盖范围、影响力和适用性。根据目标受众和推广内容，选择最合适的推广渠道组合，以最大化成果的曝光和影响。

风险管理：识别推广过程中可能遇到的风险，如信息泄露、被误解、负面反应等，为每种可能的风险制订应对策略，制订具体的预防措施和应急计划。

执行和监控：按照制订的时间表和策略执行推广计划，确保所有准备工作和资源调配到位。实时监控推广活动的效果，包括受众反应、媒体覆盖、社交媒体互动等，以便及时调整策略。

评估和调整：推广活动结束后，根据预设的目标和指标评估其效果。根据评估结果，总结经验教训，必要时调整推广策略，为未来的推广活动提供指导。

实践与应用：①案例研究：选择一个具体的发明，进行案例研究，以加深对推广策略制订过程的理解。例如，可以选择一种新型医疗设备，通过市场调研和数据分析，了解其市场需求和潜在客户。②实践演练：进行推广策略制订实践演练，以提高其实际操作能力。例如，可以设立一个虚拟的发明披露项目，根据市场需求和发明特点，制订相应的推广策略。③反馈与改进：根据实践演练的结果，收集反馈意见，对披露策略进行改进。例如，可以邀请专家对制订的披露策略进行评估，提出改进建议。

6.1.2.3 宣传材料编写

宣传材料是科技成果推广的重要工具，能够有效地传达发明的价值和潜力。该过程可以分为以下步骤。

（1）明确目标和受众

首先明确编写宣传材料的目的，是为了吸引投资者、寻找合作伙伴、增强公众意识还是其他目的，并根据目标确定主要受众群体。宣传材料的潜在受众可能包括政府部门、专业人士、潜在客户、投资者或广大公众。

（2）搜集信息

搜集技术描述、市场潜力、研究数据、成功案例等相关的发明信息，收集渠道包括内部报告、研究文档、项目总结等内部资料，行业报告、市场研究、竞争对手分析等外部资料，并通过与项目团队、研究人员、产品开发团队等进行讨论，获取第一手的信息和见解。基于搜集到的信息，确定宣传材料的核心信息和重点。

（3）撰写内容

整个材料内容应明确发明的独特价值和它为目标受众带来的好处。开头部分应该能够吸引受众的注意力，简要介绍发明的独特性和价值。在主体部分详细介绍发明的技术细节、应用场景、优势和潜在影响，并根据受众的背景调整技术细节的深入程度。结尾部分应总结发明的关键信息，进行行动号召，鼓励受众采取某种行动，如访问网站、注册活动或联系了解更多信息等。

（4）使用简洁明了的语言

使用清晰、简洁的语言详细介绍发明的特点、应用和潜在影响。避免过度技术化的语言，确保非专业受众也能理解。引入实际使用案例、成功故事或相关数据来证明成果的有效性和潜力，增加内容的说服力和实际感。

（5）增加视觉元素

更多利用图表、图像和其他视觉元素辅助解释复杂的信息，增强宣传材料的吸引力，并确保使用的视觉元素风格与品牌和信息的整体风格保持一致。

（6）审稿和修改

检查一致性，确保整个文档中的信息一致，没有相互矛盾的地方。检查语法、拼写错误，确保使用的语言和风格适合目标受众，并与组织的品牌形象一致。让团队成员或相关专家审阅宣传材料，确保信息的准确性和完整性。根据反馈进行必要的修改和调整，以提高宣传材料的质量和效果。

（7）测试和反馈

内容撰写是一个反复迭代的过程，需要考虑信息的准确性、吸引力和易于理解性。通过精心撰写和修订，可以确保宣传材料有效传达发明的价值，激发受众的兴趣和参与。在较小的受众群体中测试宣传材料的效果，收集反馈。根据收集到的反馈继续调整宣传材料，以最大化其影响力。

（8）最终审定和发布

在发布前进行最终审查，确保宣传材料没有遗漏或错误，并根据制订的推广策略通过选定的渠道发布宣传材料。

（9）实践与应用

案例研究：分析成功的发明宣传案例，了解其编写和设计的特点。例如，研究一款成功融资的科技创新产品的宣传材料，分析其如何吸引投资者的注意。

实践演练：进行编写宣传材料的实践演练，提供反馈和指导。例如，为一项新开发的发明编写宣传册，然后进行相互评审和讨论。

反馈与改进：根据实践演练的结果，收集反馈意见，对宣传材料进行改进。例如，可以邀请目标受众对编写的宣传材料进行评价，根据反馈调整内容和设计。

6.1.2.4 推广渠道选择

选择合适的推广渠道对于发明的成功推广至关重要。推广渠道一般分为线上渠道和线下渠道。其中，线上渠道包括社交媒体、专业论坛、在线新闻发布平台直播平台等，线下渠道包括行业会议、展览会、研讨会、推介会等，应根据发明的特性、目标受众的网络行为、商业习惯选择合适的渠道。具体而言，该过程可以分为以下步骤。

（1）明确推广目标和目标受众

清晰定义推广发明的目的，例如提高知名度、吸引投资、寻找合作伙伴等。根据推广目的，确定目标受众的特征，包括他们的需求、偏好、行为习惯等。

（2）评估可用渠道

汇总所有可用的披露渠道，包括上述线上渠道和线下渠道，评估每个渠道的特性，包括它们提供的互动方式、内容类型（如视频、文本、图片等）、传播速度和持久性。评估使用每个渠道的成本，包括直接费用（如广告费、发布费）和间接费用（如内容制作、时间投入），预估每个渠道的投资回报率（ROI），考虑到达目标受众的数量和质量，以及可能产生的影响或转化。考虑组织的资源能力，包括财务资源、人力资源和技术资源，确保选择的渠道是可行的。

（3）匹配受众偏好和渠道特性

考虑受众的年龄、性别、职业、兴趣等因素，评估每个渠道的受众基础，确保它们与目标受众相匹配。选择最能够有效到达目标受众并符合推广目的的渠道，考虑渠道的权威和信誉，选择那些受众认为可信赖的渠道，以增加信息的可信度。例如，如果目标受众主要是年轻人，社交媒体可能是一个更有效的渠道。

（4）制订多渠道策略

了解目标渠道中的竞争情况，是否有大量类似信息推广，这可能影响到你的信息能否脱颖而出。基于受众分析和资源评估，制订一个综合多种渠道的推广策略，以最大化覆盖和影响力。确保不同渠道之间的信息一致性和互补性，以加强信息的传播效果。

（5）实施和监控

根据推广策略，通过选定的渠道开始推广活动，实时监控各渠道的推广效果，包括受众反应、覆盖范围和互动情况。推广活动结束后，评估各渠道的效果，包括到达率、参与度和转化率等。根据评估结果，调整推广策略和渠道选择，以提高未来推广活动的效果。

（6）实践与应用

案例研究：分析成功的发明推广案例，了解其渠道选择和整合策略。例如，研究一款成功推向市场的发明，分析其如何通过线上线下渠道进行推广。

实践演练：组织进行推广渠道选择的实践演练，提供反馈和指导。例如，为一项新开发的发明选择合适的推广渠道，并制订渠道整合策略。

反馈与改进：根据实践演练的结果，收集反馈意见，对推广渠道选择和整合策略进行改进。例如，可以邀请行业专家对制订的推广渠道策略进行评估，提出改进建议。

6.1.2.5 组织交流活动

交流活动是科技成果推广的重要组成部分，它能够促进发明与市场的对接，以及行业内的信息共享。组织有效的交流活动，可以分为以下步骤。

（1）定义目标和目标受众

确定希望通过交流活动达成的目标，如提高知名度、展示技术成果、吸引投资者、寻找合作伙伴等。根据活动目标，确定希望吸引的受众群体，了解他们的需求和兴趣点，以便更好地规划活动内容。根据目标和受众选择合适的活动类型，如研讨会、论坛、展览、开放日、网络直播等。

（2）活动策划

选择一个对目标受众方便的时间和地点，考虑活动形式和规模，选择适合的场地。规划活动流程和内容，包括演讲、讨论、展示等环节，确定需要的讲者和参与者，安排议程时间表。准备活动的宣传材料，如邀请函、活动海报、社交媒体帖子等，以吸引目标受众。

（3）宣传和邀请

通过社交媒体、电子邮件、行业协会、合作伙伴等适当的渠道宣传交流活动，精准邀请目标参与者，包括行业专家、投资者、合作伙伴和媒体，发送活动详情、注册信息等邀请信息。

（4）执行和管理活动

确保活动前一天或当天场地布置、技术设备测试等准备工作完备。在活动当天，分配工作人员负责签到、现场协调、技术支持等任务，确保一切按计划进行。在活动中鼓励参与者提问和讨论，增加互动环节，如问答、圆桌讨论等，以提高参与度。活动结束时或之后通过问卷调查等方式收集参与者的反馈，了解他们的满意度和改进建议。

（5）后续跟进

活动结束后，通过电子邮件或社交媒体感谢参与者，分享活动照片、总结等内容。利用收集到的联系信息维护与参与者的关系，为未来的活动或合作奠定基础。

（6）评估和总结

分析参与者反馈和活动数据，评估活动效果与目标的达成情况。根据反馈和自身观察，总结成功经验和需要改进的地方，为未来组织类似活动提供参考。

（7）实践与应用

案例研究：分析成功的发明交流活动案例，了解其策划和执行的关键要素。例如，研究一场成功的发明路演，分析其如何吸引投资者和合作伙伴的注意。

实践演练：组织进行交流活动策划和执行的实践演练，提供反馈和指导。例如，为一项发明策划一个虚拟的交流活动，并模拟执行过程。

反馈与改进：根据实践演练的结果，收集反馈意见，对活动策划和执行进行改进。例如，可以邀请活动参与者对交流活动进行评价，根据反馈调整策划方案。

6.1.2.6 跟踪反馈并调整策略

科技成果推广是一个动态过程，需要建立反馈机制、分析反馈数据，不断地跟踪反馈并据此调整推广策略，以确保发明的成功推广。该过程可以分为以下步骤。

（1）设定反馈收集机制

确定用于评估推广活动效果的关键性能指标（KPIs），如覆盖范围、参与度、受众反馈质量、媒体曝光量等。选择合适的工具和方法来收集反馈，包括在线调查、社交媒体监控工具、网站流量分析工具（如 Google Analytics）、面对面访谈等。

（2）实施跟踪和收集反馈

使用选定的工具和方法持续跟踪披露活动的表现，确保收集到的数据准确且有代表性。通过调查问卷、社交媒体互动、直接沟通等方式收集目标受众的反馈，确保反馈收集过程简单直接，鼓励受众更多地参与。

（3）分析反馈和数据

对收集到的数据和反馈进行分析，识别趋势、强点、弱点及可能出现的极端结果，认真考虑受众的意见和建议，尤其是关于如何改进未来推广活动的反馈。根据关键指标和受众反馈评估活动的整体效果，确定哪些方面达到了预期目标，哪些方面需要改进。确定需要调整的具体策略或活动元素，如信息内容、推广渠道、目标受众、活动形式等。

（4）制订调整计划

基于反馈和分析结果，制订一个详细的调整计划，及时调整推广策略，优化宣传材料内容、调整推广渠道、省级交流活动等，明确具体的行动项、责任人、时间表等。如果有多个调整项，根据它们对活动效果的预期影响和实施难度进行优先排序。

（5）实施调整

按照计划实施调整措施，确保所有相关人员明白自己的任务和期望成果。在调整实施过程中持续监控效果，确保调整措施按计划执行，并及时解决任何出现的问题。在实施调整措施后，再次收集反馈，评估这些调整对提高推广活动效果的影响，并将这一过程持续循环，不断收集反馈、分析数据、识别改进机会并实施调整。

（6）实践与应用

案例研究：分析如何通过反馈调整发明推广策略的案例，了解其成功的关键因素。例如，研究一个发明项目如何根据市场反馈调整其宣传策略。

实践演练：组织进行反馈收集和分析的实践演练，提供反馈和指导。例如，模拟收集一项虚拟发明的市场反馈，并据此提出改进建议。

反馈与改进：根据实践演练的结果，收集反馈意见，对反馈收集和分析过程进行改进。例如，可以邀请专家反馈分析报告进行评审，提出改进建议。

6.1.3 典型案例分析

一、案例背景

一家名为"××未来xzzc"的创新企业研发了一款革命性的智能环保包装盒。该包装盒采用生物降解材料，内置感应芯片，能追踪包装的使用状态及循环利用情况，有效减少塑料污染。经过内部评估，确认该发明不仅技术成熟，而且具有市场前瞻性和环境友好性，决定将其作为重点推广对象。企业法务部门同步启动专利申请程序，确保知识产权得到保护。

二、案例分析——推广策略制订

在制订"××未来"智能环保包装盒的推广策略时，公司采取了一套综合性的方法，旨在最大化信息的覆盖面和影响力，同时确保信息传递的精准性和有效性。具体策略包括目标受众定位和部门的推广。

（1）目标受众定位。首先明确目标群体，包括环保意识强的消费者、电商平台、物流供应商、环保组织、投资机构及政府相关部门。不同群体的关注点各异，如消费者关心产品实用性与环保贡献，投资者则更注重市场潜力与回报率。

（2）分阶段推广。①制订分阶段的信息推广计划，初期重点介绍产品创新点与环保价值，中期通过案例研究和用户反馈展示实际效果，后期则强调市场接纳度和未来发展规划。②多平台布局：结合线上与线下渠道，构建全方位的传播矩阵。线上通过官方网站、社交媒体、行业论坛和新闻门户发布信息；线下则通过参加行业展会、举办发布会和研讨会来直接接触目标群体。③互动与参与：鼓励用户参与和反馈，如设置产品试用计划、在线问答环节、用户评测征集等，增强用户的参与感和品牌忠诚度。④数据跟踪与评估：利用数据分析工具监测推广效果，包括媒体报道量、社交媒体互动率、网站访问量等关键指标，及时调整策略以优化传播效果。

三、案例分析——宣传材料编写

针对"××未来"智能环保包装盒的宣传材料编写，公司采取了以下策略。

（1）新闻稿。撰写了一篇详尽而引人入胜的新闻稿，标题为"××未来引领环保新风尚：智能环保包装盒，重塑绿色供应链"。内容不仅概述了包装盒的创新技术——生物降解材料与内置感应芯片，还强调了其对减少塑料污染、促进循环经济的重要作用。同时，融入了实际应用场景，如食品配送、电商物流等，以增强读者的共鸣。

（2）演示文稿。设计了一套视觉冲击力强的幻灯片，以简洁明快的风格，通过动画和图表展示了包装盒的生命周期、环保效益对比图、与传统包装的经济成本分析。特别制作了几页互动问答页，以备研讨会现场互动使用。

（3）视频。创作了一段两分钟的动画短片，以故事化的方式展现了一个智能包装盒从生产、使用到回收的全过程，通过生动的角色和情节，传达了产品的环保理念和便利性。视频结尾附上公司官网链接，引导观众深入了解。

（4）社交媒体帖子。制订了系列社交媒体内容计划，包括图文并茂的"环保小知识"系列、互动问答、用户评价分享等，利用"绿色包装""循环经济"等热门话题标签，增加曝光度。设计了简洁明了的海报，便于快速传播和引发讨论。

四、案例分析——推广渠道选择

（1）推广渠道策略。为了确保信息广泛传播并精准触达目标受众，"××未来"采取了多元化的推广渠道策略。①专业媒体合作：与《××经济》《××科技》等行业内权威杂志和在线平台合作，发布深度报道和专访文章，提升品牌形象和行业影响力。②数字媒体投放：在行业相关的新闻网站（如环保在线、科技日报网）、专业博客和绿色环保论坛投放新闻稿和视频，同时利用 LinkedIn、Twitter 等职业社交平台定向推广给环保专业人士和投资人。③社交媒体营销：在微博、微信公众号、抖音、Facebook、Instagram 等国内外主流社交平台上，结合平台特性，发布系列宣传材料，利用短视频、直播等形式增加用户参与度。④线下活动参与：精心准备，在"全球绿色包装论坛""可持续发展展览会"等重要行业会议和展览中设立展台，现场展示产品，组织专业讲座和互动体验区，直接与潜在客户、合作伙伴及行业专家面对面交流。⑤KOL与合作伙伴宣传：合作环保领域的知名意见领袖和行业合作伙伴，通过他们的社交媒体账号和网络影响力，分享产品体验和推荐，扩大宣传覆盖范围。

（2）组织交流活动。为了加强与各利益相关方的沟通与合作，"××未来"精心策划了一系列交流活动，旨在提升品牌影响力，建立行业内外的紧密联系。①产品发布会：在知名环保地标或艺术中心举办一场主题鲜明的产品发布会，邀请行业专家、媒体代表、潜在客户及合作伙伴参加。通过现场演示、演讲和互动环节，全面展示产品的创新特性和环保理念。②行业研讨会：联合行业协会或研究机构，组织关于绿色包装与循环经济的高端研讨会。邀请行业领军人物发表演讲，设置圆桌论坛，促进思想碰撞和经验分享，树立公司在行业中的领先地位。③公开体验日：定期开放工厂或体验中心，让公众亲身体验智能环保包装盒的生产过程和使用效果。通过互动体验，提高公众对环保包装的认知，同时收集用户反馈，持续优化产品。④合作伙伴交流会：举办闭门合作伙伴交流会，与电商平台、物流公司等潜在合作伙伴深入探讨合作模式，共同探索绿色供应链解决方案，建立长期合作关系。⑤社区环保活动：积极参与或赞助社区环保项目，如海滩清洁、环保教育工作坊等，通过实际行动展现企业社会责任，同时在活动中植入品牌信息，提高品牌好感度。

五、案例分析——跟踪反馈并调整策略

通过网络监测工具收集社交媒体互动数据、展会问卷调查以及媒体报道反馈。分析数据，评估推广活动的影响力和受众反馈，发现传播亮点与不足。根据反馈，调整后续的宣传重点，如加强经济成本节约的宣传、增加对B端客户定制化服务的介绍、不断优化传播策略，以期在下一波推广活动中取得更好的效果。

6.2 产业技术需求挖掘

本节从服务侧探讨机构如何开展产业技术需求挖掘。机构主要包括：技术转移服务机构、产业咨询机构、新型研发机构，医疗机构四类。这些机构往往作为政府产业技术需求挖掘工作的承接主体，抑或是基于自身业务发展需要主动开展产业技术需求挖掘。根据四类机构的特点，分别阐述其产业技术需求挖掘的流程和组织形式，最后采用案例的形式对四类机构产业技术需求挖掘模式做进一步的说明，为各类机构开展产业技术需求挖掘提供相应模式借鉴。由于科技型领军企业大都拥有自身的战略部门或研究院，其可以参照产业咨询机构或新型研发机构的模式开展技术需求挖掘。

6.2.1 技术转移服务机构

技术转移服务机构拥有一批技术经理人，技术经理人掌握了企业技术需求挖掘方法，具有一定优势。技术转移服务机构对产业的了解程度有限，因此一般首先会组建内外部结合的产业技术需求挖掘团队，然后组织面向本区域产业的企业开展技术需求挖掘，并在获取产业技术需求后开展系列跟踪服务。

6.2.1.1 组建产业技术需求挖掘团队

技术转移服务机构在长期开展技术转移服务的过程中，可以通过引进、招聘等方式建立自有的核心团队，也可以在服务中，不断拓展外聘团队。外聘团队主要从技术经理人队伍或有相关从业经验的人员中进行选拔。产业技术需求挖掘团队主要由产业专家、技术专家、市场专家和投资专家共同组成。

产业专家是指熟悉产业政策、产业发展趋势和企业管理等相关工作，在科技成果转化领域具有丰富实践经验的专家。在高等院校科技处、成果转化中心、知识产权中心等相关单位从事科技成果管理、知识产权运用、专业科技服务等科技成果转化相关工作，在高新园区管委会成果转化相关部门（如产业局、创新创业服务中心等）担任领导职务，在省级相关行业协会担任高级管理人员的可以作为产业专家。

技术专家是指熟悉产业技术发展趋势、技术难点痛点和解决方案，在技术领域具有丰富的理论与实践经验的专家。企业的研发副总、研发部负责人和技术骨干，产业研究院负责人和技术骨干，高校院所相应学科的学科带头人和中青年骨干，长期从事该产业领域专利分析和知识产权事务的机构从业人员和大型企业法务，精通《知识产权法》《公司法》等科技成果转化相关法律法规，在本领域内具有较高知名度，取得专利代理师等执业资格并具有丰富实践经验的人员可以作为技术专家。

市场专家是指熟悉产业市场发展趋势、了解客户需求，在市场领域具有丰富的理论与实践经验的专家。企业的营销总监、市场部负责人和市场骨干，产业研究院长期从事概念验证的人员，高校院所长期从事该领域经济形势和市场分析的人员，咨询机构长期从事该产业领域市场分析的人员可以作为市场专家。

投融资专家是指熟悉投融资及产业政策、趋势和企业管理，熟练掌握投融资理论、方法、技术，在科技成果转化和初创期、早中期科技项目投融资领域具有丰富经验的专家。如在投资、资本市场、银行信贷、保险、融资担保等金融机构和金融服务机构中从业的，具有较丰富投融资经验的中高级管理人员；在股权投资、债权融资、保理、保险、征信、金融科技等领域从事理论研究，且长期开展实务研究的学者。

技术转移服务机构在日常工作中，注意搜集和整理产业技术需求挖掘专家信息。专家信息可以通过专家直接填写或机构进行整理两种方式进行。要搜集和整理的信息主要包括：姓名、年龄、产业领域、专家类型、工作单位、职称、职务、教育背景、从业经验、相关业绩等（表6-2），其中专家类型对应前述提到的四种类型。技术转移服务机构开展产业技术需求挖掘时，可以直接从已经建立的专家信息库中进行遴选，并经过沟通后，快速组建产业技术需求挖掘团队。

表6-2 产业技术需求挖掘专家信息表

姓名		年龄	
产业领域		专家类型	
工作单位			

续表

职称		职务	
手机号码		电子邮箱	
教育背景			
工作经历或从业经验			
代表性（含投融资）项目、相关业绩、主要贡献或成果			

6.2.1.2 组织开展产业技术需求挖掘

产业技术需求挖掘，一般由政府采取服务外包等形式委托给技术转移服务机构组织开展。技术转移服务机构首先要明确产业技术需求挖掘的目的，然后针对目的设计产业技术需求挖掘方案，在方案获得认可或正式签订合同后组织开展产业技术需求挖掘，并最终经过论证形成产业技术需求。

（1）产业技术需求挖掘方案

产业技术需求挖掘方案一般包括五个部分：产业技术需求挖掘的目的意义、产业技术需求挖掘的范围和时间、产业技术需求挖掘流程（含时间安排）、产业技术需求挖掘成果、经费预算。各个部分的提示要点如表6-3所示。

表 6-3　产业技术需求挖掘方案

项目	要点提示
产业技术需求挖掘的目的意义	1. 关键核心技术攻关方向； 2. 成果转化与技术对接； 3. 成立产业研究院等。
产业技术需求挖掘的范围和时间	1. 区域范围； 2. 产业细分领域范围； 3. 涵盖企业清单。
产业技术需求挖掘流程	1. 发布产业技术需求挖掘通知； 2. 组建产业技术需求挖掘团队； 3. 启动产业技术需求挖掘工作； 4. 分片区开展技术需求挖掘； 5. 产业技术需求凝练与论证。
产业技术需求挖掘成果	1. 产业技术需求调研报告； 2. 产业技术需求清单。
经费预算	1. 挖掘人员的费用； 2. 差旅费和食宿费用； 3. 论证会费用； 4. 管理费等。

（2）组织开展产业技术需求挖掘

技术转移服务机构由于自身在产业方面积累的知识和人员有限，因此在组织开展产业技术需求挖掘时，主要依靠自身的组织能力，并借助产业领域的企业和组建的产业技术需求挖掘团队共同开展。每个挖掘团队一般配备 5 名人员：1 名项目经理，产业专家、技术专家、市场专家和投资专家各 1 人。项目经理是技术转移服务机构自有的技术经理人，主要负责组织与协调，以及后勤保障工作，具体包括与调研对象进行联系沟通、把控调研进度、分发和整理调研资料、做好出行和就餐服务等。4 位专家中选举一位组长，由组长作为主调研人，并负责调研质量的把控、调研报告的分工与审核。专家可以是技术转移服务机构人员，也可以是外聘人员。

为了确保调研质量，技术转移服务机构在组织产业技术需求挖掘时，要设计系列表格，以规范挖掘行为。在开展产业技术需求挖掘时，最主要的调研对象就是本区域产业内的领军企业和骨干企业。项目经理可参照初级教材中的"企业技术需求调查样表"，先行向本产业领域的企业下发企业技术需求调查表，在调查表回收后，再针对领军企业和骨干企业开展实地调研。表 6-4 给出了针对企业的实地调研表格示例，其他调研对象，如行业协会、投资机构等的调研表格可参照设计。技术转移服务机构亦可根据该表，结合自身调研目的等实际情况进行修正。

表 6-4　企业调研表格示例

企业名称		产业细分领域	
企业规模		主营业务	
研发投入		研发投入强度	
人员规模		研发人员	
企业基本情况	企业成立时间、注册资金、发展历程、市场占有率、行业影响力、获得的资质（科技型中小企业、高新技术企业、专精特新小巨人企业等）、研发平台（国家级、省级、市级等）、知识产权、产学研合作等情况。		
董事长/总经理访谈提纲概要	1. 全球产业发展趋势； 2. 我国产业发展趋势； 3. 国际领先企业的发展情况； 4. 我国领先企业的发展情况； 5. 企业洞察到了哪些新机会、新趋势，打算如何做？ 6. 您对本区域推进产业发展、技术创新有何建议？		
研发副总/研发部负责人访谈提纲概要	1. 全球技术发展趋势； 2. 我国技术发展阶段； 3. 国际领先企业的技术发展情况； 4. 我国领先企业的技术发展情况； 5. 企业当前技术瓶颈有哪些？是否是"卡脖子"技术？ 6. 您认为当前产业发展亟须突破哪些技术瓶颈，可以组织哪些团队进行攻关？		
营销总监/市场部负责人访谈提纲概要	1. 全球市场发展情况； 2. 我国市场总量； 3. 国际领先企业的市场拓展情况； 4. 我国领先企业的市场拓展情况； 5. 企业产品/服务的主要市场及满足情况； 6. 企业产品与国际产品的比较，对技术创新还有哪些需求？		

6.2.1.3 产业技术需求凝练与论证

在对区域内产业企业进行了系统调研后，就需要对产业技术需求进行凝练。产业技术需求凝练的基础主要源自三个方面：一是专家团队搜集整理的产业相关政策、技术和市场信息等；二是实地调研获取的信息；三是产业内企业填写的技术需求清单等。产业技术需求挖掘团队根据这三个方面的信息来源，撰写产业技术需求调研报告。基于调研报告，邀请行业协会、领军企业、细分领域技术带头人和投资人共同开展产业技术需求论证。

产业技术需求调研报告大致包括：调研的目的与意义、调研的组织与实施、文献调研情况、实地调研情况、企业技术需求搜集情况、产业链情况、创新链情况、产业创新发展现状图、产业技术攻关布局图、技术路线图、产业技术需求清单等，并将实地调研的访谈记录和企业技术需求清单作为附件。

产业技术需求挖掘委托部门组织召开产业技术需求论证会议。邀请行业协会负责人、领军企业负责人、产业上下游骨干企业、细分领域技术带头人和产业基金投资人组成论证小组。将产业技术需求调研报告提前一周寄送至论证小组成员，便于论证小组对材料进行仔细阅读，并提前做好论证准备。在论证会议上，首先由委托部门介绍开展产业技术需求挖掘的目的和凝练产业技术需求的要求，然后由产业技术需求挖掘团队汇报产业技术需求调研报告，再由论证小组进行论证，论证过程中论证小组可以与产业技术需求挖掘团队进行探讨，最后形成产业技术需求论证结论及产业技术需求清单。

6.2.2 产业咨询机构

产业咨询机构是长期针对某产业开展持续跟踪和分析，并提供决策支持的研究机构，如美国的信息技术和创新基金会、广州创新战略研究院、湖南种业创新发展战略研究中心等。产业咨询机构一般拥有一批具有较强分析能力的专业人才。其在产业技术需求挖掘方面，是基于翔实的数据，开展了大量分析的基础上，形成的产业技术需求。产业咨询机构的产业技术需求挖掘模式，是基于产业跟踪路线图，开展长期的产业信息采集，然后通过全面系统的产业分析，形成了产业发展全景，并进而通过与技术专家、当地企业和下游消费者或应用场景提供方接触沟通，从而凝练产业技术需求的模式。

6.2.2.1 建立产业跟踪路线图

产业跟踪路线图是根据区域产业发展需求，提出的一套行之有效的对产业发展进行长期、持续监控的信息采集方法。具体而言，产业跟踪路线图是指为地方政府、行业协会和企业等，提供的关于产业、企业和产品监测的导引图，以及实现对这三个层面监测的具体途径和方式。产业跟踪路线图主要由产业跟踪导引图、产业跟踪基本要素表和产业跟踪路线图三个部分构成。

产业跟踪导引图是在充分掌握了本区域重点产业的重点企业的主导产品、市场和研发情况后，制作出的符合区域产业特征的产业跟踪导引图。产业跟踪导引图是以重点企业作为导引图制作的起点，向外往产业和市场延伸，向内往主导产品和技术优势深挖。产业跟踪导引图充分揭示了重点企业、主导产品、技术优势、产业和市场之间的关系，具体如图 6-1 所示。

产业跟踪的基本要素主要包括宏观环境、市场环境、竞争环境、技术环境和企业自身五个方面（见表 6-5）。宏观环境主要包括国际环境和国内环境。市场环境主要包括主要出口国、主要进口国和国内目标市场三个子要素。竞争环境主要包括国际竞争企业、国内竞争企业和潜在竞争对手三个方面。技术环境主要包括技术革命、产业升级和技术发展三个方面，之所以对这三个方面进行监测，是因为技术革命经常对产业起颠覆

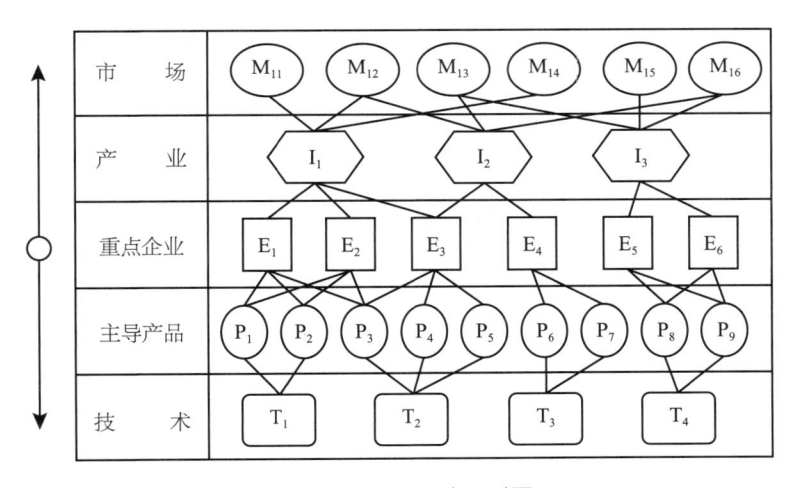

图 6-1 产业跟踪导引图

性效果，而产业升级推动着产业的技术进步，产业自身的技术发展则表明了产业常规技术的发展取向。企业自身主要包括供货商、分销商和企业内部三个方面。

表6-5 产业跟踪的基本要素表

基本要素	子要素	监测要点
宏观环境	国际环境	国际经济形势、产业政策和发展态势
	国内环境	国内经济形势、产业政策和发展态势
市场环境	主要出口国	贸易政策、关税、市场容量、出口国的同类型企业
	主要进口国	技术壁垒、进口国企业的研发特点和合作伙伴
	国内目标市场	地方政策、市场容量、目标市场同类企业
竞争环境	国际竞争企业	企业运营情况、供货商、销售渠道、研发团队、战略合作者
	国内竞争企业	企业运营情况、供货商、销售渠道、研发团队、战略合作者
	潜在竞争对手	企业利润、新工艺、新技术、新产品
技术环境	技术革命	美国、欧盟和日本政府制订的科技政策
	产业升级	产业链下游发展对技术的需求
	技术发展	本产业的最新论文和专利的发表情况
企业自身	供货商	供货商经营状况、供给的其他企业、价格和份额
	分销商	分销商经营状况、代理的其他产品、价格和份额
	企业内部	高层管理人员、组织结构、管理制度、研发团队、信息渠道

图6-2是产业跟踪路线图的缩减版，仅说明了跟踪目标、信息源及跟踪目标和信息源的对应关系，跟踪目标和信息源之间存在多对多的对应关系。值得说明的是产业跟踪路线图是根据区域产业特征和信息源的特点进行制订的，并无统一的定式，这里仅介绍了一种绘制方式。另外，关于信息源的获取方式和监测频率将在归并信息源后，根据监测的内容和信息源发布的频率，制订专门的信息监测方案，以指导信息采集的实施。

6.2.2.2 开展系统的产业分析

在获取了大量信息和数据的基础上，拥有技术经理人的产业咨询机构就会开展系统的产业分析。产业分析一般包括对产业所处的内外部环境进行分析，形成产业创新发展战略。由于涉及产业技术需求挖掘，因此产业关键核心技术识别将是产业分析的重点。

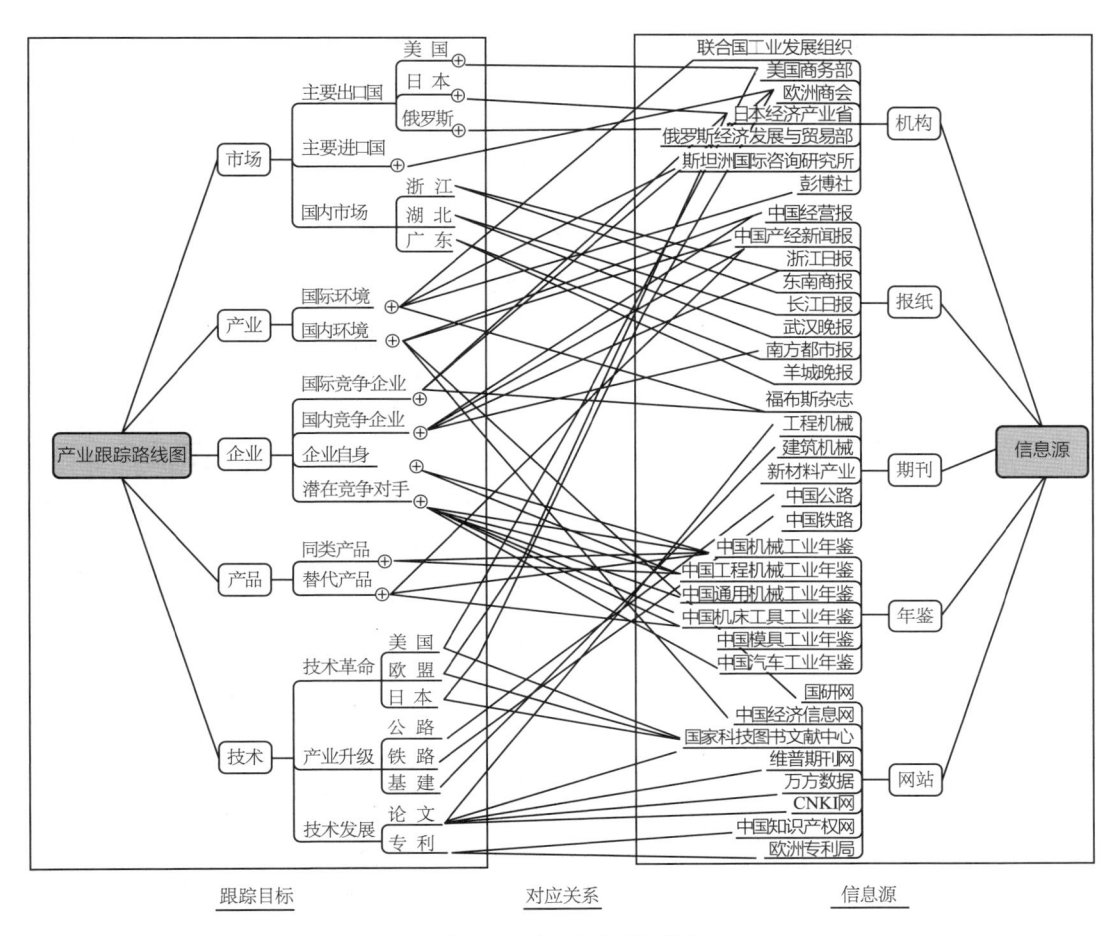

图 6-2 产业跟踪路线图

加之，当前随着人工智能的迅猛发展，产业咨询机构也在依托人工智能方法开展产业分析。因此，系统的产业分析方法主要涉及传统的分析方法、技术识别方法以及人工智能与大数据技术。技术经理人可以根据产业分析的实际需要，选择合适的分析方法，开展相关分析工作。

（1）传统的分析方法

根据产业技术需求挖掘分析的需要，将传统的分析方法（表6-6）分成两类：一是信息分析方法；二是战略分析方法。其中信息分析方法有很多种，仅介绍与产业技术需求挖掘密切相关的基础型分析、比较型分析和趋势型分析方法。战略分析方法种类繁多，主要介绍PEST分析法、五力模型和SWOT分析法。技术经理人可以通过使用这些方法对产业的内外部环境进行分析，并形成区域产业创新发展战略。

表 6-6　部分传统的分析方法

序号	分析方法	简介
1	基础型分析	基础型分析主要指单向频次统计，是对调研数据做的最基本的统计，多用于数量和占比的统计等。如企业研发投入强度，是企业用于投入研发的经费占营业收入的占比
2	比较型分析	基于企业的比较型分析，如：与竞争对手比，与行业标杆比。与行业标杆比较也成为定标比超，分为产品定标比超、过程定标比超、管理定标比超、战略定标比超四种类型。 基于区域的比较型分析，如：将本省产业发展情况与竞合省份进行对比；将我国产业发展情况与发达国家产业发展情况进行比较等
3	趋势型分析	趋势型分析至少搜集 5 年及以上的数据，根据已有数据变化情况，对未来进行预测。预测的准确性取决于前期搜集数据的准确性，以及预测的公式和方法。当然，也受外部环境的影响
4	PEST 分析法	PEST 分析法是指通过对企业所处的政治（Politics）、经济（Economy）、社会（Society）、技术（Technology）四个角度，分析外部环境对企业的影响。对于产业分析，亦可参照这四个环境因素进行分析
5	五力模型	五力分别为：供应商的议价能力、购买者的议价能力、潜在竞争者进入的能力、替代品的替代能力、行业内竞争者现在的竞争能力。五种力量的不同组合变化最终影响行业利润和潜力变化
6	SWOT 分析	SWOT 分析是指将与研究对象密切关联的内部优势因素（Strengths）、劣势因素（Weaknesses）、外部机会因素（Opportunities）、威胁因素（Threats），通过调查分析并依照一定的次序按矩阵形式罗列起来，然后运用系统分析的方法将各因素相互匹配，从中得出一系列结论
7	价值链分析	价值链分析用于理解企业内各种活动如何共同创造价值。价值链分析是企业一系列的输入、转换与输出的活动序列集合，这些活动都有可能对最终产品产生增值行为，从而增强企业的竞争地位。价值链分析是企业战略管理中不可或缺的工具，它帮助企业全面审视自身活动，并找到提升竞争力和创造更多价值的机会
8	波士顿矩阵	波士顿矩阵，也称为 BCG 矩阵、四象限分析法或产品系列结构管理法等，是一种用于分析企业产品组合的战略规划工具。通过市场增长率和相对市场份额两个关键指标来评估和优化产品或业务单元，确保资源的高效利用，从而推动企业发展
9	技术路线图	技术路线图是一种高度概括、前瞻性的规划工具，它帮助组织识别未来成功发展所需的关键技术，并执行和发展这些技术所需的项目或步骤。可应用于新产品、项目或技术领域的开发，也可用于技术规划管理、行业未来预测、国家宏观管理等方面

（2）技术识别方法

关键核心技术识别方法（表6-7）主要包括定性研究方法和定量研究方法。定性研究方法主要基于德尔菲调查法等问卷调查法开展。定量分析方法主要基于期刊或专利文献展开，有基于技术演化图谱识别、基于共现网络识别、基于传统引文识别、基于关键词识别、基于文本挖掘识别、基于机器学习识别等识别方法。技术经理人根据可以获取的资源情况，选择适宜的方法开展技术识别。

表6-7 部分技术识别方法

序号	技术识别方法	简介
1	德尔菲法	德尔菲法，也称专家调查法，通过系统的、迭代的过程，充分利用专家的集体智慧和经验，使得技术预测结果更加客观、可信
2	基于技术演化图谱识别	技术演化图谱是通过复杂网络技术，对技术领域、科技成果（如论文、专利、成果等）、作者、研究机构以及关键词的关系进行分析而构建。旨在发现技术研究的走向或技术趋势性线索，并识别关键和热点技术
3	基于共现网络识别	基于共现网络识别是一种通过分析事物之间共同出现的关系来识别它们之间联系的方法。共现关系指的是两个或多个事物在上下文中同时出现的频率或概率
4	基于传统引文识别	基于传统引文识别主要是通过分析学术文献中的引用关系来识别文献之间的影响力和关联性。通过分析这些引用关系，可以评估学术文献的影响力，揭示不同文献之间的知识流动和学术传承，帮助识别研究领域的热点和趋势，优化科研资源配置
5	基于关键词识别	基于关键词的主题识别方法，是通过分析文本数据，识别并提取特定的关键词或短语，利用突变检测以及共现分析与社会网络相结合的方法进行主题识别
6	基于文本挖掘识别	基于文本挖掘的主题识别方法是从大量文本信息中提取未知的、潜在的、可理解的模式或知识的过程。文本分析主要是基于语义开展，主要有基于主谓宾结构（Subject-Action-Object，SAO）和基于狄利克雷分配模型（Latent Dirichlet Allocation，LDA）两种语义分析方法
7	基于机器学习识别	基于机器学习识别是指利用机器学习算法和技术来自动识别和分类数据中的模式、特征或对象。这种方法依赖于训练数据来构建一个模型，该模型能够学习并识别新数据中的相似模式
8	基于人工智能识别	通过人工智能技术来对数据、文本、图像、语音等信息进行识别和分类。目前主要通过对大模型的微调+领域知识图谱实现技术识别

6.2.2.3 凝练产业技术需求

在对产业做了系统分析后，结合本地产业基础、创新资源基础等，凝练产业技术需求。将产业技术需求凝练分为两大环节：一是产业咨询机构对产业技术需求进行凝练；

二是对产业技术需求进行论证。其中产业技术需求论证与服务机构挖掘模式中的产业技术需求论证方式一致,值得注意的是论证专家的邀请,如果是省级层面产业技术需求论证,考虑邀请国家层面的专家进行论证,确保能在更高层次上进行需求凝练。本部分重点对产业咨询机构如何开展产业技术需求凝练进行介绍。

基于产业链开展产业技术需求凝练,主要包括五个步骤:①开展全球产业发展情况分析,其中涵盖全球技术发展态势分析;②进行我国产业发展情况分析,其中也对我国技术发展情况做分析;③对本地产业进行分析,本地产业分析从上中下游产业链的角度,对本地企业、研发平台和创新团队等做系统梳理;④在将本地产业发展情况与全球和我国产业发展趋势进行对比分析,发现本地产业的优势环节和"卡脖子"环节;⑤根据本地产业发展目标,结合前述分析凝练产业技术需求,一般将既是本地,也是我国产业"卡脖子"的技术作为重大产业技术需求。值得注意的是在凝练产业技术需求的同时,实际上也就形成了本地产业技术攻关布局。因此,产业技术需求凝练对各地产业创新发展都有至关重要的作用。产业技术需求凝练流程如图6-3所示。产业技术需求凝

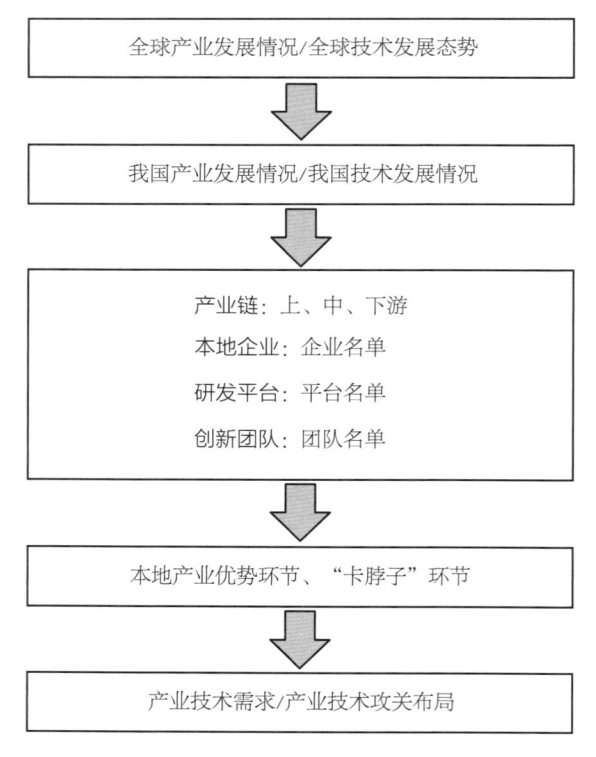

图 6-3 产业技术需求凝练流程图

练完成后，还可结合期刊和专利等分析，形成人才引进清单、企业招引清单等，为产业创新发展，以及强链补链延链等提供决策支持。

6.2.3 新型研发机构

2019年，科技部发布的《关于促进新型研发机构发展的指导意见》（国科发政〔2019〕313号）中第一条就明确规定了新型研发机构是聚焦科技创新需求，主要从事科学研究、技术创新和研发服务，投资主体多元化、管理制度现代化、运行机制市场化、用人机制灵活的独立法人机构，可依法注册为科技类民办非企业单位（社会服务机构）、事业单位和企业；第二条提出要通过发展新型研发机构，进一步优化科研力量布局，强化产业技术供给，促进科技成果转移转化，推动科技创新和经济社会发展深度融合。可见，产业技术需求挖掘是新型研发机构发展的根本。新型研发机构产业技术需求挖掘包括三个步骤：一是组建产业技术需求挖掘队伍，二是开展产业技术需求挖掘，三是将挖掘的有效需求转变为研发项目。

6.2.3.1 组建产业技术需求挖掘队伍

根据新型研发机构涉及的领域，可以将其分为两类：一类是区域性的综合新型研发机构，如江苏省产业技术研究院（以下简称江苏产研院）、岳麓山工业创新中心等；另一类是面向单一领域的新型研发机构，如北京大学长沙计算与数字经济研究院等。

综合新型研发机构由于涉及多个产业领域，因此会针对本区域主导产业或重点发展产业组建一支技术需求挖掘队伍。有些机构的技术需求挖掘队伍是全职，有些机构则是全职+兼职。全职人员一般要求有5年以上产业领域领先企业的工作经验，或者具有在该产业的投资经验。兼职人员则是从高校院所各优势学科的青年骨干教师中选拔意愿强烈，且拥有技术经理人素养的人员组成。

特定领域的新型研发机构，尤其是依托高校院所建立的特定领域新型研发机构，由于自身人员的组成多为技术人员，在项目管理和市场洞察方面有一定劣势，因此会考虑从社会上招募管理能力和沟通能力较强，且对市场有敏锐洞察力的项目经理进入项目组,开展产业技术需求挖掘。如果项目未来成立公司,则该项目经理有可能成为该公司的首席执行官。

6.2.3.2 开展产业技术需求挖掘

由于新型研发机构的组建方式和政府支持力度的不同,其开展产业技术需求挖掘的方式也存在一定差异,从挖掘的主体和挖掘对象来看,主要有四种模式:一是由技术专家对企业需求进行挖掘;二是由产业专家对企业需求进行挖掘;三是联合领军企业进行产业需求挖掘;四是联合技术转移服务机构进行产业需求挖掘。关于第一、第二种挖掘模式,可以参照初级教材中的企业技术需求挖掘内容。关于第四种挖掘模式,可以参照本章技术转移服务机构的产业技术需求挖掘内容。本部分以江苏产研院为范本,重点介绍第三种联合领军企业进行需求挖掘模式。

江苏产研院作为江苏省"科技体制改革的试验田"和"高校科研机构与江苏产业之间的桥梁",自2013年年底成立以来不断创新体制机制,尤其是在挖掘和提炼企业真实技术需求方面,先后出台了"JITRI-企业联合创新中心""江苏省研发型企业""关键核心技术攻关专项资金""昆山开发区两岸企业科技攻关引导资金"等一系列重大改革举措,形成了以技术需求挖掘为牵引,聚合政府、企业、研究机构资源,推进产业链和创新链融合的效果。

江苏产研院从2019年开始在全省加快推进企业联合创新中心的建设工作,专门出台了《江苏省产业技术研究院企业联合创新中心建设方案(试点)》对合作企业的遴选条件、支持措施进行了规范和说明。合作企业原则上为民营企业,且在细分行业内具有较高的影响力和知名度,规模与技术水平处于省内前列,具有一定的科研实力,研发支出占销售收入的比例不低于2%。联合创新中心的主要职能如图6-4所示。

企业联合创新中心是由江苏产研院与企业以非独立法人形式共建专门从事产业关键技术战略研究,挖掘、凝练企业技术难题或需求,对接引进全球创新资源开展应用研发及集成创新的机构。技术需求凝练完毕后,江苏产研院建立商业机密、知识产权保护机制和措施,利用创新网络对接全球创新资源寻找解决方案。

每个联创中心依托共建龙头企业,整合行业上下游企业,牵头组建行业联盟组织。

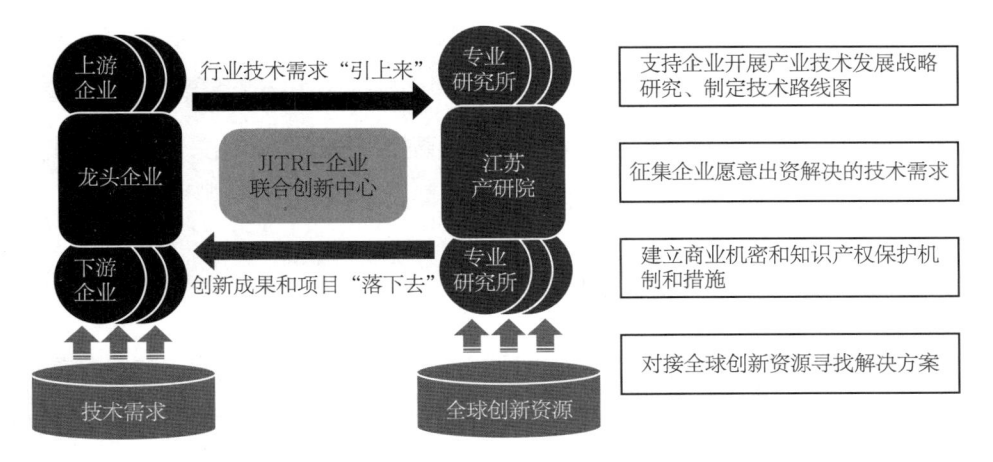

图 6-4　企业联合创新中心的主要职能

通过举办产业技术对接会、行业企业私董会等活动，进一步集聚行业资源。联创中心结合行业发展前景，切实把握联盟企业产品布局、产能规模等，为联盟企业制订发展战略。

江苏产研院负责对承建企业联合创新中心的相关人员进行技术培训及指导，训练企业相关人员将企业技术难题凝练成精准的科技语言，并以技术难题中企业投入不低于80%为标准，评判企业技术难题的真实性。

6.2.3.3　将技术需求转变为研发项目

新型研发机构的优势在于不仅挖掘产业技术需求，而且能够结合自身研发优势将产业技术需求转变为研发项目，切实解决产业需求。新型研发机构会根据挖掘的需求，设计研发项目。如果研发机构内部有团队能够直接匹配需求，就直接承担项目，如果内部没有团队能够匹配，则将需求推荐给其他机构，或从国内外组织创新资源进行研发。某些研发机构在推动研发项目的同时，还注重引入科技金融，以确保项目顺利实施。如江苏产研院与企业共建的联创中心就能够一方面整合资源对创新技术进行二次开发，提升项目的产业化质量，取得技术增值；另一方面，还成立产业基金，参与创新项目的投资布局。

6.2.4　医疗机构

医疗领域的需求挖掘主要分为两种类型：一种是根据创新流程开展的产业技术需求

挖掘，其特点是以客户需求为导向，需要深入医院，与临床医生、患者等进行沟通，甚至还要考虑医保政策等才能挖掘到需求；另一种是基于国内药企多是生产仿制药企业，需求挖掘的目的是找到好卖的单品，因此也可以直接根据国内外相关药品销售数据以及专利到期情况，发现未来盈利能力较强的单品。

6.2.4.1 面向创新流程的需求发现

面向创新流程的需求发现，就是通过观察、收集大量没有得到满足的医疗需求，再从中挑选那些有前景且能实施的作为正式的需求，据此需求发现主要分为四个步骤：一是选定细分领域；二是对细分领域的医院、医生、病患等进行调研；三是形成系列需求清单；四是需求筛选。

由于医疗领域覆盖范围较广，面面俱到会导致资源分散，难以实现突破，因此首先要明确细分领域，再根据细分领域开展需求挖掘。细分领域的选择可以从潜在市场的空间、对患者的生活质量的改善程度、所在机构擅长的领域或资源能触及的领域、竞争程度等方面进行考量。

在确定了细分领域之后，就要对细分领域的情况做更详尽的案头调研，在案头调研的基础上对相关医疗资源进行摸底，然后联系相关医院，获得拜访相关临床科室的机会，进而争取到与医生、患者进行沟通，甚至查阅病历，参加科室讨论，全程观察患者的机会。其中案头调研的内容主要包括：疾病影响人群的总体规模、疾病的性质、每年诊治的费用、现有技术的情况和该领域已有的企业情况等。通过案头调研做到心中有数，为后续实地调研和观察打下基础。在对医生、患者、护士等利益相关者进行访谈时，要注意各自视角的不同，从而设计不同的访谈提纲，并确保问题均询问到位。值得注意的是，不同的利益相关者对于问题的敏感程度可能存在很大偏差，例如对于医护人员司空见惯的事情，对于患者可能是难以理解的，因此要注意从多个角度提出问题，确保已充分了解其所关注领域中存在的问题和机会。表6-8给出了部分访谈提纲示例，由于涉及的领域会各有不同，需要根据调研的领域对访谈提纲进行调整、补充和完善。

表 6-8　部分访谈提纲示例

访谈对象	访谈提纲
医护人员	医疗标准存在已有多长时间？医护人员的水平和作用是否相同？现行手术的主要局限或困难有哪些？医疗器械是否符合医护人员的期望？在使用医疗器械时常出现哪些状况？还有哪些方面需要改进？
患者	术前需要做什么准备？手术的步骤是什么？在术中、术后及出院后疼痛程度如何，或有哪些不适感？术后还涉及哪些问题？需要多久才能恢复正常活动？
医疗系统人员	需要多少手术费用？医保比例是多少？手术需要什么医疗器械、设备或用品，各项成本是多少？手术是否盈利？什么因素最有可能增加（或降低）成本？

在经过缜密的调研之后，就要将在调研过程中发现的需求逐一列明。每个需求形成一份需求报告，需求报告最重要的是标题，标题应该包含该需求所有关键特征，如：问题、所涉及人群、新方案所要取得的成果等，是整个项目形成的关键。需求报告一般包括：发现的问题、受影响的人群、结果的针对性变化等内容。问题表明了值得注意的健康困境。人群阐明了面对这个问题的群体，也可以称之为应用市场。结果具体说明了将会出现的针对性变化，以此来评估该问题的解决方案。

在获得众多需求后，接着就要进行严格的筛选和细化，然后进入创新阶段。仔细审查需求的各个方面是至关重要的一环。经过深入的研究后，技术经理人对问题已经了如指掌，对需求也有了清晰的认识，包括临床特点、市场动态、竞争对手及其现有方案，以及利益相关者的诉求等。在对需求进行筛选时，技术经理人可以先设计一个需求筛选标准，筛选的维度可以包括疾病状态基础、已有的方案满足情况、利益相关者分析和市场分析情况等。并聘请相关专家，根据评价标准进行打分，从而获得最终的需求。

6.2.4.2　面向仿制药开发的需求挖掘

面向仿制药开发的需求挖掘，其实就是发现有市场价值的仿制药品，主要包括四个步骤：一是选定细分领域；二是对细分领域开展行业分析；三是进行药品分析；四是专家论证。

选定细分领域的做法与面向创新流程的需求发现有类似之处。需要注意的是，如果是受若干企业委托开展领域需求挖掘，则还需要对委托企业的情况进行数据搜集和调研，搜集企业经营、研发、经销商等情况的数据，并对企业研发资源与能力、销售资源与能力、采购、生产资源与能力等进行调研，以便结合企业实际，敲定需求挖掘的细分领域。

行业分析主要是从流行病学和市场情况两个方面展开。在流行病学方面，如针对抗肿瘤药细分领域开展行业分析，则通过癌症发病率、恶性肿瘤死亡率等进行研判。在市场情况方面，主要是对国际和国内市场进行分析，从药物总体市场规模以及近年年均增速情况进行判断。此外，如果细分领域还可以继续细分，还要对子领域的占比和发展趋势进行研判。

药品分析主要包括细分领域药品分析和重点单品分析。细分领域药品分析可以通过国内外相关领域用药指南，对发病率、死亡率较高的病种的治疗药品进行梳理，并按照子领域进行划分，同时对子领域的竞争情况进行分析，发现合适的药品。细分领域药品分析如表6-9所示。细分领域药品分析时，还可针对已经在美国、欧洲上市，但尚未在中国上市的药品，通过搜集国际市场走势对其在中国的前景进行判断。通过细分领域药品分析后形成重点单品推荐清单，再针对重点单品在全球的销售情况，在我国获得药品批件的企业情况做进一步的搜集和分析，同时要对原研药企业的专利布局和到期时间进行分析，以做进一步的判断。

表6-9 细分领域药品分析样表

子领域	药品品种	适应证	代表企业	国内生产厂家个数
子领域1	药品A			
	药品B			
子领域2	药品C			
	药品D			

在针对每个细分领域开展了系统的药品分析，并形成了推荐药品清单的基础上，进行专家论证。一般聘请细分领域的3～5名专家，专家主要来自有一定科研实力的医院，专家们既具有一定的理论高度，同时也具有丰富的临床经验。专家在审读细分领域药品分析报告的同时，结合自身多年的临床经验，能够对推荐药品清单提出更契合实际的意见，从而形成最终的药品清单。

6.2.5 典型案例分析

案例：潇湘科技要素大市场工作站产业技术需求挖掘案例

潇湘科技要素大市场工作站是湖南省近年来全力打造的全省唯一、政府主导的科技服务平台，目前已经形成了"大市场—分市场—工作站"体系，共建成15个分市场、91个工作站。

某区县工作站受当地科工局的委托开展产业技术需求挖掘。工作站设有专门的部门围绕产业开展相关服务，每个产业有3～4名工作人员，常年与产业内的企业打交道。这些工作人员多为技术经理人，他们一方面通过下发企业技术需求调查表获取企业技术需求，另一方面邀请懂技术、懂市场的专业团队前往企业，共同与企业交流探讨，从而逐步挖掘产业技术需求。在产业技术需求初步形成后，当地科工局就组织协会，并通过协会邀请产业内的骨干企业，共同研讨形成本地产业技术需求。每个产业领域每年凝练1个重大技术需求，采取揭榜挂帅的方式，面向全国招募技术团队进行解决，从而推动当地产业技术创新，实现产业转型升级。

案例：生物育种领域智库产业技术需求挖掘案例

2021年7月9日，中共中央总书记、国家主席、中央军委主席、中央全面深化改革委员会主任习近平主持召开中央全面深化改革委员会第二十次会议，审议通过了《种业振兴行动方案》。某高校所在省份为种业强省，为此专门成立了种业创新发展战略研究中心（以下简称中心），为当地种子产业发展提供智库支持。

中心制作了种业产业链图谱，上游主要包括种质资源、基础研究，中游包括重大品种创制、育种繁种和品种推广，下游主要涉及销售渠道和下游市场，具体如图6-5所示。

中心采用LDA语义分析方法，通过期刊文献分析和专利分析，识别了生物育种未来产业有合成生物、生物信息、生物与环境三个未来产业技术群，并通过对技术群的细分领域和合作机构分析发现未来产业应用场景，为各种业强省、种业实验室和相关创新

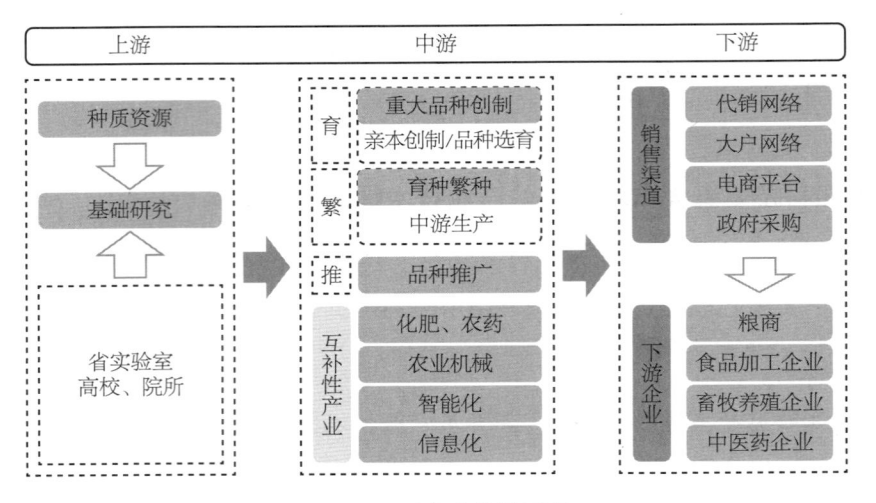

图6-5 种业产业链图谱

主体提供涵盖前沿技术方向、合作机构、应用场景等全方位的未来产业布局决策支持。基于未来产业识别和关键核心技术识别，再与当地创新资源基础相结合，从而凝练产业共性技术。

案例：江苏产研院技术需求挖掘案例

2013年，江苏省委、省政府主导成立江苏产研院，以建设成为全球重大基础研究成果的聚集地和产业技术输出地为发展目标，着力破除制约科技创新的思想障碍和制度藩篱，探索促进科技成果转化的体制机制，打开科技成果向现实生产力转化的通道。

《江苏省产业技术研究院2023年报》显示，江苏产研院已累计与省内300余家细分龙头企业共建联创中心，提炼企业愿出资解决的技术需求约1600项，企业意向出资额约60亿元。江苏产研院已累计成功对接并达成合作500项，合同金额合计约6亿元。

案例：斯坦福大学Biodesign创新中心产业技术需求挖掘案例

斯坦福大学Biodesign创新中心是全球顶尖的以先进医疗健康技术创新为重点方向的产业创新创业平台，是斯坦福大学与众多基金会共同支持的可持续基金项目，于2000年正式成立，已有20多年的辉煌历史。在创始人Paul Yock带领下，Biodesign为有抱负、有经验的创新者提供一系列教育课程，不断开发、定义、提高健康技术的创新方法，将其应用到医疗保健改造的重要挑战中，同时利用硅谷丰富的医疗资源和创新文化开展医疗科技创新。

Biodesign 通过多种方式，构建并推动了价值驱动型创新生态系统的发展，与以往的技术驱动模式不同，Biodesign 医疗科技创新流程是由发现问题到发明技术再到发挥作用创造价值的创新流程，为医疗科技领域的创新者提供了清晰的创新创业指南。Biodesign 强调需求主导的创新方式。Biodesign 提出的创新流程主要分为三大阶段：发现（identify）、发明（invent）和发展（implement），每个阶段分两个步骤，分别是需求发现、需求筛选、概念产生、概念选择、战略发展和商业计划（见图 6-6）。其中发现阶段就是通过观察、收集大量没有得到满足的医疗需求，根据关键临床、利益相关者和市场特点等信息，筛选并确定有前景的项目作为产业技术需求。

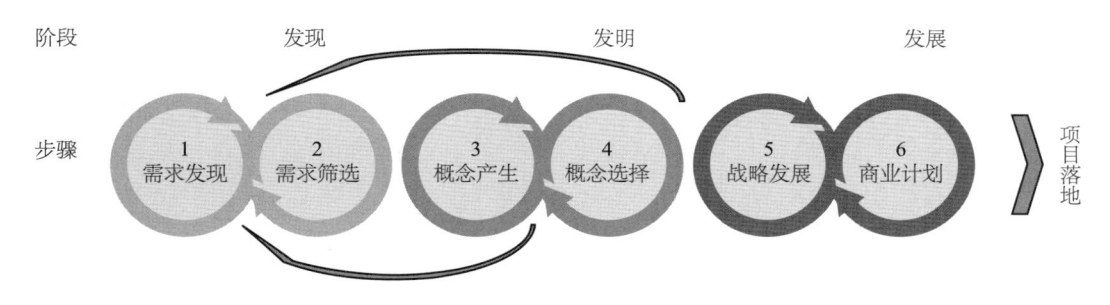

图 6-6 Biodesign 的创新流程

6.3 本章小结

科技成果推广是一个涉及多方面考量的复杂过程，要求技术经理人不仅要有深厚的技术知识，还需要精通市场和传播策略。本章通过详尽的步骤介绍和丰富的实践活动，为技术经理人提供了一个科学的流程框架，并强调了策略性思维在发明转化过程中的重要性。通过学习本章，技术经理人将能够更有效地推动发明的商业化和社会化进程，最大化其经济和社会价值。

在科技成果推广发明基础上，本章介绍四类机构的产业技术需求挖掘模式。机构也可以根据自身特点，将各类产业技术需求挖掘模式相结合，开展产业技术需求挖掘。作为技术经理人，如果具备良好的沟通能力、组织能力和学习能力，可以采用技术转移服务机构挖掘模式开展产业技术需求挖掘；如果具备良好的信息搜集和分析能力，且掌握若干分析方法，则可以采用产业咨询机构挖掘模式开展产业技术需求挖掘。技术经理人亦可作为新型研发机构或医疗机构的项目经理人，开展技术需求挖掘。

思考题

1. 技术发明推广的主要目的是什么？请结合实际案例，说明其如何在科技成果转化和商业化过程中发挥作用。

2. 如何制订产业技术需求挖掘方案？

3. 技术转移服务机构、产业咨询机构、新型研发机构、医疗机构如何开展产业技术需求挖掘？

第 7 章
科技成果评估方法与工具

　　科技成果评估是科学研究与技术开发的"指挥棒",也是科技成果转化的关键环节,在技术交易、技术推广、项目引进、质押融资、科技奖励、人才评价、创新规划、项目管理等多种场景均是必不可少的过程。因此,作为技术经理人,识别、理解与分析科技成果的质量、价值、转化潜力与风险,是一项必备技能。本章重点阐述科技成果的评估要点与技巧,推荐多种科技成果评估工具,并分析评估实际案例的整个流程,以供技术经理人在科技评估实践过程中应用与借鉴。

7.1 科技成果评估要点与技巧

7.1.1 科技评估策划

根据委托方的要求、被评科技成果特点和客观条件等，评估组长应组织制订一套合适的评估方案。评估组长是受评估机构委派，是评估活动策划的主要人员，也是整个评估活动的组织者、评估报告的第一责任人。

评估方案中的内容通常可应用 5W2H 分析法进行策划。人员（Who），即找谁来评，需要多少人，包括评估师、咨询专家等；内容（What），即评什么，包括被评对象，以及科技成果完成方、团队、知识产权、所在行业等，需要一一确定评估范围；原因（Why），即评估目的，不同的目的，评估方法、内容、详略程度会有较大不同；时间（When），即什么时间，包括评估开始时间、评估报告时间、评估报告提交时间、评估基准时间（因为科技成果会不断演变，基准日即指被评科技成果所处的某一确定时间点，而以此时间点的科技成果状态作为评估对象）；地点（Where），即评估地点，特别是需要现场调研、现场开会的评估活动，需要明确这些地点；如何（How），即如何评，以及评估流程，是否需要现场评审，是否需要现场调研以及调研的时间点；成本（How much），即评估需要投入多少成本，包括咨询专家的费用，这些需要综合考虑委托方提供的评估费用，以及评估目的、被评成果特性及复杂程度。

评估组长可能不熟悉被评成果与行业，接受评估任务后，可以先邀请 1～2 名专家，由其帮忙策划评估方案、推荐其他咨询专家等。

由于初期对被评科技成果认知不深，某些计划性的内容无法在短时间内完全确定，评估项目组可以在后续的评估过程中调整、增补评估方案，如增加咨询专家、增加现场调研、调整评估人员、调整评估形式等。这种调整与增补，评估项目组应能保证不会影响满足法律法规和委托方要求（包括合同要求），否则，应及时与委托方沟通，协商处理，并保持记录。

评估过程中需要注意的事项，包括委托方的关注点、评估进度控制、以往评估容易出现的问题、对咨询专家的提示等，需在评估方案中一并考虑。

7.1.2 科技成果及行业信息收集

评估项目组应收集被评科技成果及其所属行业相关信息，以尽量全面、准确地了解成果在相关行业的创新点、先进性、科学性及存在的问题，同时了解成果的应用价值与市场前景。

被评科技成果信息的采集对科技评估过程与结论影响巨大。只有充分、真实、有效地了解科技成果的当前状况（以评估基准日计），才有后续评估的客观、公正、科学、专业，以及结论相对准确。评估委托受理过程中，委托方需提供科技成果评估原始材料。评估方根据这些材料决定是否进行评估，以及如何进行评估。受理过程中，评估机构需与委托方充分沟通，很多情况下，对其材料的准备需进行一些说明与咨询。原始材料如果内容丰富、准确，后面评估过程中的信息收集与分析、专家咨询，某种程度上，只需对这些原始材料进行确认（真实性、完整性、有效性），简单而有效。对于要求对科技成果理解比较透彻的评估活动，建议委托方将科技成果的工作分解结构表（WBST）、技术增加值表（TVAT）、质量成本进度表（QCDT）、对标分析表（BAT）等填写完整。

行业信息来源包括但不限于：①行业协会、行业情报机构、行业管理机构、行业刊物、行业网站、相关政府等带有鲜明行业特点的组织或媒体；②知识产权网站、门户网站、搜索引擎等互联网；③自建的行业信息库，包括以往类似科技成果评估的经验积累；④委托方或成果方；⑤外部专家；⑥用户或潜在用户；⑦其他相关方等。

可以结合 PEST 分析法，了解行业的法规政策，市场需求、规模与趋势，社会环境，技术水平与发展趋势等。代表性企业，包括同行、上下游企业的现状、发展历史、发展趋势等相关信息，对科技成果评估也有相当重要的参考作用。

对于比较聚焦产业的评估机构，建议做行业调研，绘制行业技术发展路线图，梳理上、中、下游企业并标明企业技术水平。有条件的机构还可以对行业专利进行导航分析，深入了解行业技术发展状态与趋势。

7.1.3 评估人员与咨询专家的选择

广义的评估人员指参与评估活动的人员，包括评估机构从业人员、评估机构聘请的外部人员、咨询专家、评估专家组专家等。评估项目组一般由"评估师"（含评估组长）与咨询专家组成。

"评估师"一般需要签署遵守评估行业行为规范承诺。为提高"评估师"的职业化、专业化水平，建议有条件的评估机构或行业协会，对"评估师"进行级别与专业管理。可以参考国标《科技评估人员能力评价规范》，将"评估师"级别分为初级、中级、高级、资深等。级别的确定依据主要有教育经历、工作经历、评估经历、专业知识水平与业绩、原有职称、职务，以及特意安排的级别考核等。"评估师"的专业确定主要依据其教育、工作、评估经历与相关业绩。"评估师"的级别与专业可以实行动态化管理，当出现不符合要求时，可以进行降低级别、暂停资格、撤销资格等处置。

具体评估项目在选"评估师"时，除了考虑其擅长的领域（如知识产权、财务、管理等），还要考虑其学习与工作的行业（学科）。既要与科技成果尽量相关，还要考虑各"评估师"之间的行业知识结构搭配。"评估师"以往评估的质量与水平、态度，以及本身的工作时间安排，也是"评估师"选择的考虑因素。

咨询专家是向评估项目组或评估师提供特定知识、技术、信息与意见的人员，可有力地补充评估项目组中评估人员在专业知识与产业发展信息等方面的不足。根据实际评估要求，组建的咨询专家组的组织形态可以比较紧密，如共同参与评估会议、选举专家组长等；也可以比较松散，如单独为评估人员或评估项目组提供咨询意见。

咨询专家的专业与数量没有明确限制，原则上应该以能收集到足够支撑评估结论的信息、满足评估要求（包括客观公正性）为基本要求。如果收集到的信息不足以满足评估要求，则可继续聘请咨询专家提供协助。

咨询专家的选择应考虑：①专家的专业知识与经验（职称、职务、教育培训与工作经历、业绩、专利、论文与著作、荣誉与获奖情况等）；②专家的特点与搭配（专业方向、工作岗位、工作单位性质、所处区域、年龄等），特别应考虑来自成果用户的专家；③专家以往的评估经验及效果（咨询意见质量、咨询态度、成本等）；④为了降低泄密风险，可以根据专家的特点进行必要的信息脱敏处理。特别是对于来自竞争对手的同行专家，可以对被评科技成果的技术秘密、商业秘密、成果方名称与联系方式等进行隐藏与脱敏处理。

在选择专家时，可让委托方或成果完成方先推荐几名，然后从中挑选1～2名。这类专家的优点在于一般都比较熟悉委托方或成果方以及所处行业水平，且受委托方或成果方乐于接受。缺点在于客观公正性难以保证，所以不能所有咨询专家都来自委托方或成果方的推荐。

咨询专家在科技评估中一般享有下列权利：①对科技成果提供专业技术咨询，或独立做出评估，不受任何单位和个人的干涉；②通过评估机构要求科技成果完成者提供充分、翔实的技术资料（包括必要的原始资料，需要保密的资料除外），向成果完成单位或者个人提出质疑并要求做出解释，要求复核试验或者测试结果；③充分发表个人意见，有权要求在评估结论中记载不同意见；④有权要求排除影响成果评估工作的干扰，必要时可向评估机构提出退出评估请求。

咨询专家在参与评估活动前，一般需要签署遵守公正、廉洁、保密声明，或遵守行为规范承诺。为规范咨询专家管理，提高咨询专家积极性，提升咨询质量，建议有条件的评估机构或行业协会对咨询专家进行级别与专业管理。咨询专家级别可分为（普通）专家、高级专家、资深专家等。级别的确定主要依据专业知识水平与业绩、职称、职务、以往参与评估的咨询意见质量、咨询服务态度等。咨询专家的专业主要来源于学习与工作经历。一名咨询专家可以有一个或多个专业范围。咨询专家的级别与专业可以实现动态化管理。

7.1.4 科技成果评估报告撰写

科技成果评估报告一般由评估组长负责编写。评估组长也可以委托其他人员代为编写，或者在评估项目组其他评估人员编写的材料基础上进行修改与编辑。建议在报告正文前面部分，特制一页评估项目组的声明，评估项目组人员（一般不包括咨询专家）均在上面签名。

科技成果评估报告通常由封面、目录、正文、附件等组成。①封面：一般包括科技成果名称、完成单位、评估机构、评估日期、报告编号、保密级别等；②目录：包括标题与页码，其中，附件可以保留原文件页码，但如果一起装订，须加注本报告统一页码；③正文：包括科技成果评估活动说明、科技成果概述、分项评估结论、综合评估结论，以及评估人员名单、咨询专家名单、专家意见摘要、内部审查意见等；④附件：包括科技成果评估机构资质、科技成果评估人员资质、检测报告、查新报告、专利证书、荣誉证书、销售记录、用户使用证明等复印件或扫描件，以及科技成果信息采集报告等。

评估报告正文中，一般先写总结论，后面再详细撰写分项结论。总结论可以根据评估目的，简明扼要地阐述结论重点。如果各分项有评分，建议制作一份表格一起罗列。科技成果的优缺点，可以一目了然。

必要时，可邀请咨询专家协助，共同形成评估报告。这时的咨询专家，与具体从事评估的咨询专家可能不相同，也可以相同。

7.1.5　保密与风险控制

保密是评估人员的职业操守，也是其工作要求与重要技能。

在《中华人民共和国保密法》（以下简称《保密法》）中，"国家秘密"定义为：关系国家安全和利益，依照法定程序确定，在一定时间内只限一定范围的人员知悉的事项。国家秘密的"密级"分为"绝密""机密""秘密"三级。对密级的确定，称为"定密"。对保密的事项决定公开，称为"解密"（秘密的保密期限已满的，自行解密）。我们可以借鉴其定义，理解与定义各单位的商业秘密、技术秘密等。

评估机构、评估项目组、评估师宜识别评价过程中收集与产生的信息的重要程度及保密需求，并对保密信息进行分级处理。对于国家秘密与商业秘密，宜依据相关要求，以及科技成果所有者、管理者及申请人的要求，妥善管理。

评估师保密管理要求：①宜在接收科技成果信息前，作出相应保密承诺；②若科技成果信息发生了非预期泄露，宜采取相应处理措施；③宜特别留意科技成果信息对特定人员公开的风险,并根据潜在影响程度采取相应防范措施。

咨询专家保密管理要求:①专家选择上,宜充分考虑各专家接触相应信息的风险,如同业竞争风险、泄密风险等;②针对不同的专家,对成果信息可进行不同程度的隐藏与脱敏处理,以防止信息出现非预期应用,同时保证评估客观、公正、全面;③必要时,在评估前对咨询专家信息进行必要的保密处理,以免成果完成方直接与咨询专家取得联系,影响客观公正性。

不管是评估过程中成果方提供的信息,还是评估后评估报告信息,均可模块化设置。针对不同的人员,设置不同的模块查看权限。

7.1.6 评估档案管理

评估机构服务能力的保障与提升一般通过管理体系的建立与健全来实现。而文件化是管理体系建立健全的基础,即通过制订与控制各层级文件,规范与改进工作程序与作业方法。

通常,我们可以将文件分为以下几种类型:①法律、法规、政策性文件等,可简称为"法律法规";②国家、行业、团体、地方等标准,可简称为"标准";③评估机构内容规定的工作程序与要求,可简称为"内部规范",如质量手册、程序文件、作业指导书等;④评估机构正常运行中产生的,与具体评估项目和结论不直接相关的记录,可简称为"体系记录",如人员培训记录、考勤记录、设备清单、工作例会记录、年度报告等;⑤评估活动中形成的,反映评估程序实施情况、支持评估结论的工作记录和相关资料,称为"评估工作底稿",一般包括调查问卷、会议记录、咨询专家意见表、保密承诺声明书,以及收集的行业情报、评估方案等;⑥评估活动最终形成的,说明评估活动基本情况、反映评估结论和建议等内容的规范化书面报告,称为"评估报告";⑦提供符合性、真实性证明的文件,称为"证明材料",如营业执照复印件、身份证复印件、检测报告、查新报告、销售记录等。

以上法律法规、标准以及客户等提供的文件统称为"外来文件",需要识别并确认其有效性。内部规范需要控制其有效性(一般通过版本来控制)与有效发放(一般通过签收与回收来控制)。工作底稿、体系记录、评估报告、证明材料等统称为"档案"或

"记录",需要对其标识、贮存、检索、保护、保存期限和处置进行管控。为了内部管理及后续追溯与核查之用,评估机构一般需要对所有评估报告备份保存。如果合同约定之外的机构与人员希望领取或查看报告,需要获得委托方,必要时包括成果方的同意。

7.2 科技成果评估工具

7.2.1 信息采集表

不同成果类型、不同评估目的,所需要收集的科技成果信息是不同的,表 7-1 为技术开发成果的信息采集表示例。

表 7-1 技术开发成果信息采集表示例

成果名称				成果型号	
评估目的（可多选）	□技术转让、许可；□作价投资；□投融资；□质押融资；□申报奖励；□技术推广；□项目立项；□项目结题；□其他				
成果形式	□新产品；□新品种；□新材料；□新设备／工具；□新工艺；□新方法；□新技术；□软件／数据／系统；□其他				
成果来源课题简介				课题名称	
成果完成单位	成果第一完成单位	单位名称		信用代码	
		单位属性	□高校；□科研院所；□医院；□军警；□国企；□民企；□外企；□混合企业；□其他		
		联系人		电话		邮箱
	成果第二完成单位	单位名称		信用代码	
		单位属性	□高校；□科研院所；□医院；□军警；□国企；□民企；□外企；□混合企业；□其他		
		联系人		电话		邮箱

续表

一、完成人团队信息

序号	姓名	性别	出生年月	技术职称	文化程度	工作单位	职务	对成果贡献（如有分配比例请列出）
1								
2								
3								
4								
团队其他说明								

二、科技成果研究信息

（一）项目来源与背景：

（二）研究目的与意义：

（三）成果所属技术领域、功能、特点（创新点、优点）：

（四）研究内容（含技术路线与原理）：

（五）已经取得的知识产权、获奖情况：

（六）科技成果转移转化情况（将转让、许可、作价投资等相关数据详细列出，包括目前洽谈的情况、融资情况）：

（七）科技成果转让、许可、作价投资后产生的经济价值与社会价值（营业收入、业绩与贡献等信息）：

未来拟转化方式（可多选）：□转让；□许可；□作价投资；□融资；□合作开发；□技术咨询与服务；□技术推广；□其他

续表

三、科技成果技术水平	
核心技术1	技术的成熟度（研发前后）、创新度、先进度、是否自主开发、QCD（质量、成本与交付）等
核心技术2	
核心技术3	

科技成果对标分析表（BMKT）

对标对象1	
对标对象2	
对标对象3	

序号	指标/项目	本成果指标情况	对象1指标情况	对象2指标情况	对象3指标情况
1					
2					
3					
4					
5					
目前存在及下一步需要解决的问题					

四、科技成果推广应用情况

（一）已应用情况（范围、绩效、影响）：

（二）进一步推广的条件及环境要求：

（三）未来预期推广应用范围及影响：

（四）可带动的行业/产业：

（五）应用工作流程/原理（可附页，可不填写）：

续表

四、科技成果推广应用情况

（六）市场分析（包括市场前景、影响的主要因素、本成果的优劣势、主要竞争对手及其优劣势、风险等）：

（七）市场规模及利润情况（列出前 3～5 年数据，推测未来 3～5 年数据）：

（八）目前存在的问题、下一步需要解决的问题：

（九）计划推广措施及再投入计划：

（十）典型用户 1 应用情况：

（十一）典型用户 2 应用情况：

五、科技成果经济价值

（一）因技术使用而增加的经济收益：

（二）因技术使用节省成本而换算的收益：

（三）技术转让、许可等技术交易已产生的收益：
□无；□有，具体交易情况及金额为：

（四）市场估值（自我评估本成果的潜在交易价格，中性值）：　　　万元；
最低（下限）　　　万元；最高（上限）　　　万元。

六、科技成果社会与文化价值

（一）促进科技与生产力发展：

（二）节能与环保：

续表

六、科技成果社会与文化价值

（三）健康与公共卫生：

（四）国防与安全：

（五）新增税收与就业：

（六）文化、精神与价值观弘扬：

（七）其他：

七、风险分析
包括可实现风险、质量（可靠性）风险、市场竞争风险、技术替代风险、政策风险、知识产权等法律风险、相关方（客户、供应商、股东、社区等）风险、财务风险、团队风险等：

八、知识产权情况			
授权专利情况	专利类型	专利名称	专利号
申请已受理专利情况	专利类型	专利名称	专利申请号
软件著作权情况		软件著作权名称	软件著作权登记号
标准情况 || 标准名称	标准编号	发布单位

续表

八、知识产权情况				
著作	作品名称		出版社名称	相关说明
著作				
著作				
论文及引用状况				

九、科技查新情况			
查新机构名称			
查新报告编号		报告日期	
查新点			
查新结论			

注：相关详细内容见附件中科技查新报告。

十、检验检测情况			
检测机构名称			
检测机构资质		被检测物名称	
报告编号		报告日期	
检测结论			

注：相关详细内容见附件中检测报告。

十一、其他说明	
承诺与声明	本单位/本人承诺，以上信息均根据事实填写，无任何弄虚作假或故意隐瞒情况。由此产生的任何纠纷，由本单位/本人承担一切责任与后果。 单位（盖章）：　　　　　　　　　成果完成方代表（签字）： 　　年　月　日　　　　　　　　　　　　　年　月　日

十二、附件

1. 法律法规要求的行业审批文件、单位营业执照（必需）；
2. 成果研发主要人员的身份证及资格、荣誉证件（必需）；
3. 技术查新报告（必需）；
4. 专业检测机构出具的检测试验报告或单位内部测试报告（必需）；
5. 与成果相关的知识产权权利证明材料（必需）；
6. 成果研发计划/立项书（可选）；
7. 用户应用证明（可选）；
8. 国内外相关技术发展的背景材料，引用他人成果或者结论的参考文献（可选）；
9. 其他证明或支撑资料

科技成果信息的采集与展示有一定科学性。充分利用一些图表，阐述成果的具体信息，可以起到重点突出、一目了然的效果。以下是科技成果工作分解结构表（WBST）（表 7-2）、科技成果技术价值增加表（TVAT）（表 7-3）、科技成果质量成本进度表（QCDT）（表 7-4）等表格的示例，以供参考。

表 7-2　科技成果工作分解结构表（WBST）

二级模块	三级模块	完成方式			创新点与技术风险（可实现风险、可靠性风险、知识产权风险等）	市场风险（技术更迭与替代风险、同行竞争风险、相关方风险等）	是否核心技术（可对重要程度排序）
		独立开发	委外开发	外部采购			
1	1.1						
	1.2						
	1.3						
	1.4						
2	2.1						
	2.2						
	2.3						
3							
4	4.1						
	4.2						
	4.3						
5							

XXXXX（产品/成果/技术）WBS 表

填写说明：1. 此表是为了展示成果结构，找到成果的技术创新点载体及了解其风险，一般分解到三级模块，如需要，可继续分解。
2. 所有二级模块的组合才能形成整个技术系统（交付物、产品、成果），缺一不可。
3. 所有三级模块的组合才能形成对应的二级模块整体，缺一不可。
4. 代号后面填写相应模块的名称，可为硬件、设备、材料，也可为软件、工艺及方法等。

表 7-3　科技成果技术价值增加表（TVAT）

类别 TRL WBE 级别	新产品/新品种 研发前	新产品/新品种 研发后	设备/装置 研发前	设备/装置 研发后	软件/数据 研发前	软件/数据 研发后	材料/配方 研发前	材料/配方 研发后	工艺/方法 研发前	工艺/方法 研发后
已销售										
第 9 级										
第 8 级										
第 7 级										
第 6 级										
第 5 级										
第 4 级										
第 3 级										
第 2 级										
第 1 级										
无										

填写规则：1. 对应技术成熟度 TRL 级别方法请参考国标《科技成果评估规范》进行填写，后续评估人员将进行确认；如有弄虚作假，将严重影响评估结论。
2. "WBE"栏将 WBS 分解后的 WBE 编号填入对应级别栏，如 1.2，2.3.1 等。如低级别的有填写，则对应的高级别可以不填。如 1.2 分解成 1.2.1 和 1.2.2，则 1.2 不用填。
3. 对于已完成科技成果，研发前是指开始科研时的当初状态，研发后指评估基准日；而对于立项评估，研发前是指立项评估时，研发后是指科研完成时的状态。

表 7-4　科技成果质量成本进度表（QCDT）

序号	WBS/WBE	质量（Quality）	成本（Cost）	进度（Delivery）
		功能、性能、可靠性等指标与状态，某些情况下可含经济指标，如生产率、边际成本等	人力、物力、财力等投入成本	设计、生产、服务交付等完成所需时间、时间节点
1	WBS			
2				
3				
4				

续表

序号	WBS/WBE	质量（Quality）	成本（Cost）	进度（Delivery）
		功能、性能、可靠性等指标与状态，某些情况下可含经济指标，如生产率、边际成本等。	人力、物力、财力等投入成本	设计、生产、服务交付等完成所需时间、时间节点
5				
6				
7				
8				
9				

注：1."WBS/WBE"栏可先填 WBS，即科技成果总体的 QCD，其他填写重要的 WBE（工作分解结构单元）。
2. 如果此表用于科研管理，则所有 WBE 都应填写。

7.2.2 咨询专家意见表

由于咨询专家是临时邀请，对科技评估知识的理解、评估的责任心与态度等均有不确定性。为了评估的系统性、规范性且内容足够丰富，可以制作《咨询专家意见表》，采用定性定量结合的方式，将各指标一一列出，提示咨询专家评分并给予评分理由，见表 7-5 示例。

表 7-5 咨询专家意见表示例

序号	一级指标	二级指标	评级评分标准	评分	评分理由与说明
1	技术价值	成熟度	（科技成果相对于服务实际生产所处的发展阶段，医药、医疗器械与耗材、安全要求高等产品评价要求需参见其行业成熟度评价标准） 10. 已经有销售或应用（销售级/应用级）；9. 实际通过任务运行的成功考验，可销售（系统级）；8. 实际系统完成并通过验证（产品级）；7. 在实际环境中的系统样机试验结论成立（环境级）；6. 相关环境中的系统样机演示（正样级）；5. 相关环境中的部件仿真验证（初样级）；4. 研究室环境中的部件仿真验证（仿真级）；3. 关键功能分析和实验结论成立（功能级）；2. 形成了技术概念或开发方案（方案级）；1. 观测到原理并形成正式报告（报告级）；0. 无		

续表

序号	一级指标	二级指标	评级评分标准	评分	评分理由与说明
2	技术价值	创新度	（在区域内、行业内是否有发明或应用新的科学效应，是否原始创新、引进吸收消化再创新、集成创新等） 10. 整体在世界范围内所有行业属重大首创（有应用新的科学效应）；9. 整体在世界范围该领域重大首创（在该领域有应用新的科学效应）；8. 整体是世界首创（应用全新材料或全新工作原理，但未应用新的科学效应）；7. 部分核心技术是世界首创；6. 全国范围所有行业首创；5. 全国范围在该领域首创；4. 非核心部分是国内首创；3. 非核心部分在国内该领域首创；2. 小范围内创新；1. 只有少许非核心部分的创新；0. 无明显创新		
3		先进度	（与国内外同行业比较，其主要功能、性能、指标的水平） 10. 国际领先（比国际现有最高水平明显更好）；9. 国际先进（与国际现有最高水平处于同一水平）；8. 国内领先（比国内现有最高水平明显更好）；7. 国内先进（与国内现有最高水平处于同一水平）；6. 省或行业内领先；5. 省或行业内先进；4. 地市或细分领域领先；3. 地市或细分领域先进；2. 某小范围内明显先进；1. 某小范围内稍微算先进；0. 无明显先进性		
4		复杂性	（涉及行业与领域种类、研究的规模、所用时间、研究所需条件是否苛刻，是否容易被竞争对手复制等） 10. 研究非常复杂（核心WBE涉及5个以上中类学科，或5年之内一般无法实现成果），基本无法复制；9. 研究很复杂（核心WBE涉及4个以上中类学科，或3年之内一般无法实现成果），很难被复制；8. 研究复杂（核心WBE涉及3个以上中类学科，或1年之内一般无法实现成果），难被复制；7. 研究比较复杂，比较难被复制；6. 研究有点复杂，有点难被复制；5. 研究难度一般；4. 研究难度不大；3. 研究难度较小；2. 研究难度小；1. 研究容易；0. 研究非常容易		
5		实用性	（适用范围广泛、质量可靠，能够促进产业发展、产生有益效果） 10. 完全实用，且效果超好；9. 效果非常好；8. 效果很好；7. 效果较好；6. 有一定效果；5. 效果一般；4. 实用性还需进一步验证；3. 实用性不太理想；2. 较不实用；1. 很不实用；0. 完全不实用		
6	经济价值	已产生收益	科技成果的使用已产生的、或节省换算的以及因技术转让、许可、或其他交易而产生的经济收益 10. ≥10亿元；9. 3亿~10亿元；8. 1亿~3亿元；7. 1000万~1亿元；6. 300万~1000万元；5. 100万~300万元；4. 30万~100万元；3. 10万~30万元；2. 1万~10万元；1. <1万元；0. 基本没有		

211

续表

序号	一级指标	二级指标	评级评分标准	评分	评分理由与说明
7	经济价值	预期收益	预估本技术的应用每年能够增加的收入（含节省的成本） 10. ≥ 10亿元；9. 3亿～10亿元；8. 1亿～3亿元；7. 1000万～1亿元；6. 300万～1000万元；5. 100万～300万元；4. 30万～100万元；3. 10万～30万元；2. 1万～10万元；1. < 1万元；0. 基本没有		
8			略		

7.2.3 战略分析模型

7.2.3.1 PEST分析法

PEST分析法是指通过对企业所处的政治环境、经济环境、社会环境、技术环境四个角度，分析外部环境对企业的影响。对于科技成果，其未来的市场竞争力、发展潜力也深受这四个环境因素影响（图7-1）。

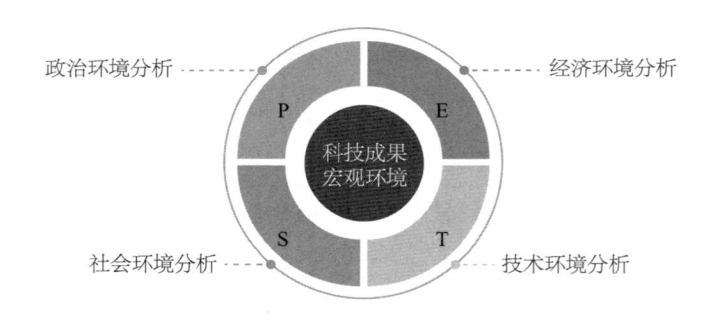

图7-1 科技成果PEST分析

（1）政治环境

政治环境包括一个国家的政治制度与体制、政局的稳定性，国家与地方政府的方针政策、法律法规，政府对外来企业及技术创新的态度等。其中，法律法规包括税法、不正当竞争法、环境保护法以及外贸法规等。

（2）经济环境

经济环境主要包括宏观和微观两个方面的内容。宏观经济环境主要指一个国家与地区的国民生产总值、国民收入及其变化情况，融资难度与成本、利率水平、汇率、通货膨胀率，所处国际经济与贸易环境等。微观经济环境主要指企业所在地区或所服务地区消费者的收入水平、消费偏好、就业程度、交通运输状况、能源成本等。

（3）社会环境

社会环境包括一个国家与地区的人口规模、年龄结构、人口分布、居民教育程度和文化水平、宗教信仰、风俗习惯、生活方式、审美观点、价值观念，生态、卫生、治安与安全环境等。

（4）技术环境

技术环境包括与企业所处领域的技术发展变化情况，国家与地区对科技开发的投资重点和支持力度，技术转移和技术商品化速度，专利及其保护情况，新技术的发展及其影响等。

7.2.3.2 SWOT 分析法

SWOT 分析法是指基于内外部竞争条件和环境下的态势分析，将研究对象主要的内部优势、劣势和外部机会、挑战等调查列举出来，然后系统分析，研究制订相应的发展战略、计划以及对策。

SWOT 分析从一开始就具有显著的结构化和系统性的特征，通过构造 SWOT 结构矩阵，对矩阵的不同区域赋予了不同分析意义。利用这种方法可以从中找出对自己有利的、值得发扬的因素，以及对自己不利的、要避开的因素，发现存在的问题，找出解决办法，并明确以后的发展方向，如图 7-2 所示。

7.2.3.3 波特五力分析法

波特五力分析法是迈克尔·波特（Michael Porter）于 20 世纪 80 年代初提出，可以有效分析客户的竞争环境。五力分别是供应商的议价能力、购买者的议价能力、潜在竞争者进入的能力、替代品的替代能力、竞争者现在的竞争能力。五种力量的不同组

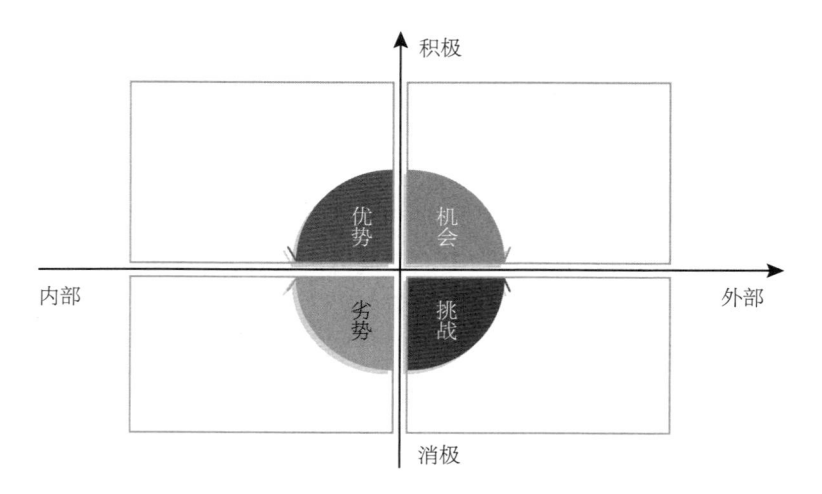

图 7-2　科技成果 SWOT 分析

合变化，最终影响企业现在及未来的市场竞争力及利润变化，如图 7-3 所示。

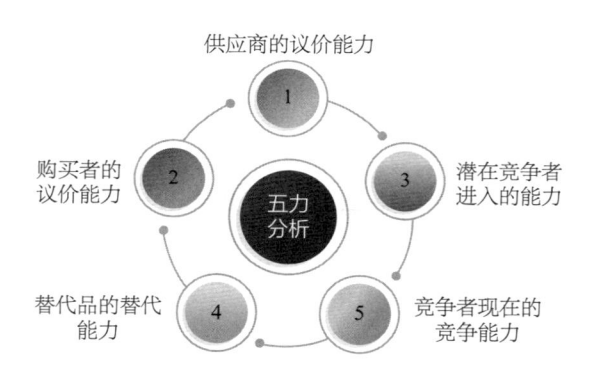

图 7-3　科技成果波特五力分析

（1）供应商的议价能力

供方主要通过提高其产品价格、降低其产品质量，来影响产品竞争力与行业的盈利能力。如果供方的产品买主很多，或者产品具有一定特色，以至于买主难以转换或转换成本太高，或者很难找到可与供方企业产品相竞争的替代品，或者能够方便地实行前向联合，而买主难以进行后向联合，则供方的议价能力较强。

（2）购买者的议价能力

购买者主要通过压价、要求提高产品质量或服务质量，来影响行业的盈利能力。一一般来说，如果购买者的总数较少而购买者的购买量较大，或者卖方行业由大量规模相对较小的企业所组成，或者所购买的基本上是一种标准化产品，或者购买者有能力实现后向一体化而卖主不可能前向一体化，购买者的议价能力较强。

（3）潜在竞争者进入的能力

新进入者将在现有市场中分一杯羹，最终导致行业中现有企业盈利水平降低。竞争性进入威胁的严重程度取决于两方面的因素，即进入新领域的障碍大小与预期现有企业对于进入者的反应情况。进入障碍因素主要包括产品差异、资本需要、转换成本、销售渠道开拓、政府行为与政策、自然资源、地理环境等。预期现有企业对进入者的反应情况，主要取决于有关厂商的财力情况、行业增长速度、回击行动等。

（4）替代品的替代能力

替代品的竞争会以各种形式影响行业中现有企业的竞争态势。由于替代品的侵入，使得现有企业必须提高产品质量，或者降低售价，或者使其产品更具特色，否则其销量与利润增长的目标就有可能受挫。总之，替代品价格越低、质量越好、用户转换成本越低，其所能产生的竞争压力就越大。

（5）竞争者现在的竞争能力

现有企业之间的竞争常常表现在价格、渠道与广告、产品质量、售后服务等方面。其竞争强度与行业进入门槛、势均力敌竞争对手的数量、竞争参与者范围、市场成熟程度与产品需求增长状况、竞争者促销手段、用户转换成本、退出障碍等相关。

波特竞争力模型的意义在于，五种竞争力量的抗争中蕴含着三类成功的战略思想，即总成本领先战略、差异化战略、专业化战略。

7.2.4　TRIZ 理论的技术系统进化法则

TRIZ 理论（即发明问题解决理论）是由苏联发明家根里奇·阿奇舒勒（Genrich S. Altshuler）在 1946 年创立的。阿奇舒勒发现任何领域的产品改进、技术的变革、创新，和生物系统一样，都存在产生、生长、成熟、衰老、灭亡的过程，且有规律可循。人们如果掌握了这些规律，可以使我们的产品开发具有可预见性，对于提高产品创新的成功率、缩短发明周期、专利布局和选择企业战略，具有重要现实意义和价值。

①完备性法则：一个有效的系统应该包括动力、传递、执行、控制四个主要单元；②能量传导法则：技术系统的进化应该沿着使能量流动路径缩短的方向发展，以减少能量损失；③协调性法则：技术系统的进化是沿着整个系统的各个子系统之间互相更为协调、与超系统更加协调的方向发展；④提高理想度法则：任何技术系统，在其生命周期之中，都是向最理想系统的方向进化[理想化度＝有用功能之和/（有害功能之和＋总成本）]；⑤子系统不均衡法则：整个系统的进化速度取决于系统中发展最慢的子系统，即"木桶原理"，改进进化最慢的子系统能明显提高整个系统的性能；⑥动态化法则：技术系统的进化应该沿着结构柔性、可移动性、可控性增加的方向发展；⑦向微观级进化法则：技术系统的进化是沿着减小其元件尺寸的方向发展，以使系统的尺寸更小，减少空间资源占用；⑧向超系统进化法则：技术系统的进化是沿着从单系统—双系统—多系统的方向发展，以增强功能或降低成本；⑨S曲线进化法则：技术的进化规律是一条S形的曲线。曲线分成四个阶段，分别为婴儿期、成长期、成熟期、衰退期。

7.2.5 信息化

借助互联网、大数据技术、人工智能（AI）等手段与工具，可以实现科技成果评估的远程操作，更容易简便化、规范化、流程化、智能化，达到"优、快、廉、便"（即质量优、效率高、成本低、操作简单）。

质量优：线下评价过程不太方便监管，结论容易失真；评估报告不规范，内容不够系统与丰富。相比之下，信息化评估容易实现有痕管理，对评估人员采取积分制，有利于激励其认真、负责；预制评估指标及流程，使评估更系统、更规范、更全面。

效率高：线上评估可以进行远程操作与交流，无须咨询专家与被评方到现场，节省大量组织时间及交通时间；在评估结论的查看与利用方面，信息化评估可以实现智能检索、匹配与推荐。

成本低：咨询专家不用到现场，可减少交通、膳食、住宿及专家咨询费，同时减少会议及组织费用；在评估进度的监督与跟进、咨询专家的选择与确认、评估意见的提炼与综合等方面，信息化可以更智能、更便捷，节省人力成本。

操作简单：信息化平台可以对科技成果信息的查看、评估意见的撰写等，采用模块化设置，辅之一定的信息提示，操作更简单；同时，对科技成果信息与咨询专家容易进行分类分级及图表分析，检索、分析与查看也更方便。

科技成果完成方或委托方，可根据自身需求及成本预算，选择不同的评价类型（自评、同行专家评、职业评估师评、用户评、评估机构评、AI 评），如图 7-4 所示。

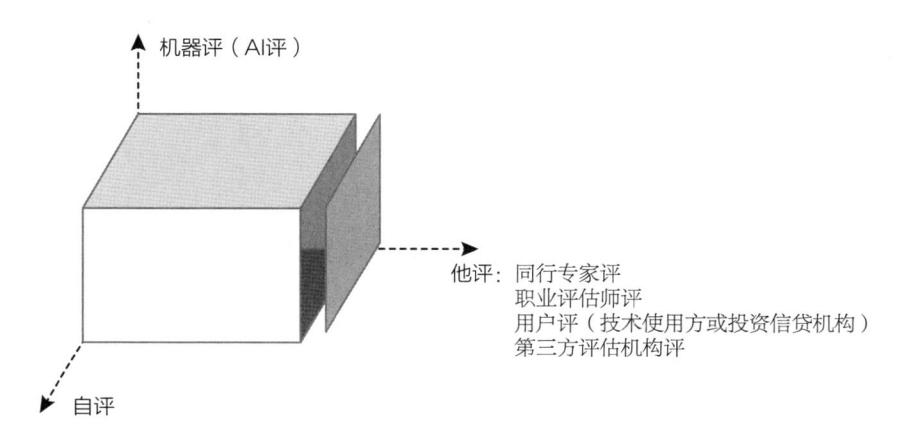

图 7-4 "立体评估"模式

图 7-4 的三种评估（自评、他评、机器评）中，自评成本最低，但客观公正性最差；第三方评估机构评成本最高，但客观公正性相对有保障。其他三种"他评"（个人评）的客观公正性，取决于信息化评估系统中评估人员（含专家、用户、职业评估师）的身份识别、选择与考核监管机制。"立体评估"主要是能从多方视角了解科技成果，以达到兼听则明的效果。

7.3 评估案例分析

7.3.1 案例背景

2015 年，某大学国家重点实验室科研团队开发出一项采用创新结构的中低速磁悬浮列车悬浮架技术，使悬浮架受力方式更合理，装车功率显著提升，整车在速度上提升约40%。科研团队希望能找到一家企业以转化此项技术,当时自估此项成果价值为700万元。

经过交流,了解到目前面临几个问题:①客户不了解与不信任该项技术,推广起来有一定难度;②技术成果的价格不确定,不知以多少金额交易才合算且能让客户接受;③该技术成果属于职务科技成果,从高校转出去面临一系列法律法规问题,包括定价机制、国有资产保值增值(国有资产流失)等。

7.3.2 评估委托与受理

确定该项科技成果需要评估后,让科研团队走学校内部程序,以学校的名义与评估机构签订《科技成果评估委托协议》。

评估机构向科研团队简述评估流程,提出材料要求,并转发《科技成果信息采集表(模板)》。在科研团队填写《科技成果信息采集表》的过程中,评估组长多次与团队主要成员沟通,提示填写的要求与方法,建议准备与提交多种附件材料,如检测试验报告、查新报告等。

7.3.3 制订评估方案

根据科研团队提供的信息,制订《科技成果评估方案》,内容包括被评成果名称、成果类型、评估目的、评估时间、评估师名单、评估流程、注意事项等。其中,对咨询专家的遴选提出建议,希望1位来自高校或科研机构、2位来自潜在客户企业、1位来自行业协会、1位来自其他磁悬浮列车建设与运营单位。确定不需要现场会议评审,但其中2位咨询专家需要到实验室现场调研与观摩。

7.3.4 收集被评成果信息与行业信息

科研团队完成填写《科技成果信息采集表》,包括工作分解结构表(WBST)、技术增加值表(TVAT)、质量成本进度表(QCDT)、对标分析表(BAT),自评科技成果的市场估值为700万元,与附件一起提交给评估组长。评估组长进行一定的脱敏处理，编辑好《咨询专家意见表》，一同交给各咨询专家，并提出反馈截止日期。评估组长与评估师一方面收集大量行业情报，另一方面向专家获取咨询意见。如专家对成果方提出疑问或材料需求，评估组长或评估师从中斡旋，尽量保证此类信息传达准确、完整。

7.3.5 收集咨询专家意见、梳理与分析信息

评估组长跟催与收回各位咨询专家填写的《咨询专家意见表》，统计各项平均分。针对各分项内容，结合成果完成方提供的信息、评估师收集的其他信息，逐一梳理出评估意见。其中一位评估师具有注册会计师资质，通过收益法，计算出此项科技成果的中性预估价值为1552万元（即建议交易价格）、乐观预估价值3973万元（相当于上限）、保守预估价值438万元（相当于下限）。其技术评估值（中性预期）的计算明细如表7-6所示。

表7-6 某中低速磁浮列车悬浮架技术评估值计算表

	2016年	2017年	2018年	2019年	2020年	2021年	2022年	2023年	2024年
中国轨道交通规划长度/千米	678	802	963	611	878	655	765	779	775
磁悬浮列车预计占比/%	—	4	6	8	10	12	14	16	18
磁悬浮列车规划长度/千米	—	32	58	49	88	79	107	125	140
磁悬浮列车装备每千米投资额/万元	7500	7500	7500	7500	7500	7500	7500	7500	7500
磁悬浮列车装备总投资额/万元	—	240600	433350	366600	658500	589800	802783	934778	1046446
本项目占比/%	—	—	—	—	2	4	6	8	10
本项目总额/万元	—	—	—	—	13170	23592	48167	74782	104645

续表

	2016 年	2017 年	2018 年	2019 年	2020 年	2021 年	2022 年	2023 年	2024 年
项目毛利率/%	12.75	12.75	12.75	12.75	12.75	12.75	12.75	12.75	12.75
项目毛利润/万元	—	—	—	—	1679	3008	6141	9535	13342
项目成本费用率/%	60	60	60	60	60	60	60	60	60
项目净利润/万元	—	—	—	—	672	1203	2457	3814	5337
技术分层率/%	29	29	29	29	29	29	29	29	29
技术分层额	—	—	—	—	195	349	712	1106	1548
折现率/%	14.58	14.58	14.58	14.58	14.58	14.58	14.58	14.58	14.58
折现年限	0	1	2	3	4	5	6	7	8
折现系数	1	0.8727	0.7617	0.6648	0.5802	0.5063	0.4419	0.3857	0.3366
各年折现值/万元	0	0	0	0	113	177	315	427	521
技术评估值（中性预期）/万元					1552				

注：1. 中国轨道交通规划长度（千米）数据来源：国家统计局、中商产业研究院。

2. 技术分层率 = $m+\Phi \times (n-m)$ = 25%+50%×（33%-25%）= 29%。

技术分层率是指技术本身对产品未来收益的贡献大小，按照国内工业企业净利润技术分层率的取值，专利技术贡献率一般在 25% ~ 33%。

m 为利润分成率下限 25%；

n 为利润分成率上限 33%；

Φ 为专利技术修正系数，按照该专利技术及其法律保护状况、技术应用范围、是否有替代技术、技术的先进度、技术的创新度、产品制造的技术成熟度、技术产品市场竞争状况、产品的技术获利能力以及产品制造技术实施条件等各种因素进行打分，评定为 50%。

3. 折现率：$re = rf + \beta e \times (rm - rf) + \varepsilon$ = 4.1%+0.9×（10.19%-4.1%）+5% = 14.58%。

rf 无风险报酬率参照国家近三年发行的中长期国债利率的平均水平，即 4.1%；

rm 市场预期报酬率，一般认为股票指数的波动能够反映市场整体的波动情况，指数的长期平均收益率可以反映市场期望的平均报酬率。通过对上述综合指数自 1992 年 5 月 21 日全面放开股价、实行自由竞价交易后的指数平均收益率进行测算，得出指数平均收益率为 10.19%。

βe 取沪深两市轨道交通行业上市公司股票，以 2012—2015 年市场价格测算估计，得到可比公司股票的历史市场无财务杠杆平均风险系数 0.9。

ε 考虑到技术因素本身具有的特殊性和风险性，在技术项目实施过程中，还存在专利技术本身被替代及专利技术产品市场变化等不确定因素，通过对其进行的风险分析，确定技术项目实施风险取 5%。

7.3.6 撰写评估报告与主要结论确认

"经济价值"章节由具有注册会计师资质的评估师撰写,"知识产权"章节由具有专利代理师资质的评估师撰写。其他内容,包括评估结论等,全部由评估组长撰写并整理成册。评估组长将主要的评估结论(市场估值、技术创新度、技术成熟度、技术先进度等)先给科研团队(委托方)确认。

7.3.7 审查与交付评估报告

评估机构专职审查员对评估报告进行审查,审查无误后,将报告印刷(共4份)、装订(胶装)、签名(评估师,含评估组长)、盖章(评估机构落款处、封面、骑缝分别盖评估机构公章)。其中3份报告由评估机构交给科研团队,另1份报告留底备查。整理评估档案,将该评估项目所有相关材料保存到一个文件袋,并在最前面附一份材料清单。

7.3.8 后期科技成果转化

据了解,该项科技成果的评估报告交付约半年后,成果完成团队以评估报告作为证明材料,顺利通过学校成果转化各项审批程序,最终以作价2000万元投资到一家机车制造企业。

7.3.9 案例亮点

以上是一个典型的通过第三方评估促进技术交易的案例。评估活动规范、系统,评估过程客观、公正,评估结论相对科学、准确,且可以有效促进成果转化。由于大量采用信息化手段而不用组织现场会议,评估效率高、成本低。评估过程(包括咨询专家给出咨询意见)均有痕管理,后续可随时查阅原始记录,对评估人员有一定责任压力,促使其更认真、负责。

专业的事由专业的人来做。技术价值主要由临时遴选的行业领域咨询专家负责评估；技术成果知识产权保护情况（即法律价值）由具有专利代理师资质的评估师负责评估；经济价值由具有会计师资质的评估师负责评估。

通过收益法评估出来的价格（市场估值），作为技术交易双方协商价格的基础，可以加快商务谈判的进度。通过选择潜在客户的技术高管作为评审专家，可以让潜在客户及早、客观地接触与了解技术，加上其他咨询专家背书，以及系统的技术价值、经济价值展现，技术成果更容易获得客户信任。以第三方评估报告作为依据，高校领导在技术交易项目上的决策可以更科学、合理，同时可减少职务科技成果转化过程中面临的一系列法律法规风险，包括知识产权定价、国有资产保值增值（国有资产流失）等。

7.4 本章小结

科技成果评估可以帮助人们更清晰地了解科技成果的五元价值（技术价值、经济价值、社会价值、科学价值、文化价值）、市场估值、转化与产业化风险，是促进科技成果转化的一种有效手段。评估活动中，科技成果评估的策划、科技成果及行业的信息收集、评估人员与咨询专家的选择、评估报告的撰写，以及评估过程中保密与风险的控制、评估档案的管理等都十分重要。利用信息采集表（含 WBST、TVAT、QCDT、BAT）、咨询专家意见表、战略分析模型以及信息化工具，可以更规范、高效地管理评估过程，科技成果评估信息往往也更全面、更丰富。

评估流程与方法并不是一成不变的，实际评估过程可能遇到多种情况，此时评估人员需围绕评估目的，结合实际情况灵活处理。只有充分理解科技成果标准，熟练掌握评估要点与技巧，熟悉多种评估工具的应用，科技成果评估才能事半功倍，以较小的成本、较高的效率，达到科技成果评估客观、公正、科学、准确。

思考题

1. 技术增加值表（TVAT）、质量成本进度表（QCDT）、对标分析表（BAT）分别展示与分析科技成果哪些技术价值指标?

2. 分析战略分析模型在科技成果评价中的作用。

3. 科技成果信息采集表一般由成果方先填写,为什么需要评估人员(含咨询专家)确认其充分性、有效性、真实性与准确性?

4. 邀请咨询专家进行评估,一般要给专家提前制作《咨询专家意见表》。《咨询专家意见表》的作用与好处有哪些?

5. 评估机构如何提升自身评估能力与水平?

第 8 章
知识产权运营

本章主要介绍知识产权运营的定义及主要特点，对国家创新驱动发展战略及企业创新发展的重要意义以及在科技成果转化过程中的重要作用；知识产权价值评估作为知识产权运营中的核心环节，包括定性评估和定量评估两种常见的方法；知识产权运营常见模式主要包括许可、转让、质押融资、作价入股等，针对主要模式的特点、应用场景进行了详细介绍，并结合相关案例进行解析。

8.1 知识产权运营的定义及基本特征

知识产权运营是指相关主体通过主动运作和经营从而实现其知识产权价值的一系列商业活动。知识产权运营本质是将知识产权作为一种资产，权利人或相关市场主体通过许可授权、转让、质押融资、技术孵化、创新成果产业化等一系列商业化操作实现其价值最大化的过程，涵盖知识产权的创造、保护、管理、应用等多个环节，旨在通过合理的商业模式，使权利所有人通过知识产权获得最大化的经济效益和社会效益。

知识产权运营具有主动性、协同性、竞合性、商业性及全生命周期性等基本特征。

主动性：指的是知识产权运营是一种主动积极的行为，包括知识产权所有人主动开展许可、转让、质押融资等活动从而获得收益；或者知识产权所有人将其知识产权委托给第三方机构，第三方机构以知识产权所有人名义开展许可、转让等活动，并将获取的收益与知识产权所有人共享；或者知识产权所有人直接将其持有的知识产权转让给第三方机构（如 NPE 公司），第三方机构以自己的名义开展许可、转让、质押融资等活动从而获得收益，原知识产权所有人可以通过转让过程获得一次性收益，也可以与第三方机构进行收益分成。

协同性：指的是知识产权运营团队将知识产权、创新主体、应用场景（产业）、金融资本、政策环境、服务机构（代理、法律、财务审计、资产评估）等多个运营要素互相融合、协同作用的结果。只有每个运营要素之间紧密衔接、互相支撑才能发挥最大作用，而尤为重要的是运营团队的高端人才队伍更是关键核心，再好的知识产权，如果没有具有复合型、综合性的高素质运营人才运营，也难以发挥其商业价值。

竞合性：指的是知识产权运营活动既是一个互相竞争的行为，也是一个合作共赢的活动。互相竞争与知识产权的垄断性、独占性等密切相关，一旦知识产权所有人通过转让、自身产业化等方式获得收益，其也势必会获得该知识产权的垄断权和排他权，在该技术领域获得竞争优势，从而阻碍或者降低了其他竞争对手进入同一市场的机会。合作共赢则体现在知识产权运营各个参与方之间，知识产权所有方，尤其是高校院所，其主要优势在于前沿技术研究能力和知识产权的创造保护方面，其劣势在于其无法深耕市场一线，难以接触到知识产权需求方；知识产权应用方，尤其是企业，主要优势在于身处市场一线，深度了解市场需求，具有广泛的市场应用场景，但缺少创新研发能力，尤其是没有人力物力投入前瞻性技术研究中，刚好与高校院所具有天然的合作性。

商业性：指的是知识产权运营的宗旨是实现知识产权经济价值的商业化。最大化实现知识产权的商业价值也是知识产权运营的终极目标。换言之，知识产权运营的商业性主要体现为以市场化运作为手段，将知识产权的创造、布局、运用嵌入企业的产业链、价值链和创新链的企业日常生产经营活动过程中，促进企业优化资源配置，从而实现知识市场经济价值最大化的交易行为。

全生命周期性：指的是知识产权运营是一个覆盖了知识产权创造、布局、保护、运用及管理等多个环节的全生命周期运营活动。具体而言，高质量的知识产权创造是实现高价值运营的前提，合理有效的知识产权布局为实现知识产权高价值提供了策略支撑，知识产权保护为开展知识产权运营提供保障，知识产权管理为知识产权运营提供体系支撑。

8.2 知识产权运营的目的及意义

《国家知识产权局战略纲要》明确提出要"促进自主创新成果的知识产权化、商品化、产业化，引导企业采取知识产权转让、许可、质押等方式实现知识产权的市场价值"。这就明确提出了知识产权运营的目的是以市场化运作为手段，通过转让、许可、投资、融资、质押等多维度、多层次的方式，将智力无形成果实现其有形价值，并使其社会价值和商业价值最大化，从而获得市场竞争优势。

中共十八大提出将创新驱动发展战略上升为国家发展战略，强调要实施知识产权战略，并成为创新驱动战略的重要组成部分，知识产权运营是国家创新驱动发展战略实施的基础支撑。高校是实施创新驱动发展战略的主体，知识产权是科技成果的有效载体，推动和加强高校知识产权运营是增强高校科技竞争力的重要手段。企业是产品创新及市场开拓的主阵地，随着科技创新对于企业高质量发展的作用日益增长，知识产权运营更是成为企业获取经济效益、提升竞争力的有效途径，通过有效的知识产权运营，不仅能为企业带来许可费、损害赔偿金、资本收入和技术报酬等直接的多元利益，也可以实现获得股权、控制权、限制竞争对手竞争、独占某领域市场、扩大品牌影响力、实现研发自由、突破竞争对手设置的贸易壁垒等商业目标，协助企业借由技术和资本竞争优势间接主导产业链和价值链。

8.3 知识产权价值评估

知识产权的价值是开展知识产权运营的首要环节，只有对其持有的知识产权的价值进行合理的评估后，才能选择恰当的运营手段实现其经济价值，最终获得该知识产权价值的变现。

《中华人民共和国资产评估法》第 2 条规定，资产评估是指评估机构及其评估专业人员根据委托对不动产、动产、无形资产、企业价值、资产损失或者其他经济权益进行评定、估算，并出具评估报告的专业服务行为。知识产权是一种特殊的无形资产，根据《知识产权评估指南》（中评协〔2017〕44 号）第三条之规定，知识产权资产价值评估，是指资产评估机构及资产评估专业人员遵守法律、行政法规和资产评估准则，根据委托对评估基准日特定目的下的知识产权资产价值进行评定和估算，并出具资产评估报告的专业服务行为。

关于无形资产评估的详细内容，可以参见《技术经理人高级教材》的相关章节，本节将结合无形资产价值评估方法，重点介绍知识产权资产价值评估的自身特点，尤其是在科技成果转化过程中最常见的专利、商标、著作权及商业秘密等知识产权，结合其自身特点介绍相关评估方法及程序。

8.3.1 知识产权价值评估的分类

知识产权价值评估包括定量评估和定性评估两种方法。定量评估方法侧重于通过数学模型和具体数据来确定知识产权的货币价值，通过定量评估，可以直接计算出知识产权能为企业或个人带来的经济收益。定性评估方法，则更多地关注难以量化的因素，如技术的独特性、品牌影响力、市场潜力、法律保护的强度等。定性评估帮助产权所有人理解知识产权的战略重要性、竞争力和潜在风险，整体宏观上了解知识产权的相关情况，从而对于未来知识产权分级分类管理、制订知识产权运营策略提供参考依据。

8.3.2 知识产权价值的定性评估方法

知识产权价值的定性评估是对知识产权的非货币特性进行分析和评价的过程，旨在理解其潜在价值、市场影响力、竞争优势和战略意义。与定量评估专注于资产的数值计算不同，定性评估更侧重知识产权的无形特征和市场环境因素。定性评估的基本方法如下。

一是专家评估法，即依靠行业专家的知识和经验对知识产权的技术先进性、创新水平、行业地位、市场潜力等进行评价。专家评估时，常常需要研究行业发展趋势、技术发展路径和市场需求变化，预测知识产权的未来适用性和价值。通过比较分析来对比同类或相似知识产权的特点、应用情况和市场表现，评估其相对优势和劣势。分析知识产权面临的法律风险（如侵权风险）、市场风险和技术淘汰风险等，评估其稳定性。对品牌或技术的认知度、忠诚度、声誉等进行品牌影响力评估，特别是对于商标和著作权而言尤为重要。

二是计算机自动分析评估法，即通过人工智能技术，参考以往历史价值评估数据，综合技术价值、经济价值、法律价值、市场价值、战略价值等多个维度，针对知识产权大数据进行大模型训练，从而得到一个分级打分的定性评价结果及分析报告。例如，知识产权出版社知识产权运营团队开发的 P2I 专利价值评估系统就具有专利价值自动评估功能，其通过大数据处理技术和语义智能技术对专利进行碎片化指标处理，构建面向专利运营的价值评估指标体系，从而快速准确地实现中国专利价值的智能化评估，为用户开展专利运营活动提供支持。

定性评估是知识产权价值评估不可或缺的一部分，它与定量评估相辅相成，共同为知识产权的所有者或潜在投资者提供全面的决策支持。

8.3.3 知识产权价值的定量评估方法

定量评估也称知识产权资产价值评估或者知识产权资产评估（为了统一术语名称，本章统称为"知识产权资产价值评估"），其评估方法与无形资产类似，主要包括以下三种。

成本法：根据创建或购买知识产权的成本加上必要的附加费用（如维护费、升级费）来评估价值。

收益法：预测知识产权在未来能产生的收益流，并折现到当前价值，考虑的因素包括预期收益、风险和贴现率。

市场法：通过比较市场上相似知识产权的交易价格，调整差异后得出评估对象的价值，这种方法依赖于可比案例的存在。

需要说明的是，在实际操作中，为了得到更全面和准确的知识产权价值评估结果，通常会结合使用定性和定量两种方法。这种综合评估方法能更全面地反映知识产权的真实价值及其在市场中的地位。

8.3.4 知识产权资产价值评估

知识产权资产价值评估一般过程与无形资产价值评估过程相同，即评估范围—评估目的—评估基准日—评估依据—被评估的对象—评估方法的确定—评估计算结果。本节结合知识产权特性着重介绍价值评估时需要考虑的评估对象及范围、评估目的、评估依据、影响因素等。

8.3.4.1 知识产权资产价值评估的对象及范围

通常，知识产权包括专利、商标、著作权、商业秘密、集成电路布图设计、植物新品种和地理标志等八类。由于地理标志的共有性和显著的地域性，其不符合作为资产的要求。因此，知识产权资产评估对象主要包括专利、商标、著作权、商业秘密、集成电路布图设计和植物新品种及它们的组合。

8.3.4.2 评估目的

知识产权评估是对知识产权的价值通过货币单位的形式表现出来，其目的往往与商事活动密切相关。根据《知识产权评估指南》规定，知识产权资产价值评估目的包括转让、许可使用、出资、质押、诉讼、财务报告等。

8.3.4.3 知识产权资产价值评估依据

关于知识产权资产价值评估，在法律法规层面，国家先后颁布的《国有资产评估管理办法》《中华人民共和国公司法》(以下简称《公司法》)《中华人民共和国证券法》《企业国有资产法》《资产评估法》等，对于知识产权资产评估进行了相关规定。此外，财政部和中国资产评估协会先后发布了《资产评估准则——无形资产》《知识产权资产评估指南》《专利资产评估指导意见》《商标资产评估指导意见》《著作权资产评估指导意见》等操作层面的相关文件。这些文件成为当前开展知识产权资产价值评估的主要依据。

8.3.4.4 知识产权资产价值评估的影响因素

知识产权资产价值评估结果受到诸多因素影响，由于不具有实体形态，相较于其他资产，其评估过程更加复杂和困难。因此，进行知识产权资产价值评估，首先应明确影响其价值的因素，主要有知识产权资产的创造成本、机会成本、效益因素、使用期限、技术成熟度、转让内容因素。另外，还需要考虑国内外该类知识产权资产的发展趋势、更新换代情况和速度、市场供需状况、同行业同类知识产权资产的价格水平以及评估师的评估技术水平等因素。

综上所述，相较于其他资产价值评估，知识产权资产价值评估的模型建立更困难、更复杂，比如，以财务报告为目的的知识产权资产价值评估，市场法是其最理想化的评估方法，其次可使用收益法，但一般不适应于成本法。然而，知识产权价值评估方法选择的适用程度依次是收益法、成本法、市场法。

8.4 知识产权运营的主体

知识产权运营的主体指的是开展知识产权运营活动的组织者和实施者，既可以是法人组织，也可以是自然人。知识产权运营主体通常主要包括知识产权所有者、专门从事知识产权运营活动的机构以及涉及知识产权运营服务的传统知识产权服务机构。

知识产权所有者中开展运营的机构主要以高校院所的技术转移中心（办公室、运营公司等）、企业自身或者其下设的相关技术研究院为主。典型机构包括国外的斯坦福技术许可办公室（OTL）、牛津大学的下属公司 ISIS 创新公司，以及国内的中国科学院上海生命科学研究院（以下简称上海生科院）的知识产权与技术转移中心（以下简称知产中心）、清华大学下设的技术转移研究院和成果与知识产权管理办公室。高通公司是典型的一家以知识产权运营作为其主要营收来源的企业，IBM 公司也专门设立了用于运营知识产权的研究院。

知识产权运营机构是指那些自身不创造知识产权，但以知识产权运营为其唯一或者主要核心收入来源的专业公司，主要经营范围包括知识产权投资、知识产权交易撮合、知识产权诉讼维权等运营服务。例如，ICAP 专利经纪公司（CAP Patent Brokerage）是全球最大的知识产权经纪和拍卖公司；阿凯夏公司是美国第一家公开上市的专利运营公司，管理着超过 150 个专利组合；高智公司是一家通过基金开展专利投资的国际专利巨头公司；北京知识产权运营管理有限公司是我国首家由政府倡导并出资组建的专利运营公司。当前，随着专利海盗现象愈演愈烈，还出现了协助实体公司防范专利海盗或帮助企业进行专利推广和交易的机构。例如合理专利交易公司（Rational Patent Exchange，RPX）是美国第一家反专利海盗公司。此外，近年来，一些专利基金、知识产权管理方案服务提供商以及涉及专利质押、保险、证券化等业务的中介机构或服务商直接或间接参与专利运营，它们为专利运营提供融资、担保、专利分析以及信息或方案服务，也可以称为广义上的知识产权运营公司。

涉及知识产权运营服务的传统知识产权服务机构主要包括知识产权代理所、知识产权律所、知识产权信息提供商及知识产权咨询服务公司等。这类机构的特点是其营收来源除了知识产权运营收益之外，还有其自身的核心业务（如知识产权代理、法律诉讼、信息咨询等），尽管这类机构本身不拥有知识产权，但依托其与知识产权所有者的紧密合作关系，具有"近水楼台先得月"的优势，容易获得知识产权所有者的许可或者接受其委托，依靠自身的知识产权团队，在开展传统业务之余，也会"顺便"协助知识产权所有者开展知识产权运营服务，并与知识产权所有者共享运营收益。

8.5 知识产权运营的常见模式

知识产权运营的常见模式包括知识产权许可、转让、作价投资、质押融资、证券化投融资等。

8.5.1 知识产权许可

知识产权许可指的是知识产权权利人将其知识产权中的全部或部分使用权授予被许可人的法律行为。知识产权许可授权模式是知识产权商业化中最常见，也是最重要的途径。知识产权许可包括普通许可、独占许可、排他许可、分许可、交叉许可等形式，近几年，国家知识产权局也推出了专利开放许可和强制实施许可等新政策。

8.5.1.1 普通许可

知识产权普通许可（非独占许可）是最常见的一种许可授权模式，即知识产权所有者（许可方）通过合同形式授予他人（被许可方）在一定条件下使用其知识产权的行为，许可方可以有偿或者无偿将知识产权授予被许可方在一定的区域及时间内使用。

（1）普通许可的特点

开放性，许可方可以将知识产权授权给多个被许可方，不设数量限制；无排他性，许可方和所有被许可方都可以在同一时间、同一地域内使用该知识产权；灵活度高，许可方可以继续自行使用并进一步向他人发放许可，自由度较大；许可费用较低，普通许可意味着许可人将来可以许可给多人使用，对外收取的许可费用相对较低，被许可人容易接受，也方便其后期快速开展市场推广。

（2）普通许可的适用场景

需要广泛传播和应用知识产权，比如软件行业的普通许可协议，允许多家企业合法使用同一款软件。对于想要拓展市场的许可方而言，可以通过发放多份普通许可增加收入来源，同时扩大知识产权的影响力和覆盖面。

8.5.1.2 独占许可

知识产权独占许可是指知识产权的所有者（许可方）通过合同形式授予他人（被许可方）在规定的时间、地域范围内独家使用该知识产权的权利。这种许可的关键特征是其独占性，意味着在约定的条件下，不仅其他任何第三方无权使用该知识产权，就连许可方自身也放弃了在该许可范围内使用该知识产权的权利。因此，被许可方成为唯一有权在指定范围内利用该知识产权进行商业活动或其他规定用途的实体，享有对该知识产权使用的垄断地位。独占许可合同会详细规定被许可方的权利与义务，包括使用范围、许可期限、是否允许分许可、违约责任及赔偿等内容，以确保双方权益得到法律保障。

（1）独占许可的特点

唯一性，在合同规定的地域范围和期限内，许可方只能将知识产权授予一个被许可方使用；排他性，除了被许可人，包括许可人在内的任何第三方都不能在同一区域、同一时间内实施该知识产权；控制权减弱，许可方丧失了在该许可范围内自行使用或再次许可给其他人的权利；独占许可通常伴随着较高的许可费用，因为它为被许可方提供了市场独占的优势，减少了竞争压力，并可能带来更大的经济效益。

（2）独占许可的适用场景

当许可方希望借助被许可方的市场优势、生产能力或销售网络快速推广产品和技术时。被许可方愿意支付较高许可费用以换取独家使用权，例如药品开发与生产中的专利独占许可。

8.5.1.3 排他许可

知识产权排他许可是指在合同约定的期限和地域范围内，许可人授权被许可人独家使用特定的知识产权，同时许可人自己保留使用该知识产权的权利，但承诺不再将相同权利授予其他任何第三方。这意味着，在约定的条件下，只有被许可人和许可人有权使用该知识产权，有效地排除了所有其他潜在使用者。在签订排他许可合同时，双方应明确许可的范围、期限、地域、使用方式以及是否允许分许可等条款，确保双方权益得到妥善安排，并符合相关法律法规的要求。

（1）排他许可的特点

限制性，许可方允许被许可方在特定区域内独家使用知识产权，但许可方自己仍保留在此区域内使用该知识产权的权利；第三方禁止，除许可方和被许可方外，任何第三方均不得在同一时间和地域内使用该知识产权；较高许可费用：相对于普通许可，由于排他许可提供了更高级别的市场保护，被许可方通常需要支付更高的许可费。

（2）排他许可的适用场景

许可方希望保持一定的控制权，并可能在未来自行利用知识产权，同时又希望通过被许可方扩大市场份额。合作双方均有意向共同开发市场，如技术合作项目中一方提供核心技术，另一方负责本地化生产和营销。

8.5.1.4 分许可

知识产权分许可是指在原许可协议的基础上，已经获得许可的被许可方（称为"原始被许可方"）进一步将自己获得的部分或全部使用权转让给其他第三方（称为"次级被许可方"）的行为。这种许可通常需要原始许可协议中明确允许分许可的条款，或者需得到初始许可人的同意。

（1）分许可的特点

层级性，分许可创建了一个许可的层级体系，原始许可人位于顶层，原始被许可人作为中介层，而次级被许可人处于最下层。每一层的权利和义务通常受到原始许可协议的约束；条件传递性，分许可的条件往往需要遵循原始许可的条款，比如使用范围、地域限制、时间期限、质量控制要求等，同时也可能附加新的条件由原始被许可人自行设定；收益分配性，原始许可人可能要求从分许可中获得一定的收益，比如通过收取分成费或一次性费用。原始被许可人则可能通过分许可来扩大市场覆盖，或通过许可费作为收入来源。此外，分许可有可能会导致法律责任的复杂化，原始被许可人可能需要对次级被许可人的行为负责，同时也要注意不侵犯原始许可人的权利。

（2）分许可的适用场景

①技术转移与合作开发：在高科技行业，一家公司获得了某项关键技术的独占许可后，为了快速推进市场布局，可能会将该技术的一部分权利分许可给多家地区性的合作伙伴，以便它们在当地进行生产和销售。②连锁加盟模式：餐饮、零售等行业的特许经营中，总店作为原始被许可方，可能拥有品牌、商标、经营模式等知识产权的使用权，它可以将这些权利分许可给各个加盟店，使各加盟店能够在保持品牌形象统一的同时运营。③软件授权：大型企业购买了某个软件的使用权后，可能需要在公司内部的不同部门或分支机构间部署该软件，此时，企业作为原始被许可方，可能会对内部部门进行分许可，以合法合规地实现软件的内部共享。④科研合作：在科研项目中，一个研究机构获得了某种专利技术的许可，它可能与其他研究机构或企业合作，通过分许可的方式共享技术资源，共同研发新产品或服务。

分许可是知识产权管理和商业合作中的一种重要机制，它能够促进技术扩散、商业模式的扩展以及跨领域的合作创新，但同时也需要精细的合同设计和法律监管以避免纠纷。

8.5.1.5 交叉许可

知识产权交叉许可是指两个或多个知识产权持有者之间达成的一种协议，根据协议，各方相互授予对方使用自己部分或全部知识产权的权利。这种许可安排通常发生在拥有互补性或重叠性专利技术的企业之间，目的是降低法律风险、避免昂贵的诉讼费用、促进技术和市场的共享，以及加速产品的商业化进程。

（1）交叉许可的特点

①互惠互利：交叉许可基于双方都有对方所需的技术或专利，通过互相开放使用权，实现资源共享，促进技术交流与创新。②减少知识产权冲突：有助于解决知识产

权争议，尤其是当双方都拥有对方需要的专利时，通过交叉许可可以避免直接的法律对抗，维护良好的商业关系。③降低市场准入门槛：企业可以通过交叉许可进入原本受阻的市场，尤其是在技术密集型行业，专利壁垒高，交叉许可成为市场渗透的有效策略。④降低许可费用：相较于购买专利使用权或通过诉讼解决问题，交叉许可通常能以更低的成本获得所需的技术使用权。

（2）交叉许可的适用场景

①企业之间技术互补且相互依赖情况下：当两个或多个公司在同一行业或相关领域分别拥有对方需要的技术专利，且这些专利相互之间存在互补性或必要性时，交叉许可可使各方都能合法使用对方的专利技术，推动产品开发和市场扩张。例如，在智能手机行业，不同厂商可能在不同的通信技术、操作系统优化、硬件设计等方面拥有专利，通过交叉许可，可以整合资源，共同提升产品竞争力。②企业之间发生知识产权侵权情况后：如果两家公司发现彼此侵犯了对方的专利，为了避免长期且昂贵的法律诉讼，它们可以选择通过交叉许可协议来解决争端，既承认对方的专利权，又能继续使用对方的专利进行生产或研发。③企业之间寻求技术合作与创新情况下：在开展共同研发合作项目中，参与各方可能都会贡献自己的专利技术。通过交叉许可，可以确保所有参与者都能自由使用合作中涉及的专利，促进技术融合与创新。此外，对于想要进入新市场的企业，其围绕早期技术进行了再次创新，但目标市场已有竞争对手持有关键专利，此时，交叉许可可以作为一种市场准入策略，使得新进入者与已有竞争对手共同使用双方专利，合法占据市场主导地位，新进入者也能有效减少市场进入障碍。④标准化技术的共享时：在某些行业，如电信、信息技术等领域，标准化技术的实施往往需要使用多项专利。为促进技术标准的广泛应用，涉及标准必要专利的公司可能通过交叉许可协议，确保所有标准采用者都能获得必要的许可。⑤构建防御联盟：面对强大的竞争对手或专利巨鳄，几家公司可能联合起来，通过交叉许可形成专利池或联盟，共同抵御外部专利攻击，增强自身的市场地位和谈判力量。

8.5.1.6 专利开放许可

专利开放许可是一种特殊的普通许可模式，其中专利权人在获得专利权后，自愿向国家专利行政部门提出开放许可声明，明确许可使用费和其他条件，由专利主管机构予以公告。2022年5月，国家知识产权局发布了《专利开放许可试点工作方案》，标志着该制度开始试点实施。该方案旨在探索和建立一套适合中国国情的专利开放许可制度，包括许可信息发布、许可费用支付、许可合同管理等机制。

专利开放许可制度是中国专利制度的一项创新，旨在加速知识产权的转化运用。任何个人或单位只需遵守声明中的条件，如支付规定的许可费用，无须与专利权人单独谈判，即可直接实施该专利技术。这一模式简化了传统的专利许可流程，促进了专利技术的广泛传播和应用，提高转化效率，降低交易成本和风险。该制度的亮点在于：①自愿原则：专利开放许可基于专利权人的自愿决定；②信息公开：通过专利局登记和公告许可信息，便于潜在被许可方获取信息；③流程简化：被许可方只需书面通知专利权人并支付费用即可获得许可，无须单独谈判；④费用透明：专利权人需明确许可使用费及其支付方式，提高透明度；⑤灵活性：开放许可声明可撤回，但不影响已存在的开放许可效力。

8.5.1.7 专利强制许可

专利强制许可是指国务院专利行政部门依照《专利法》相关规定，在特殊情形下或对于特殊的专利，可以不经专利权人同意，直接允许其他单位或个人实施其发明或实用新型的一种特殊许可方式。

根据《专利法》第五十四、五十五、五十六条，规定了以下情形可以进行专利强制许可：①国家出现紧急状态或者非常情况时，或者为了公共利益的目的，国务院专利行政部门可以给予实施发明专利或者实用新型专利的强制许可。例如出现新冠肺炎疫情期间，针对治疗新冠肺炎疫情的相关治疗药物、检测设备等，可以启动专利强制许可，以应对医疗紧急情况，确保人民生命安全。②为了公共健康目的，对取得专利权的药品，国务院专利行政部门可以给予制造并将其出口到符合中华人民共和国参加的有关国际条约规定的国家或者地区的强制许可。③取得专利权的发明或者实用新型比已经取得专利权的发明或者实用新型具有显著经济意义的重大技术进步，其实施又有赖于前一发明或者实用新型的实施，国务院专利行政部门根据后一专利权人的申请，可以给予实施前一发明或者实用新型的强制许可。在依照前款规定给予实施强制许可的情形下，国务院专利行政部门根据前一专利权人的申请，也可以给予实施后一发明或者实用新型的强制许可。

案例：补天材料专利运营

毕玉遂，山东理工大学教授，博士生导师。长期从事有机合成化学以及化学反应新理论的研究，专注新型化学中间体、新型高分子结构的设计、合成和性能研究，聚氨酯化学与应用的研究。先后主持多项省、部级科技攻关课题和自然基金项目，多项研究成果实现产业化应用。曾获得山东省科技进步奖二等奖两项、三等奖三项，被授权中国发明专利多项，发表相关研究论文多篇。2011年，由毕玉遂率领的研究团队发明的"无氯氟聚氨酯新型化学发泡剂"历时13年完成。

山东理工大学对毕玉遂教授的发明高度重视，并给予大力支持。2016年2月，学校撰写了"推动无氯氟聚氨酯发泡材料产业化"的建议报告直接呈报国务院。2016年2月17日，国务院领导在建议报告上做了批示。科技部、生态环境部、中国石油和化学联合会、聚氨酯工业协会等联合专家组，国家发展改革委、中国石油和化学联合会、国家知识产权局等先后调研了项目研究进展情况。2016年5月9—13日，国家知识产权局派出微观专利导航项目工作组进驻学校，指导开展国际专利的布局、撰写、申请等工作。围绕该核心技术布局了一系列国内外专利，形成了高价值专利组合（4项国内发明专利及1项PCT申请）。2017年，围绕该核心技术已布局数十项全球专利，包括2件核心专利、3件PCT申请、42个外围专利。

2017年3月24日，补天新材料技术有限公司（以下简称补天新材）以5亿元获得毕玉遂教授研发团队发明的"无氯氟聚氨酯化学发泡剂专利"在美国及加拿大市场以外的20年独占许可使用权。这项成果，被国家知识产权局专家认定为"颠覆性技术发明""解决了一个世界性难题"。该专利技术转让的金额也成为当年单笔转让额度最高的科技成果转化项目。

2018年4月，补天新材在泰安新泰的环保聚氨酯板材项目通过当地环评，并于次年2月正式开工建设。项目建成后，可年产400万平方米聚氨酯夹芯板，年产值8.2亿元，税收5000万元，安置就业90人。该发泡剂可广泛应用于聚氨酯、聚氯乙烯、聚苯乙烯发泡，可适用聚氨酯软质、硬质、半硬质发泡。软质泡沫可应用于床垫、沙发、服装衬垫、汽车座椅等；硬质泡沫可应用于冰箱、冰柜、冷库、集装箱等制冷装置和设备、供热管道、建筑屋顶、外墙的隔热保温，空调管道隔热保冷以及作为以塑代木材料等。该创新成果既清洁环保又可降低能源消耗，经济价值巨大。

8.5.2 知识产权转让

知识产权转让也是知识产权运营的重要形式之一，即知识产权所有者（即转让方）与受让方签订转让合同，将其知识产权转让给受让方的法律行为。知识产权转让有其自身特点。首先，知识产权具有无形性、专有性、时间性与地域性的特点。中国颁布的《专利法》《商标法》《著作权法》等都明确记载相应转让规范。其次，知识产权转让属于权利转让，其会发生权利主体的变更行为，因此双方必须依法签订有效转让合同。转让合同必须由主管机关或其他组织进行登记。

根据知识产权种类的不同，知识产权转让包括专利权转让、商标权转让、著作权转让等形式：①专利权转让是专利权人将其专利所有权转让给受让方的法律行为，受让方通过专利权转让合同取得专利所有权，成为新的专利权人；②商标权转让是商标权人将其合法拥有的商标专用权按照法定程序转让给受让方的法律行为；③著作权转让是著作权人将其著作的全部或部分财产权通过买卖、互易、遗赠等方式转让给受让方的法律行为。

知识产权是一种法定财产权利，知识产权转让与许可的区别是，知识产权转让是所有权转让，转让一旦生效，原权利人就丧失其所有权，因此知识产权转让费用比许可费用高。就企业知识产权管理来说，通过知识产权转让，权利人能够获得高额的转让费用，并能继续新产品技术研发、优化产权管理、提高经营效益，进一步增强企业的核心竞争力。知识产权转让模式包括知识产权转让基本模式、企业并购转让模式和知识产权拍卖模式等。

8.5.2.1 知识产权转让基本模式

知识产权转让基本模式指的是权利人将其知识产权所有权转让给受让方从而获得收益，而受让方可在短时间内获得所需知识产权以改善自身知识产权缺乏的困境。以小米为例，为开拓海外市场发展国际化业务，2018年小米从荷兰飞利浦公司购买约350项全球专利，从而为其产品出口提供知识产权保护。

8.5.2.2 企业并购转让模式

企业并购转让模式指的是企业通过并购目标企业从而获得该企业的相关知识产权与核心技术，同时接收目标企业研发、销售、售后等渠道，可迅速进入相关市场。以中国化工集团收购瑞士先正达为例，2017年6月中国化工集团以430亿美元收购全球第一大农药、第三大种子农化高科技公司瑞士先正达，从而获得先正达的研发、渠道、产品及其所拥有的大量高端市场用户。通过完成此次收购，中国化工集团迅速跻身成为由巴斯夫、陶氏－杜邦、拜耳组成的世界四大农业化学品和农药巨头之一。

8.5.2.3 知识产权拍卖模式

知识产权拍卖模式指的是权利人将其知识产权通过市场竞价交易的方式实现知识产权所有权的转移，知识产权拍卖模式具有覆盖面广、公开透明等特点。2018年12月13日，广州文化产业交易会·粤港澳大湾区版权产业创新发展峰会中，以获得第15届中国动漫金龙奖最佳剧情漫画奖铜奖的漫画《寂寞口笛手》为代表的多项知识产权授权项目参与竞拍，促成成交额超600万元。

案例：抗病毒新药阿兹夫定的专利转让

常俊标，河南师范大学校长（原郑州大学教授），教授。先后主持国家重大新药专项、国家杰出青年基金、国家自然科学基金重点项目等30余项；获得国家科技进步奖二等奖、国家自然科学奖二等奖、全国创新争先奖、中国专利金奖、河南省科学技术杰出贡献奖、河南省科技进步奖一等奖等奖项；获得发明专利中国授权33件、美国授权7件、欧洲授权3件、俄罗斯和日本授权各1件，实施专利4件。常俊标研究团队坚持原研药攻关，经过长达18年的辛勤耕耘，团队实现了一个又一个"从0到1"的突破，成为我国高校院所科研成果产业化的典型代表。

由常俊标团队所研发的抗艾滋病新药"阿兹夫定"在2009年取得了化合物专利，郑州大学为第一专利权人，河南省分析测试研究中心为共同专利权人。该药物于2011

年以 4000 万元人民币的价格实现专利技术转让，创造了郑州大学单项成果转让最高纪录。此后，该药相继于 2013 年获得 I 期临床批件，2015 年获国家食品药品监督管理局批准进入 2/3 期临床试验，2019 年完成多中心、随机、双盲、双模拟、阳性对照、剂量探索 II 期临床试验。2020 年 9 月，"阿兹夫定"的上市申请被国家药品监督管理局药品审评中心（CDE）纳入优先审评程序。

2014 年 12 月，常俊标教授牵头的生物制药研发团队研制出的可用于预防和治疗脑卒中的新药布罗佐喷钠（BZP），以 4500 万元的价格转让给浙江奥翔药业股份有限公司。2016 年，CFDA 下发布罗佐喷钠原料药及制剂的临床批件。布罗佐喷钠为 1.1 类新药，用于治疗缺血性脑卒中，该新药在健康志愿者中进行的单次给药和多次给药两项 I 期研究均已在 2019 年完成，两项 I 期研究均显示该新药具有良好的安全性；目前该新药 II 期临床试验已结束，尚待进入 III 期临床。

在新冠肺炎疫情期间，常俊标教授带领团队创新性地利用病毒复制过程中微环境 RNA 聚合酶特性，发明了阿兹夫药物，该药物有明显的抗新冠病毒作用，对临床轻重症患者均有效，阿兹夫定通过一个标本兼治的分子机理治疗新冠。阿兹夫定是全球首个双靶点抗艾滋病创新药，已在中国、美国等多个国家申请专利并获授权。作为一款抗病毒小分子口服药，阿兹夫定具有广谱抑制 RNA 病毒复制的作用，而新冠病毒同属 RNA 作为遗传物质的病毒，因此该药对新冠病毒有抑制作用。2023 年 7 月 21 日，郑州大学与河南真实生物科技有限公司就"2′-氟-4′-叠氮-核苷类似物或其盐的药物应用"签署专利技术转让合同，技术转移合同金额达 6000 万元，研究成果突破传统思路，发展了核苷类药物设计的新策略。该策略不仅成功应用于抗病毒新药阿兹夫定的研发，而且该类药物对淋巴癌等也有很好的抑制作用。

8.5.3　知识产权作价投资

8.5.3.1　知识产权作价投资的概念

知识产权作价投资是专利权人以知识产权代替现金作为资本进行出资，与企业其他资本共同经营、共担风险、共享利润，形成新的经济实体的过程。知识产权作价投资往往发生在科技成果转化过程中，科技成果持有者缺少现金资本情况下，与其他现金投资者合作共同设立公司时，以其持有的知识产权进行资产价值评估，并参照评估结果，采用知识产权完成出资义务。

8.5.3.2 知识产权作价投资法律依据

依据《公司法》第27条规定："股东可以用货币出资，也可以用实物、知识产权、土地使用权等可以用货币估价并可以依法转让的非货币财产作价出资；但是，法律、行政法规规定不得作为出资的财产除外。对作为出资的非货币财产应当评估作价，核实财产，不得高估或者低估作价。法律、行政法规对评估作价有规定的，从其规定。"知识产权同时满足可用货币估价并可依法转让的特性，因此可以用于作价出资。

近年来，为鼓励专利技术转化运用，各省市、高校纷纷出台政策促进专利作价入股。例如，2016年河北省出台《专利权作价出资入股补贴（试行）办法》，对以专利权作价出资入股的企业，补贴评估费的50%，最高不高于2万元；补贴专利权作价金额的1%，最高不高于8万元。上海交通大学出台的"上海交通大学医学院促进科技成果转化管理办法"中明确规定，科技成果由科创平台公司向企业作价投资，从科技成果形成的股份中提取不低于70%的比例的股权用于激励项目团队。

8.5.3.3 知识产权作价投资流程

知识产权作价投资属于一种特殊资产出资形式，因此，需要具有相关资质的资产评估机构进行评估，并按照规定的流程办理工商出资手续。主要流程包括：①股东共同签订公司章程，约定彼此出资额和出资方式。②由专利所有权人依法委托经财政部门批准设立的资产评估机构进行评估，并办理专利权变更登记及公告手续。③工商登记时出具相应的评估报告，有关专家对评估报告的书面意见和评估机构的营业执照，专利权转移手续。

案例：幸福益生再生医学材料的作价投资

幸福益生的再生医学项目是知识产权出版社有限责任公司（以下简称出版社）知

识产权运营团队精心培育孵化的科技成果转化案例，成果创始人利用其掌握的核心技术Regesi生物再生材料用于骨修复领域的相关专利（ZL201410104341.3、ZL201410104328.8）经第三方资产评估机构认定价值2795.57万元，并经第三方会计审计验资后，完成了资本金出资。该案例也入选国家知识产权局第四批技术与创新支持中心（TISC）十大经典案例库。

北京幸福益生高新技术有限公司是一家致力于Regesi生物再生材料科技成果转化的再生医学创新公司，2009年至今，幸福益生持续投资资金7000多万元，实现了再生医学近30年的重大关键性技术的突破，打破垄断，实现再生医学高科技材料中国造。目前，已完成国内外专利布局近百件、商标布局数十件，其中一项核心关键技术获得中国专利银奖。部分医疗器械产品已获得中国CFDA、美国FDA和欧盟CE等认证数十项。

出版社通过全方位的知识产权运营服务，赋能北京幸福益生高新技术有限公司，具体如下：

一是创新培育模式，助力核心价值提升。鉴于幸福益生再生医学材料项目具有良好的发展前景，出版社围绕其核心技术组织专业团队进行高价值专利培育，从技术研发阶段就融入专利分析手段，推进研发专利一体化模式，协助幸福益生围绕核心技术形成高价值专利组合（国内发明专利62件，国外专利发明14件），为技术后续的产业化保驾护航。

二是挖掘项目亮点，促进项目融资。出版社组建专业团队，结合多年的投资运营经验，对幸福益生核心项目进行挖掘、分析，为幸福益生参加全国各类创新创业大赛提供赛前辅导，协助幸福益生寻找方向匹配的投资方，提供对接机会，挖掘项目亮点，提高融资成功率，协助完成股权投资500万元，知识产权质押融资80万元。

三是知资融合，推进产业化运营。出版社运用在知识产权运营方面的先进经验，对幸福益生项目进行投资孵化，并提供规划设计、市场宣传、品牌推广、产业对接等产业化全程支持，助力核心技术产业化集聚发展。

出版社始终坚持以知识产权"起家"，以知识产权"持家"，以知识产权"发家"，通过知识产权运营全方位赋能，助力幸福益生企业发展，取得较好的成效。一方面，幸福益生作为"海高赛"参赛企业，2019年度，携智能再生医学材料——Regesi 再生硅，经历海选、复赛、决赛，成为该届海高赛的三家优胜企业之一，与北京 IP 签署了知识产权合作协议，意向合作金额达到 3000 万元。另一方面，2020 年度，出版社对其投资孵化，特别是成功促成了幸福益生与北京皮皮鲁总动员文化科技有限公司的合作，获得"童话大王"郑渊洁畅销书中的舒克贝塔形象及肖像权独家授权，用于生产"完好如初"舒克贝塔口腔护理产品，将专利、商标、版权和肖像权等知识产权完美融合运营，为业内综合运用知识产权赋能树立了典型案例，开创了知识产权运营的新局面。

8.5.4　知识产权质押融资

知识产权质押融资是指债务人（专利权人）将其所拥有的知识产权经过价值评估后质押给银行等金融机构以获取贷款并按照合同约定的利率及期限偿还本息的行为。如债务人无法偿还债务，则债权人有权将质押专利权进行处置，并优先受偿。

知识产权质押融资可以扩展企业融资渠道，促进中小企业尤其是科技型企业的发展。近年来，中国从国家到省市不断推出各类政策措施，鼓励商业银行、企业、担保机构开展专利权质押贷款业务。

2008 年，国家知识产权局在全国开展知识产权质押融资试点工作，2008—2011 年，国家知识产权局先后批复了 3 批共 16 个城市开展知识产权质押融资试点工作。

2010 年，财政部联合 6 部门发布《关于加强知识产权质押融资与评估管理支持中小企业发展的通知》。2013 年，银保监会联合四部门发布《关于商业银行知识产权质押贷款业务的指导意见》，促进知识产权质押融资工作，为建设知识产权质押融资服务体系，完善风险管理机制、评估管理体系，建立流转管理机制提供指导性建议。

在国家出台各类政策文件后，各省市纷纷出台知识产权质押融资相关政策，对质押贷款利息、担保费、评估费给予补贴，并积极探索建立质押融资风险补偿机制，政府出资设立质押融资风险补偿资金池。

2008 年，中国专利质押融资额为 13.84 亿元，在各类政策支持下，专利质押融资工作蓬勃发展，2023 年，全国专利商标质押融资额达 8539.9 亿元，同比增长 75.4%，惠及企业 3.7 万家。

关于知识产权质押融资的特点及操作流程，可以参见《技术经理人高级教材》。

案例：CG 环保科技公司的质押融资

上海银行近年来首创"专利许可收益权质押融资"模式，下面以首单专利许可收益权质押融资业务——CG 环保科技公司融资进行介绍。

CG 环保科技在 2006 年被上海市知识产权局评为"上海市专利试点企业"，次年获得上海市科技企业联合会颁发的"上海市科技企业创新奖"荣誉称号，拥有有效专利 83 项，发明专利 19 项，许多专利成果在其细分领域处于行业金字塔的绝对地位。即使这样手握核心技术的企业，通过知识产权质押获得融资依然是不容易的。一方面，知识产权质押直接融资模式其估值随意性大、技术更新迭代快带来的减值风险、专利变现风险大，同时交易市场流动性较差；另一方面，因其涉及行业专业、精细，金融机构专职审批人员在项目审批时常常出现"看不全、看不清、看不透"的问题，无法形成标准化审批流程，且与银行传统信贷业务的风险模型难以完美契合、平衡，故而知识产权直接融资的难度非常大。

上海银行在了解客户诉求后，经过尽调走访，基于上海 CG 环保科技要为 KL 环保设备提供专利许可的交易背景，决定在知识产权质押融资的基础上，基于真实交易背景采用"专利许可收益权质押融资"模式，即上海 CG 环保科技将该交易的未来收款权质押给我行，以此获得流动资金补充。

首先，建立科学完整的评价体系，确保专利许可方与被许可方交易背景真实可靠。通过市场内细分行业的横向比较以及未来发展前景的纵向挖掘，确定许可标的在细分行业有独占地位、被许可方经营良好具备偿还能力，并对许可范围、种类、方式、期限、价格以及支付方式、资料交付、验收方式等一系列事项进行明确约定。

其次，由银行对该笔应收款进行质押登记，并将对应的入账账号一同做借方限制，对专利许可费的用途严格监管，逐笔审核客户方资金动账，原则上部分资金应定向用于归还我行贷款。

再次，双方在国家知识产权局完成专利许可交易备案登记后，陆续完成专利许可费融资业务，按授信方案将融资款项发放到指定收款账户。

最后，上海银行将密切关注双方是否按约定条款进行合同履约，动态监控该技术在授信期内的技术迭代情况、市场变化等，确保许可费价值的稳定性，也便于在必要时实现退出或追加融资支持等。

基于这一知识产权融资模式，一是为"轻资本"的拥有自主知识产权的企业提供了稳定的现金流，为服务实体经济开辟了新思路；二是服务边界进一步延展，对版权许可、商标许可等同样具有普适性和推广价值；三是融资模式和服务思路实现创新，找到了银行传统信贷风控原则与难以估值的"无形资产"之间的平衡点；四是引导企业将专利技术投向市场，促使"知"产变现，释放更大效能；五是一定程度上解决了专利技术的垄断，为知识产权交易市场扩容、规范营商环境起到了正向引导作用。

8.5.5　知识产权证券化投融资

知识产权证券化投融资指的是知识产权拥有者作为发起人，以知识产权未来可产生的现金流量（包括预期的知识产权许可费和已签署许可合同中保证支付的使用费）作为基础资产，通过一定的结构安排对其中风险与收益要素进行分解与重组，转移给一个特设载体机构（Special Purpose Vehicle，SPV），由后者据此发行可流通权利凭证进行融资的过程。对于知识产权拥有者来说，这是一种新的、可供选择的融资形式，可以在不改变股权架构，保留其对知识产权所有权的情况下，将知识产权资产的未来收益提前变现，解决资金流动性难题的融资手段。与传统的转让许可相比，知识产权证券化具有融资额大、权利不转移等特点，更有利于权利人在短期内筹到资金进行后续开发和产业化。

关于知识产权证券化的特点及操作流程，可以参见《技术经理人高级教材》。

8.5.6　知识产权诉讼

知识产权诉讼是与前述许可、转让等方式截然不同的另类运营模式，其特点在于，知识产权权利人借助于司法途径，将他人诉诸法院并索赔经济损失，从而获得赔偿金或者侵权方和解费。

知识产权诉讼模式作为一种特殊的知识产权运营手段，与其他运营方式，如许可、转让等相比，具有以下几个显著不同之处。

8.5.6.1 目的不同

其他运营手段（如许可、转让）主要侧重通过合作和市场机制来实现知识产权的经济价值，其目的是创造收入、分享技术或扩大市场影响力。

知识产权诉讼则是一种对抗性措施，主要侧重解决纠纷，保护知识产权所有者的合法权益不受侵犯，其目的在于制止侵权行为，恢复权利人的合法地位，并可能涉及经济赔偿损失。

8.5.6.2 成本和风险收益不同

其他运营手段（如许可、转让）往往基于双方的协商，虽然也可能涉及复杂的谈判过程，但总体上是一种友好的商业合作，成本相对可控，且双方通常都能从中获益。

知识产权诉讼则可能涉及高昂的律师费、诉讼费以及长时间的法律程序，且结果不确定性大，即使胜诉，也可能面临执行难的问题。败诉或长期诉讼还可能损害企业声誉。此外，涉诉方往往也会采用专利无效等手段对专利持有方发起反攻，一旦专利被无效，不仅无法得到任何赔偿，自己的专利权也将丧失。

8.5.6.3 竞合关系不同

其他运营手段（如许可、转让）有助于建立或维持行业内的合作关系，通过双方共享知识产权促进技术进步和市场发展，实现携手共进、协同创新的共赢局面。

知识产权诉讼则可能导致与对手的关系紧张甚至破裂，双方处于"你死我亡"的热战状态，不管诉讼结果输赢，都容易在市场上增加新的竞争对手，从而给企业今后发展造成障碍。

8.5.6.4 价值实现方式不同

其他运营模式（如许可、转让）通常通过直接的经济交易实现知识产权的价值。知识产权诉讼则需要通过法律手段维护权利，获得经济赔偿等收益。

8.5.6.5 法律程序和参与方不同

其他运营模式（如许可、转让）主要依据合同法，是私法行为，主要由当事人自行决定。

知识产权诉讼则遵循严格的司法程序，涉及法院、原告、被告及可能的第三方，是公权力介入的解决争议方式。

综上所述，知识产权诉讼作为运营手段，更多体现为企业在遭遇侵权时的防御和反击策略，而其他运营方式则侧重于通过合作和市场机制实现资产价值最大化。企业在选择运营策略时，需综合考虑成本效益、市场环境及长远发展等因素。

案例：一体式自拍装置的产权诉讼

对于知识产权从业人士来说，小小的自拍杆是一个利用诉讼开展知识产权运营的经典案例。

专利授权号：ZL201420522729.0，发明名称：一种一体式自拍装置，专利权人：源德盛塑胶电子（深圳）有限公司（以下简称源德盛公司）。该专利于2018年12月荣获第二十届中国专利金奖。

该专利公开了一种一体式自拍装置，包括伸缩杆及用于夹持拍摄设备的夹持装置，所述夹持装置包括载物台及设于载物台上方的可拉伸夹紧机构，所述夹持装置一体式转动连接于所述伸缩杆的顶端。所述载物台上设有一缺口，所述夹紧机构上设有一与所述缺口位置相对应的折弯部，所述伸缩杆折叠后可置于所述缺口及折弯部。通过将夹持装置转动连接于伸缩杆的顶端，使用时无须临时组装，给使用者带来很大的方便；使用后直接将伸缩杆收容于载物台的缺口及夹紧机构的折弯部，不需额外占用空间，便于携带。

本专利的核心创新点为：手机夹置台折弯后可将伸缩杆容置其内，使得自拍杆无须临时组装，占用空间小，便于携带、实用、经济，高效解决了爱自拍但手不够长的难题，受众极广。

源德盛公司依靠这个专利，开启了专利运营的"致富之路"，据悉，该专利产品曾为公司创造了年营业额超 5 亿元的收益，更令人吃惊的是，公司通过专利许可和侵权诉讼赔偿获得累计上亿元的直接收益。截至 2022 年，该专利经过累计 30 余次的无效宣告请求后依然维持有效，起诉侵权超过 4000 多件，已结案件中几乎都已胜诉或者和解收尾。其战绩卓著，与其知识产权运营团队的策略密不可分，总结起来有以下两点。

（1）技术构思巧妙，核心技术专利质量高，专利布局体系完整。公司围绕"自拍杆"的核心技术专利，紧密布局周边技术，形成层层包围的布局体系，合计布局国内专利 136 件、国际专利 8 件，国内专利中发明专利 8 件、实用新型 71 件、外观设计 57 件。布局思路既体现了国内外的区域布局，也涵盖了三种类型的互相支撑作用。完善的专利布局是支持其后期维权运营的强大基石。高质量的专利文本更是其赢得各种诉讼的根本，在已结案的 2000 件左右案件中，几乎都是以胜诉或者和解收尾。

（2）诉讼维权策略得当，以诉促和。公司在全国开展了大规模的诉讼维权行动，起诉地点遍布全国 24 个省市，侵权诉讼数量多达 4000 多起，索赔金额普遍较小，大多数都在几千元到几万元不等，这样使得被诉企业在权衡成本、风险收益情况下，不再愿意与其在法院针锋相对，否则一大笔的律师支出往往超过了其索赔额，因此，被诉企业大多选择了和解，但这正是公司诉讼的目的，虽然每家获赔金额不大，但起诉数量巨大，积少成多，同样带来巨额赔偿。

8.5.7 知识产权综合服务型运营

知识产权综合服务型运营是指一种全面、集成的服务运营模式，旨在为企业或个人提供从知识产权的创造、管理、运用到保护的全过程服务运营。这类运营服务不仅限于单一的环节，如专利申请或商标注册，而是涵盖了知识产权生命周期的每一个阶段，通过整合资源和专业能力，帮助企业构建和优化其知识产权战略，提高竞争力。下面简要概述其特点：①综合性，提供一站式的解决方案，包括但不限于咨询、申请、维护、评估、交易、诉讼支持及培训等，满足客户多样化的知识产权需求；②定制化，根据客户的行业特性、发展阶段和特定需求，量身定制服务方案，实现知识产权策略与企业战略的深度融合；③专业化，由具备深厚法律、技术和市场分析能力的专业团队执行，确保服务的质量和效果；④动态管理，持续跟踪知识产权状态，及时调整策略，应对市场和技术的变化；⑤跨界融合，促进技术、法律、金融等多领域的交叉合作，为知识产权的商业化提供更多可能性。

知识产权综合服务型运营主要包括联盟型、平台型、孵化器型、产业园区型等。

联盟型运营服务的主要形式是围绕某一产业建立产业知识产权联盟，联盟以知识产权为纽带、以专利协同运用为基础，由产业内两个以上利益高度关联的市场主体，为维护产业整体利益、为产业创新创业提供专业化知识产权服务而自愿结盟形成的联合体，是基于知识产权资源整合与战略运用的新型产业协同发展组织。

平台型运营服务的主要形式是建设一个知识产权运营平台，平台发挥枢纽功能，汇聚知识产权、资金、服务、人才等知识产权运营要素，为知识产权供需双方搭建对接渠道。知识产权运营平台可分为综合性平台及专业性平台。综合性知识产权运营服务平台不受行业领域的限制，通常包括各类专利技术、商标、软件著作权的运营，较有代表性的平台有全国知识产权运营公共服务平台。专业性平台一般是专注于某一领域的知识产权运营，如中国汽车产业知识产权投资运营中心、中国生物医药知识产权国际运营平台等。

孵化器型运营服务的主要形式是建立一个孵化器，运营主体依托孵化器平台，为入驻的科技创新型企业提供知识产权的策略规划、申请注册、维护管理、培训咨询、价值评估、许可转让以及维权保护等一系列综合服务，旨在加速科技成果的转化，促进企业的技术创新和市场竞争力。根据投资主体类型可以分为：政府投资创办、机构或企业投资创办、大学研究所创办。

产业园区型运营服务的主要形式是通过产业园区的统一规划，实现对园区内的围绕某一产业领域的相关企业开展知识产权全方位运营服务，也常称为"园中园"。2012年，《国家知识产权试点示范园区管理办法》发布施行，园区试点示范工作逐步规范化和体系化。通过国家知识产权试点示范园区建设，引领带动知识产权工作，大力培育发展知识产权密集型产业，支撑创新驱动发展的园区。国家知识产权局主要面向省级以上各类园区开展知识产权试点示范工作，分为试点、示范两个层级，称号分别为"国家知识产权试点园区""国家知识产权示范园区"。2016年，对《国家知识产权试点示范园区管理办法》进行修订，修订后的办法中提出，试点园区的工作内容包括基础工作和特色工作，基础工作要求优化知识产权政策体系，强化知识产权质量和效益导向等，特色工作根据园区类型提出不同的工作要求，但宗旨都是促进专利技术转移转化、加强创意和设计成果的知识产权综合保护和组合性运营，以实现知识产权的运营保护为深层目标。

案例：TICA 模式

TICA（泰客）模式是出版社针对高校院所的科创成果（尤其是平台技术）探索的依托孵化器的知识产权综合服务型运营模式。TICA 是原创技术（Technology）、知识产权运营（Intellectual Property）、产业投资（Capital）、产业化应用（Application）的首字母组合，该模式的核心理念是通过知识产权运营助力产业聚集升级，实现创新驱动发展。运营的基本思路是"四化"：①技术权利化，通过专利检索、分析评估、规划布局等手段，为原创技术构建专利组合、软著、商标等全面的知识产权保护体系；②权利资本化，将知识产权通过作价入股、转让许可、法律诉讼等实现产权的价值化、资本化；③资本实业化，基于知识产权及资本实现技术成果的转移转化，对接应用市场，实现技术的产品化、实业化、市场化运营；④实业全球化，通过知识产权的全球布局、提升企业在全球的核心竞争力，助推企业走向全球。

北京科技大学材料科学与工程学院在弱磁传感技术领域拥有一流的科研团队及成果，在极高灵敏度磁敏非晶材料器件化应用领域拥有大量的专利技术，采用磁敏非晶材料制作的传感器装置，可以应用于智能停车、AGV 车辆导航、智能电网、地震监测、海洋网络等领域，可以形成千亿规模的智慧产业。为了有效促进北京科技大学的成果转化，2016 年 9 月 29 日，在国家知识产权局、天津市政府及天津市知识产权局的大力支持下，由知识产权出版社团队联合北京科技大学科研团队，对其技术应用的未来市场、技术核心竞争力等进行了深入调研，采用 TICA 模式全程策划，通过知识产权运营对磁园项目科学规划及积极推动，并结合天津东丽华明高新区的现有产业条件、政策保障和孵化环境，在国家知识产权局、天津市知识产权局和东丽区政府的多方指导下最终促成磁敏产业知识产权示范园（以下简称磁园）落户天津市华明高新区。

磁园的运营载体是北京科技大学智能装备产业技术研究院，物理孵化空间 1 万平方米，总投资 1 亿元，科研团队将重点围绕核心磁敏技术和智能装备技术形成核心竞争力，服务智能制造产业和国家安全。磁园依托北京科技大学智能装备产业技术研究院作为运营载体，借助知识产权出版社团队在知识产权运营方面的先进经验，采用 TICA 模式进行建设，构建系统、全面的磁敏技术及智能装备产业主权专利池，完成布局专利 124 项，并收储运营专利 200 余项，促进 8 个科技项目的落地孵化。

出版社知识产权团队探索提出的 TICA 模式，通过知识产权保护与运营，确权无形资产，再通过投资孵化，促进产业化成果的快速成长，在成长过程中持续通过知识产权增值服务，不断为企业创新发展保驾护航，从而提高了原创技术产业化的成功率。

8.6 本章小结

本章主要介绍了在科技成果转化过程中经常采用的知识产权运营模式，需要特别说明以下内容。

无论采取何种运营方式，知识产权本身的价值是最核心的。以专利来说，从技术研发开始，即应该引入专利分析工作，推行研发专利一体化，将专利分析工作贯穿整个研发过程，提高专利信息的利用程度，促进研发，通过专利分析，发现研发风险，提前进行规避，及时调整研发方向。在这种研发和专利紧密结合的情况下，能得到高技术价值的技术方案，从源头上提高价值，最终进行专利运营时才能获得高经济价值。

知识产权运营是一个长期的、动态的过程，需要"天时地利人和"等多个要素的完美融合，才能实现知识产权最佳的商业化价值。否则即便其他要素都满足的情况下，只要有一个环节出现纰漏，也往往出现无法运营或者运营失败的结局。

知识产权运营模式多种多样，各运营主体在制订运营方案时应根据自身所处竞争环境、未来经营战略、自主知识产权现状及规划，选择不同的运营模式，切不可生搬硬套。

思考题

1. 知识产权运营的定义和基本特性是什么？
2. 知识产权运营和知识产权布局的关系是什么？
3. 知识产权运营和知识产权价值评估的关系是什么，知识产权价值评估方法有哪些？
4. 知识产权运营的常见模式有哪些，分别有哪些特点？
5. 知识产权诉讼与其他运营模式的显著区别是什么？

第 9 章
概念验证与中试熟化

  科技成果数量众多，但可直接转化的却少之又少，核心是科学研究与商业化产品开发之间存在天然的鸿沟。为此，美国、新加坡、欧盟等国家和地区高校或公共部门纷纷打造了概念验证平台或资助计划。与此同时，欧美系统性布局了如美国制造创新研究院、英国弹射中心等平台，围绕中试验证提供系统性解决方案。实践证明，概念验证、中试熟化是解决成果转化"卡脖子"难题的重要手段，技术经理人有必要熟悉其内涵及运行逻辑。

  本章重点围绕概念验证、中试熟化进行介绍。针对概念验证，重点介绍其定义、要素、概念验证项目的遴选标准及迭代过程，并通过案例进行说明。针对中试熟化，重点关注其定义、平台建设要素、具体实践及影响因素，并通过列举中试熟化项目案例及中试熟化平台案例，为技术经理人开展实践提供借鉴。

9.1 概念验证

科技创新是推动经济社会发展的核心动力，其综合能力直接体现了一个国家的科技竞争力。纵观全球，科技创新和产业化发展的融合始终是世界性难题，从科技创新到产业化之间的鸿沟被称为"死亡之谷"，大量早期的科技创新项目因为缺乏资金支持而难以跨越鸿沟。究其原因，高校科技成果往往存在"技术先进性强，但产品系统性不足""应用领域广泛，但细分市场不明确""规划目标具备，但落地实施缺乏"等共性问题，转化过程存在巨大的风险和不确定性，与市场化的投资逻辑相悖，难以得到金融资本的青睐，却处于最需要资金支持的环节，因此陷入"死亡之谷"。为应对这一问题，美国大学率先建立了"概念验证中心"，以弥补大学研发成果与可市场化成果之间的空白，为跨越"死亡之谷"提供新的解决方案。

9.1.1 概念验证的定义

概念，通常是指成果所有方、科研团队的创意、想法、假设等，是从科技成果转向产业化的最初源头。概念通常具有极强的模糊性和不确定性，同时高校科技成果普遍技术成熟度较低，与企业和投资机构对技术成熟、确定性高和风险低的市场化要求相悖，无法获得市场应用所需的资金支持。因此，概念验证是将研究人员的创意或成果转化为可初步彰显其潜在商业价值的技术雏形，并对那些不具备商业开发前景的设想加以淘汰，从而增强研究成果对风险资本的吸引力，提高科技成果转化效率。

美国高校早在 2001 年就建立了概念验证中心，其中最具代表性的是李比希中心和德什潘德中心。李比希中心，全称为"冯·李比希中心"，是由威廉姆·J. 冯·李比希基金会于 2001 年出资 1000 万美元在加利福尼亚大学创建的。其核心使命是加速工程学院的科研成果商业化进程，促进大学与产业之间的思想交流，并向创业市场培养工程创新人才。德什潘德技术中心紧随李比希中心之后，于2002年在麻省理工学院成立。该中心致力于通过资助、催化项目和创新团队建设，推动科研成果的商业化进程。资助项目分为点火资助和创新资助两种。点火资助主要用于证明科研成果的商业价值，而创新资助则面向已经证明概念和研发路径的项目。

美国概念验证中心发展至今已有20多年的实践经验值得借鉴，总结来说，主要呈现以下三方面特点。

一是聚焦源头环节。美国概念验证中心将目光前移、将支持环节前移，服务于将科研人员的创意转化为具体技术原型或可初步彰显其商业价值的技术雏形，从源头上杜绝科技和经济"两张皮"现象，有效提高科技成果转化的成功率。

二是建设主体依托高校。美国概念验证中心主要依托顶尖研究型大学建立，在成果转化链条的最前端，概念验证扮演着关键角色，其核心在于源自高校实验室内部的大量原始概念。通过与大学实验室合作，获得资助者的支持，并通过中心顾问的帮助，完成概念验证、市场定位和商业谋划。这种合作模式使它们能够与天使投资者或风险投资机构建立联系，从而迈出跨越"死亡之谷"的第一步。

三是资源整合与分工明确。美国概念验证中心致力于整合配置技术、人员、资金、设施、市场等要素。通过提供种子资金、商业顾问、创业教育、孵化空间等个性化支持，推动概念验证活动进行。这些中心不仅拥有自有概念验证资金作为资助平台，还聚集了大量外围技术、管理和创业专家。概念验证中心拥有实力雄厚的金融、产业和创业顾问团队，并通过对各方资源的分工协作和联合实施，加速科技成果的初期转化。

许多美国高校概念验证中心的负责人都是世界500强企业的高管。这些中心的工作人员涵盖金融、发明披露、技术对接等多个领域，体系完备、专业化程度高、分工详细、转化程序无缝衔接，值得我国高校借鉴。同时，这些中心拥有相对独立的运行机制，包括独立的财务预决算系统，自成立之初便可自给自足。

除美国外，欧盟委员会欧洲研究理事会也实施了概念验证计划，并设立概念验证基金予以保障。概念验证计划专门针对研究成果市场化前的初始阶段，不支持基础研究的扩展研究以及商业示范应用项目。

同欧美发达国家主要创新体相比,国内的概念验证工作存在较大差异。我国科学技术的研究是"以计划为导向,以政府出资为主",与欧美国家"以市场为导向,以政府出资为辅"差异较大,致使我国科技成果与市场结合度不高,转化风险较大,转化成功率较低。

由于欧美发达国家的"科技-产业-金融"体系已发展健全,而我国尚处于建设期,故不能完全照搬美国概念验证中心模式。概念验证的一端是大量高校科技成果的供给侧,另一端是投资机构、产业和企业等需求侧,中间却受限于资金问题、载体建设以及高校技术经理人团队等因素,远远满足不了存量项目迫切转化的需求,形成了典型的"两头大、中间细"的漏斗状瓶颈。所以我们不能单纯地照抄国外模式,而应该通过深度分析并充分理解概念验证底层逻辑,进一步建立符合中国国情的大学成果转化模型——基于美国概念验证理念的中国大学成果商业化验证体系。

9.1.2 概念验证的要素

概念验证是跨越"死亡之谷"的"最初一小步",完整的科创项目需要先后经历概念验证、种子孵化、萌芽加速,直至充分的市场竞争,最终将实验室的技术或科学家、教授团队的想法创意转化为有竞争力的科技型企业。可以说没有概念验证环节,科技成果就难以转化成投资机构与市场认可的科创项目标的。

概念验证需要对技术、人才、资金、市场、需求等要素调配,形成自驱性循环,势必需要整合多方资源来协同高校,打破高校科研人员与企业界、金融界之间的信息壁垒,突破科创资源的地域局限。共同建设概念验证中心或其他形式的概念验证新型机构,有利于降低早期科创项目的试错门槛和难度,减少试错成本和周期。理想的模型是:高校作为科技成果的主要产出源头,其他资源方则聚焦各自的优势领域和概念验证环节,探索形成可复制、标准化和流程化的概念验证分工协作机制,促进概念验证的创新发展。

过去人们认为在这一过程中,高校作为硬科技科创项目的主要起源地,在概念验证中要引领产业、资本、政府、社会,充分发挥社会价值,但实践结果却不符合预期,究其原因,概念验证是成果转化链条中的最初一环,是基于市场化的复杂系统,并非单一的技术问题，其参与方也常常各行其是。各参与主体的立场与诉求不同，会在市场机制下按照自身利益最大化去决策，既有协作又有博弈，最终达成的结果并非一定是系统的利益最大化。比如，参与概念验证的企业有可能骗取高校科研成果，高校的科研团队可能夸大技术的先进性，资本方则并不关注某个具体技术成果是否转化成功，只偏好投资验证成功后可供投资的项目标的，而政府则更加无法深入参与概念验证过程，仅能提供政策和资金支持，对具体科技成果在概念验证中的成败并不能起到关键作用。

概念验证是各方合作的复杂系统，仅依靠各参与方自行开展难以实现，需要"在概念验证过程中同他人合作，不惜个人成本地自发驱动项目成功"的"强参与者"。拥有待转化技术成果的科学家算是这一类强参与者，但并不完全是，因其有着高校体系作为退路后顾无忧。必须构建"科学家 + 创业者"的团队，科学家可以为创业者提供有技术壁垒的优质创业项目，而创业者则可以为科学家找到有效的技术应用场景，两者紧密结合、同舟共济，才能起到真正意义上的"强参与"效果。"科学家 + 创业者"的团队一旦建立，则必须将停留在纸上的技术成果通过概念验证手段转化为符合市场应用场景的"最小可行性产品"，也可理解为工程样机，才能使技术价值能看到、能理解、能判断。

同时，必须构建一支专业性强、业务水平高、兼具技术理解力和市场洞察力的技术经理人团队，在科学家和创业者、高校和资金、产业与市场、资本与资源之间穿针引线，并起到严格的风控防范作用，这也是技术经理人的能力价值体现。概念验证需要政府出钱、技术经理人出力，缺一不可（图 9-1）。

9.1.3　概念验证的项目遴选

高校作为硬科技科创项目主要起源地，拥有大量的存量科技成果需要产业化。概念验证中心要在高校内部建设，深入源头抓取科技成果向市场转化的原始概念，获得稳定的概念验证项目来源，解决外部机构触达不到未成形的科创项目的痛点，同时解决高校存量成果对概念验证迫切需求的问题。

概念验证偏"软"、偏"早"，聚焦"是否可行"，更多的是强调理论是否行得通和

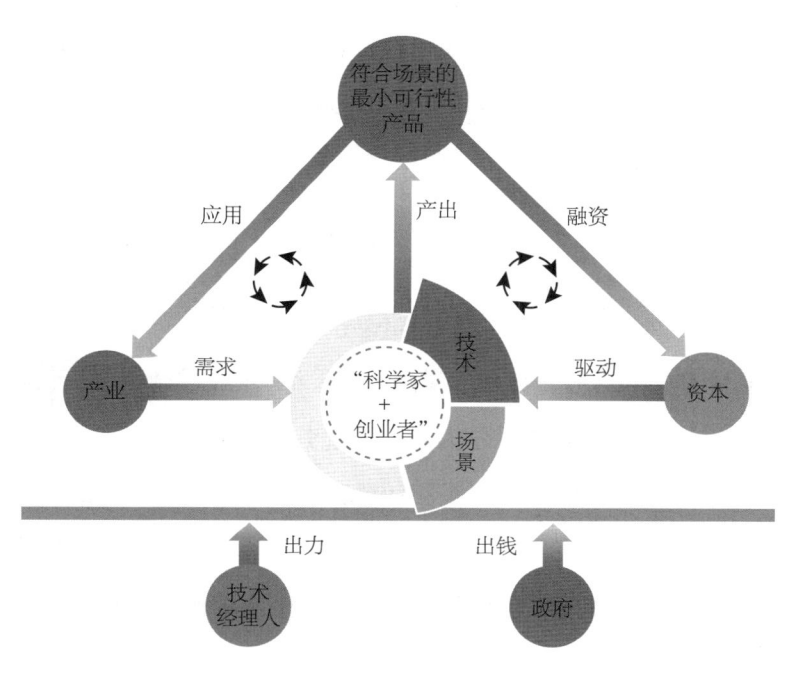

图 9-1　概念验证的要素模型

"人"的条件,需要有专业的团队进行论证。目前,国内的概念验证工作尚未形成统一的方法和机制,缺乏早期科创项目的遴选、评判和孵化标准,致使不同机构之间转化的概念验证项目难以对齐,缺乏验证技术到产品的专业服务,无法达到预期转化效果。概念验证是科技成果与应用场景相结合的过程,因此不能简单地只从技术成熟度来评判。本章介绍了"2+4 模型",可供技术经理人在工作实践中借鉴。

"2+4 模型"中的"2"是指待验证项目的两项初始条件,一是科技成果的完成人,也就是通常所指的科学家或科研团队,简称为"研究员";二是该项技术成果可以预期的稀缺性和壁垒。简单来说,一个有前景的科技成果,应当具备高水平研究员和高门槛新技术两大条件或至少其一。为了较全面地理解和判断科技成果潜在价值,分别对水平和门槛两个初始条件加以拆分,水平包括科研水平和综合水平,门槛包括技术门槛和商业门槛(图 9-2)。

科研水平通常是指研究员的科研能力和学术水平,也是以往对技术评议的主要关注点;综合水平是指研究员除了科研能力的其他综合素质,包括商业认知、科创意愿、思

259

想观念、性格人品、开放性、成长性等一系列属性。技术门槛是指该技术成果的稀缺性和技术壁垒；商业门槛要结合应用场景加以评判，不同应用场景下，技术的商业门槛并不相同。

为了更好地遴选对比，对两项初始条件进行量化，如图9-2所示，水平和门槛的满分均设定为1分，总的初始条件满分为2分。其中，科研水平、综合水平、技术门槛和商业门槛均拆分为满分0.5分，并且按项目的具体情况分为优秀、一般和较差三档，分别对应分值为0.5分、0.25分和0分，分值之间不设置连续区间。例如，某项技术成果的研究员科研水平优秀，综合水平一般，技术门槛优秀，缺乏具体应用场景，则分别为0.5分、0.25分、0.5分和0分，合计总分1.25分。

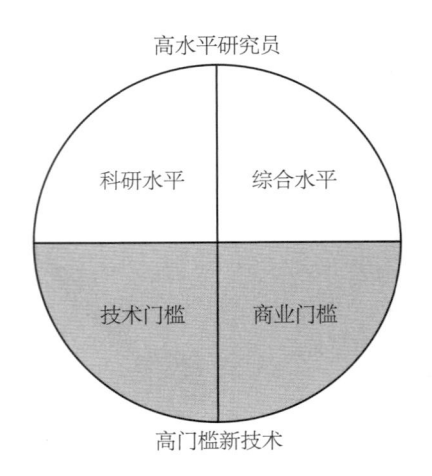

图9-2 概念验证项目遴选模型的初始条件

通过对待验证科技成果的初始条件进行打分，一方面是可以标准化和批量化地对巨量的高校存量科技成果加以初筛；另一方面也是对科技成果转化成功率加以评估（图9-3）。如果既有高水平研究员又是高门槛新技术，则该科技成果可视为转化成功率高的优质项目加以推进；如果只有高水平研究员，仍然具有较高转化成功率，因为所有的技术转化都依赖于人的因素，但需要加强对市场需求的挖掘，优先选择短平快的应用场景作为切入口；如果只有高门槛的新技术，则可能更加适合作为专精特新中小企业的发展路径，做一家小而美的科技公司，或者将技术成果进行转让；如果既没有高水平研究人员又缺乏高门槛新技术，那么该科技成果原则上不太具备成功转化的可能性。

技术经理人可以根据对科技成果的量化评价加以遴选，并辅助选择合适的推进转化方向。需要注意的是，科技成果的价值并非一成不变的，在初始条件固化的基础上，通过不断地对边界条件进行迭代优化，是概念验证的过程内涵，也是对科技成果转化效果的实时体现。

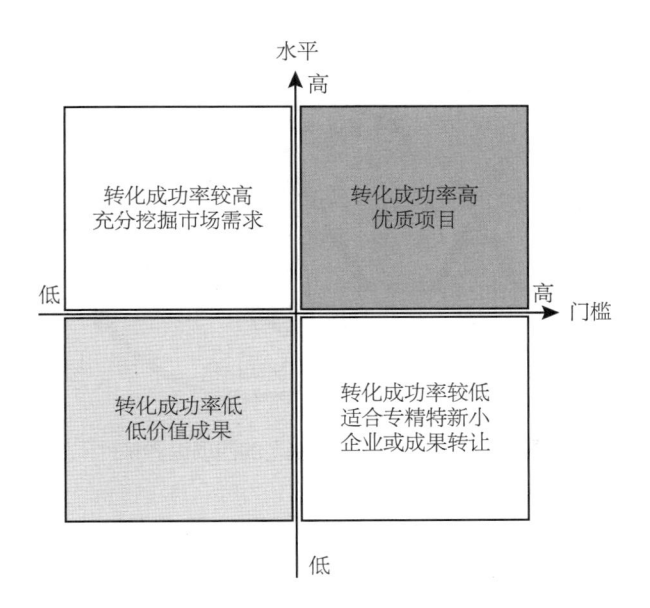

图 9-3　概念验证遴选模型的初始条件四象限

9.1.4　概念验证的迭代

概念验证是科创链条的最前端环节，终极目标是将科技成果导向市场，因此不能脱离市场割裂开展。简单来说，概念验证的目标是要在尽量短的时间内，以尽量低的成本和风险，验证科技成果向市场转化的最小可行性。

在此过程中，技术经理人应当牵头分别从四个维度开展概念验证：①从科研思维到商业认知的商业准备度验证；②从科研成果到市场应用的市场认可度验证；③从单点技术到系统产品的技术可行性验证；④从单一科研团队到运营、生产、销售、市场等齐全要素的综合性团队的构建及磨合验证。成功通过验证的项目可以补齐早期科创的各项短板，达到市场、企业和投资机构的认可，获得商业化和产业化的入场券。

"2+4 模型"中的"4"就是在此基础上提出的概念验证四项边界条件，即在概念验证过程中，分别从商业认知、应用场景、产品迭代和团队合作四个方面加以评价，判断项目当前的验证进展和状态（图 9-4）。

同样，对该四项边界条件进行量化，每个条件的满分分值均为 1 分，总的边界条件满分为 4 分，并且按项目验证过程中的当前状态分为优秀、一般和较差三档，分别

261

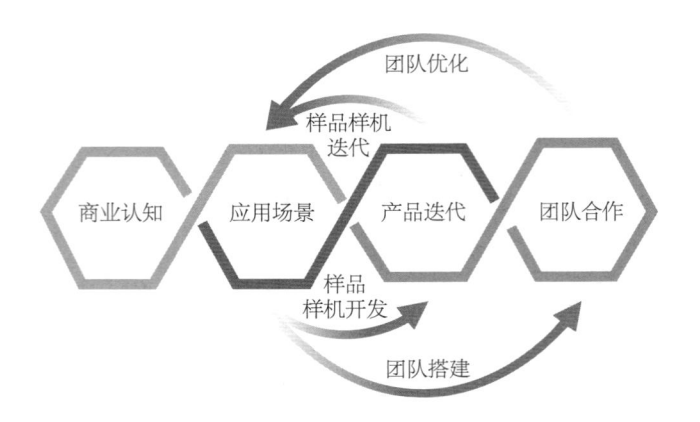

图9-4 概念验证遴选模型的四项边界条件

对应分值为1分、0.5分和0分,分值之间不设置连续区间。例如,某项概念验证项目在当前状态下,商业认知已经打开,应用场景初步确定但天花板不高,已经迭代出最小可行性产品,但团队联合创始人水平和赋能能力一般,则分别为1分、0.5分、1分和0.5分,合计总分3分。

技术经理人需要注意的是,四项边界条件的评分并非定量,而是基于项目推进过程的状态变量,设立打分的目的不仅是简单评价,而是明确项目推进方向,发现问题不足,进而有针对性地加以优化迭代。一名优秀的技术经理人应当善于持续跟进项目状态,定位项目问题并有效解决问题,四项边界条件正是为此而提出,作为辅助工具供技术经理人参考。

同时,在概念验证过程中,需要根据四项边界条件分步骤开展验证(图9-5)。

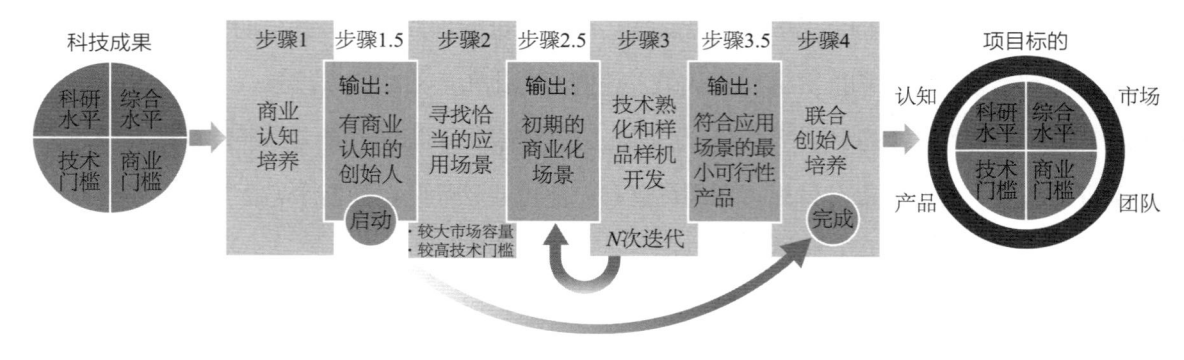

图9-5 概念验证的迭代过程

步骤 1：对科技成果的科研团队或核心科学家/研究员进行商业认知培养；

步骤 1.5：输出具备商业认知的科创项目创始人；

步骤 2：基于市场需求寻找该科技成果恰当的应用场景；

步骤 2.5：输出科创初期的商业化应用场景；

步骤 3：基于应用场景和用户需求，对该技术成果进行熟化，开发样机、样品；

步骤 3.5：输出符合应用场景的最小可行性产品；

步骤 4：在以上过程中迭代优化团队和培养联合创始人。

最终在科技成果的初始条件上添加认知、市场、产品、团队等科创要素，形成有商业价值的项目标的或有市场价值的技术成果。前者可以作为科创种子公司培养，后者可以培育出高价值专利并进行转让。

9.1.5 典型案例分析

案例：某工业移动机器人项目

一、案例背景

该项目成立之初就已获得百万级种子轮融资，目前已成为工业移动机器人头部企业代表，市场覆盖26个省（自治区、直辖市），产品出口日本、韩国、新加坡、西班牙、德国、意大利等30多个国家，在半导体、新能源、电厂等细分领域稳居市场第一，成为泛工业领域提供智慧物流及巡检运维解决方案的移动机器人服务商。

二、案例分析

按概念验证"2+4模型"对该项目的早期发展进行复盘如下。

（1）两项初始条件。

科研水平：项目核心技术来源于高校教授团队，技术实力较高，但从当时的机器人行业来看，初创公司的工程化能力和研发团队规模体量均高于高校团队，因此科研水平判断为一般，得分 0.25。

综合水平：团队核心成员 A 是综合性技术人才，博士学历，成长性好，包容性高，具备强烈的创业意愿，在高校科创项目中属于较为稀缺的"创业者"，因此团队综合水平优秀,得分0.5。

技术门槛:该项目起步相对机器人领域较晚,彼时除了瑞士ABB、德国库卡、日本发那科、日本安川电机等国际巨头外,以新松为代表的国产机器人企业也在市场上展开激烈厮杀,而该项目的技术并非具备稀缺性,因此技术门槛较弱,得分为0。

商业门槛:彼时机器人行业全面开花,除了传统生产制造机器人、协作机器人、移动巡检机器人、仓储物流机器人外,各传统工业领域都在进行自动化技术迭代,而该项目起步阶段并未有明确的细分市场,甚至缺乏聚焦的产品方向,得分为0。

综合来看,初始条件得分为0.75分,相对较低。基于团队核心人员个人综合素质较高,大胆开展产业化试点,充分挖掘市场需求,最终找到天使用户和关键痛点。

(2)四项边界条件,该项目经过数年打磨和优化迭代,已然脱胎换骨。

商业认知:创始核心团队为年轻博士,创业意愿强烈,其带领实验室几名博士师弟通过科创比赛起步,积极学习理解商业化路径,适应市场化转变,完成了从博士到企业家的蜕变,得分为1。

应用场景:该项目用了一年半的时间深入半导体行业的生产物流自动化应用场景开展验证,坐稳了半导体行业工业移动机器人"一哥"位置,敏锐洞察市场需求,精准抓取应用场景,敏捷占据细分领域,得分为1。

产品迭代:团队自身工程化能力强,聚焦在工业场景和能源行业,已开发出多系列的商用产品,工程能力得到极大提升,得分为1。

团队合作:团队互信程度高,技术专业性强,发展过程中引入行业某大公司的销售总监等专业人才,不断优化成长,得分为1。

综合来看,边界条件得分为4分,已达到满分,符合当下该项目成为工业移动机器人头部企业的发展势头。

三、案例启示

从该案例可以看出,一是科创团队需要有一名关键人物,即"科学家+创业者"团队中的创业者,项目推进和规划均应围绕关键人物展开,方可达到事半功倍的效果。二是高校早期科技成果并非"初始条件"定终身,对技术经理人遴选和孵化项目而言,更重要的是在"边界条件"上发力,当然也要避开初始条件有先天缺陷的项目,例如科研团队或核心研究员并无科创意愿。

案例：某离子束镀膜项目

一、案例背景

该项目于 2021 年成立公司，很快驶入了发展"快车道"，先后荣获第二十三届中国国际高新技术成果交易会"优秀产品奖"、2022 年"陕西科技创新优秀案例"、2022 年度秦创原企业原力榜"TOP2"和 2023 年度"两链融合"重点专项项目，目前正在加速市场开拓和商用产品研发。

二、案例分析

按概念验证"2+4 模型"对该项目的早期发展进行复盘如下。

（1）两项初始条件。

科研水平：碳基薄膜是一种在微观结构上含有金刚石成分的涂层，构成碳基薄膜的元素为碳。碳基薄膜中 sp^3 键含量越高，薄膜的性能越高。项目核心技术团队经过近 20 年的研究积累，通过离子束调控技术，实现了制备 sp^3 键含量超过 85% 以上的碳基薄膜，达到了国际先进水平，在国内具有较高的稀缺性，且团队已迭代开发六代样机，曾以横向课题形式为广东某国企销售 6 台设备，得分 0.5。

综合水平：团队核心教授在十几年前就有产业化意愿，心态开放，包容性高，得分 0.5。

技术门槛：该技术具备稀缺性，可与新加坡纳峰集团对标，属于国内为数稀少可自研设备、知识产权完全自主化的团队，得分 0.5。

商业门槛：该技术属于普适性技术，碳基薄膜可沉积在金属、陶瓷和介电材料等基体上，在切削刀具、发动机、电子工业、光学器件、航空、医疗等领域都有广泛应用前景。为了快速进入市场，该项目选择从高端硬质合金刀具和微钻细分赛道切入开展概念验证，具备一定的商业门槛，得分 0.25。

综合来看，初始条件得分为 1.75 分，可视为转化成功率较高的优质项目。

（2）四项边界条件。

商业认知：技术经理人协助项目团队设计股权架构、梳理商业计划书，辅导团队了解商业化路径，不断提升项目团队商业认知，项目团队思想格局开放包容，得分为 1。

应用场景：技术经理人协助团队进行市场验证和客户对接，首先定位高端硬质合金刀具和微钻市场，快速切入市场与早期天使用户达成合作，但目前还在进一步拓展更广泛的市场，当前得分为 0.5。

产品迭代：在秦创原春种基金的支持下，项目团队成功开发出新一代商业化样机，得分为 1。

团队合作：技术经理人协助搭建科创团队，引回在外企从事市场工作的学生担任 CEO，引回在某国企从事部门技术负责人的学生担任 CTO，团队磨合了约一年半，互信程度高、合作默契，但未来还需要更强力的职业经理人参与，目前得分为 0.5。

综合来看，边界条件得分为 3 分，目前项目已逐渐步入正轨。截至 2024 年 5 月累计融资 3500 万元，企业估值已增长至约 1.5 亿元。

三、案例启示

该项目是典型的概念验证成功案例，从中可以看出，一是"科学家＋创业者"团队的组建是项目成功的基础，二是技术经理人要协助对项目团队开展商业认知的培养提升，并积极协助探索短平快的应用场景，首选市场有刚需、体量足够大、使用频次高、生命周期长的细分赛道切入。

9.2　中试熟化

中试熟化是科技成果向生产力转化的必要环节。科技成果中试环节投入大、风险高，高校院所和企业甚少涉足，因此称为"达尔文死海"。相关数据表明，经过中试的科技成果，产业化成功率可达 80%；未经过中试的科技成果，产业化成功率只有 30%。因此，中试熟化也被视为稳定产业化的前奏，是研发到生产的必由之路，也是降低产业化实施风险的有效措施。中试基地作为实验室研究与工业生产之间的重要桥梁，是提高科技成果产业化水平的关键核心环节。实现中试平台高水平规划、高品质建设、可持续发展，对加强企业主导的产学研深度融合、提高科技成果转化及产业化具有战略意义。

9.2.1 中试熟化的定义与实践

中试，主要是指产品在大规模量产前的较小规模试验，是从小批量试验到工业化生产的重要过渡，也是科技成果从实验室走向实际应用的关键步骤。通常中试成功后，产品即可步入正式投产阶段。中试基地，也叫中试平台，指围绕高校和科研院所的科技成果转化需求，提供科技成果熟化、二次开发、工程化、工艺化等中试服务的开放型科研实体。当前，我国中试工作大多由少数实力雄厚的科研院所、高校或者大型企业按照自身需求各自立项，缺少面向市场的综合性中试平台，使大部分成果面临"中试空白"，这也是导致我国成果转化率低的重要因素之一。

对于技术经理人而言，如何在中试平台上开展中试熟化工作？开展中试熟化的基本流程是什么？需要考虑哪些核心要素？结合技术经理人工作实际，大概需要从项目选择、硬件条件、团队建设、项目实施、预期目标等维度统筹考虑。

9.2.1.1 项目的选择

技术经理人要从创新源头挖掘项目，并综合考虑技术成熟度、市场应用场景等多重因素（具体可参照概念验证"2+4模型"）。对于项目的选择首先要把握几个基本原则：产业方向要符合国家及地方发展规划确定的重点产业和重点产业集群，能形成具有明显的区位优势和技术优势；待中试的项目技术成熟度一般要达到3～4级，验证成功后的项目技术成熟度要达到7级以上。中试熟化要强调技术工程化、规模化、产品化验证，同时兼顾中试项目负责人的道德品德、职业素养、沟通能力、应变能力等，综合考量项目负责人对项目中试的决心和投入。

9.2.1.2 应具备的硬件条件

中试基地应具备一定的中试设备、场地及配套，拥有行业必要的通用计量、检测仪器及常规实验设备，扩大工程实验必需的专用设备，具备提供数据模拟、应用场景、工艺改进、样品试产等条件。

9.2.1.3 团队组建

要想在相应技术领域具有较强的中试熟化能力，还需要拥有一支具备技术开发及工程化能力、丰富管理经验的专业化人才队伍。可通过组建"企业家＋科学家＋工程师"中试熟化团队，以便能够组织制订科学合理的中试熟化方案和规程，顺利完成中试验证的总体方案设计、工艺设计、研发验证等工作。

9.2.1.4 中试实施

为确保中试熟化项目的顺利实施，技术经理人应主动参与编制或论证实施方案的可行性，尽早、尽可能地规避验证风险，确保逻辑闭环。具体内容涉及项目背景、实施意义、研究内容、研究目标、技术路线、进度安排、项目组织实施、保障措施、风险分析及经费预算等。

9.2.1.5 预期目标

中试熟化项目的预期成效涉及生产工艺路线的复审、设备材质及型式的选择、工艺条件的进一步研究、工艺流程和操作方法的确定、安全生产与"三废"防治措施的研究、原辅材料和中间体的质量监控及消耗定额、原料成本操作工时、生产周期的计算等方方面面。把实验室小试研究确定的工艺路线与条件放大 50～100 倍后进行工艺试验，还需要对工业化生产进行考查、优化，综合考虑产品质量、经济效益、劳动强度等，确定最佳操作条件，为车间设计、施工安全、制订质量要求与规程提供数据和资料。

案例：某压电单晶新材料技术

一、案例背景

该技术是在国防军工、"973"计划、"863"计划、国家自然科学基金等系列项目的持续支持下，历经二十年科技攻关所获得的技术突破和创新成果。项目攻克了所有单晶生长和加工关键技术，研发能力处于国际先进、国内领先水平。2020 年，超高压电性能的透明铁电单晶入选"中国科学十大进展"。该项目自2017年4月起，受到中央融委、国防科工局、军委装备发展部及学校党委的高度重视，各级领导先后批示要求该技术尽快实现产业化并在型号项目中推广应用。

二、典型做法

技术经理人团队经过调研发现，鉴于该技术仍处于实验室小批量生产阶段、工程化能力不足，因此得出"目前该项目不适宜进行市场化融资道路，仍需与地方政府合作迅速开展工程化能力建设"的结论。经过技术经理人团队认真筛查，确定A市作为首选推广单位，并受团队委托就相关事宜与政府相关领导进行了会谈磋商，地方政府当场拍板"这个事情可以干，现在就要把这个事定下来。"随后，当地政府带队专程来校现场考察、座谈，经过反复探讨，在坚持"估值1.25亿元不降低、政府引导基金2500万元不降低、不签对赌协议"等原则下与相关部门进行了为期两周的商务谈判，最终形成了"压电单晶新材料技术"产业化项目合作框架协议，并成功签约。随后该项目在A市注册成立公司，进行批量化生产。

公司目前基本实现了工业级小批量高性能压电单晶的稳定生产。作为新一代高性能声呐、水中兵器、医用超声、工业超声和量子通信等国家与国防重大需求中的核心关键材料，高性能压电单晶的产业化不仅能够大幅度提升我国低频大功率小型化接收与发射型声呐性能，提高鱼雷、水雷和水下无人航行器等水中兵器的战斗力；同时能够全面提升我国医用超声、工业超声等领域产业化水平与国际竞争力，打破国外飞利浦、西门子等在我国医用超声领域的技术封锁和高价格、高份额的市场垄断，具有重大的政治意义、军事意义、社会效益和经济效益。

三、案例启示

高校重大科技成果转化项目的遴选一般要遵循"三高"原则，即政治定位高，多数高新技术率先在国防军工领域应用；技术门槛高，多数技术经历了10～20年的沉淀积累；市场预期高，与科创板上市条件契合度高。当这类项目处于产业化前期时，往往面临资金需求量大、风险高等难题，因此应主要瞄准政府引导基金首轮投入，后期再开展市场化运行和融资。

案例：某柔性 AMOLED 薄膜封装胶水

一、案例背景

有机电致发光二极管（OLED）作为新一代显示技术，具有高对比度、低温特性、可柔性等优势，在苹果、华为等弯曲与折叠屏手机行业得到广泛应用。目前京东方、维信诺、天马液晶、TCL 等针对 AMOLED 显示面板产业投入超过 5000 亿元。在屏幕封装技术方面，主流的薄膜封装技术需要通过喷墨打印机将封装胶水沉积在 OLED 器件上。国内中小尺寸 OLED 封装胶水月消耗量在 1.6 万升，年市场销售额近 50 亿元。此前，全球封装胶水市场都被国外一家公司占有。为实现国产替代，教授团队与企业联合开展技术攻关，双方研发人员展开全面合作，深入研究薄膜封装原理、OLED 器件老化机制、封装设备打印工艺要求，打通了从科学原理、技术研究到产品开发、产业化应用的全链条流程，2019 年年初开发出满足高透光、低收缩以及高阻隔等特点的薄膜封装胶水。

二、典型做法

研发取得突破，只是国产替代迈出的一小步。接下来的新产品上线测试，才是最难跨越的门槛，这意味着龙头企业要放弃惯用的封装胶水。该龙头企业不仅同意新产品上线测试，降低了每次测试的成本，还协助申请到了地方新型显示项目的资金支持，这成为顺利开展项目中试熟化的关键。与此同时，2020 年初技术经理人主动与教授团队对接，分析项目技术优势和未来的应用前景，不仅帮助团队梳理转化思路、整理项目建设方案、商业计划书等资料，还提供投融资、中试场地对接等系列服务。2020 年 9 月，教授团队研制的封装胶水取得阶段性成果，其成果转化企业也顺利完成融资，建成产线。企业在成长过程中又相继面临扩大化生产、融资、场地等多维度需求，为此技术经理人积极协助团队对接投资机构，于 2023 年 9 月完成 B 轮 7000 万元融资，并协助公司解决量产场地和化工企业环评问题。

目前该成果转化企业产品已通过维信诺 6 代产线验证，2023 年全面导入维信诺 6 代产线，新增就业岗位约 100 个，实现收入 6800 万元；分别在京东方、华星光电世代线上通过验证，并达成合作意向。该项目的产业化将彻底打破我国对"薄膜封装胶"关键材料的进口依赖。

三、案例启示

该项目的成功之处在于教授团队由多学科科研人员组成，研发成员均在化学、材料、物理以及电子等相关专业和领域从事多年研究工作，具有跨学科和综合交叉科研的优势。团队与国内的材料厂商密切配合，在下游企业的要求下实现了一些样品之后，能够迅速及时去评测，及时反馈产品信息，成为产品不断迅速迭代的重要依据。

9.2.2 中试熟化的影响因素

中试熟化的影响因素涉及技术、生产、环境、配套技术、资金等诸多方面。

9.2.2.1 技术风险源对中试风险的影响

技术经理人要准确判断中试项目的技术风险。技术风险源对中试的影响表现在三个方面。

（1）技术成熟度

技术成熟度（Technology Readiness Level，TRL）即技术就绪水平，是指单个产品或技术在研发过程中达到的一般性完善程度或可用程度。实验室阶段的科技成果多处于早期阶段，其在技术放大过程中在可行性、操作性等方面都存在很大的不确定性。同时，技术成果本身的粗糙和不完善会导致中试环节出现诸多未解决的技术问题，容易导致中试中断，成为中试风险存在的根本原因。

（2）配套技术的特性

一般而言，在研发阶段主要解决的是科技成果主体技术，欲使科技成果实现大规模生产还必须建立以主体技术为核心的新技术体系，即配套技术，也就是我们常说的从"技术"到"产品"。科技成果的其他技术配套性越强，转化为生产力的可能性越大，技术风险则越小；配套技术复杂性越低、可获得性越强，技术风险也会较小。

（3）技术替代性

技术替代性是指技术在市场竞争中被其他同类技术模仿或超越的可能性。由于高新技术产品变化迅速，寿命周期短，因此极易被更新的技术替代；当更新的技术比预期提前时，原有技术可能尚处于中试熟化阶段就面临淘汰风险。

9.2.2.2 生产风险源对中试风险的影响

生产风险源表现在中试基地水平、资金风险、人员素质三个方面。

（1）中试基地水平

理论上来说，中试基地需要具有较强的通用性和应变性能，通过建立技术试验、生产试验、市场试验等一系列生产经营活动，能够促进科技与生产的有效衔接，解决技术创新实施前本身固有的不确定性因素，降低技术创新过程中的风险问题。

（2）资金风险

资金风险指因资金不能适时供应而导致中试活动失败的可能性。中试阶段资金需求量大，而融资渠道有限，因此资金链断裂会造成较大的风险。另外，由于科技项目创新性强，因此关于研发资金投入多缺乏历史数据参考，通过经验估算的资金需求往往因为较大偏差而导致项目存在失败风险。

（3）人员素质

技术自身知识密集型的特点决定了项目对技术人员的依赖性很大。技术人员的相对稳定性与技术的延伸性、后续开发能力及技术的保密性密切相关，而技术的延伸性越大、后续开发能力越强、保密性越强，企业吸收该项科技成果后拥有的技术优势就越强、风险越小。

9.2.2.3 环境风险源对中试风险的影响

环境风险源对中试风险的影响主要表现在政策环境和市场环境两个方面。

（1）政策环境

宏观政策调整变化频率、相关政策法规的健全程度、政策法规执行的规范性等都可能导致中试研发过程环境政策风险的波动。当社会性、政治性环境波动发生时，处于特定社会框架中从事中试活动的技术开发者将不可避免地受外部环境的影响和干扰，从而直接或间接影响中试研发过程。此外，宏观政策支持对整个行业的配套发展同样重要。如：宏观经济形势变动会影响创新产品的市场前景，进而影响配套技术和产业的发展；法律法规政策变化在阻碍产品投放市场的同时，也限制了配套技术和产业的进步；宏观科技政策的制订或波动也会影响整个行业，包括配套技术产业的发展趋势。

（2）市场环境

市场环境风险是指技术创新产品因不适应市场需求或变化而未被市场充分接受的可能性。市场环境风险主要源于两个方面：市场前景的不确定性和新技术市场竞争能力的不确定性。一方面，中试过程是一种价值增值的过程，其增值方向是否与潜在市场需求相吻合是不确定的；另一方面，技术产品同现有研发主体和潜在进入者之间的市场竞争结果是不确定的。与此同时，良好的市场环境对中试主体进行多元化的融资具有重要帮助，会影响风险投资机构的数量和质量、投资意愿和投资力度，进而影响融资状况，限制资金投入量。

9.2.3　中试平台建设

中试基地是面向社会开放的综合性平台，不仅需要具备专业人才团队、设备等基础条件，还应具有精准对接政策、技术、市场、金融等关键要素的能力，能够打破创新孤岛和壁垒，助推成果向产品化迈进。中试基地是向企业输送成熟、可直接应用于生产的中试技术成果的集散地，是实现科研成果产业化的重要载体，是高校、科研院所、企业、市场、资本有机结合的关键环节。中试基地的建设与发展对于降低科技研发成本、提高科技成果转化率、提升科技创新能力具有重要意义。总体来说，中试平台可归纳为三大类型。

9.2.3.1　通过 VC 风险投资形式成立企业型独立法人中试平台

可分为三种类型：①通过 IVC（Individual VC）投资推动中试验证，多针对研发团队实力较强、项目成长性较好、市场前景清晰的项目。②以 CVC（Company VC）投资联合地方龙头企业推动中试验证。如海尔集团的"海创汇"、陕西煤业化工的"秦岭计划"。由于 CVC 会优先考虑企业的战略目标，且能为中试项目提供一定资源，因此该模式下项目验证成功率更高。③以 GVC（Government VC）投资成立研究院有限公司形式推动中试验证。如西安交通大学"高性能压电单晶项目""高性能铝锂合金项目"等，由于项目处于实验室小批量生产阶段，存在工程化能力不足等问题，因此不适宜进行市场化融资道路,需要与地方政府合作迅速开展工程化能力建设。

9.2.3.2 通过政府引导成立事业单位型独立法人形式推动中试验证

该形式多为与高校联合共建的地方研究院,如深圳清华大学研究院、西安交通大学宁夏新材料研究院、西北工业大学宁波研究院、浙江大学湖州研究院等。当前大多数事业单位性质的地方研究院存在管理不规范,对建设投入成本和运营风险评估不足,发展规划过于理想化或功利化等问题,多数运营较差,仍需从体制机制上进行破题。

9.2.3.3 通过政府主推打造的面向社会开放的园区型"中试+"公共平台

如青岛国家生物医药中试中心、宁夏宁东现代煤化工中试基地、泰安中试孵化产业园等,通过"开发区+园区""管委会+国有公司"等管理模式,为中试项目提供标准化厂房、转孵化空间,配套中试服务,协助资源整合。

案例:江苏产研院

一、案例背景

江苏产研院成立于 2013 年 12 月,定位于科学到技术转化的关键环节,着力破除制约科技创新的思想障碍和制度藩篱,探索促进科技成果转化的体制机制,打通科技成果向现实生产力转化的通道。2014 年 12 月,习近平总书记视察江苏产研院,提出科技创新工作的"四个对接"——强化科技同经济对接、创新成果同产业对接、创新项目同现实生产力对接、研发人员创新劳动同其利益收入对接。江苏产研院积极践行习总书记要求,按照"研发作为产业、技术作为商品"的理念,积极发挥两个桥梁作用——"高校(科研机构)与工业界的桥梁"和"全球创新资源与江苏的桥梁",从创新资源供给和企业技术需求挖掘两端精准发力构建集研发载体、产业需求和创新资源于一体、产学研用深度融合的产业技术创新体系,营造包括人才生态、金融生态、空间生态在内的产业创新生态,在构建产业技术研发机构治理体系、研发载体建设、人才引进培养和激励、财政资金高效使用等方面探索了一系列改革举措,成功搭建以市场为导向、产学研用深度融合的产业技术创新体系(图 9-6)。

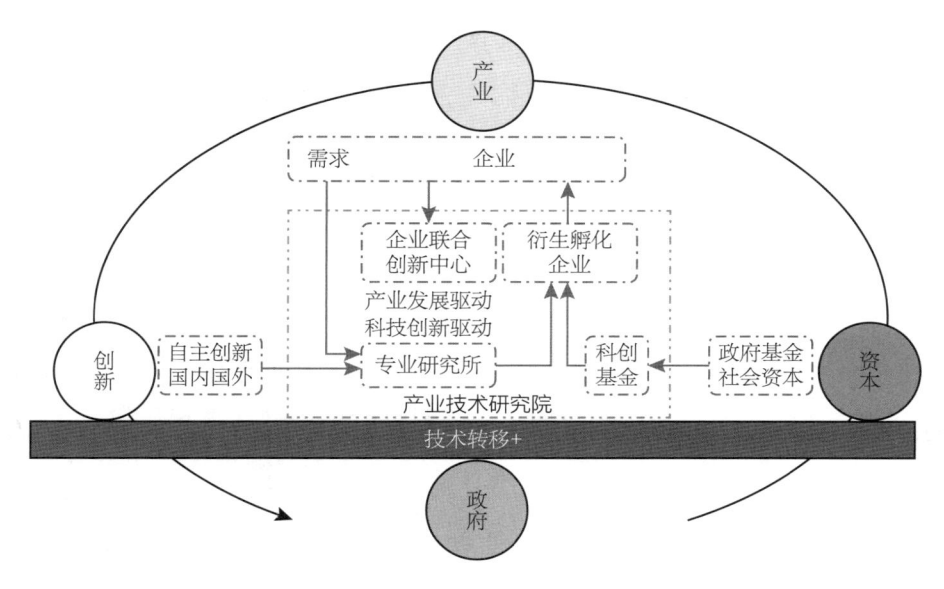

图 9-6　江苏产研院运行逻辑图

二、典型做法

（1）项目经理制。江苏产研院采用整建制引进人才团队的项目经理制，在全球范围邀请一流领军人才担任项目经理，支持其组建团队并孵化培育成立专业研究所或技术产业化创新公司，通过选聘、立项尽调、小同行评议、服务落地等方式进行市场化培育和综合评估，打破传统科研立项评审模式，择优支持其组建成立专业研究所或重大项目公司开展研发攻关和技术转化，赋予其组建团队、决定技术路线、经费使用的自主权。江苏产研院充分发挥领军人才及团队主体作用，为其提供全方位服务与培育，确保人才引进来、看得准、留得住。截至 2023 年，江苏产研院通过项目经理制方式，全球范围累计引进 280 余位领军人才担任项目经理，成为支撑地方产业领军人才队伍建设、加快产业创新发展的重要力量。

（2）"团队控股、轻资产运营"模式开展新型研发机构建设。围绕江苏重点产业发展，江苏产研院高标准布局建设一批创新研发载体（即专业研究所），实践探索新型研发机构的建设和治理机制。专业研究所建设由人才团队与地方、江苏产研院等共同现金出资组建"多元投入、团队控股、轻资产运营"的混合所有制企业，由地方政府和园区提供研发场地、专业设备和建设资金，江苏产研院和地方政府提供研发运行资金支持。

固定资产所有权和使用权分离，研究所建设形成的固定资产所有权归国有资产管理公司，使用权归研究所，各司其职，各施所长：研究所享有研发成果所有权、处置权和收益分配权，公司产生的增值收益按股权分配风险共担，利益共享。通过"团队控股"市场化方式，赋予科研和管理人员在研究所建设中有决策权，有分享成果转化收益和技术升值价值的权益，最大限度调动人才团队积极性，保障人才团队的创业动力和获得感。截至2023年，累计以"团队控股、轻资产运营"方式布局建设了75家专业研究所，结合地方需求和产业特点，合作开展专业研究所建设、重大项目落地、服务地方企业创新发展；坚持围绕产业链布局创新链，加快推进先进材料（苏州）、集成电路（无锡）、太阳能光伏（江阴）、船舶海工装备（南通）等领域国家技术创新中心培育建设，打造高能级产业技术创新平台，支撑带动产业集群式发展。

（3）财政资金支持颠覆性技术项目的新模式。江苏产研院采用"拨投结合"方式，针对前沿引领性技术、早期研发风险度高、市场判断失灵，但有望对未来产业和行业产生颠覆性影响的技术创新项目给予立项支持。通过专业研判选聘项目经理团队，孵化成立核心团队绝对控股的项目公司，利用财政资金给予项目科研投入支持，加速技术成熟和市场验证。待项目完成既定研发任务并启动社会融资时，前期的项目支持资金按市场价格转化为公司股权；如未获市场融资，则结题验收，宽容失败。"拨投结合"机制意在解决团队技术评价和引领性、颠覆性项目早期融资市场失灵的问题，通过专业化研判和市场化资金使用机制，提高财政资金使用效能，推动更多前沿性、引领性、原创性技术跨越"死亡之谷"，引导社会资本参与战略性新兴技术投资。截至2023年，江苏产研院已累计组织实施了60余项重点项目；已有11个项目达成研发目标并获A轮融资，其中5个项目估值超10亿元。该模式得到了国家发展改革委和科技部的认可，作为2021年度全面创新改革任务之一向全国试点推广。

三、案例启示

充分发挥市场在资源配置中的决定性作用，更好发挥政府作用，推动有效市场和有为政府更好结合。有效市场和有为政府更好结合，指的就是如何解决"政府＋市场"中间这个"＋"的问题。解决不好"＋"的问题，就解决不好融合的问题，也达不到"更好"的要求。江苏产研院模式就是政府和市场更好结合的先行成功案例。通过政府化统筹资源、法人化治理结构、开放式合作机制、市场化运作项目，搭建政府与市场、产业与技术、资金与项目的融合体，实现以点带面、可小可大、以小博大的市场化科技成果转化机制。

9.3 本章小结

通过概念验证、中试熟化等手段能够有效解决科技成果转化难题。本章知识要点包括：美国概念验证的经验启示及与我国的差别，概念验证的核心要素及"2+4 模型"，中试熟化平台及中试熟化项目的影响因素与具体实践。

通过本章的学习，技术经理人应当充分挖掘制约高校科技成果转化的共性或关键问题，联合地方产业资源和专业机构，加快构建以需求为导向的科技成果转化机制，总结形成科学有效的验证方法论。

思考题

1. 早期科创项目的最关键要素是什么？
2. 技术经理人在概念验证中应该重点关注哪些？
3. 将高校的科学家转变为企业家，是不是一个科技成果转化的好办法？
4. 中试熟化的影响因素有哪些？
5. 中试熟化过程应该关注哪些方面？
6. 如何筛选中试熟化项目？

第 10 章
商业计划书实务

本章聚焦商业计划书逻辑体系与实操能力展开探讨,帮助技术经理人进一步理解科技成果转移转化相关商业计划内在逻辑和运用技术商业化思维,并提供在科技成果商业推介方面的具体工具及实务方法。

10.1 商业计划书的组织策划

技术经理人优先对目标市场和潜在客户开展全面调查研究，确认技术项目的市场可行性并展开商业策划。高质量商业计划要体现以人为本，技术经理人应把核心团队建设作为商业计划的组织基础，同时链接外部权威人士导入外部优质资源。基于组织策划，技术经理人提出商业计划书的整体布局和撰写思路。

技术经理人在日常工作中经常参与策划、撰写及修改相关技术商业化项目的商业计划书，在工作前期应当开展缜密扎实的商业计划准备工作。技术经理人通过调研市场现状与趋势、匹配技术供需关系、组建技术商业化团队、整合利用外部关键资源等一系列努力，汇聚供给、需求、竞争、质量、价格、人才等商业要素，凝练商业计划的总体创意与支撑性素材，为写出高质量的商业计划书打下实践基础。商业计划书的组织工作是解决其人力问题，商业计划书的策划工作是解决创意问题。

10.1.1 调研市场需求

市场需求是构建一个商业计划的首要因素，我们推介一个技术项目进入市场的计划，首先要考虑技术与市场需求相呼应。技术经理人除了要收集充足的技术资料，还应该优先对目标市场和潜在客户开展全面细致的调查研究，尽快确定商业计划的市场可行性。

10.1.1.1 市场调研的目标和方法

在构思商业计划书的早期阶段，技术经理人应当有明确的市场调研目标。团队要掌握自身技术及产品（样品）的市场潜力和增长预期、用户对技术产品的需求程度、竞品技术的先进性及优缺点描述，掌握目标市场的竞争程度及竞争对手的市场占有率、技术商业化的政策法律环境是否有利、生产及原材料相关成本、质量和渠道状况等。简要地说，市场调研的目标主要是两个：一是调查宏观市场技术的状况；二是调查消费者对某产品或技术的满意程度及其市场潜力。

从执行主体不同，市场调研方法分为直接调研和间接调研两种。直接调研是指通过技术经理人实地调查，直接与调查目标人群接触，收集第一手资料，将其整理归纳成可用信息的方法。这种方法具有较强的针对性和可信度，但财务成本和时间成本较高，需要团队的资源和能力较强。间接调研是指团队收集别人已经加工整理的二手资料，将其整理、归纳成可用信息。间接调研具有调研速度快、节省费用的优点，不足之处是收集到的信息和数据无法辨识其可信度。

从参与者的角度来看，市场调研的方法可以分为亲自调研和委托调研两种。亲自调研是指调查者亲自参与市场调查活动，这种方法受到参与者时间、调研知识和精力的限制；委托专业市场调研公司进行调查是获取信息的另一种方法，这种方法的专业化程度和效率较高，但需要支付一定的费用。

10.1.1.2 市场调研的实施

本章以团队自行实施直接调研为例，讨论市场调研的实施过程，其主要工作包括：调研方法、接触方式、样本选择、调查手段、实施调研和解释结论等。

调研方法分为观察、问询和实验。观察式调研是通过观察相关的人、行为和环境来收集资料，它可用于获取人们不愿或不能提供的信息；问询式调研是收集描述性信息的最佳方式，如果想了解人们的知识、态度、偏好或购买行为，可以通过直接询问个人来获得答案；实验式调研适合于收集因果关系信息，主要内容是挑选适合的目标群体，将他们区别对待，控制无关因素，并检查不同的群体的反应，力图解释因果之间的关系。

信息收集可以通过电话、信函、当面问询或网络进行。这里要着重介绍当面问询方式，包括个别询问和集体询问。个别询问可以与人们在家中或办公室里、在大街上或购物中心里进行面谈，受过训练的询问者能够引导询问方向、寻找话题、长时间地吸引应答者的注意并解释复杂的问题；集体询问通常是邀请几个人一起聚几个小时，由主持者介绍关于产品或技术的情况，并鼓励大家轻松自然地讨论，以获得人们的真实感觉与想法，尽管这种方法受主持者个人偏好的影响很大，但它已成为了解消费者想法的主要营销调研手段。

样本是从总体中挑选的能代表总体的一部分，样本具有代表性以便调研人员能准确估量总体的状况。样本的设计和选择，要考虑三个问题：调查对象是谁？应调查多少人？如何选取样本？样本包括概率样本和非概率样本，不同的取样方法有不同的成本和时间限制，其准确度和统计属性也不相同，最佳方式的选择取决于调查项目的需要。

调查手段常用的是问卷调查和结构式问题。问卷的设计必须周密，在大规模使用之前应做小范围测试。在开发设计一张问卷时，调研人员首先必须决定提什么问题，注意不要漏掉应该被回答的重点问题，剔除那些不能被回答、不愿被回答及不需要去回答的问题。结构性问题，可以分为限定答案的问题（选择题）和开放答案的问题（填空题），问题设计应注意措辞准确并应符合思维逻辑上的顺序，要使用简明、通俗、直接、无歧义、无偏见的字句。

调研实施的主要任务是收集和整理信息。信息收集可由调研人员进行，也可交给其他专业机构操作。外包的信息收集方式可以更快速完成这项工作。数据收集阶段是花费最多和最容易出错的阶段，要特别重视监督信息收集的正常程序和信息质量，密切关注现场工作状态以保证调研计划被正确执行。调研人员将收集到的数据进行整理，确保其准确性和完整性，提炼出重要的信息并计算相关统计数据。

对调研信息加以解释并得出结论，是市场调研工作中最关键最有技术含量的收尾环节。技术经理人处理调研信息应当时刻注意：同样的数据结果经不同的人研判可以提出不同的解释，非专业人员容易"归纳"和"赞同"与自己主观预期相同的调查结论，利害关系人往往排斥他们不期望出现或不能从中受益的结论。调研结论的工作质量关系到市场调研的成败，进而决定整个商业计划的根基。因此，团队要运用多方专业人员（机构）采用"背对背"方式解释信息、形成结论，努力揭示市场需求的真实状况。

10.1.1.3 匹配供需关系

围绕技术商业化的高效率实施，在开展市场调研同时，技术经理人应当消化市场客户信息，提炼技术商品相关信息去准确匹配市场客户需求。

一方面，开展技术供给端信息分析，是为投资者（合作方）提供技术项目的摘要式信息。技术供给部分要阐明的基本信息包括：技术的先进性和竞争优势，技术的创新类型和产业方向，技术的知识产权体系，技术团队的带头人及合伙人等。如果是创业型技术项目，还需要说明技术经理人创办企业的思路、创业者的背景特长以及企业目标和路径等。技术供给信息，应全力突出技术的商业亮点并展现团队的方向感、战斗力和进取心。作为一个拥有技术成果的团队，需要进一步融资实现技术商业化，就要在商业计划书的头部，聚焦投资者的个性化需求介绍技术项目关键信息，努力运用定量描述向投资者介绍关键细节，让投资者快速对技术和团队的亮点有一个清晰的认知，让投资决策者关于技术以及团队形成深刻印象。

另一方面，开展技术需求端信息分析，重点是技术商业化项目生存发展的外部环境。本部分主要收集行业前景、市场外部环境分析、目标客户的竞争状况、合作方的优劣势分析、未来数年市场销售预测等。市场一词通常是用来描述整个商业环境中的各种要素，是指买卖双方进行产品或服务交易的经济关系。行业是指向某个特定的细分市场客户销售同类产品或服务的企业群，如家电行业、软件行业、移动互联网行业等。技术需求端分析主要进一步揭示客户所归属行业领域的基本情况、客户在整个产业链中的地位、客户提供产品服务的市场竞争情况、客户目标市场未来发展趋势等。因此，这一部分内容应该界定技术需求端所处的环境、行业、细分市场、现在和潜在的购买者和竞争者等。此外，经整理的技术需求端信息应该重点阐述细分市场典型客户行为的关键影响因素、购买决策过程、市场如何细分、目标客户确定、客户市场份额、客户竞争策略等问题。

10.1.2 组建核心团队

技术商业化是一类风险较高的商业项目，项目成功与否很大程度上取决于其团队的素质与资源。投资圈有一句名言：宁投一流的团队、二流的项目，也不投一流的项目、二流的团队。这句话充分反映了投资人对项目团队的重视，同时也提醒在起步期的技术转移发起人，策划商业计划时必须把团队建设当作重点任务，不仅要争取投资人的认同，还要为项目的生存发展打好人才基础。

在技术转移活动中，技术经理人以科技人员为基础，吸引一专多能的成员加入，已经成为支撑合格商业计划的当务之急。一个技术商业化活动的基础是科技人才和科技成果，但是仅有高质量的科技专业成员还不够，如果没有精通技术转移、知识产权、市场营销、投资融资及法律合规等专业实务的复合型成员，就不可能维持该项目的商业化竞争力，团队带头人还需要把各位成员凝聚成一个利益一致、分工协作的共同体，才能发挥优势互补的整体效能，创造出令人信服的商业计划书。

技术转移的团队可定义为在一个特定的市场环境中，为了达到某一技术商业化目标而协同工作、分享收益、共担责任的商业小型组织，团队必须拥有一个组织意义上的领导者，团队的首要任务是创造商业计划、完成技术商业化目标。为了策划并实现商业计划，技术经理人与项目发起人要对团队进行规划和组建，在这一组织过程中完成以下工作。

第一，确立团队价值观并运用发展成员的特长。领导者要创立和维护团队价值观，鉴别和引进价值观相容的人员加盟，善于将团队抽象理念扩展为成员具体行动，把总目标分解为团队成员的具体目标，遭遇危机时运用价值观取舍利弊让团队抵御外界的干扰，使团队每一个成员承担义务和责任。技术转移项目最需要的是来之能战的成熟人才，而不是需要培训才能上岗的新人，所以遴选成员应该拥有丰富的职业经历，而且在技术、营销、法律、财务等工作领域具有专长。领导者要支持团队成员发展多人技能组合，每一种组合都是为了完成团队目标所必需的互济余缺的技能，开发方向可分为三类：技术性或职能性的专家技能、解决问题和决策的组织协调技能、发展运营人际关系的社交技能，通过对互补性技能经验进行整合，使团队在更大范围内应对多方面的挑战。

第二，为项目发展管理人力资源的存量与增量。领导者为团队目前的机构配备人员时，还需要考虑团队未来可能发生的任务变化，为下一阶段准备人力资源计划，任用可胜任的人员。对整个团队来说，人才流动虽有可能给技术项目带来输入新鲜血液的好处，但注意防止优秀人才外流甚至带走核心技术的情况发生，这可能严重破坏商业计划的有序实施。因此，领导者通过科学管理留住人才，使每一个人的知识和能力得到公正的评价、应用和回报，既要留住其身，又要留住其心。领导者要通过设定岗位、选人用人使团队组织有效运转，确认团队中每个岗位都有合格的人在工作。领导者要教育员工对其执行的结果承担义务，帮助团队成员理解个人努力和集体成就的关系，明确执行问题的焦点，解决分工合作矛盾。同时，不断赋能成员开展创造性工作和不断探索思考优化工作流程，设法激励团队成员进行各类创新，积极打破原有框架的束缚，尝试做以前没人做过的事，在探索中建立新的工作秩序，提高整个团队的创造力。

第三，优化团队的决策和沟通机制。领导者要掌握强大的决策力和领导力，理解技术商业化意味着创新，既有成功的可能，也有失败的风险，要创新就要敢于冒险。领导者要具有良好的沟通能力，通过制度机制建设能够组织化决策和协调成员工作，指导中层及部门的管理者发展其判断问题和理性抉择的能力，促进部门、成员之间的相互理解。

第四，围绕商业计划实现实施团队激励机制。为了使商业计划顺利实现，领导者必须设计实施合理有效的团队激励机制，激励机制可分为两类：精神激励和物质激励。精神激励包括岗位信任激励、工作环境激励和特长激励等举措。领导者要充分信任处于关键岗位的人员，赋予他们适当的技术或管理职权，人才才能充分发挥自己的创造性和积极性。在适当情况下，领导者允许某类岗位在一定限度内灵活安排自己的工作时间段，选择在精力充沛的时间段内工作，提高工作效率。领导者要安排特长人员干自己有能力、感兴趣的工作，避免技术研发人员从事其不感兴趣的管理协调工作，避免浪费稀缺的人才资源。物质激励包括货币奖励和股权期权奖励等，从科技企业的激励实践看，团队给予关键人员本项目的商业化收益长期分配权是决定性举措，而奖金对关键人员的激励效果并不显著。

10.1.3 整合外部资源

技术商业化活动是一个嵌在经济社会网络中的"多线程"协同创新过程。在组织、策划商业计划书时，几乎没有某一个人或小微创业团队能够仅凭一己之力就能把商业计划做得尽善尽美，商业计划的竞争也是技术经理人外部资源调动能力的比拼。商业计划书是技术商业化的战略规划和合作概要，包含企业诞生发展的方方面面，商业计划书不可能由技术转移的发起人和领导者一手操办，领导者应当着眼于核心团队的短板，诚邀不同行业、不同领域的权威人士参与技术商业化，组织一个富有竞争力的外部协作网络，扩大本项目对外部资源的深度链接。

外部协作网络的建设是主动吸纳跨行业权威人士的认知、经验和社会资源，弥补现有核心团队的不足和短板，帮助团队完善更有洞察力和商业眼界的产业化战略，让商业计划更有市场竞争力。组织外部资源网络，一般采取外聘顾问支付劳务报酬的方式，团队只在业务需要时向外部人士提出请求，而不是把他们雇用为团队的正式成员，这样既可以获得资深人士的帮助，又节省了大量开支。外部协作网络的理想人选是技术商业化相关领域功成名就、德高望重的权威人士，以下列举几种供读者举一反三。

10.1.3.1 技术顾问

现有团队往往有待转化技术的发明者，他们对该技术的核心问题已经充分掌握，并了解该技术的发展现状和趋势，但他们掌握的可能只是实验室场景的技术，这些技术在样品试制和小规模生产阶段也许会有技术问题，进入大规模生产销售阶段也有可能暴露出其技术隐藏缺陷，极大地影响技术产品的质量和成本，也决定着市场占有率。如果团队能够预先聘任业内资深技术专家，遇到问题能及时获得资深专家的指点，不仅能够事半功倍，而且还能大大地降低商业计划的风险。

10.1.3.2 经营管理顾问

企业管理咨询机构的资深专家长年累月跟各种类型的企业项目打交道，在管理咨询领域都具有丰富的知识和经验，能够看见一些非专业人士看不到的地方，准确地分析各种管理模式的优劣。他们的建议往往一针见血、切中要害，在管理顾问指导下建立的技术项目管理模式符合规范的现代公司制度的要求，而且管理咨询公司手中还掌握着大量的管理人才信息可供利用。

10.1.3.3 公共关系顾问

当前各类协会、商会、研究会、联谊会之类的社会组织，其宗旨就是为会员服务，充当民间活动、商业活动、学术活动的桥梁是其重要的社会职能，社会组织的领导及骨干人员一般都具有人脉广阔、信息灵通、熟悉特定行业地域、善于沟通协调的才能。团队希望全面地了解某个行业的形势和动态，解决拓展社会资源和提升公关影响力等问题，有必要聘请相关社会组织的权威人士助力，往往能够起到意想不到的功效。

10.1.3.4 财务法律顾问

财务顾问一般指的是资深会计师和审计师。如果商业计划已经开始策划，他们能够帮助团队审核项目的财务计划，并从投资人视角提出相关修改意见，增强投资者对财务计划的信任。另外，他们对科技金融熟悉，有投资机构的社会资源，可能提供资本运作方面的建议。团队向资深律师求助的必要性在于，掌握与技术创业、知识产权、订立合同、公司治理有关的合法路径，确认涉事各方相关行为是否在国家法律禁止限制之列，有哪些法律规定对本项目技术商业化有利，如何才能保证团队的技术知识产权不受侵犯，创业公司筹备及运作的计划是否有法律风险等。团队邀请财务、法律顾问加盟，可使技术项目在高风险环节少走弯路。

10.1.4　商业计划书的布局

基于市场调研和组织策划的工作成果，技术经理人可以运用思维导图构建商业计划书的大纲，形成商业计划的整体布局。商业计划书大纲可以帮助团队更加直观地掌握本项目要重点写什么，用树状的层次结构来统领整个商业计划书。基于母子层次结构，技术商业化项目的整体布局思路，可包括如下要点。

10.1.4.1　介绍核心技术的亮点

描述技术内涵、技术关键指标及技术创新类型情况。描述技术产品化状况，包括目标产品的研发、行业、特性、成本、价格、知识产权策略以及产品的阶段。指出技术产品拟嵌入的产业链，包括产业化的商业视野、技术需求与供应、产业链的现有生产力、产业需添置设备、相关行业标准等。

10.1.4.2　技术产品的市场竞争力分析

分析行业环境包括经济、政治环境，人口环境，科学技术环境，社会文化环境等因素。分析行业关键数据包括行业的市场规模、增长态势，以及行业在整个市场的占有率等。判断行业生命周期，包括启动、成长、成熟和衰退四个阶段，技术转移项目在不同阶段需实行不同的商业化策略。

描述技术产品的目标市场设定、消费群体画像、市场准入资质、知识产权状况、竞品技术比较、技术研发载体、行业终端用户、预测市场趋势以及行业政策环境等。

10.1.4.3　技术产品的市场销售分析

研究目标用户是什么人？群体特质是什么？客户使用时的痛点以及针对痛点，行业内有什么解决方案？开展 SWOT 模型分析，主要分析技术产品的优势、不足、机会以及潜在的威胁，就是将项目的外部形势和内部条件结合起来，多方面进行分析。

描述技术产品营销计划和营销政策，营销渠道方式选择、主要渠道业务情况，市场销售队伍情况，产品促销方式以及产品价格方案。展开技术产品的竞争分析，包括有无行业垄断、竞争者市场份额、主要竞争对手情况、潜在竞争对手情况以及产品的竞争优势等。

10.1.4.4　本项目的商业合作模式

说明本项目的融资需求，包括资金需求、使用计划、投资形式、回报计划、股权成本以及投资者介入程度。说明投资的回报与退出机制，介绍股权转让、股权回购和股利分配的机制。分析投资风险，包括市场风险、研发生产风险、成本控制风险、政策风险、竞争风险以及其他风险。介绍本项目及其企业形态的经营管理方式，包括组织结构、股权分配、决策分配、运营制度及人力资源、薪资激励方案等。项目的商业合作模式要突出创新性，在众多的竞争性商业计划书中做到差异化，从而获得胜出优势。

10.2　商业计划书的思维工具及其应用

技术经理人要从客户价值主张、价值载体、价值创造与价值传递、盈利方式、可持续能力五个方面提出技术转移项目的商业模式。技术经理人要运用 PEST 模型、波特五力模型、SWOT 模型等商业思维工具，对商业计划书开展系统性分析以提高撰写质量，运用技术亮点 - 产品化策略矩阵指出技术亮点分步实现技术产品化的路径。

10.2.1 商业模式与价值交付

10.2.1.1 商业模式

商业模式就是企业为客户创造和交付价值，获得客户认可和经济盈利的系统。它一般包括以下五个环节：客户价值主张、价值载体、价值创造与价值传递、盈利方式、可持续能力。

客户价值主张，是指技术转移项目能给客户带来什么价值，即项目要满足何种客户需求、创造何种价值、解决什么痛点问题，这是一切商业计划的起点和基础。价值载体，是指技术转移项目为客户提供价值的载体是什么（产品与服务）。价值创造与价值传递，是指技术转移项目有什么关键资源和能力来实现价值创造和价值传递，这涉及研发、转化、生产、营销等领域的核心竞争力，如何将价值交付给客户。盈利方式，是指技术转移项目提供价值的货币化表达，包括收入、支出、税费、现金流和利润等一系列问题的预期与核算。可持续能力，是指技术转移项目如何保持可持续发展，如何承担社会责任、服务国家战略，优秀的技术商业化不应当是一次性买卖，项目要具备批量生产、持续开发新产品、持续保持技术壁垒等能力。由此，为一个技术转移项目提出商业模式，技术经理人要认真评估上述五个环节的现状及发展变化，对该项目的商业计划书提出专业意见。

10.2.1.2 重视价值交付

总体来说，一个技术转移项目的商业模式的核心内容是价值交付，技术经理人为技术转移项目设计商业模式应当首要考虑从价值交付上"破题"。

技术经理人如何思考具体项目的价值交付，可做如下演绎分析。一是客户思维，对特定客户来说，技术供给方所提供的技术成果或技术商品对他（具体客户）为什么是有用的，技术经理人要站在客户的立场上形成有说服力的商业计划文案。二是价值思维，商业计划中的"有用"应该用价值语言乃至企业财务语言确切表述，即对客户真实需求和深层次痛点的准确理解和精准描述，形成一针见血的商业计划文案。聚焦客户的价值诉求，技术供给方及技术经理人用其技术商品及转化服务来满足，这个过程就是为客户创造价值的过程。三是产业化思维，技术成果的立项、研发、知识产权保护、概念验证、中试验证、工业批量化等一系列劳动过程是支持产业化（工业化）实现盈利的一条协同创新脉络，即为了实现产业化（工业化）盈利的目标，我们去整合各种人、财、物资源，来保证客户需求的实现。技术经理人要带着强烈的产业化（工业化）意识去撰写商业计划文案，阐明企业在获得技术后在竞争中如何形成产业化盈利及其匹配的业务路径，技术转移项目为投资人、企业等承接主体实现产业级价值的机制。

10.2.2 商业思维与分析工具

10.2.2.1 宏观环境分析

技术经理人对项目商业计划展开宏观环境基本面分析很有必要，PEST 分析是最常用的宏观分析工具。商业计划书应当系统阐述该项目所处环境的优劣，技术经理人要运用 PEST 分析要素来分析项目所面临的外部状况，对项目进行 PEST 分析应当事先掌握充足的相关行业数据资料，对所分析的技术市场应当有实践认知积累。

政治因素是指项目所在国家的政治局面、法律制度及其实施状况、基本政策态度等。技术经理人具体调研关注点包括但不限于：该国的政治局面、政治环境是否稳定；国家是否会修改、废止重要法律法规，从而增加对本项目的管制或税收；该国各级政府所实施的技术市场规则、行业市场规则、知识产权保护的原则、标准是什么；该国各级政府的产业政策、科技政策是什么；国家是否关注与支持科技成果转化和技术商业化；该国是否与其他国家、国际组织签订了技术及知识产权跨境交易的相关协定。

经济因素是指项目所在国家的经济环境，调研关注点包括但不限于：历年 GDP 水平、国家财政货币政策、历年利率汇率水平、通货膨胀率、失业率水平、居民可支配收入水平、能源原材料供给成本、资源配置的体制机制、科技创新市场化程度等。

社会因素是指影响技术商业化的是人口及文化背景，主要调研关注点包括该国人口规模、年龄结构、人口分布、种族结构以及收入分布等因素。例如，该国政治信仰、宗教信仰人数最多的是什么；民众对于某领域科技产品和科技服务的态度如何；该国信仰差异、语言文字障碍是否会影响先进技术、技术产品的市场推广；民众的生活习惯、健康状况、平均寿命、男女平等、阶层贫富状况如何；民众对道德、公益、环保等公共问题如何看待等。

技术因素是指包括技术创新及其知识产权保护的生态，调研关注点特别注意与市场化有关的新技术、新工艺、新材料的研发及商业化状况。例如，某科技是否降低了生产或服务的成本，并替代了落后技术；某科技是否为消费者和企业提供了更多新产品与服务；某科技是如何改变传统商业利益格局的；某科技是否为企业提供了新的市场份额等。

技术经理人运用 PEST 分析工具，通过政治、经济、社会和技术四方面思考及评估商业计划的宏观环境，进一步在商业计划书中说明这些因素的具体影响。

政治要素分析着力点是关注对技术商业化活动具有实际与潜在影响的政府控制力及公信力、政策法律法规是否发生变化，当政府修改了对本项目具有约束力的法律法规（如知识产权法、反不正当竞争法、税法、环境保护法以及外贸法）时，评估相关变化如何影响项目的商业化运作前景，商业战略必须尽快随之做出调整，预警提示项目团队及投资人对政府换届、政策调整以及产业管制变化做出反应。

经济要素分析着力点是关注经济结构、产业布局、资源状况、垄断状况、经济发展水平以及未来的经济走势等，在商业计划起草决策过程中持续关注、监测、预测和评估本国及国际经济状况，对经济关键要素包括 GDP、利率、汇率、通货膨胀、失业率等实时分析，评估相关变化如何影响本项目的商业化运作前景，及时发现技术与产业之间经济上的相互依赖性，社会要素分析着力点是关注项目所在社会中人口特征、传统文化、宗教信仰、主流价值观、阶层利益集团、教育水平以及道德习惯等，分析人口规模、年龄结构、种族结构、收入分布、消费结构和水平、人口流动性等，其中人口规模及年龄结构很可能决定了新技术产品的消费潜力及市场规模，评估相关变化如何影响本项目的商业化运作前景形成报告。

技术要素分析着力点是关注与市场需求及企业生产有关的新技术、新工艺、新材料的研发和应用状况，关注该国在技术创新领域本土科技企业的发展状况，研究型大学等非营利性组织的研发竞争力，新技术及产品改变着当地生活方式的具体数据及案例。同样，评估相关因素变化如何影响本项目的商业化运作前景形成技术经理人报告。

10.2.2.2　特定行业市场分析

技术经理人对项目商业计划展开行业市场分析一般借鉴波特五力模型（Porter's Five Forces Model），该方法将不同因素汇集在一个模型中，以此分析一个特定市场的竞争态势，具体指该行业现有竞争力、技术供给端的议价能力、技术需求端的议价能力、替代性技术的威胁、新进入者的威胁，不同势力的特性和重要性会因行业企业差异而变化。技术经理人构思完善技术商业计划，应该重点分析、确认并评价上述五种力量，在自己的商业计划中选择正确路线抢占最有利的竞争位置。

技术供给端的议价能力，技术经理人分析着力点是聚焦供方力量强弱，关注他们所提供技术的先进性、成熟度及性价比。当供方所提供技术的价值构成了买方产品成本的较大比例、对买主生产非常重要或者决定买方产品质量时，技术供方对于买方的要价能力就极大增强。一般来说，满足如下条件的技术供方会具有比较强大的议价力量。供方具有比较强大技术源头地位，是不受挑战者竞争困扰的高水平机构，其技术的潜在买主很多，以至于每一单个买主都不可能成为供方的决定性客户。供方技术具有一定独特性，以至于买主难以转换或转换成本太高，或者很难找到可与供方企业产品相竞争的技术替代品。供方与其他头部机构实行技术联合体或技术合作一体化，而买主难以进行分而治之，形成店大欺客的态势。由此，技术供方可以通过提高技术价格或融资溢价，来对业内买方运用自己的优势力量，技术经理人评估相关力量变化如何影响本项目的商业化前景，形成商业计划完善意见。

技术需求端的议价能力，技术经理人分析着力点要聚焦技术购买者是否具备自主创新能力压价或者主动要求技术供方提供更高水平高新技术的能力，来影响行业中现有技术交易平衡。一般来说，满足技术自主条件的技术买方具有更强的讨价还价实力。例如，技术购买企业的总数较少，而特定购买者的单体购买需求相对较大，占了技术卖方销售额的很大比例；技术卖方行业由大量相对来说规模较小的低端企业所组成，特定购买者的单体需求鹤立鸡群，占技术卖方最大比例市场份额；技术需求企业所购买的是一种标准化、通用性技术，可以同时向多个技术供方购买，在价格上也形成完全竞争；技术购买者有能力与其他头部机构实行技术联合体或产学研合作一体化，而技术供方不能一体化。这些情况，技术经理人查明技术买方的讨价还价实力，评估相关力量变化如何影响本项目的商业化前景并形成商业计划完善意见。

新进入者威胁，技术经理人分析着力点要聚焦新进入者的实力分析和市场准入壁垒。新进入者在给行业带来新技术、新资源的同时，希望参与瓜分现有技术市场并赢得一席之地，这有可能会与现有技术供方发生市场份额竞争，最终导致技术商业化盈利水平降低，严重的话还有淘汰弱者出局。新进入者的市场壁垒主要包括规模经济、技术差异、资本需求、转换成本、销售渠道、政府行为与政策、不受规模支配的成本劣势（如产学研联盟关系等）、人才资源（如规模大的科研院所对高端人才的拥有）、地理区位（如长三角、珠三角城市）等方面，其中有些障碍是很难借助复制或仿造的方式突破的。技术经理人要注意预见现有技术供方对新进入者的反击问题，主要是采取反制行动的可能性大小，取决于有关供方的实力情况、报复记录、市场规模、份额增长速度等。总之，新技术团队进入一个行业的可能性大小，取决于预估进入所获潜在利益、所需花费成本代价与所要承受的反制风险，技术经理人权衡这三者的利弊，评估相关力量变化如何影响本项目的商业化前景并形成商业计划完善意见。

替代性技术的威胁，技术经理人分析着力点要聚焦替代性技术之间的竞争行为，这种源自替代的竞争以各种形式影响原有商业计划的商业策略。例如，现有技术的市场售价以及获利潜力受到打压限制，由于出现替代技术导致技术需求企业考虑接受的替代品；由于替代品技术的侵入，使得现有供方也必须提高技术迭代或者尽快降低售价来转让技术，否则其原有市场份额预期很可能流失；源自替代品技术的竞争强度，短期内会受技术买主实施生产设施转换成本高低的影响。总之，替代技术的价格越低、性能指标越高，技术需方用户转换成本越低，其产生的竞争力越强，这种来自替代品技术的竞争压力，技术经理人可以通过实地考察替代技术销售增长率、替代技术供方创新能力与企业扩张情况来加以描述和预测，评估相关力量变化如何影响本项目的商业化前景并形成商业计划完善意见。

10.2.2.3 项目内外部条件分析

技术经理人对技术商业化项目开展微观分析通常运用SWOT模型，该思维工具经实践检验成为一个商业项目微观分析的主流工具。SWOT模型的优劣势分析着眼于技术商业化项目自身实力及其与竞争对手比较，机会威胁分析是关注外部因素变化对本项目的可能影响，然后对项目内外部各条件状况进行提炼综合，进而分析得出项目商业计划的要点。基于SWOT分析，技术经理人可以帮助技术项目把商业计划进一步聚集在自身强项和机会更多的方向，让商业模式变得更加清晰可操作。

技术经理人对技术商业化项目实施SWOT分析时，应把所有的外部力量（机会与威胁）汇集在一起考虑，研判结果用于对内部因素（优劣势）进行评估。一般具体分析步骤如下：其一，确认本项目当前的商业战略；其二，调研汇总外部数据及信息，确认企业外部环境的变化，可以援引波特五力分析的相关工作成果；其三，根据项目技术、人才、资金等资源组合情况，确认本项目的关键能力和关键短板；其四，按照通用矩阵方式对项目进行打分评价，技术经理人可以把识别出的所有优势或劣势分成两组，分组标准是这些优势或劣势是与行业中的机会有关，还是与外部威胁有关；其五，将分析结果形成文字，在SWOT四框分析图上写出标注。参考使用SWOT分析发现的关键问题，进一步完善确定技术项目的商业计划主要战略。

开展机会与威胁分析，技术经理人分析着力点要以技术商业化项目为中心对象，不漫无目的地探讨经济、科技等诸多方面的变化，强调外部因素对具体项目产生的影响。外部威胁是环境中不利客观因素所形成的成本及损耗，如果不采取果断举措进行规避和摆脱，这将导致本项目的竞争力削弱。外部机会是对项目实力增强、效益提升富有吸引力的客观因素域，在这一领域与之结合，该公司将拥有更大竞争优势。对外部要素的分析可以有不同的角度，比如，一种简明扼要的做法就是与波特五力模型进行联合分析。

开展优势与劣势分析，技术经理人分析着力点要查明该技术项目自身的真实状况，可设计《技术商业化项目尽职调查表》的方式进行，并逐一检查该项目的技术、知识产权、人才、资金、外部资源能力等，每一个要素都可以按照强、较强、中、弱或极弱划分若干量化计算等级。竞争优势可以指用户或消费者视角的一个技术项目有别于其竞争对手的任何优越点，包括技术的应用宽度、市场大小、可靠性、适用性、技术载体等优势。由于技术商业化项目是一个整体，而且竞争性优势来源十分广泛，所以技术经理人在做优劣势分析时必须从整个创新链、价值链的每个环节上，将本项目与竞争对手做详细对比。如技术是否新颖适用，工艺是否复杂，渠道是否畅通，以及性价比是否有竞争性等。站在用户视角，如果一个项目在某几个方面的优势正是该技术商业化应具备的关键成功要素，那么，项目的综合竞争优势打分就更高一些。同时，技术经理人要进一步评估本项目竞争优势的可持续时间，主要分析四个关键因素：本项目获得现有这些优势用了多长时间；现有这些优势持续了多长时间；未来能够进一步获得新优势的增长空间有多大；竞争对手做出有力反应预计需要多长时间。如果分析清楚了这四个因素，技术经理人可进一步明确本项目建立和维持竞争优势中的战略，进一步评估相关优劣势变化如何影响本项目商业化前景并形成商业计划完善意见。

10.2.3 技术亮点和技术产品化分析

10.2.3.1 技术亮点分析

技术转移项目商业计划书的逻辑起点是需求，解决需求问题的关键是通过技术产品化。为此，运用技术亮点和产品化矩阵分析是商业计划中的必要内容。技术经理人和项目团队应重点阐述技术优势和产品化路径，并在技术介绍中有条理地系统地展示技术亮点。

（1）技术的来源

技术的来源可能是企业与高校、科研院所产学研成果的转化，可能是项目团队创始人带来的技术成果，也可能是我们自己的研发团队通过多年的技术沉淀，形成的技术结晶，但不论是何种方式，我们最好都能清晰地说明及展示，提供相应的证明资料。

（2）技术的创新点与先进性

技术的创新点，是指人们在特定技术方面提出过去从未有过的认识和方法。技术的先进性，是指特定技术（及其研发团队）的认识和改造世界的方法比其他个体或群体的认识和方法更加接近世界的本质和规律。这两个概念在本质和功能上都是不同的，也是紧密联系的。技术的创新点要转化为技术的先进性需要一个条件，就是创新认识要符合客观规律，一旦经过实践检验，创新性的认识或方法与客观规律相符，这些创新点也就成为技术先进性的一部分了。对于技术先进性，一般从如下维度进行论述：介绍目前国内外、行业内存在哪些困难点及痛点；本项目的创新点体现在哪，有哪些与众不同的亮点，最终解决了哪些关键性或共性的技术问题；项目的技术路线，详细说明是通过什么样的方式实现技术上的突破；项目商业化实施后技术相关产品能加入哪些产业链，达到什么样的技术效果（技术指标）。

（3）展示技术佐证资料

商业计划书要体现项目的技术创新点、先进性，需通过各种权威资料来进行证明。知识产权证明，各类与本项目相关的知识产权，特别是已授权的发明专利以及软件著作权等。需要注意的是如果只是前期申请受理阶段的专利文件是缺乏证明意义的，同时知识产权的技术内容要与本项目核心技术相关联。技术标准证明，技术标准一般有国标、地标、行标、团标、企标等。国标是权威性最高的，其制订起来也是难度最大的。技术标准的制订周期都较长，项目团队要体现自身技术的行业地位，就要提前布局铺垫，无论作为牵头单位还是参与单位，都需要积极参与高层次标准制订工作。科技成果奖励及评估评价证明，国家级科技进步奖项是在技术先进性认定方面含金量最高的资料之一，作为商业计划书附件胜过万语千言。实验室刚刚取得的重要技术成果，技术先进性有可能在业内数一数二，建议团队尽快邀请相关学科与行业的权威专家组织技术评价会，对该技术进行全方位论证，形成达到国际先进水平或国内先进水平的技术成果评价报告书，用于商业计划书的附件。

10.2.3.2 技术产品化分析

在科技创新领域，分析技术亮点的核心价值是实现客户需求导向的产品化，并不是技术越先进、越前沿越好。有的技术经理人盲目追求技术的先进性"档次"，商业计划或照搬国外标杆企业的做法，或套用大企业的创新模型，却忽视科学分析自身技术的产品化策略，导致技术与产品应用脱节，商业计划书华而不实，不仅缺乏商业吸引力，还会营造一种负面形象。

对技术产品化问题一知半解的商业计划起草人，容易对商业计划工作造成误导。回顾那些因为技术或者理念太超前而导致创新失败的案例，引人深思。现在网络电视已经普及千家万户，早在 20 世纪 90 年代美国出现一家名为 WebTV 的技术创业公司提出了将信息网络和电视技术整合为新技术服务的商业计划，微软公司收购了 WebTV 公司努力把该商业计划变成现实。遗憾的是，当时的信息网络技术落后，信号传输速度普遍较低，传输画面的画质很低并经常中断，导致消费者体验很差。到 2000 年，因用户数量低迷，微软公司不得不关闭了这项新技术服务。在技术投资人圈子中有"领先百步是先烈，领先半步是先进"的说法：大规模应用市场容易接受的技术成果往往是"领先半步"，即该技术具有适度超前性和客户认可度。技术经理人实施"适度超前"的技术产品化策略，至少包含以下要领。

第一，无论是技术创新还是产品创新，技术成果必须能够被市场客户和终端消费者所理解和接受。对于商业领域的技术应用来说，客户永远是决定性因素；对于有志于开创未来的技术经理人来说，易犯的一个错误就是在技术产品化策略中技术方案太过于超前，跃过了当前市场需求和客户认知。投资人和寻常百姓愿意接受的往往是与其日常生活相关的、不超出其常识的新事物。如果技术的产品化不能够与客户及买方利益相关者处在一个认知层面上实现同频沟通，客户就不太能够理解和接受项目方的新技术。

第二，技术及其产品必须瞄准实用性和效益性的目标。技术经理人通过商业计划书推出任何一项技术，既要遵循创新原则和科学技术发展规律，更要锁定合适的市场时机和产品策略。技术的产品化，必须从市场需求和技术可行性两大维度思考，实施系统化的产品交付，包括客户需求分析、产品测试、试销试用等，实现产品研发与商业模式的联动。技术产品要能够"接地气"，必须立足于现状，又要改变现状，创新方法能够推行落地，能够在实践中得到检验，创新成果可以产生经济效益、管理效益以及社会效益。

10.3 商业计划书的撰写、调整与完善

技术经理人要注意检查商业计划书的真实性和通俗性，提高文本的可视化表达。运用投资人思维开展商业计划书的调整修改，注意听取投资人反馈并根据投资人不同类型

加以调整修改。重视商业风险因素，将商业计划书的风险识别与风险控制内容融合撰写，系统说明本项目如何采取有效措施把各种风险控制在可控范围内。

10.3.1 商业计划书的撰写

10.3.1.1 商业计划书的可视化撰写

技术转移类商业计划书的主要读者是投资人，路演文本一般使用 10 页左右容量的幻灯片，最长不超过 20 页。面向每天收阅大量项目材料的投资人，商业计划书要突出重点，传达可视化内容，可视化表达中应注意弱化专业术语因素。如果同一行业内部的路演交流时，商业计划书使用专业术语可提高效率。如果与外行的投资人汇报，商业计划书过多使用专业术语反而弄巧成拙，建议避免使用过多专业术语，转化成易懂的可视化内容。

在多数投资人看来，高质量路演应该用真实可信的图表、数字、照片、视频来阐述。投资人可能没有办法亲身体验你的产品，数据就是除了产品实物以外最直观的一种体验。技术经理人与项目团队在编写商业计划书时要依靠可靠来源获取准确的行业数据，用数字图表来说话，这样才能给风险投资人留下深刻印象。为了更好地表达结论，团队要将实验数据、论证材料、计算结果等，以图片或表格的形式呈现在幻灯片上，以增强商业计划书报告的说服力。尽可能多用可视性更强的图表，一页幻灯片上存在大量文字会让投资人抓不住重点，冗长的叙述也会令投资人怀疑团队能力。

每张幻灯片都应该有主题、有要点、有内容、有照片、有图表，越重要的内容应该越靠前。幻灯片的作用是给演讲者、受众提供一个可视化的交流工具，绝对不是演讲者照着念。内容要展现关键词和多媒体，吸引眼球，帮助受众更快速、直观地领会商业计划书中的要点。如果幻灯片大部分是密密麻麻文字，投资人可能会认为项目团队缺乏商业提炼能力。商业计划书的模块化注重运用关键词和简洁句式，尽可能用一个词或一句话清楚地表达内容。列举如下模块：一句话介绍项目的缘起（商业计划的切入点），一句话概括市场需求（市场调研结论），一句话描述产品满足了什么需求痛点（技术产品介绍），一句话描述市场上还有谁提供这类技术（竞争对手分析），一句话描述你的产品比竞争者的强在哪里（竞争优势分析），一句话告诉投资人你如何做到比对手强（产品核心竞争力）。

商业计划书要可视化，运用视觉要素凸显关键信息，应列举如下模块。

题目：题目在封面出现就要全力打动投资人，"某某项目商业计划书"这类标题千篇一律。商业计划书的题目可以从技术项目的需求、价值、差异性等角度切入，开门见山展示亮点。

项目简介：尽量用简洁扼要文字讲明，技术项目为何而来、可解决什么问题，可用简明的概念、数字、符号、高质量照片、数据对比等方法进行可视化表达。

市场痛点：客户或消费者尚未解决的需求，如饮水安全问题、亚健康问题等一直没被解决的真实需求，市场痛点是否长期存在，技术产品竞争是否会加剧等由官方新闻、突出数据表达。

市场规模：本项目技术产品的市场空间有多大？应当援引权威机构数据图表让人信服，分析细分市场的经济规模与消费潜力，让投资人确信项目的商业潜力巨大。

商业模式：本技术商业化项目如何赚钱，这是所有投资人关心的重点。初创阶段技术转移项目一定要突出商业模式，凸显投资回报率、盈亏平衡点等可视化要素。

竞争分析：没有竞争对手的细分市场是缺乏真实性的。分析竞争对手，让投资人理解该项目在市场中的生存发展处境，运用竞品对比（产品实物、检测证书、用户反馈）凸显项目价值。

核心竞争力：面对众多技术项目，投资人为什么要选择我？运用竞争力"长板"思维，列出本项目拥有一流研发团队、独有技术路线、市场资源积累等压倒性优势，展现项目的过人之处。

10.3.1.2 商业计划书的文本完善

在每稿商业计划的路演前后，技术经理人及项目团队应当对商业计划书文本进行核查复盘，审阅该计划书是否完整准确表达了本项目的商业模式及商业战略。技术经理人通常从市场需求视角对商业计划书文本加以检查和完善。例如，商业计划书是否显示团队具有管理项目公司的经验？如果科技带头人自己缺乏能力管理项目公司，那么一定要明确地说明，团队已经聘用了一位专业人才来管理并有合理激励机制。商业计划书是否显示了项目有盈利能力回报投资人？商业计划书要展示收支、利润各项数据，给预期的投资者提供一份完整的回报率分析。商业计划书是否显示了团队已经进行过完整的市场调研？商业计划书要让投资者看到，书面阐明的市场需求、客户需求是翔实的。商业计划书对非专业人员是否通俗易懂？商业计划书应该备有封面、摘要、索引和目录，以便读者快捷查阅各章节，目录信息应当反映商业计划内在逻辑。要安排专人检查排除全文的语法、拼写、排版错误，如需要可以配套准备相关技术的样品或模型。商业计划书的各方面细节都会对对外推介的成功有重要影响，如果技术经理人或项目团队对商业计划书细节缺乏信心，应当查阅编写指南或向资深商业顾问咨询。

商业计划书注意预设保密内容。在正式谈判中，洽谈内容可能会涉及一定的非公开信息，这对技术项目的生存发展有重大影响，甚至威胁到项目的核心利益。因此，在谈判开始前，双方基于商业计划书的保密内容及保密义务，签署一份有法律效力的保密协议，这是双方必要的权益保障。事实上，科技投融资是涉密性强的商业活动，投资者和技术方均应该依法律对商业计划书和保密协议给予重视，对路演、问答、洽谈有关信息持严谨保密态度。这有两个方面细节：一是投资谈判过程和投资实施过程中会涉及许多商业秘密、技术秘密，而这些信息往往是构成该项目未来盈利前景的前提；二是投资人在对技术定价、股权分配等方面有着较强的机密性，通常是双方签约保密的。因此，商业计划书应注意预留保密机制并签署保密协议，这对双方具有重大利害关系。

技术经理人完善商业计划书的过程也是深入确认其内容真实性的过程。一方面，商业计划书的真实性与保密性并不矛盾，技术方必须避免商业计划书表述脱离真实性。举例：对技术产品（服务）的前景过分主观，令读者产生虚浮、狂妄和不信任的印象；缺乏应有的数据，所列数据没有可靠来源、前后矛盾，从而缺乏说服力，比如拿出一些过于年代久远、逻辑层次谬误的数据；在团队中出现无姓名的神秘人物，比如国际权威科学家的某先生已加入我们的公司，但现在暂不能披露；技术商业化焦点是打造某项产品或服务，而不是满足市场客户需求；以自我为中心对市场竞争态势没有清醒认识，忽视客观竞争威胁；选择进入的是一个饱和拥塞的市场，认为自己后来居上，在描述市场规模、增长速度时理由模棱两可、模糊不清。另一方面，商业计划书的真实性与修饰性并不矛盾，投资人对商业信息的真实性尤其敏感，他们评价项目的原则是绝不能为了融资而去造假，在保证真实性的同时可理解对商业内容的适度修饰。例如，商业计划书可选择性展示一些技术对比的亮点数据，某某软件试用版本上线两个月，下载量已经达到了数百万次，在排行榜上名列前茅，突出技术有具有竞争力的亮点数据，在幻灯片上以大号字符突出展示，对处于常见水平的数据指标使用正文简要表述，引起投资者的注意力，提高双方进一步沟通的兴趣。

10.3.2 商业计划书的针对性修改

10.3.2.1 听取投资人反馈调整修改

技术转移项目的商业计划书通过洽谈、路演和推介，感兴趣的投资人可能会联系技术经理人或项目团队进行反馈。在投资人交流中团队随时有可能听到新问题、吸收新信息，要围绕投资人的反馈对商业计划书不断调整改进。

首先，系统性地归纳各方投资人反馈比较关注的要点。例如，大多数投资人比较关注本项目技术产品的新增用户数量、客户的留存率以及产品的使用频率、同类竞争品情况、产品未来市场空间等，团队可根据反馈针对性调整商业计划书关于技术产品的阐述重点，让这些投资人看到他关切的重点内容。如果没能成功得到投资，则要继续寻找会晤下一个投资人。这时，上一次撰写的商业计划书就不一定适合这次路演。为了保障融资路演的针对性，项目团队应当提前调研下一位投资人的机构背景和投资偏好，将上一次的商业计划书进行修改或者重新撰写。

其次，随着与投资人交流接触的不断推进，不同投资人提出的问题可能会越来越具体、越来越细致入微，关注重点也有可能会变化。这就要求项目团队每一次与投资人交流后都要做记录，根据投资人提出的新问题，想出商业计划书的响应办法，及时改变重点，在突出重点的同时还要关注细节。这些细节性的表达即使不体现在商业计划书文字上，创业者也要做到心中有数，以应对投资者随时可能提出的问题。需要注意的是，修改完商业计划书文档还要同步修改商业计划书幻灯片，幻灯片和文档需要保持一致。总之，没有完美的商业计划书，但是可以通过一次又一次的修改，使商业计划书日臻完善。

在项目洽谈、路演之后,技术经理人听取投资者反馈对商业计划书进行针对性补充回应。投资者往往反馈他们的关注点,指出技术项目及团队的某些不足,是商业计划书磨砺成型的必要过程。例如:项目领导者是否是一个具备企业家精神的领袖式人物,是否具备应有的创业素质?这个团队核心人员的价值观是否一致,团队成员是否实现了利益绑定,具有较强的事业凝聚力?核心团队的市场洞察力如何,他们是否熟悉细分市场和善于开发市场?听取投资人的上述疑义,团队成员修改商业计划书时也可以自问自答:团队有哪些技术和资源可以用于技术转移项目?哪种团队组织结构对这个技术转移项目最适合?实现技术商业化需要哪些设备和物资?项目可以从何处获得资金?团队管理层将如何给自己设定薪酬?技术经理人不仅要回应投资人对文本的反馈,也要由此调整完善技术转移项目今后如何运作、经营、管理和商业化策略。完善商业计划是对技术转移项目不断推敲反思和瑕疵修补的过程,要根据技术转移项目自身成长和商业化环境的变化,不断实施自检和完善。

10.3.2.2　根据投资人类型区分修改

技术经理人和项目团队在修改商业计划书时,要根据投资人的不同类型有的放矢。不同的投资人的投资决策各有逻辑闭环及行业侧重点。有些投资人只认从清北系、牛剑圈等名校出来的高才生组建的科创团队。有些投资人只认某行业的硬技术,寻找可能对社会引发重大变革的黑马技术。有些投资人愿意投连续创业者,他们对经验的认可度是决定技术转移项目能否成功的重要因素。有些投资人根据行业轮动挑选项目,如康养行业在上升期、教培市场走向衰退,从这类逻辑寻找项目。

机构投资人。在科技投资圈有一种商业现象叫作"做准备",是指机构投资人在看了某行业 100 个项目以后,一个都没有投,但在审阅这 100 个商业计划书的过程中他积累了大量经验,这种积累能让投资人在看到第 101 个项目时,迅速判断出这个项目的优劣。例如,一些券商直投主要看技术转移项目短期上市的可能性,如果技术转移项目具备短期上市的潜力,那么券商就进行投资,而且为项目做资本市场辅导培育。有些私募机构注重看数据的投资者,主要用数理模型做项目预测。相比之下,风投机构看技术项目的角度更多样，他们认为数据预测只能估算出大概方向，技术转移项目在发展过程中有可能突变。行业投资人机构主要看新技术对自己企业有没有帮助，对自己主要从事的行业领域有没有协作增效作用，对技术转移项目投资就等于踏入了某个关联市场。

天使投资人。个人天使投资相对来说比较感性，有些投资者凭借常识、情感、亲密关系甚至凭眼缘。如果初创技术转移项目在早期能遇到个人投资者，只要对你的事业有帮助，不妨去认真拜访推介，有可能获得天使投资。项目团队的家人或朋友因为熟悉创业人员的成长经历，信任此人的人品和能力，所以有可能不计商业条件来支持初创阶段的技术转移项目，这种微薄资金来源是创业初期可以依靠的宝贵资源。技术商业化发展壮大需要一定时间，有了亲戚朋友的资金支持，有利于脚踏实地地往前推进，是一个稳健的起步。项目有了商业意义的业绩，才会有越来越多的机构投资人投入进来。科技产业化是一个从无到有的高风险过程，项目团队对亲戚朋友应当诚实守信，像正规的商业路演一样让天使投资人了解项目风险及防控措施，切忌误导亲戚朋友，只有这样项目才可以稳健发展。

10.3.2.3　运用投资人思维自主优化

技术经理人与项目团队可以揣摩投资人视角自主优化调整商业计划书，运用投资人的思考模式来自检文本，由此深入解析投资人核心思维，分析投资人决策模型，在项目推介中赢得战略主动。投资人思维视角常常会有以下几种模式。

正向思维，即沿袭常规思路去分析和思考问题，按照事物发展的前进方向进行思考。由已知的技术转移项目现状进而推论到未知，从而预估技术转移项目未来的发展。这种思维方法是投资人最常见的一种思维模式，是一切逻辑推理的基础。

反向思维模式推理过程较为复杂，但对于职业投资人常有出人意料的效果，现实生活中的很多问题仅凭正面思考很难找到答案，但反过来往往会有醍醐灌顶之感。如果投资者想知道如何才能获得技术商业化成功，可以先思考一个技术转移比较项目会有哪些表现，只要避免这些负面特征就可以找到值得投资的好技术。

本质思维是投资人研究技术转移项目最先用到的，投资人经常练习，就可以一眼看透事物的本质。这种思维模式的特点就是多问为什么，比如如何做好投资？什么样的技术转移项目算是一个好技术转移项目？怎样才能找到好的技术转移项目？在弄清本质问题后，就会直指决策的本质。

系统思维是指将项目纳入一个系统去分析。系统是各个要素互相联系、彼此影响的总体，系统思维可以帮助我们更全面地理解该项目的上下游产业系统或者跨行业的竞争系统。例如，结果倒推方法是先想象出终极目标的全貌，从终极目标倒推，每一步该怎么做。经验老到的投资人做投资、分析技术转移项目的优劣、找寻买点也经常用这种逆向思维来思考。当然，投资人在研究特定技术转移项目的商业计划书并提出问题时，思维方式有可能因项目而不同或同时用几个逻辑系统进行观察思考，技术经理人在自主优化调整商业计划书要多加换位思考。

10.3.3 商业计划书的风险防控

10.3.3.1 商业计划书的风险识别

商业计划书中的风险防控部分常常被技术经理人及项目团队忽视，但它有可能直接决定项目成败。技术项目是高风险领域，商业计划书不仅要进行比较系统的风险分析，还要向投资者展示防控风险的思路和对策。技术转移类商业计划书常见风险点一般包括技术风险、财务风险、管理风险三种类型，技术经理人要根据技术转移项目实施的不同流程阶段，提前识别可能遇到的不确定性因素并加以回应。

技术风险是指技术成果从立项研发到实现产品化应用的整个创新链中任何一个环节的不确定性问题。技术风险具体包括技术转化风险、技术淘汰风险和技术效应风险等。

技术风险的延伸是技术转化风险，新技术大部分是在实验室条件下完成发明创造的，这类技术在形成小批量制造的样品转入大工业规模化生产的过程中往往会遇到不少预想不到的技术、管理和经济问题。实验室对外交付技术的原则是完成技术可能性的阶段性成果，而实际工业生产过程中还要考虑诸多工业因素，如简化工艺、提高人效、控制成本等，这些工业不确定性问题的解决好坏，直接关系到新技术的市场前途。

技术淘汰风险，现代社会发展的趋势之一是技术更新速度快，产品寿命不断缩短，于是给公司带来了技术淘汰的风险。对于以技术创新为重要特征的创业公司而言，如果不能在产品寿命周期内迅速实现产业化，收回初始投资并取得利润，必将遭受巨大的损失。因此风险投资人对创新技术的寿命问题比较敏感。

技术效应风险，即一项技术即使能顺利交付工业开发、制造出产品，也很难预料其用户应用效果。某项技术的副作用如有害物质超标、环境生态政策变化等，在工业品阶段才会产生，对技术产品的销售形成极大限制。另外，未来技术产品上市如果遭遇商业计划未预期的技术迭代变化，也会造成投资损失，严重的会使项目破产。

财务风险是指在一些特殊情况下，技术转移项目因为丧失偿债能力而致使投资者收益下降的一种风险。技术转移项目的财务风险通过偿债风险、流动性风险和信用风险体现。技术转移项目常选择负债经营的方式，当企业的债务以及利息越来越多，总资产水平已经远跟不上，就会丧失偿债能力从而造成财务危机，甚至导致企业破产。

资金流动性是企业运营活力的源泉，资金流动性是维持技术转移项目健康运转的前提。技术项目的资金流动性风险包含两个方面：一是企业资金来源不足；二是企业现金流不能保持连续性。这两种情况都可以让企业的技术开发生产陷于停顿。造成资金来源不足的原因主要有：技术转移项目实际支出超出预算，致使项目入不敷出；发生了一些预料不到的黑天鹅事件，消耗了技术转移项目的资金预算，开支没有纳入当初的预计；该国发生严重通货膨胀或经济危机，不仅导致材料、设备的购买成本上升，还会提高企业贷款利率；由于技术转移项目的新产品短期未达到预定销售目标，影响了技术转移项目计划中的后期融资，形成资金风险。造成技术转移项目的现金流不能保持连续性的原因主要有：产品销售未达预期，不足以抵偿成本和支出；如果所需原材料供应不畅，致使购货条件苛刻，也可能会占用相当部分的资金；作为营销的手段，技术转移项目过多地运用了赊销等信用方式，致使应收账款积累过多，严重影响技术转移项目的现金流；产品生产和销售成本失控，大量消耗宝贵的现金资源。

管理风险主要表现在人力资源风险和组织风险，技术转移项目经营管理中潜在的问题也是不可小视的风险。人力资源风险是较为常见的管理风险，主要成因是技术转移项目经营历史短、管理经验不足，给技术转移项目带来不稳定因素。具体表现为管理团队的知识、技能及人脉等相对匮乏，管理者在决策时如果没有对各种影响因素进行客观分析而是凭主观偏好盲目做出决策，极易导致失败。组织风险包含人力资源规划、绩效考评、薪酬设计、各种规章制度等方面。技术转移项目起步时的组织设计原则是尽量简化组织结构，若技术转移项目的组织结构不合理也会带来风险。当技术转移项目获得发展后，当初的组织结构也许会落后于形势因而需要不断进行调整。

环境因素风险，即高技术项目及合作企业经营所处的宏观环境（如政治、经济、法律、社会等因素）发生剧烈变化，也会极大地影响技术转移项目经营管理的安全性。例如，项目核心人员及利益相关群体的道德风险也是不确定因素，商业计划书要识别技术转移项目的职业道德风险，在利益冲突角度对项目团队管理层、核心技术人员及合作企业管理人员利用自身职务、信息优势损害项目利益、投资者利益的可能性加以评估排查。

10.3.3.2　商业计划书的风险防控

与风险识别分析相配合，商业计划书的风险控制部分是对人为干预行为的承诺性表述，即在风险已经识别查明的情况下，技术经理人与项目团队如何把风险控制在可接受范围内。风险防范控制是主动建立一整套风险防范和控制人为机制对技术转移项目进行有效风险管理，降低风险转化为现实的可能性，保护项目方和投资者的利益。值得注意的是，风险分为可控制风险和不可控制风险，风险控制只是针对前者而言。

健全管理规范制度。技术出身的创业者所建立的风险技术转移项目，往往受到创业者本身知识结构、价值取向及经验的限制，往往侧重于技术方面，对于技术转移项目的经营管理不是没有给予足够的重视，就是欠缺应有的专业技能，所以这类技术转移项目管理制度不健全的现象相当普遍。大量的事实证明，缺乏管理效率的技术转移项目是没有生命力的。最好的措施是建立现代技术转移项目管理制度，包括规范公司治理制度、劳动用工制度、财务制度、生产制度以及其他管理制度。

风险分级分别应对。在技术风险方面，技术经理人与项目团队提出技术工艺保证措施，增强技术的可操作性；不断改进生产工艺技术，加强产品研发力量；对技术进步提出总体规划并逐年推行。在市场风险方面，要提出不断发现、扩大市场需求的营销策略；不断审查技术产品价格合理性，制订一个竞争力最优价格，使在消费者满意的前提下，技术转移项目能尽快取得较好收益。在资金风险方面，要严格资金使用及报账制度，有效控制计划外支出；项目应当预留一定数额的备用资金，以备不时之需；加强资金回笼工作，必要时设专人负责跟踪资金的流动；进行信用销售之前，认真调查客户的信用状况。在管理风险方面，要在项目管理团队中确认有具备较强管理能力和实务经验的团队统筹全局；要实施梯队人才、后备人才培养计划，防止对某个关键人员的过度依赖。

面对职业道德风险，要通过增加董事会（或股东代表）对技术转移项目管理层的监督程度来提高，增强投资者的监控参与力度，商业计划书可提出具体机制措施，保障投资者对项目监控力度。例如，加大投资人在董事会、监事会的权力；对于较大的风险，投资人可以设立专委会以加强对项目的监管；详细拟定项目公司管理层的权利和义务，强化投资人派出代表常驻权利，参与项目经营管理；把项目账目随时向董事会或监事会公开，会计报表应聘请投资人认可的会计师事务所审核；关键职位如财务总监由风险投资人推荐担任。在赋予投资者更大权力的同时，创业者也应注意自己的权力，不要做出超出自身承受能力的让步。

预先设计重大风险应急预案。技术转移项目风险是始终存在的，并且风险发生带有较大偶然性，因此商业计划书建立一套重大风险应急预案很有必要。应急预案注意增强投资者、合伙人及技术骨干对项目的知情权与参与力度，项目一旦发生了重大风险，项目公司股东可以有序合规地对风险处置，做到事前计划、心中有数，为技术转移项目应对未来可能出现的危机做好制度化准备。风险应急预案应该依法制订、实事求是、高效可行、切中要害，使投资人对技术转移项目风险防控形成积极正面的评价。

10.4 本章小结

本章聚焦探讨技术经理人商业计划书实操能力的提升。科技成果转移转化的主线是从技术创新到市场价值实现，技术经理人应当回归市场、客户及消费者的需求语境去思考技术商业化问题，进一步领悟科技成果转移转化的商业内涵，学习运用商业思维方法，不断完善技术商业化逻辑，才能在科技商业推介中取得更大业绩。

高质量的商业计划以人为本。技术经理人要把核心团队建设及外部权威人士导入作为商业计划的组织基础，以人为纽带汇集内外部优质资源。商业计划撰写之前，技术经理人先对目标市场和潜在客户开展实证调研，基于技术项目的市场可行性开展商业策划。基于扎实的组织策划，技术经理人提出较成熟的商业计划书整体布局和撰写思路。

在国内外多年的商业实践中，科技创新服务行业出现了一系列公认行之有效的商业思维工具。技术经理人要学习运用商业模式工具、PEST 模型、波特五力模型、SWOT 模型、技术亮点-产品化策略矩阵等商业思维工具，对商业计划书开展系统性分析以不断提高撰写质量。

技术经理人要注意检查、修改商业计划书，提高文本可视化表达，以维护其真实性和通俗性。运用投资人思维是商业计划书调整修改的主线，要注意听取投资人反馈并根据投资人不同类型加以调整修改。商业推介不回避风险问题，技术经理人要将商业计划中的风险识别与风险控制内容融会贯通，系统说明本项目如何采取有效措施防控各种风险。

思考题

1. 为了策划并实现商业计划，技术经理人与项目发起人如何对核心团队进行组建？

2. 技术经理人对技术项目开展微观分析常用哪种思维工具，实施分析有哪些实操要点？

3. 技术经理人通常运用何种思维视角来调整修改商业计划书，实施修改有哪些实操要点？

第 11 章
商务谈判与交易达成

商务谈判是技术商业化所涉各意向参与主体确定是否参与、如何合作的沟通、协商过程。技术经理人或者技术转移服务机构在为技术方或投资方提供技术转移服务的过程中,要进行审慎评估、判断,确定服务对象可考虑进行谈判的意向合作方。技术经理人需要基于经验积累,对初步获取的法律、技术和商业等方面信息进行敏锐和深刻地把握。进入谈判后,仍需持续判断是否及时终止谈判。商务谈判是持续识别风险的过程,有效识别风险并作出决策可以大大减少沟通成本和降低交易风险。

交易达成是谈判结果的一种情形,也是技术商业化过程中非常关键的阶段性成果。交易达成是以各方签署合同等相关法律文件并使之生效为必要条件的。因此,应当通过起草完备的交易文件,将谈判的成果在交易文件中体现。本章内容介绍技术经理人如何在商务谈判中帮助服务对象确定最终的合作方,为交易实现打下基础。

11.1 商务谈判前的准备工作

技术经理人不论是为哪一方服务，谈判前的准备工作都存在高度的共性。即便是为技术商业化各方提供居间服务，充分的谈判前准备工作对于各方高效率达成一致或者判断相关风险、解决相关问题也是非常有益的。

11.1.1 组成谈判小组

11.1.1.1 技术经理人组成工作团队

技术经理人工作团队至少有一名经验丰富、统筹协调、能力卓越的人担任团队负责人，并根据工作量及分工需要配备若干名技术经理人配合、辅助。团队中应当配备熟悉知识产权、投融资的人员。工作团队的主要工作是做好后文所述的准备工作、协调服务对象或建议谈判各方做好后文所述准备工作、协调组织谈判、审核谈判过程中各方提供的文件以及各方拟签订的合同或者其他法律文件。

11.1.1.2 与服务对象共同组成谈判小组

技术经理人应当与服务对象共同组成谈判小组并进行细致分工，制订工作计划，并由技术经理人团队负责人督促、协调各成员完成相关工作。需要特别强调的是，对于职务成果，成果完成人与成果持有人具有不同的利益诉求以及不同的义务和责任，建议成果持有人在组成谈判小组时，引导成果完成人单独聘请技术经理人，并单独作为一方参与后续谈判。

11.1.1.3 为谈判各方的谈判小组提供建议

技术经理人为技术商业化提供居间服务的，应当及时建议谈判各方组成谈判小组，以适当的方式争取获得各方谈判小组组成人员的信息，并就谈判小组组成人员配备提出合理化建议。

11.1.2 信息的搜集与整理

11.1.2.1 协调梳理或建议梳理权属、奖励或报酬等方面相关问题

大多数情况下，成果持有人为单位（高校、科研院所）。根据《中华人民共和国促进科技成果转化法》第四十五条关于奖励和报酬的规定以及单位成果转化的规章制度的规定，应当给予成果完成人奖励和报酬。单位和成果完成人可能已于谈判前签订了相关协议。因此，应当根据前述法律、规章制度的规定以及协议约定确定奖励报酬事宜、成果完成人义务相关议题等。

由于成果完成人变更工作单位，可能会造成同属于拟商业化之技术成果范围内的部分知识产权归属于原单位或原单位和现单位共有。还有可能因合作技术开发或委托技术开发合同关系，部分甚至全部知识产权与其他主体共有。这需要熟悉知识产权法律的人员分析各种情形对技术商业化谈判以及项目实施的影响，确定需要解决的问题。

只要是职务成果，即使不需要适用促进科技成果转化法，也需要根据《专利法》及其实施细则、著作权法等法律法规之规定，确定是否需要支付奖励或报酬以及是否存在共有的情况，并按照前述思路确定待解决问题。

如果成果存在转让的情况，需要获取相关文件，了解是否存在影响商业化的约定。

11.1.2.2 整理知识产权

了解拟商业化之技术的知识产权保护情况，包括但不限于专利申请及授权情况，（软件）著作权登记情况，技术秘密范围、保密措施情况。由于不同技术成果涉及的知识产权保护方式不同，因此负责此部分工作的人员需要精通知识产权法律法规，了解不

同知识产权所保护的客体并能较为准确地评估相关知识产权风险。应当制订拟商业化之技术的相关知识产权清单，研究判断知识产权保护是否充分、保护方式是否合理以及是否需要进一步的知识产权保护。

11.1.2.3 与成果完成人沟通

如果为成果持有人或成果完成人服务，需要与成果完成人沟通了解成果完成人团队情况、具体的技术内容、技术成熟度、已完成成果拟采取的知识产权保护方式、需要进一步研发的内容、研发风险、需要的研发投入、与现有技术相比的优劣势、技术发展方向等。

11.1.2.4 法律法规及政策信息

根据已了解的信息，制订法律法规和政策检索方案，进行充分检索，根据检索结果分析确定谈判待议问题清单。

11.1.2.5 谈判主体及人员信息

重点分析判断搜集到的信息对谈判以及合作可能有利或不利的信息。

11.1.2.6 信息进一步检索、验证并整理

根据前述工作获取的相关信息，通过专利数据库、网络检索、咨询专家等方式进一步搜集信息，判断前述工作获取的相关主体或人员提供的信息是否全面、充分、准确，如果经过验证，存在明显的不一致，应当与相关人员进一步沟通。把搜集到的已验证以及待进一步验证的信息分门别类进行整理。

11.1.3 形成可行性研究报告

信息为决策服务，决策首先要解决的问题是确定是否具备可行性。因此，在前述信息搜集、整理和判断工作完成后，需要结合可信的、全面的、充分的信息对项目进行技术上和经济效益上的可行性分析。可行性分析实际上就是解决技术转移项目能不能做、

值不值得做的问题。可行性分析的结论可能是肯定的，也可能是否定的。可行性报告就是基于所搜集的信息进行分析进而得出结论所形成的为决策提供支持的文件。

11.1.3.1 可行性研究报告与商业计划书的区别和联系

可行性研究报告与商业计划书是不同的两种文件，在技术转移转化项目中均会涉及。可行性研究报告是为是否可进行转化决策服务的，不仅成果方会进行可行性分析，接触了意向合作方也有可能会做这项工作；商业计划书是为融资服务的，目的是说服意向合作方接受己方提出的商业合作的条件。因此，可行性研究报告一定是要在商业计划书制作前做出，二者在内容上存在不同。

当然，可行性研究报告也是商业计划书的基础和前提，可行性研究报告的部分内容可以融合进商业计划书，或者研究报告直接作为商业计划书的附件。

11.1.3.2 可行性研究报告的主要内容及撰写注意要点

可行性研究报告无固定格式要求，但内容上需要体现对项目的背景、技术方案、市场前景、财务分析等方面进行全面的分析和评估。以下是可行性研究报告的主要内容和撰写注意要点。

（1）项目背景

介绍项目的来源（包括但不限于拟转移转化项目成果的来源、团队成员情况，如果确定了合作方，也要介绍合作方相关情况以及合作洽谈情况），论述项目的意义和目的，梳理该项目相关的政策、法规和行业标准等。

（2）技术方案

详细描述项目的核心技术（包括相关的专利、技术秘密）、工艺流程、所需设备的选型、技术参数等方面的内容，还要与现有技术对比，进行优劣势分析。

（3）市场前景

对项目的市场前景进行分析和预测，包括市场需求（包括目前需求满足情况）、竞争情况（主要市场主体、竞品情况）、销售渠道、客户群体及偏好等方面的情况。市场前景的分析和预测一定要谨慎乐观，不可仅仅强调项目的优势，还需要考虑面临的劣势以及面对劣势或者克服劣势情形下的市场前景。比如，在很多国产替代进口的项目中，潜在用户存在普遍的更为信赖进口产品，即使是国产产品在品质、价格、交付期限以及售后服务等方面均优于进口产品，用户也不愿替代。在这种情形下，就需要考虑采取何种营销策略来克服，以及需要多久才能改变潜在用户的观念。

（4）财务分析

对项目的投资（设备、厂房、原材料、软件系统、人员、资质等项目建成所需的投入）、成本（产品的原材料、管理费用、员工工资、税费等）、收益（需要结合市场前景分析进行预测）等方面进行全面的分析和预测。不仅要对项目的经济效益进行准确、全面的分析预测，还要从带动就业、示范效应等方面就社会效益进行分析。

（5）风险评估

对项目的风险进行评估和分析，包括政策风险（政策变动、各地政策不统一、政策不明朗等情形对业务可能产生的影响）、市场风险（结合市场前景分析论述面临的劣势可能对业务的影响）、技术风险（技术更新迭代风险、进一步研发失败的风险、研发团队建设风险等）、管理风险（管理层建设、管理经验水平、人员流动、合规等方面的不确定性因素可能给业务带来的影响）等方面的情况，并提出相应的风险控制措施。如果项目尚未确定合作方，应当就选择合作方的相关风险进行评估。

11.1.3.3 可行性研究报告相关保密事项

在撰写可行性研究报告过程中应当在不影响结论可靠性的前提下尽量避免过多地披露技术、商业等秘密信息；在向其他人提供可行性研究报告（即使是未定稿的版本）前，要对内容是否涉及需要保密的信息进行审查。如果可行性研究报告涉及需要保密的信息，则电子文本需要采取加密措施，纸质文本需要标注保密标识。在向非本单位人员提供报告文本前，应当与该人员或其所在单位签订保密协议，或者以可留痕的方式声明对方应当保守报告所涉秘密；即使向本单位人员提供文本，也需要以可留痕的方式告知其保密事项。

11.1.4 制订谈判方案

应当根据信息搜集的成果，再次确认谈判分工是否需要调整。确定谈判必须解决的问题，并就这些问题进行深入论证分析，对于所有可能性提前做好预案。列出谈判议题清单。此时确定的谈判议题可能不准确，但有助于第一次谈判的组织。

11.1.5 谈判的准备

为做好谈判管理工作，提升谈判效率，每一轮谈判前均需就即将进行的谈判做好如下准备工作：沟通谈判时间、地点、议题、参加人员；准备谈判所需资料、幻灯片；布置谈判会场，确保相关设备可用，备齐谈判所需物料。以上均为事务性工作，但至为重要，任何一个细节存在瑕疵，不仅可能影响谈判效率，也有可能影响其他谈判参与方所打的"印象分"，直接影响交易达成。

11.2 商务谈判的技巧

11.2.1 尽可能解决信息不对称

谈判的过程实际上就是信息传递、判断的过程，但是谈判过程中的判断、决策绝不能仅仅依靠谈判中所获取的信息。从谈判对方获取的信息可能是不全面、不准确、不真实的。仅凭这些信息难以准确判断，更无法进行决策。信息不对称是信息优势方获取对自己有利条件的法宝。谈判实质上是各方信息获取能力、处理能力、判断能力的综合较量。对于信息劣势方，需要尽可能解决信息不对称。技术商业化各方相互在其各自专业领域属于信息优势方，在对方专业领域属于信息劣势方。信息不对称不仅关乎各自是否会在谈判中同意对自己不利的条件，还有可能因为双方的错误判断，虽然达成合作，但最后项目实施过程中不断出现新问题，甚至项目不得不以失败告终。因此，谈判各方应当在其劣势方面尽可能地多获取准确、充分的信息；技术经理人即使进行居间服务，也应当为了后期项目顺利实施，提醒双方应当充分获取信息。

11.2.1.1 获取信息

需要获取的信息大体有以下几方面：谈判主体信息、技术和行业信息、法律法规信息、政策信息和其他方相关人员信息。

（1）谈判主体信息

对拟进行谈判的主体相关信息充分把握，主要有助于判断合作风险，当然也有助于己方交易条件的准确提出。严格来讲，初步接触后，应当进行这方面信息的检索、分析，对于存在重大信用瑕疵的意向合作方，没有必要与之谈判。在这一阶段，很多当事人（特别是成果完成人）不具备这方面的意识或者信息检索、分析能力，因此，在确定进行谈判后，需要配备有法律专业背景和经验的人员（或者技术经理人）对这一方面信息进行全面、充分的搜集、整理和判断。搜集信息的范围包括但不限于基本信息（成立时间股东、董监高信息、核心技术人员信息、资质等）、风险信息（诉讼和仲裁信息、执行信息、行政处罚信息、失信信息等）、知识产权信息（专利、商标、著作权等信息）、社会评价信息（供应商或客户的评价、员工的评价、政府或行业协会的评价）以及实际控制人、主要管理人员信用状况、行事风格信息等。如果是自然人，可首先根据其手机号、身份证号等搜集其可能涉及的涉诉信息、个人网络信息、投资信息，对其个人信用、性格特点等进行判断。

（2）技术和行业信息

技术转移意味着技术应当具有一定的先进性，但技术需求方在技术方面存在一定弱势，因此，不论是否具有拟转让技术及相关行业的经验，都需要对技术及行业进行较为充分的研究，以便确定合作前景以及是否进行合作。当然，技术方也应当对拟转让技术相关的技术和行业信息进行充分了解。很多成果完成人的研究仅局限于自己研究的狭窄的技术领域，对其他相关行业的了解并不充分，但技术的应用、产业化涉及技术和行业的方方面面，不充分了解相关信息难以准确判断拟转让技术的价值，无法为谈判提前准确分析己方的优劣势。国家知识产权局专利数据库、国家企业信用信息公示系统、全国中小企业股份转让系统（新三板）所披露的公开转让说明书、企业年度报告以及北京、上海、深圳证券交易所披露的招股说明书、年度报告等，都是可公开获取的技术和行业信息渠道。

（3）法律法规信息

技术经理人团队或者技术商业化各方当事人需要配备熟悉、精通《促进科技成果转化法》、《民法典》的合同编［特别是该编第一分编通则和第二分编（第二十章）技术合同部分］、《公司法》、《专利法》的专业人员。需要注意的是，即便是长期从事法律工作的人士，也不可能了解全部法律法规。尤其是技术商业化项目会涉及相关行业的专门法律法规，这些规定可能关系到技术转移合同的生效要件、项目实施相关备案或审批及所需满足的条件以及与此相关的成本等重大事项。

（4）政策信息

政策信息主要是指技术转移相关政策、拟转移技术所属产业相关政策以及目标项目可能适用的普适性政策。鼓励性或者优惠性政策可能为技术转移当事人或者目标项目带来预期收益或荣誉，或者某些成本会递延。限制性政策可能会增加项目实施成本或者影响未来市场前景（对未来市场前景的影响不一定是消极的，也有可能因政策所要求的较高市场门槛使得竞争对手有限，从而可能会有很好的市场前景）。禁止性政策直接决定该领域无法进入，导致技术转移在该领域无法实施。政策具有一定的不确定性：有时有地方政策但尚无国家政策，而此后出台的国家政策与地方政策不一致；各地方的政策也可能存在较大差异；后出台的政策也可能与以往政策存在根本性差异。应当对政策信息进行全面搜集，并对政策变动风险进行评估。

（5）其他方相关人员信息

谈判总是需要具体人员来实施，对方参加谈判人员的个人性格、学习和工作背景、成长经历、专业能力、沟通能力、近期状况都有可能影响谈判的效果，甚至会决定谈判是否能够成功。了解这些信息，也可能有助于较快地建立基本的互信，促进谈判工作的推进。因此，应当尽可能对前述几方面的信息进行搜集。搜集前述信息一般情况下均存在难度，而且信息量和信息的准确性均不足以支持对一个项目形成准确的判断，但即使只是能够形成模糊的画像，可能也有助于后期工作；在谈判过程中，要通过接触进行感受、判断，动态评估每位成员对谈判工作的影响（影响力大小、影响是积极的还是消极的）。

11.2.1.2 分析信息

搜集到的信息有的可以直接用于决策。比如被列入失信被执行人名单、核心技术人员患有重大疾病等。一般来讲，可核实的负面、消极的信息均可直接用于决策；如果是消极的或负面的信息，但信息来源非权威渠道，则需要进一步核实或者分析其是否属实；中性的或积极的信息，则需要进一步分析，才可确定是否可用于决策。

技术商业化谈判前以及谈判过程中均需要进行持续信息分析。随着谈判的进行，获取到的信息也会增加，有必要结合新的信息不断评估此前分析得出的结论是否准确、是否需要修正。

11.2.1.3 信息获取渠道

搜集公开信息的渠道包括但不限于企查查、天眼查、启信宝、裁判文书网、中国执行信息公开网、巨潮资讯网、行业主管部门或协会官网、专利数据库、搜索引擎、意向合作方官方网站、微信公众号以及其他自媒体平台，等等。

基于谈判的需要，谈判方也会提供一定的信息。必要时，可明确向对方提出披露某方面信息的要求。

在不违法且确保不会引起其他谈判方反感或不信任的前提下，可通过校友、同学、朋友等渠道，以直接或间接的方式，获取信息。不过，如果处理不当，此种"刺探"在合法性或者正当性方面的界限可能会非常模糊，也有可能会影响谈判的推进。

11.2.2 利用好信息不对称

11.2.2.1 建立或增强互信

主动向谈判其他方提供其难以获取或者尚未获取的信息，有时能够建立或增强互信，对于解决谈判相关问题，起到良好的促进作用，也可以此换取其他方接受己方提出的一些条件。

对于有些从非公开渠道获取的对己方有利但不便直接使用的信息，可以考虑技巧性地激发对方主动说出前述信息。对于对己方不利或消极的信息，直接坦诚地告知对方，可能因为增强了信任关系，反而有助于获得对己方有利的交易条件。

需要注意的是，建立或增强互信虽然重要，但更重要的是要时刻有风险意识。信息披露时机不当或者内容不当，不仅不会达到增强互信的效果，反而会使己方陷于不利的局面。

11.2.2.2　让其他方意识到信息不对称

让对方相信信息不对称的最好方式是向对方提供信息予以证明。

对于技术方来说，一定强调并充分证明己方在技术上的优势、特别是相对于其他技术持有人的优势；不仅如此，这些优势应当是较长时间内难以被超越的。

对于非技术方来说，也要围绕自己的优势提供相关信息以证明己方所掌握或未来进一步掌握的信息所形成的相对于其他人的不对称是可以长期保持或进一步加强的。

11.2.2.3　通过信息不对称争取对己方有利的条件

只有非常难以打破的信息不对称才可以用来争取对己方有利的条件。如果通过充分的工作让技术商业化其他方认可了这种信息不对称对于未来商业化的益处，那么就意味着可以在谈判中基于此种信息不对称优势尽可能为己方争取有利的条件。

11.2.3　谈判摩擦与阻滞的处理

谈判摩擦是指谈判方之间在谈判过程中发生的争执与对抗，可表现为争吵、突然离场、以终止谈判相威胁，等等。谈判阻滞是指谈判无法有效推进。

造成谈判摩擦或阻滞的原因很多。有意或无意的言语或行动的冒犯、表达失当或不准确、错误理解、过分条件、未遵守之前承诺、不提供应当提供的材料或信息、准备工作不充分、谈判效率低下等，均有可能造成谈判摩擦。有的谈判摩擦确实因分歧较大造成，而有的摩擦可能就是一方出于谈判策略故意为之。有的谈判阻滞是因摩擦造成的，有的是因就某项议题无法达成一致，有的是因客观无法克服的原因，有的是因某一方或某一谈判人员客观原因无法参加谈判，有的仅仅是因为纯粹的工作低效。

出现谈判摩擦或阻滞后，应当及时分析造成摩擦的原因，并有针对性地采取处理措施，必要时可中止谈判。谈判阻滞可能使某一方产生机会成本，也可能增加谈判失败的风险。对于长时间无法解决的阻滞，必要时应当及时终止谈判。

技术经理人在服务过程中应当时刻保持理性，积极化解摩擦；如果从摩擦可预判出相关方存在不诚信、交易条件无法接受等情况，则需要与服务对象沟通是否终止谈判。有的谈判摩擦需要由技术经理人或者其他可以居中协调的人进行斡旋处理；在确定斡旋处理人员时，要首先考虑不能是造成谈判摩擦的人以及对方明显对之不具有好感的人。

11.3 技术商业化谈判的策略

11.3.1 凡事预则立

在谈判前搜集、分析相关信息后，应当基于信息搜集的成果进行市场和技术评估以及可行性分析，并在此基础上确定谈判的底线与目标。

11.3.1.1 市场和技术评估

市场和技术评估是技术商业化谈判各方均需充分准备的。这关系到是否值得商业化的判断、技术实现商业化所需条件。

市场评估应当包括目前市场上的竞品及各自优劣势、现有以及潜在市场规模、销售模式、销售渠道及是否存在壁垒、技术商业化后产品或服务的竞争优劣势等。需要注意，很多情况下也需要评估现有终端用户替代原有产品或服务的难度；长期使用某商品或服务的终端用户基于长期使用习惯或者基于对安全性、效率等方面的考虑，即使新的产品或服务本身具有价格、降低长期成本等方面的优势，也不愿替代原有产品或服务。

技术评估应当包括现有技术及各自优劣势、现有技术的持有者的专利布局、技术未来发展方向、拟商业化之技术的优劣势、拟商业化之技术的专利及技术秘密以及是否可实现充分、有效保护（特别是专利权的法律状态、效力稳定性）、拟商业化之技术成果被侵权的难度以及维权的难度。

需要注意的是，在谈判前成果完成人或持有人可能尚未充分披露技术信息，谈判其他方可以提出签订保密协议并要求披露相关技术信息。

11.3.1.2　可行性分析

可行性分析需要从技术和市场的角度论证拟商业化之技术实现商业化所需具备的条件、已具备的条件和尚未满足的条件，以及谈判各方如果合作是否可满足前述条件。

如果合作无法满足前述条件，则需要考虑是否有必要进行谈判。

11.3.1.3　确定谈判的底线与目标

基于市场和技术评估、可行性分析，可以确定初步的己方谈判的底线和目标。在确定谈判的底线时需要考虑实现商业化所需的最低条件要求、自身承受能力等因素。确定谈判目标切忌好高骛远、盲目乐观。

谈判各方之间谈判的底线与目标差距可能非常大，还需要论证各方可达成一致的底线，但这一底线是各方妥协的结果，与各自目标可能均存在差距。所以，在确定底线与目标的同时，提前论证"对赌"方案，底线是签订合同时达成的条件，目标通过设置相关方在未来可否成就相应指标来确定某一方的目标可否实现。

需要注意的是，随着谈判的推进，各方在谈判过程中可不断地从其他方获取新的信息，同时在不断地从其他渠道搜集信息，这需要各方"动态"地进行技术和市场评估、可行性分析，并不时地调整谈判的底线和目标。

11.3.2　行事应相机

11.3.2.1　最佳替代方案

最佳替代方案（Best Alternative To a Negotiated Agreement，BATNA）这个概念是由罗杰·费舍尔、威廉·尤里和布鲁斯·巴顿在其合著的《谈判力》（*Getting* to Yes）中提出的。

BATNA 指的是明确如果谈判失败是否有以及有一个最佳替代方案。如果在谈判时不能确定一个最佳替代方案，那么谈判的结果要么是失败，要么就是接受对方提出的条件；无论何种结果，均是十分被动的。如果在谈判时有最佳替代方案，那么就可以拿对方提出的条件与这一最佳替代方案对比，如果前者优于后者，就可以考虑接受前者；如果前者劣于后者，应当考虑拒绝前者。

可见，BATNA 首先是确定谈判的底线与目标的工具，同时也是谈判决策的工具。

11.3.2.2 不同响应选择：坚持、妥协、放弃

谈判优劣势的变幻每时每刻都有可能发生，BATNA 相较于对方提出的条件优劣对比一直在动态变化中。在谈判过程中，需要不停地进行衡量，相机决策。

如果 BATNA 优于对方提出的谈判条件，可以选择坚持己方提出的条件，亦可在 BATNA 之上对己方提出的条件进行调整，做出适当的妥协，争取对方接受己方提出的条件或者提出优于 BATNA 的条件。

如果 BATNA 劣于对方提出的谈判条件，可以考虑提出略高于对方条件的新的条件，亦可考虑直接放弃谈判。

如果 BATNA 相较于对方条件优劣难以判断，可以考虑坚持己方条件争取对方妥协，亦可考虑在 BATNA 之上适度妥协，降低己方条件，还可以考虑直接放弃谈判。

11.3.2.3 谈判实施：高效执行

己方有 BATNA，对方亦可能有 BATNA。由于难以彻底打破的信息不对称，谈判决策很难准确；不及时决策又有可能造成对方因获取到新的信息而打破原来的优劣态势。因此，在决策时切忌优柔寡断、犹豫不定，应当及时决策、高效执行。

当然，反对优柔寡断，也不是在支持武断决策。决策的高效执行也不一定需要有积极的行为，有时决策是有意不表示是否接受对方条件，也不提出新的谈判条件。沉默，可能是在拒绝、坚持，是在迫使对方妥协。

11.4 商务谈判的要点

11.4.1 实现技术商业化所需进行的工作

这是技术商业化谈判的最为核心的内容，需要在谈判过程中谈判各方"正向推演"，解决技术商业化之目标的实现需要各方单独或共同进行的工作。实际上，就是在为后期技术商业化制订最有可执行性的工作方案。

如果谈判不能充分地解决技术商业化合作所涉各项工作的细节，在合作过程中就有可能会发生履行障碍，届时各方仍需要进一步协商。这不仅影响项目推进效率，更有可能产生争议甚至导致各方信任关系受到影响；更有甚者，可能造成合作终止，进而产生法律纠纷。因此，谈判的目的不仅是达成合作，更重要的是通过充分谈判使谈判成果（合同及相关附件等文件）具有可操作性，保证合作所涉各项工作能够顺畅履行，尽可能避免产生争议。

技术商业化本身具有复杂性，即使是较为简单的技术转让或者许可，也存在诸多需要确定的交易细节。比如，是否需要交付技术资料、技术交付的方式、如何验收、是否需要进一步的研发等事项；即便是价款，也存在一次总算、一次总付或者一次总算、分期支付、提成支付或者提成支付附加预付入门费等多种方式。如果技术商业化的项目所涉技术成熟度较低或者技术商业化拟采取技术入股的方式，那么所需要完成的工作将更加复杂。这是技术商业化项目中技术的复杂性、技术转移管理的特殊性、法律规定的复杂性以及技术相关行业的独特性等决定的。

因此，技术转移谈判首先要解决技术转移合作的细节。技术经理人应当结合技术成果具体情况（技术领域、知识产权情况）、当事人情况、行业及产品情况、技术转移方式以及相关法律和政策等进行充分研究，协助谈判各方梳理合作所需注意的具体事项，并将此作为谈判议题。

11.4.2 技术商业化项目实施的保障

此处的"保障"主要是指确保项目实施而需要限制相关方作为或者明确要求相关方不作为的消极义务事项。比如,相关合作方的不竞争义务,项目公司员工以及其他相关人员的竞业限制义务;相关合作方一定期限内不得退出或者减持股权;相关人员一定期限内不得离职;等等。此类"保障",不是推进项目实施所需要相关方去积极行动来完成的,但是缺少了此类保障,项目推进可能面临较大的挑战,甚至有可能会失败。因此,谈判时需要将此作为议题予以考虑。在谈判时需要将所涉事项、人员、期限、违约责任等细化。

11.4.3 "意外情况"如何处理

前述"实现技术商业化所需进行的工作"和"保障"是为了解决技术商业化项目正向进行所需要各方完成的工作或者需要满足的条件,这只是预想的谈判当时认为理想的状态。技术商业化项目实施过程中,实际上经常发生各种"意外情况":本来计划好的技术资料交付,但突然发生技术资料被窃取或泄露;核心技术人员离职、死亡或者因其他原因无法参与项目实施;具体事项的经办人未注意履行期限造成未按照约定的期限履行相关义务;政策发生重大变化,造成技术商业化项目无法或者没必要继续推进实施;等等。

"意外情况"会对技术商业化项目造成影响:原计划的期限被推后,项目成本增加,项目预期利润减少,项目不再具有商业前景,一方对另一方信任减弱,一方不愿或无法继续履行后续义务。

因此,有必要将"意外情况"进行"意料"处理。对于轻微的、不影响项目大局的情形,需要通过提前提醒、督促履行、协商解决的方式来处理,没必要作为谈判的内容。对于其他情形,凡可能影响项目进度、效益、前景的情形,均需要在技术商业化谈判中将各种可"意料"的具体情形对应的合理的处理方式(包括但不限于承担违约责任、书面告知、变更人员、追加投入、中止履行、终止或解除合同、清算和处理相关资产)作为谈判的议题。

"意外情况"的"意料"处理水平，能够体现技术经理人的经验和水平。技术经理人应当在处理好自身业务、不断积累经验的同时，大量学习技术商业化案例，尤其是失败的案例。

11.4.4 争议解决

争议解决涉及适用法律、解决方式、管辖、争议解决成本承担等内容。

适用法律问题主要解决存在涉非我国大陆的合同主体、履行地等因素适用哪一国家或地区法律的问题。

争议解决方式有协商、调解、诉讼或仲裁。协商是争议各方为自行达成和解而进行的沟通过程；调解是由法院、仲裁机构、人民调解组织、争议各方均认可的其他机构或者个人居中解决争议的过程。协商或调解的成本低、效率高，是当事人发生争议后首先要考虑采取的争议解决方式；很多争议也是通过当事人之间自行协商解决的。协商和条件均以争议各方自愿为前提，无法强制，在合同文件中约定或者不约定均对当事人协商、调解无影响。因此，谈判可以不将协商或调解作为议题。诉讼或仲裁均是由一方提起，争议其他方被动参加（如不应对，将按缺席处理）且生效裁判文书具有强制执行力的争议解决方式。诉讼和仲裁各有优劣，需要根据具体项目可能涉及的法院、拟选择的仲裁机构的同类争议解决的经验和水平以及相应的费用成本等考虑。由于技术商业化涉及商业秘密（特别是技术秘密）、具有一定的技术和行业专业性，而仲裁以不公开审理为原则，且仲裁员专业和行业背景较为广泛，越来越多的当事人选择仲裁解决争议。这并不意味着选择诉讼就不利于解决争议，诉讼也存在很多优点。仲裁和诉讼不能同时选择，不能并用。如果希望通过仲裁解决争议，则在争议解决的约定中不能有任何关于诉讼的约定，否则仲裁条款将有可能被认定为无效，最后只能通过向人民法院起诉的方式解决。因此，选择诉讼或者仲裁作为争议解决方式应当作为技术转移谈判的议题。

管辖即确定具体哪一个法院解决争议。如果确定诉讼作为争议解决方式，则可约定被告住所地、合同履行地、合同签订地、原告住所地、标的物所在地等人民法院管辖，如果不约定，则只能按照民事诉讼法之规定向被告所在地或合同履行地人民法院起诉。约定管辖可以在综合考虑可能的成本、法院的经验和水平等因素的前提下争取对己方有利或者对争议公平、公正解决有利的管辖法院。

争议解决成本涉及诉讼费或仲裁费、财产保全费（此处注意：办理财产保全可能会产生保险费或者担保费，亦应当明确约定）、鉴定费、公证费、律师代理费等为解决争议所产生的支出。技术商业化项目的特点决定了很多技术商业化争议的解决成本较高。如果不明确约定，可能会造成胜诉方要自行承担除诉讼费或仲裁费、保全费、鉴定费之外的大部分成本，因此建议明确约定这些成本应如何承担。

综上所述，争议解决事项关乎争议能否有效解决，需要作为技术商业化谈判的重要议题，但是这一部分涉及复杂的法律问题，前述内容仅对重要或常见问题进行了简要介绍，建议在谈判时该部分议题由各方的律师、法务人员参与。

11.5 交易达成

交易达成以签订合同等法律文件为标志。合同等文件记载商务谈判所达成一致内容并赋予其法律意义。从产生诉讼的技术转移项目来看，当事人签订的合同文件均存在不同程度的缺陷。这与当事人不重视合同文件的质量有关。因此，需要对交易达成所需签订的文件给予高度的重视。

11.5.1 同步起草合同文件

很多技术转移项目是在律师或者法务未参与谈判的情况下于谈判结束后告知律师或者法务起草合同等文件，而文件起草需要充分了解已达成一致的内容才能完成。信息的二次传递难免造成信息偏差、失真和不全面，导致合同文件质量难以保证。此外，合同文件起草需要充分的时间，复杂的技术转移项目的合同文件可能是一系列文件，工作量巨大，起草完毕后还要交各方审核、修改，甚至就某些条款产生分歧。可见，谈判后起草合同可能会严重影响效率。

如果合同文件起草工作与谈判同步进行，律师和法务人员及时将谈判成果转化为合同条款并运用其法律知识和经验提前为尚未达成一致的内容提供建议性条款，谈判后期的工作可能仅是以合同文件为基础的细节完善工作，谈判结束的同时合同文件起草完成，双方就可以着手合同文件的签订工作。这既可保证合同文件的质量，也大幅提升了工作推进效率。

11.5.2 注意事项

11.5.2.1 技术转移项目的合同不宜套用模板

每个技术转移项目均存在不同于其他项目的特殊性，且涉及的法律问题复杂，不仅要求对相关法律精通，更需要丰富的经验支撑。因此，合同文件应当交由具有一定能力的法务人员或者委托专业律师起草。简单套用模板或者由非专业人士起草，难以保证文件质量，可能因此为后续项目实施或者争议解决留下隐患。

11.5.2.2 合同文件以全面、明确为基本要求

合同文件是为项目实施、明确责任、争议解决提供依据的，因此需要全面、明确。

11.5.2.3 专业术语要准确

专业术语使用不当可能造成当事人权利与义务的根本性变化。需要特别注意存在多个类似概念时首先要搞清楚每个概念的准确含义，然后选取最符合当事人达成一致内容的概念。同一概念前后不得使用多个不同的表述。稳妥起见，对于重要术语或词汇，应当在合同中明确定义；为避免理解上的分歧，在进行定义时可不考虑简洁。

11.5.2.4 附件要齐全

合同文件存在附件的，首先要在合同条款中核对附件的序号是否连续、名称是否正确，以及是否与附件对应一致。

11.5.3 合同签订与生效

合同签订具有重要的法律意义。合同签订即意味着合同成立；无特别约定或者法

律、行政法规规定的生效条件，也不存在法律、行政法规规定之无效情形的，合同成立即生效。因此，要对合同签订予以特别的重视。

11.5.3.1 签订前的准备工作

（1）确认合同文件是否完善

合同签订前，各方可能已就合同文本的修改、完善交换了多轮修改意见，但经验告诉我们，文件几乎永远达不到完美，因此只要尚未签订，就需要多检查、核对，特别是签订前，非常有必要再最后一次进行检查。首先需要再一次检查文本内容：当事人的姓名或名称以及其他信息是否正确、条款是否存在必须补充的内容、文字表述是否清晰、概念术语是否准确且前后一致、条款内容前后是否存在矛盾或不一致、附件是否齐备、是否存在错别字或者语法、标点符号错误、是否已加页码，等等。对于重大技术转移项目的合同文件，还要确认拟签订版本与此前达成一致的文本是否一致。

如果已打印并准备盖章或签字，应当检查每份已打印的文件文字是否清晰、页码是否连续等。

（2）履行内部或外部审批程序

要提前确认合同签订前需要履行的内部或外部审批程序。履行审批程序既是规范管理和风险防控的手段，又是有效避免单位内部争议造成后期合同履行障碍的方法，还可为具体项目参与人减轻责任追究风险。应当履行审批程序而未履行的，也可能造成合同是否生效的争议。每个单位的审批周期存在差异，需要提前了解并告知相关方。

11.5.3.2 合同签订的注意事项

（1）合同文本的份数

合同各方应当留存至少两份合同原件，以免因遗失、毁损、被盗等原因造成发生争议后无法提供原件致使复印件的真实性不被认可，给争议解决造成障碍。合同签订后履行备案或者审批程序需要提供原件的，应当根据实际需要确定原件份数。

（2）盖章与签字

对于自然人，以签字且面签为宜。不建议只加盖签名章，以免发生争议后对该签名章的真实性不认可。如果已签字，可不加盖签名章。手印是证明签署行为真实性的加强手段，与签字可以并用，亦可只用一种方式。代理人签字的，应当留存当事人出具的授权委托书，且需确认代理人是否有签订合同之代理权限。

对于法人或非法人组织，一般情况下加盖公章或者合同章即可。法定代表人或者非法人组织负责人签字即使不盖章也有效，但由于我国自古以来存在认章不认人的习惯，建议在任何情况下均尽可能盖章。合同对盖章或签字有特别约定的，应当按照合同约定处理。

（3）日期

填写合同签订日期是一个比较细微、容易被忽视的问题。合同签订日期并非民法典中规定的必须约定的条款，然而签订日期可能关系到合同成立或生效日期的认定、合同义务履行期限的确定。实践中很多合同未填写日期，造成发生纠纷后因为签订日期难以确定给争议解决造成影响。因此，在签订合同时，需要留意合同签订日期是否准确填写。

11.5.3.3　特别生效要件

前已述及，合同一般情况下签订即成立并生效，但法律、行政法规可能对合同生效条件有特别规定，比如对于限制进出口的技术，技术进出口合同须履行审批程序，自技术进出口许可证颁发之日起方生效；当事人也可就生效条件作出特别约定，比如以正在申请中的专利获得授权为生效条件。特别生效条件成就前，合同未生效，当事人除有权要求义务人履行生效程序之义务外，无权依据合同主张与生效条件无关的任何其他权利，也无权要求其他当事人履行任何义务。法定生效条件成就前合同已履行或者部分履行，法定生效条件在合同履行过程中或履行完毕后（发生诉讼或仲裁的，应为诉讼或仲裁程序结束前）成就的，一般会认定为合同有效。约定生效条件即使未成就，依法履行了部分义务或者全部义务的，一般也不影响效力认定。合同生效条件涉及法律问题较为复杂，建议根据具体项目情况咨询律师等法律专业人士。

如果特别生效要件需要当事人履行特定程序而当事人不履行或者不按照相关要求履行造成合同不能生效，其他当事人可能因此主张缔约过失责任，要求赔偿相关损失。

即使最终未因特别生效要件未成就而影响合同效力的认定，也有可能为争议解决造成障碍。

促使特别生效要件成就有助于避免因此产生争议，也有助于平稳有序地推进项目实施相关工作。因此，应当尽可能促使特别生效要件成就，避免因消极行为造成合同不生效或者其他影响。

11.6 收益分配

科技成果转移转化收益分配是科技成果转移转化与技术转移流程中的关键环节与重要步骤。中共中央"关于制订国民经济和社会发展第十四个五年规划和 2035 年远景目标的建议"中提出："健全创新激励和保障机制，构建充分体现知识、技术等创新要素价值的收益分配机制，完善科研人员职务发明成果权益分享机制。"《国家技术转移体系建设方案》提出："统筹适度运用政策引导和市场激励，更多通过市场收益回报科研人员，多渠道鼓励科研人员从事技术转移活动。"

科技成果转移转化收益分配的组织实施，应理解科技成果转化收益权利因何而生？参与收益分配主体是谁？收益分配的基础和比例如何确定？本章节将梳理其中重要政策依据，以及其中关键问题。

11.6.1 与科技成果转移转化收益分配相关的主要政策法规解读与实践要点

2015 年，《中华人民共和国促进科技成果转化法》重新修订，科技成果的处置权、收益权和使用权明确下放到科技成果持有人。处置权的法学解读是指依法对标的物在事实上或法律上最终处置的权利，就一般物权意义而言，处置权的行使可以将标的物的使用权、占有权转移他人，或可质押他人，但是不符合法律规定或所有人意志的处置是不法处置，不法处置人需要将处置标的物返还给所有人或合法处分人，不能返还或造成损失时还应给予赔偿。《国务院关于印发实施中华人民共和国促进科技成果转化法若干规定的通知》第一条（二）规定："国家设立的研究开发机构、高等院校转化科技成果所获得的收入全部留归单位，纳入单位预算，不上缴国库，扣除对完成和转化职务科技成果作出重要贡献人员的奖励和报酬后，应当主要用于科学技术研发与成果转化等相关工作，并对技术转移机构的运行和发展给予保障。"就科技成果转移转化实践而言，收益权是指获取基于科技成果持有人产生的经济利益的可能性，是获取追加财产而产生的权利义务关系；与此同时，转让许可、作价入股，应属于因科技成果处置权而形成的使用权，以实现经济利益和价值增值为目的时，科技成果收益权成为处置权、使用权在经济上的实现形式，是实现科技成果价值的基本手段与最核心的权能。首先，科技成果处置权的下放，体现在修订后的法律赋予科技成果持有人更大的自主权，允许他们根据实际情况自主决定科技成果的转化方式和途径，对于科技成果的转让、许可等处置活动，简化了审批流程，减少了行政干预，提高了转化效率。其次，科技成果收益权的明确，在收益分配机制：明确了科技成果持有人在成果转化过程中的收益分配机制，保障了科研人员和相关参与者的合法权益；在激励措施方面，通过确保科技成果持有人能够从成果转化中获得合理回报，增强了科研人员进行创新和转化的积极性。最后，使用权授予，科技成果持有人在不违反法律法规的前提下，可以自主决定科技成果的使用方式，包括自行实施转化或授权他人使用；对于发明专利等具有时效性的科技成果，法律明确了保护期限，鼓励持有人在保护期内积极转化。

根据《促进科技成果转化法》，科技成果转化收入用于在对完成、转化职务科技成果作出重要贡献的人员给予奖励和报酬。《促进科技成果转化法》第四十三条规定，"国家设立的研究开发机构、高等院校转化科技成果所获得的收入全部留归本单位，在对完成、转化职务科技成果作出重要贡献的人员给予奖励和报酬后，主要用于科学技术研究开发与成果转化等相关工作"。

《促进科技成果转化法》第四十四条第一款规定，"职务科技成果转化后，由科技成果完成单位对完成、转化该项科技成果作出重要贡献的人员给予奖励和报酬"。《促进科技成果转化法》已经将科技成果的收益权下放法人单位，各单位可根据科技项目立项、验收文件，知识产权佐证材料，以及实际过程中完成、转化科技成果的具体情况，自主决定哪些人员列入范围。相关分配程序应按照本单位管理办法，公示无异议后进行分配。《国务院关于印发实施中华人民共和国促进科技成果转化法若干规定的通知》第一条（二），国家设立的研究开发机构、高等院校转化科技成果所获得的收入全部留归单位，纳入单位预算，不上缴国库，扣除对完成和转化职务科技成果作出重要贡献人员的奖励和报酬后，应当主要用于科学技术研发与成果转化等相关工作，并对技术转移机构的运行和发展给予保障。如何明确科技成果完成人员、转化科技成果人员，以及如何明确重要贡献，可以从以下几方面重点考虑：①完成科技成果人员，应是相关成果研发创新过程之中作出贡献和解决问题的人员。其中解决问题的科学技术研究属性以及创造性、创新性、先进性，应作为评判是否作出贡献的重点。在科学发现方面，是否揭示了未知事物或规律的，发现事实和提出理论？在技术创新方面，是否新技术、新产品、新服务的创新，是否能够应用于满足社会经济发展的现实需求？与现有科技水平相比是否具有显著的进步？②完成科技成果人员范围可以一个人或多人共同完成。多人共同完成的情况下，根据前述对贡献的考虑，都可以被纳入完成科技成果人员范围，与此同时，应根据研发创新计划和实际情况的分工、工作量、贡献度，对完成科技成果人员的参与收益分配进行排序，明确作出主要贡献的应作为科技成果主要完成人。③"转化"科技成果作出重要贡献的人员，是指在完成科技成果之外，参与各项科技成果转移转化工作并作出重要贡献的人员，既包括参与其中的研发人员，也包括科技成果转移转化专职人员和技术经理人；既包括科技成果单位内部人员，也可以包括外部人员；既可以是主要贡献于科技成果转移转化，也可以同时贡献于完成科技成果。转化科技成果人员贡献于科技成果转移转化主要体现在：参与科技成果进行后续试验的人员；参与科技成果进行后续开发的人员；参与将该科技成果应用在产品开发、工艺开发、技术支持等生产实践的人员，包括技术支持人员；参与在科技成果转移、转化和产业化过程中的成果挖掘、培育、孵化、熟化、评价、推广、交易并提供金融、法律、知识产权等相关服务。

《科技成果转化法》第四十五条规定，科技成果完成单位未规定、也未与科技人员约定奖励和报酬的方式和数额的，按照下列标准对完成、转化职务科技成果作出重要贡献的人员给予奖励和报酬：①将该项职务科技成果转让、许可给他人实施的，从该项科技成果转让净收入或者许可净收入中提取不低于50%的比例；②利用该项职务科技成果作价投资的，从该项科技成果形成的股份或者出资比例中提取不低于50%的比例；

③ 将该项职务科技成果自行实施或者与他人合作实施的，应当在实施转化成功投产后连续 3～5 年，每年从实施该项科技成果的营业利润中提取不低于 5% 的比例。国家设立的研究开发机构、高等院校规定或者与科技人员约定奖励和报酬的方式和数额应当符合前款第一项至第三项规定的标准。国务院《促进科技成果转化法若干规定》第二条（六）同时提出"在研究开发和科技成果转化中作出主要贡献的人员，获得奖励的份额不低于奖励总额的 50%"。

《科技部 财政部 税务总局关于科技人员取得职务科技成果转化现金奖励信息公示办法的通知》（以下简称《公示办法》）要求"科技人员以技术转让、技术许可、技术作价投资等方式转化科技成果，获得的现金奖励需要进行公示。担任领导职务的科技人员的科技成果转化收益分配，需要进行公示"。《公示办法》还要求"公示信息应当包含科技成果转化信息、奖励人员信息、现金奖励信息、技术合同登记信息、公示期限等内容"。

职务科技成果转化现金奖励具体操作流程包括：①成果定价、公示。以转让、许可、作价投资方式转化科技成果，且以协议定价方式进行成果定价的，应当在本单位公示科技成果名称、拟交易价格。公示时间不少于十五日。②签订技术合同，并进行技术合同认定登记，由登记机构核定技术收入。③核算成果转化净收入。计算公式为：净收入＝技术收入－直接成本。④制订现金奖励分配方案（奖励总额不能超过核定的技术收入额）。⑤奖励公示。⑥奖励发放。现金奖励计入当年本单位绩效工资总量并予以单列，但不受年人均收入调控线和年收入增幅限制，不作为核定单位下一年度绩效工资总量的基数，不作为社会保险缴费基数。⑦备案。每年核算增加的绩效工资总量，填写备案表，并提供技术合同认定登记证明、技术收入核定表等材料，由主管部门汇总后报同级人力资源和社会保障、财政部门备案。发放现金奖励时，单位按个人所得税法规定代扣代缴个人所得税，并按规定向税务机关备案。

《教育部办公厅关于进一步推动高校落实科技成果转化政策相关事项的通知》第二条提出"高校可根据实际情况，制订科技成果转化净收入的核算办法。成果转化净收入一般以许可、转让合同实际交易额扣除完成本次成果转化交易发生的直接成本来确定。直接成本应包括科技成果评估评价费、拍卖佣金等第三方服务费以及与科技成果转化相关的税金等"。

《促进科技成果转化法》规定科技成果奖酬金提取是以净收入为基数。科技成果转化净收入如何核算？可以从以下几方面重点考虑：①技术转让、许可中的净收入是指从职务科技成果转让、许可收入扣除相关税费、科技成果维护费、交易过程中的评估费、鉴定费等直接费用后的收入。②科研事业单位前期的研发费用不计入此次交易的直接费用中。企业科技成果的前期研发费用，可根据实际来源，确定是否计入直接费用。③技术开发、咨询、服务费的扣除也应该是针对此次成果转化活动的直接成本，包括开展此项活动的设备费、人员费等相关研发费用及其他交易费用。④如果相关差旅非常明确地是为了某项成果转化项目而进行的支出，可以作为直接费用在转化收入中进行扣除以计算净收入。⑤由于成果转化收入通常依据有外部单位的合同相关条款约定，确认比较清晰，与此同时，成果单位内部成本核定相对应更加注意，如有明确制度或能在转化之前明晰，更有利于相关利益各方达成共识。

《促进科技成果转化法》第四十五条规定"国有企业、事业单位依照本法规定对完成、转化职务科技成果作出重要贡献的人员给予奖励和报酬的支出计入当年本单位工资总额，但不受当年本单位工资总额限制、不纳入本单位工资总额基数"。

11.6.2　涉及科技成果转移转化收益分配部分关键问题

参与科技成果转移转化收益分配的完成科技成果人员范围确定，需提供佐证材料，通常可获得的证明材料包括：作为研究开发人员在研发项目立项材料之中列名；作为发明人或设计人在专利证书之中列名；作为设计人在计算机软件著作权登记证书上列名；作为科技成果完成人在科技成果登记证书上列名；作为完成科技成果人员，在相关转移转化合同或合作协议之中列名。

鉴于"在研究开发和科技成果转化中作出主要贡献的人员，获得奖励的份额不低于奖励总额的50%"，应注意如何明确作出主要贡献人员，通常来说应是研发项目的牵头负责任，或者成果转化组织实施的主要执行者。

担任领导职务的科研人员获得奖励和报酬，符合《促进科技成果转化法》第四十三条的规定，可以按照促进科技成果转化法的规定获得现金、股份或者出资比例等奖励和报酬，但正职领导或在各类科研资源调配方面有比较大影响力岗位的领导，不建议以股权激励形式获得收益分配。

退休人员应可以参与科技成果转化收益分配。《促进科技成果转化法》规定"职务科技成果转化后,由科技成果完成单位对完成、转化该项科技成果作出重要贡献的人员给予奖励和报酬","重要贡献的人员"并没有排除退休人员。如果单位认定退休人员在完成、转化科技成果中作出了重要贡献,可按照单位办法规定的程序进行分配。

建议辅助人员不直接参与科技成果转化收益分配。《促进科技成果转化法》规定"职务科技成果转化后,由科技成果完成单位对完成、转化该项科技成果作出重要贡献的人员给予奖励和报酬"。重要贡献人员包括完成、转化科技成果的人员,如果是与该项科技成果及转化工作无直接关系的辅助人员,不建议直接参与或体现在相关成果转化项目收益分配之中。

成果转化收益分配不应该被认为是发放津补贴。成果转化收益分配是根据成果转化法,对完成和转化该项科技成果作出重要贡献的人员给予奖励和报酬,有合法合规的发放依据和发放路径。成果转化收益分配是面向特定成果完成、转化人员,可在交易完成后,依据内部管理办法和流程进行发放。

《促进科技成果转化法》规定"职务科技成果自行实施或者与他人合作实施的,应当在实施转化成功投产后连续 3～5 年,每年从实施该项科技成果的营业利润中提取不低于 5% 的比例"。具体实施中,营业利润需要结合实际情况,由单位财务人员或第三方审计机构给予核算;"3～5 年"的开始时间,可以从实施转化成功后,出具第一张销售发票的时间开始计算;具体实施,应在相关转移转化协议、合同之中明晰。

依据相关政策法规,自行实施转化或与他人合作实施转化,实施转化成功投产后超过五年,可以继续给予科研人员奖励,但不再享受成果转化收益分配政策,其奖励不能突破工资总额限制。

11.7 科技成果转化的投后管理

科技成果转化的投后管理通常需要在专利评估、转化过程、产业化等多个阶段保持持续关注。在这些阶段，高校和研究机构常会采用针对性的转化策略，以提升科技成果的市场化水平和经济效益。例如，某高校提出了系统化的工作模式，总结出"三个一"模式，通过成果筛选、转化支持和后续赋能三个方面，逐步推进科技成果的有效转化。

11.7.1 科技成果转化的工作模式

11.7.1.1 成果筛选与转化支持

在转化的早期阶段，从技术成熟度、投资规模、市场准入门槛等多个维度对科技成果进行评估，量身定制转化方案，确保优质成果得以优先转化，迅速进入市场。同时，为科研人员与企业之间建立高效的沟通平台，显著提升了科技成果转化效率。

11.7.1.2 转化支持与资源对接

在成果转化过程中，重视项目合作、研发平台搭建与人才培养，开展联合攻关及共建研发平台，提供持续的技术支撑。同时，通过政策支持，确保企业在转化过程中获取所需资源，推动科技成果顺利转化为实际生产力。

11.7.1.3 后续赋能与市场拓展

成果初步转化后，从市场订单、投融资对接等方面为企业提供支持，帮助企业拓展市场并争取订单，同时提供多样化的投融资服务。这种后续支持模式，有助于保持企业在市场中的持续竞争力，并为长期发展打下坚实基础。

11.7.2 创新支持与成果推广

通过系统化的工作模式，创新支持和成果推广得到了有力地推动。鼓励企业与科研团队联合申报科技项目，共同建设各类创新平台，如工程中心、制造业创新中心等，并积极争取国家级科技创新平台的建设，以助力企业在技术创新和产学研结合方面取得突破。

此外，通过政策引导，鼓励企业承担各类科技项目，并在重点产业链发展上提供支持，包括协助企业申请国家和地方的科技计划、参与标准制订，以及推动重大应用场景的示范项目，从而提升技术实力和行业竞争力。

在人才培养方面，通过共建"科学家+工程师"团队，推动产学研协同发展，支持企业引进高端科技创新人才。同时，提供专项培训和人才计划申报服务，提升企业的管理能力和技术水平。

通过设立专项技术创新资金，鼓励企业增加研发投入，支持开展工程化、产品化应用研究和技术改造，以提升技术成熟度和市场竞争力。多方合作下，提供多元化的融资服务，助力科技成果的快速产业化。

在成果推广方面，依托媒体宣传企业的技术创新和社会贡献，提升企业的社会知名度，同时支持企业完善法人治理结构，推进风险管理体系建设，提升风险预判能力。

11.8 典型案例分析

一、案例背景

2008年10月8日，A协会在B大学召开由C公司、B大学等单位完成的"某技术"科技成果鉴定会。随后，A协会出具了《鉴定证书》，其中记载成果名称为"某技术"，完成单位为C公司和B大学，鉴定形式为会议鉴定。《鉴定证书》部分记载：①提供的技术资料齐全、数据可靠，符合鉴定要求。②该项目在我国首次利用×××矿砂，有效地回收了铁、钛、钒，实现了资源的综合利用，将对缓解我国铁资源紧张具有重要意义。其技术特点和创新点如下：采用转底炉直接还原熔分生产块铁——电炉深度还原熔分生产高钛渣新工艺，铁、钛、钒的回收率分别达到90%、85%和85%；研究成功配方独特的添加剂和催化剂，使得块铁和高钒钛铁渣有效分离；进一步将高钒钛铁渣通过电炉熔分和湿法冶金技术制得了二氧化钛和五氧化二钒产品。③该试验对工艺技术条件进行了优化，流程简单、技术先进，为工业试验提供了技术依据。预计将有较好的经济效益和社会效益，其工艺技术达到国际领先水平。④该项目的实施符合国家循环经济和节能减排政策，对难处理钒钛磁铁矿和低品位探矿资源化利用和清洁有重要意义。⑤建议尽快进行工业化试验和建设处理钒钛磁铁矿的工业示范基地。

2009年3月3日，C公司、B大学申请发明专利，并于2011年6月15日获得授权，专利权人为C公司、B大学，发明人为D教授。该专利记载本发明生产方法获得的块铁含量为93%左右，铁、钒、钛的回收率分别为90%、85%、85%。

形成于2009年4月12日并署名为"B大学D教授"的《××××项目简要可行性分析报告》关于"项目的重大意义"部分记载：B大学与C公司开发了钒钛磁铁砂矿直接还原熔分技术、金属化球团渣铁分离技术、深度还原熔分渣提钒、提钛技术的工艺研究，并研制了钒钛磁铁砂矿综合利用成套装备，完成钒钛磁铁砂矿直接还原熔分实验室及半工业规模试验，铁、钒、钛回收率分别达到90%、85%、85%，形成了具有我国自主知识产权的钒钛磁铁砂矿综合利用成套技术及装备。

2010年2月，E公司的代表F先生经人介绍认识了B大学材料科学与工程学院D教授。D教授向F先生介绍了其带领的科研团队研发世界领先的短流程转底炉技术，双方有意合作推进钒钛铁分离技术工业化示范项目的实施。

随后E公司与B大学就钒钛铁分离技术工业化示范项目的合作问题进行了多次洽谈，E公司也多次到B大学考察相关技术。

B大学向E公司提供了署名为B大学和C公司的《示范项目申请报告》和《钒钛铁分离技术工业化示范项目节能专篇》。

2010年3月30日，E公司作为甲方与乙方C公司签订《技术使用合同》，约定E公司以人民币700万元的价格取得C公司滨海钒钛磁铁矿砂半工业试验技术成果使用权。

2010年8月10日，甲方G公司（E公司为建设前述项目而投资设立的项目公司）作为委托方与乙方B大学作为受托方在B大学签订了《技术开发（委托）合同》，合同有效期限自2010年8月10日至2015年12月31日，合同约定双方共同研究开发钒钛铁分离技术工业化示范项目，同时作为G公司法定代表人和E公司代表的F先生在合同上签字，并加盖有G公司和B大学的印章。《技术开发（委托）合同》约定了本合同研究开发项目的技术目标：印度尼西亚滨海钒钛磁铁矿砂储量大，研究开发该矿砂综合利用关键技术，尽快利用这种铁矿砂对我国钢铁工业、钛工业和钒工业都具有重大战略意义。本项目技术目标是完成滨海钒钛磁铁砂矿综合利用技术中的关键技术：年产30万吨转底炉直接还原铁钒钛磁铁砂矿分离技术工艺和成套设备研制，形成具有我国自主知识产权的钒钛磁铁砂矿综合利用分离技术及装备，为我国钢铁工业、钛工业和钒工业可持续、稳定发展提供技术支撑。

2011年1月28日，项目所在地省生态环境厅出具关于该项目（一期工程）环境影响报告书的批复。

2012年12月24日，A协会出具了《评审意见》，其中记载：2012年12月24日，A协会在北京组织召开了由B大学、K公司编制的《示范项目补充报告》评审会。形成的评审意见是：可行性研究报告资料齐全、数据翔实，符合规范要求；该项目以进口滨海钒钛磁铁矿砂资源为原料进行综合开发利用，对促进我国钒钛产业可持续发展和促进地方经济发展具有重要意义；项目符合国家产业政策，属于国家鼓励发展的项目；项目选址合理，交通方便，原材料供应有保障，外部条件能够满足生产要求；项目的工艺路线先进，产品方案合理，前期规则基础扎实，风险可控；项目节能环保效果好，预期可取得良好的经济效益和社会效益。

2013年7月26日，L公司组织了钒钛磁铁矿项目技术交流会，并于2013年8月1日形成了《L公司专家评审意见》，其中指出：钒钛磁铁矿原料来源的保障及稳定性问题；现有实验不足以推理出40米转底炉的工业生产可行性，而且项目可研报告中没有关于40米转底炉的任何设计参数及应用成果鉴定；项目产品成本分析中，部分关键材料的消耗量估算偏低；报告对产品市场价格的分析过于乐观，与实际市场情况出入较大；项目生产规模太小，经济上很难盈利；建议技术方对确定用于生产的砂矿开展系统的工艺流程开发，在此基础上开展项目规模化工业生产的技术经济可行性论证，然后方可委托有经验和资质的工程设计单位开展项目工程的初步设计工作。针对上述专家评审意见涉及B大学部分，B大学于2013年8月11日作出说明：钒钛磁铁矿海砂中的钒钛铁在合适的条件下是完全可以分离的，该分离与所用的设备大小无关；直径13米的转底炉工艺参数及是否评审与本项目无关，直径40米转底炉从设计制造技术难度和经济效益两个方面考量是合适的，直径2米到直径40米转底炉钒钛铁分离从工艺到设备是有可靠依据的。

2014年4月12日，M会计师事务所有限公司出具了《审计报告》，其中记载：G公司为履行与B大学签订的合同，截至2013年12月31日已投入资金达人民币248243194.45元。

2014年9月2日，N区人民政府向B大学出具关于协调推进钒钛铁分离技术工业化示范项目建设相关工作的函，其中记载：N区政府对G公司项目高度重视，市、区全力推进项目基础配套设施工程建设，尽最大努力协调推进当前项目建设遇到的困难和问题，同时希望B大学大力支持项目建设，使科研成果在N区转化为大产业。

G公司以B大学欺诈为由向人民法院起诉请求撤销合同并赔偿损失。该案经一审、二审，G公司均败诉。

二、案例分析

很多技术转移项目具有实施周期长、风险暴露晚的特点，本案例就充分体现了前述特点。尽管公开渠道给出的信息有限，但这个案例的惨痛教训还是能给技术经理人提供很多启示。可以说，很多项目的失败在谈判阶段就注定了。

（1）未充分获取信息。

E公司于2010年2月认识D教授，仅用了不足两个月的时间，就于3月30日签订了第一份合同，建立合作。显然，仅就技术相关信息来看，E公司没有做到充分获取信息。

E公司所获取的技术信息可能全部都是来源于B大学D教授提供的资料。不仅如此，从资料的提供情况来看，仅有《示范项目申请报告》和《钒钛铁分离技术工业化示范项目节能专篇》，其中所含技术信息非常有限。更为甚者，其对所获得的技术资料也未从技术的角度进行深入研究。

E公司犯了技术转移项目谈判的大忌。技术经理人应当协助技术需求方充分获取信息。不仅要技术方提供技术研发相关所有资料，还要了解参与研发人员所有相关信息；不仅要技术方提供信息和资料，还要通过技术方之外的渠道尽可能搜集与该技术相关的所有信息。

信息获取是基础，充分研究，谨慎论证，是获取信息后必须要做的工作。不可盲目相信某一来源的信息，需要对信息进行综合分析判断。

（2）未做好谈判准备工作。

从现有信息来看，本项目似乎"未经谈判"就签了合同。实际上，谈判的过程是有的，不经历谈判，合同所涉及的复杂内容无法达成一致。只不过，谈判过程显然是不充分的。

谈判过程的"简单、迅速"，只能说明对谈判准备不充分。我们可以看到，该项目对法律文件的安排是不够严谨的，《技术使用合同》和《技术开发（委托）合同》相隔近5个月签订，但没有其他文件对该两份合同的关系进行约定。这说明，该项目的谈判不是经过系统准备和组织的。E公司在谈判前未充分准备谈判议题，未就技术交易的方式、技术开发的主体进行谨慎论证，注意力就放在了所获取资料所称的良好前景和重大意义。殊不知，不做好充分的谈判准备工作，多么好的前景，也不过是空中楼阁。

（3）不重视法律文件的规划、起草。

该项目仅签订了《技术使用合同》和《技术开发（委托）合同》两份文件，且不论前文所述的安排不合理，《技术开发（委托）合同》仅从名称基本可以确定是套用的示范文本。从审计报告来看，E公司为本项目投资巨大。相信E公司在谈判阶段对该项目的投资也会有基本的判断。如此重大的项目，合同文件却草率处理，直至要启动诉讼，却拿不出合同约定条款作为提出主张的依据，而是以欺诈为由主张撤销合同。其诉讼最终败诉，也充分说明不以合同约定为基础提出主张是很难行得通的。

11.9 本章小结

本章围绕商务谈判与交易达成展开，探讨了技术商业化过程中涉及的关键议题。商务谈判不仅是技术转移过程中各方确定合作意向的过程，更是持续识别风险并作出决策的过程。技术经理人在这一阶段扮演着至关重要的角色，需要通过对潜在合作伙伴的审慎评估，帮助服务对象识别合作机会与风险。交易达成标志着谈判的成功，通常伴随着合同的签署和生效，而高质量的交易文件对于确保交易的顺利执行至关重要。

为了有效地推进商务谈判，前期准备工作显得尤为重要，这包括组建谈判小组、信息搜集与整理、制订可行性研究报告等。谈判小组的构建需要综合考虑成员的专业背景与职责分工，确保团队具备处理知识产权、法律事务等方面的能力。信息搜集则涉及对权属、奖励、报酬等问题的梳理，以及对知识产权状况的详细了解，从而为谈判奠定坚实的基础。此外，制订一份详尽的可行性研究报告有助于决策者评估技术转移项目的可行性和经济效益。

在交易达成阶段，起草合同文件的工作应当与谈判同步进行，以确保合同内容准确反映谈判成果，并具备法律效力。合同的签订需注重细节，如盖章、签字、日期填写等，这些都是保证合同有效性的关键因素。此外，合同的特别生效要件也需要得到关注，确保所有必要的审批程序得以顺利完成。

本章强调了商务谈判与交易达成过程中每一个步骤的重要性，并提供了系统性的指导原则，旨在帮助技术经理人及各方参与者更好地理解并执行技术商业化谈判与交易达成的各项任务。

思考题

1. 谈判前以及谈判过程中需要获取的信息范围是否仅仅局限于国内或者中文信息？

2. 在拟采用技术出资方式合作的项目谈判过程中，如果成果完成人、团队带头人病故，技术经理人可以给服务对象哪些建议？

3. 合同签订前发现未约定争议解决条款，而合同当事人、履行地等分别为不同省份，该如何处理？

参考文献

[1]安德鲁·查克阿拉基斯,史蒂芬·史宾纳利,杰弗里·蒂蒙斯.我是这样拿到风投的:和创业大师学写商业计划书[M].梁超群,译.北京:机械工业出版社,2015.

[2]彼得·蒂尔,布莱克·马斯特斯.从0到1[M].北京:中信出版社,2015.

[3]伊莱恩·碧柯.美国培训与发展协会领导力开发手册[M].徐中,占卫华,刘雪茹,译.北京:电子工业出版社,2015.

[4]卜昕,邓婷,张兰兰,等.美国大学技术转移简介[M].西安:西安电子科技大学出版社,2014.

[5]常旭华,詹泽慧,陈强,等.我国高校教师发明披露问题——现状、制度原因及改进对策[J].研究与发展管理,2016,28(3):122-133.

[6]达纳·米特那.技术转移的新视角:复杂时代的理论、概念和实践[M].柏林:斯普林格出版社,2021.

[7]邓思迪.专利是如何戴上假面的——专利权利要求研究[M].北京:法律出版社,2022.

[8]杜伟.专利运营理论与实务[M].北京:知识产权出版社,2023.

[9]菲利普·科特勒,加里·阿姆斯特朗,等.市场营销原理[M].楼尊译.北京:中国人民大学出版社,2010.

[10]冯薇.知识产权布局和运营研究:以现代生物技术为例[M].北京:科学出版社,2019.

[11]冯晓青,等.技术类知识产权交易的权利识别、侵权防范与违约责任[M].北京:中国法制出版社,2021.

[12]高良谋,马文甲.开放式创新:内涵、框架与中国情境[J].管理世界,2014(6):157-169.

[13]国家科技评估中心,中国科技评估与成果管理研究会.科技成果转化工作指南[M].北京:北京理工大学出版社,2021.

［14］何玉长. 新中国国有企业改革思想研究（1949—2019）[M]. 北京：经济科学出版社，2019.

［15］何郁冰. 产学研协同创新的理论模式［J］. 科学学研，2012（2）：165-174.

［16］江励，李鹤喜. 新一代信息技术与人工智能基础［M］. 北京：电子工业出版社，2022.

［17］姜彦福，张帏. 创业管理学（第2版）［M］. 北京：清华大学出版社，2018.

［18］金瑞驰·奥特舒勒. 创造是一门精密的科学［M］. 吴光威，刘树兰，译. 北京：北京航空航天大学出版社，1990.

［19］金融城金融科技创新案例编写小组. 科技赋能金融［M］. 北京：中国金融出版社，2019.

［20］阚珂，王志刚. 中华人民共和国促进科技成果转化法释义［M］. 北京：中国民主法制出版社，2015.

［21］克莱顿·克里斯坦森，创新者的窘境［M］. 胡建桥译. 北京：中信出版社，2010.

［22］克里斯托弗-弗里德里克·冯·布朗. 创新之战［M］. 北京：机械工业出版社，1999.

［23］K.S.V. 桑塔娜姆，等. 氢能技术导论［M］. 林伟，等译. 北京：中国石化出版社，2022.

［24］拉瑞·高德顿，布莱恩·科尔森. 技术专利许可——21世纪专利许可、专利池和专利平台的国际性参考书［M］. 祖侃，骆苏华，李文红，等译. 北京：法律出版社，2018.

［25］雷家骕，洪军. 技术创新管理［M］. 北京：机械工业出版社，2012.

［26］雷军，徐洁云. 小米创业思考［M］. 北京：中信出版集团，2022.

［27］李俊. 企业知识产权价值论［M］. 北京：知识产权出版社，2024.

［28］李憨乐. 高价值专利创造和培育［M］. 北京：知识产权出版社，2022.

［29］廖连中. 企业融资［M］. 北京：清华大学出版社，2017.

［30］刘文强. 中国新材料产业发展十年［M］. 北京：电子工业出版社，2022.

［31］刘玉平，李小荣. 国有资产管理［M］. 北京：中国人民大学出版社，2020.

［32］卢秉恒. 高端装备制造产业发展战略研究［M］. 北京：科学出版社，2022.

［33］罗杰·费希儿，威廉·尤里，布鲁斯·巴顿. 谈判力：哈佛大学突破型谈判术［M］. 王燕，罗昕，译. 北京：中信出版集团，2023.

［34］马海燕，田瑞，黎玉杰. 颠覆式创新研究评述与展望［J］. 生产力研究，2022（7）：109-112，160.

［35］马天旗. 科创板企业上市知识产权指南［M］. 北京：知识产权出版社，2021.

［36］马忠法. 国际技术转让合同实务研究：法律制度与关键条款［M］. 北京：法律出版社，2015.

［37］玛格丽特·奥马拉. 硅谷密码：科技创新如何重塑美国［M］. 北京：中信出版社，2021.

［38］史蒂芬·卢奇，萨尔汗·M. 穆萨，丹尼·科佩克. 人工智能［M］. 张泽谦，译. 北京：人民邮电出版社，2023.

［39］史敏，罗建. 基于专利的潜在竞争对手识别方法研究［M］. 北京：科学技术文献出版社，2021.

［40］斯蒂芬·A. 罗斯，伦道夫·W. 威斯特菲尔德，杰弗利·J. 杰弗等著. 公司理财［M］. 吴世农，等译. 北京：机械工业出版社，2024.

［41］孙次锁. 守正：专注科技创新投资［M］. 北京：机械工业出版社，2022.

［42］司托克斯. 基础科学与技术创新［M］. 周春彦，谷春立，译. 北京：科学出版社，1999.

［43］孙磊，吴寿仁，等. 科技成果转化：从入门到高手［M］. 北京：中国宇航出版社，2021.

［44］谭华霖. 科技创新与法治保障［M］. 北京：社会科学文献出版社，2018.

［45］田轩. 创新的资本逻辑［M］. 北京：北京大学出版社，2021.

［46］托马斯·拜尔斯. 技术创业：从创意到企业（第4版）［M］. 陈劲，李纪珍，译. 北京：北京大学出版社，2017.

［47］汪丁丁. 制度创新的一般理论［J］. 经济研究，1992（5）：69-80.

［48］王成东，徐晓微. 中国高端装备制造业技术创新［M］. 北京：经济科学出版社，2023.

［49］王翀. 知识产权保护与运营研究［M］. 北京：知识产权出版社，2023.

［50］王素娟. 高校科技成果转化法律保障机制研究［M］. 北京：中国政法大学出版社，2022.

［51］王毅，吴贵生. 技术创新管理（第4版）［M］. 北京：清华大学出版社，2023.

［52］王悦. 知识产权运营融资与评估［M］. 北京：知识产权出版社，2017.

［53］威廉·D. 拜格雷夫，安德鲁. 查克阿拉基斯，创业学（第3版）［M］. 唐炎钊，刘雪锋，白云涛，等译. 北京：北京大学出版社，2017.

［54］魏炜，朱武祥. 重构商业模式［M］. 北京：机械工业出版社，2010.

[55] 吴寿仁. 科技成果转化疑解 [M]. 上海：上海科学普及出版社，2018.

[56] 吴寿仁. 科技成果转化政策导读 [M]. 上海：上海交通大学出版社，2019.

[57] 约瑟夫·巴达拉克. 灰度决策：如何处理复杂、棘手、高风险的难题 [M]. 唐伟，张鑫，译. 北京：机械工业出版社，2017.

[58] 肖克峰. 科技成果转化理论与实务 [M]. 北京：知识产权出版社有限责任公司，2021.

[59] 谢伟. 医药知识产权保护与运营 [M]. 北京：知识产权出版社，2021.

[60] 谢勒. 技术创新：经济增长的原动力 [M]. 姚贤涛，译. 北京：新华出版社，2001.

[61] 熊彼特. 经济发展理论 [M]. 北京：商务印书馆，2020.

[62] 亚历山大·汉密尔顿，约翰·杰伊，詹姆斯·麦迪逊. 联邦党人文集 [M]. 程逢如译. 北京：商务印书馆，1980.

[63] 叶京生. 美国知识产权案例与评注 [M]. 上海：上海译文出版社，1998.

[64] 于立彪，陈柏强. 知识产权运营与技术转移 [M]. 北京：北京理工大学出版社，2022.

[65] 袁吉仁. 新能源材料 [M]. 北京：科学出版社，2020.

[66] 约翰·洛克. 政府论（下篇）[M]. 叶启芳，瞿菊农，译. 北京：商务印书馆，1964.

[67] 臧敦刚. 金融科技学 [M]. 北京：经济科学出版社，2022.

[68] 翟尤，郭晓静，曾宣玮. AIGC 未来已来 [M]. 北京：人民邮电出版社，2023.

[69] 张才琴. 知识产权运营理论与实务 [M]. 北京：九州出版社，2021.

[70] 张华. 全球典型创新机构案例研究 [M]. 南京：东南大学出版社，2019.

[71] 张威浩. 专利申请与布局 [M]. 北京：知识产权出版社，2022.

[72] 张先治，池国华. 企业价值评估 [M]. 大连：东北财经大学出版社，2020.

[73] 张晓豪. 左右谈判 [M]. 西安：西安交通大学出版社，1999.

[74] 张晓凌. 技术经纪人培训教程 [M]. 北京：知识产权出版社，2020.

[75] 赵敏，史晓凌，段海波. TRIZ 入门及实践 [M]. 北京：科学出版社，2009.

[76] 中规（北京）认证有限公司. 名企聊知识产权资产管理 [M]. 北京：知识产权出版社，2020.

[77] 中国电子信息产业发展研究院. 美国制造创新研究院解读 [M]. 北京：电子工业出版社，2017.

[78] 中国科技评估与成果管理研究会. 高校人才代表性科技成果评价指南：T/CASTEM 1013—2023 [S]. 北京：科技部科技评估中心，2023.

［79］中国科技评估与成果管理研究会. 科技成果五元价值评估指南：T/CASTEM1009—2023［S］. 北京：科技部科技评估中心，2023.

［80］中国科协学会服务中心. 科技成果保护及转化合规指南［M］. 北京：商务印书馆，2023.

［81］中国科学院科技战略咨询研究院. 构建现代产业体系［M］. 北京：机械工业出版社，2023.

［82］中国证券投资基金业协会. 私募股权基金［M］. 北京：中国金融出版社，2017.

［83］周胜生. 专利运营之道［M］. 北京：知识产权出版社，2016.

［84］滋维·博迪，亚历克斯·凯恩，艾伦·J. 马库斯著. 投资学［M］. 汪昌云，张永冀，译. 北京：机械工业出版社，2017.

［85］佐藤健太郎. 改变世界史的12种新材料［M］. 郭清华，译. 台北：麦田出版社，2021.

［86］Christensen, C.M. The Innovator's Dilemma: When New Technologies Cause great firms to fail［M］. Harvard Business Review Press，2015.

［87］David R. Charles, Felicity Wray.The English Science Cities: A new phase in science-based urban strategy［J］. International Journal of Knowledge-Based Organizations（IJKBO），2015：14-23.

［88］Hayter, Christopher S, Albert N.University Proof of Concept Centers［J］. Issues in Science and Technology，2015（2）：56-87.

［89］Justin Tan.Phase transitions and emergence of entrepreneurship: The transformation of Chinese SOEs over time［J］. Journal of Business Venturing，2006（1）：44-45.

［90］Lundvall, B.A. National systems of innovation: Toward a theory of innovation and interactive learning［M］. New York：Anthem Press，2010.

［91］Mansfield, E. Technical change and the rate of imitation［M］. Econometrica: Journal of the Econometric Society，1961.

［92］OECD. Frascati Manual 2015: Guidelines for Collecting and Reporting Data on Research and Experimental Development［M］. The Measurement of Scientific, Techno- logical and Innovation Activities，OECD Publishing，Paris，2015.

［93］OECD/Eurostat. Oslo Manual 2018: Guidelines for Collecting, Reporting and Using Data on Innovation［M］. 4th Edition, The Measurement of Scientific,

Technological and Innovation Activities, OECD Publishing, Paris/Eurostat, Luxembourg, 2018.

[94]Solow, R.M.. A contribution to the theory of economic growth [J]. The quarterly journal of economics, 1956, 70 (1): 65-94.

[95]W P L. How To Be Innovative: Early-stage Innovation For Scientists, Technologists And Others - From Idea To Proof-of-concept [M]. World Scientific Publishing Company: 2019.

后 记

本教材由北京五洲融合创新产业战略研究院和科技部科技评估中心组织编写，以《中华人民共和国职业分类大典（2022年版）》中"技术经理人"职业定义和《技术经理人能力评价规范》团体标准为依据，以技术转移基础知识与成果转化流程为主线进行编写。本教材包括11个章节，系统梳理了中级技术经理人在知识水平需重点关注的科技成果转化主要政策、知识产权布局、科技金融理论与实践、创新理论与创新战略思维工具、新兴产业技术发展态势等内容，并着重介绍了技术经理人在科技成果推广与产业技术需求挖掘、科技成果评估方法与工具、知识产权运营、概念验证与中试熟化、商业计划书实务、商务谈判与交易达成等实操技能与工具、方法。

参与本教材的编写人员如下：

第1章：吴寿仁、孙芸、薛雅

第2章：吕荣波、马毓昭

第3章：杨川、王晓津

第4章：黄亚平、李沐谦、姜全红

第5章：龙毅、武思宏

第6章：于飞、史敏、王旭

第7章：夏文勇、武思宏、鲁露

第8章：吕荣波、马毓昭、黄书凯、李鹏程

第9章：王文、侯莹、李成

第10章：杨文硕

第 11 章：王凯、高全、鲁露

全书由张璋、李沐谦统稿。

本教材的编写得到了中国科学技术协会科学技术创新部、中国科技评估与成果管理研究会和科技部科技评估中心等单位的高度重视。在各单位指导下，在教材编写过程中成立了总体专家组和专题专家组。总体组专家有清华大学技术转移研究院院长王燕、北京大学产业技术研究院院长姚卫浩、北京理工大学技术转移中心主任陈柏强和中国国有资本风险投资基金董事总经理张春鹏；专题组专家有上海市科学学研究所副所长吴寿仁（成果转化政策法规专题组）、知识产权出版社有限责任公司总经理助理吕荣波（知识产权专题组）、深交所副主任研究员王晓津（科技金融专题组）、科技部科技评估中心科技成果与技术评估部部长武思宏（科技成果评价专题组和技术发展态势专题组）以及北京市君合（深圳）律师事务所合伙人安明（企业发展与公司治理专题组）等，在此向上述专家致以诚挚谢意。

此外，教材编写过程中得到了诸多海内外科技成果转移转化专业机构的支持，在此向 AndySierakowski、CarlRust、DavidBridges 等多位海外专家，以及中国融通科学研究院集团有限公司资深业务总监高静、中国高校创新创业教育联盟秘书处徐杨巧、北京工业大学技术转移中心主任闫健卓、深圳技术大学商学院执行院长江清云、西北工业大学资产公司总经理符新伟、上海市科技创业中心国际合作部部长郑碧、中关村全球高端智库联盟秘书长李军凯、"科创中国"投资联合体秘书长兰宁羽、国家技术转移东部中心执行总裁邹叔君、世界华人技术经理人协会创始人卜昕、北京大学第三医院创新转化中心主任姜雪、华南技术转移中心执行总裁叶世兵、北京知识产权运营管理有限公司总经理郑衍松、青岛海尔智能技术研发有限公司创新平台总工程师万新明、四川西部医药技术转移中心主任雷娟、韵网创始人颜振军、广东清大创新研究院院长邬新国、广东博士科技集团首席技术官殷建文、技术转移研究院行业平台创始人彭豪峰等专家的大力支持表示衷心感谢。本教材还参考了许多同行专家的研究成果，在这里一并表示谢意。

本教材在编辑出版过程中，得到了中国科学技术出版社的大力帮助，感谢出版社各位领导支持，感谢韩颖主任、彭慧元编辑的细心编辑、勘校。本教材还参考了许多同行专家的研究成果，在这里一并表示谢意。

在此，我们对所有参与本教材编写工作的领导、专家、编写人员以及业内同仁表示诚挚的感谢。本教材难免有疏漏之处，还望各位专家、同仁及广大读者不吝指正，以匡正悖谬、补苴罅漏。

编写组
2024 年 11 月